Regieren in internationalen Institutionen

Für Beate Kohler-Koch

Markus Jachtenfuchs
Michèle Knodt (Hrsg.)

Regieren in internationalen Institutionen

Leske + Budrich, Opladen 2002

Gedruckt auf säurefreiem und alterungsbeständigem Papier.

Die Deutsche Bibliothek – CIP-Einheitsaufnahme
Ein Titeldatensatz für diese Publikation ist bei Der Deutschen Bibliothek erhältlich

ISBN 3-8100-3472-X

Druck: Druck Partner Rübelmann, Hemsbach
Printed in Germany

Vorwort

Der Band „Regieren in internationalen Institutionen“ beschäftigt sich mit den Charakteristika der Herbeiführung kollektiver und verbindlicher Entscheidungen im internationalen System. Untersucht werden unterschiedliche Typen. Diese reichen von regionalen Zusammenschlüssen wie der EU über internationale Regime aus dem Umwelt- und Menschenrechtsbereich bis zu internationalen Organisationen wie der WTO. Es werden dabei Fragen nach der Entstehung, Funktionsweise und Wirkung internationaler Institutionen gestellt.

Die zentrale These des Bandes lautet, daß Regieren in internationalen Institutionen durch die zunehmende Vernetzung der einzelnen Institutionen gekennzeichnet ist. Empirische Evidenz zur Stützung dieser These findet sich in den Beiträgen in diesem Band. Das Phänomen der überlappenden Zuständigkeit bzw. das Tätigsein in gleichen Problemfeldern von internationalen Institutionen ist nicht neu. In diesem Zusammenhang wurde bisher von einer Konkurrenz, Arbeitsteilung oder Koexistenz mit oder ohne gegenseitige Kenntnis- und Einflußnahme ausgegangen.

Die Beiträge dieses Bandes machen jedoch deutlich, daß die zur Zeit zu beobachtende zunehmende Vernetzung der einzelnen Institutionen über das bisherige, eher durch Parallelität gekennzeichnete Verhältnis von Konkurrenz bis Koexistenz weit hinausgeht. So wird u.a. legitimes Regieren oft durch den Import bereits etablierter Standards und Normen aus anderen internationalen Institutionen hergestellt. Das bisher dominierende Bild des bloßen Nebeneinanders internationaler Institutionen muß daher durch das einer losen Kopplung ersetzt werden.

Ein solches Buch zu produzieren ist manchmal nicht ganz leicht. Für Ihre Hilfe danken wir deshalb Robert Eckhoff, Barbara Finke, Birgit Hellmann, Sebastian Köllner, Claudia Nitzschmann, Diana Panke, Martina Schwarzer, Dorothea Wolf und nicht zuletzt dem Verlag Leske und Budrich.

Die Herausgeber wie auch die hier vertretenen Autoren widmen diesen Band Beate Kohler-Koch zum 60. Geburtstag. Gleichzeitig gratulieren auch alle Mitarbeiter und ehemaligen Mitarbeiter ganz herzlich – sie sind in einer separaten Tabula Gratulatoria namentlich aufgeführt.

Bremen und Mannheim, im Dezember 2001
Markus Jachtenfuchs und Michèle Knodt

Inhalt

Michèle Knodt/Markus Jachtenfuchs

Regieren in internationalen Institutionen

1. Regieren: Konzept, Bedeutung und theoretische Implikationen

1.1 Regieren als grenzüberschreitende Perspektive

„Regieren" gehört zweifelsohne zu den Begriffen, die in den letzten zehn Jahren Karriere gemacht haben. „Regieren" wird dabei verstanden als „die Herbeiführung kollektiv verbindlicher Entscheidungen, um in unterschiedlichen Politikfeldern ... bestimmte Ziele zu erreichen" (Kohler-Koch/Knodt 1999: 239). „Wesensmerkmal von Regieren ist, daß bewußt eine politische Zielbestimmung vorgenommen und gezielte Anstrengungen unternommen werden, die sicherstellen, daß sich das Verhalten der ... Akteure danach ausrichtet" (Kohler-Koch 1993: 116).

Dieser Aufschwung des Begriffes betrifft nicht nur die Internationalen Beziehungen, sondern ebenso die vergleichende Politikwissenschaft und die vergleichende Policyforschung. Während allerdings im Falle der beiden letztgenannten politikwissenschaftlichen Teildisziplinen die Beschäftigung mit Bedingungen und Folgen des Regierens zum Kernbestand gehörte, ist dies in den Internationalen Beziehungen selbst heute noch umstritten.

Das Argument der traditionellen Position gegen eine Erhebung von „Regieren" zur zweiten forschungsstrukturierenden Leitfrage neben der Beschäftigung mit „Frieden" besagt, daß sich das internationale System vom innerstaatlichen System aufgrund der Abwesenheit einer übergeordneten Zentralinstanz und der hohen Bedeutung von Gewalt kategorial unterscheide. Der zur Analyse der OECD-Welt verwendete Begriff des Regierens ist dagegen empirisch sehr voraussetzungsreich, da er auf ein funktionierendes Rechtssystem, die weitgehende Abwesenheit von Gewalt als Mittel des Konfliktaustrags, einen hohen Grad formaler Organisation und weitgehende gesellschaftliche Differenzierung angewiesen ist. Alle diese Bedingungen sind gemäß der traditionellen Sichtweise im internationalen System nicht gegeben. Aus diesem Grund könne dort Regieren nur als marginales Phänomen existieren. Im anarchischen internationalen System können und müssen sich Wissenschaft wie Politik der Friedensproblematik stellen, im bereits pazifierten Staat der OECD-Welt kann dagegen das Regieren in den Vordergrund treten.

Die Gegenposition, die in den letzten Jahren zunehmend an Gewicht gewonnen hat, streitet die Zentralität der Friedensproblematik für die Internationalen Beziehungen nicht ab, wendet sich aber gegen die kategorische Trennung von anarchischem internationalen System und hierarchischem Staat. Wenn diese Konzeptualisierung nicht als empirisch überprüfbare Hypothese, sondern als axiomatische Vorentscheidung behandelt wird, geraten eine zunehmende Anzahl von „großen und wichtigen Problemen" (Kenneth Waltz) aus dem analytischen Blickfeld oder werden zumindest in ihrer Bedeutung unterschätzt. Zwei schon seit vielen Jahren diskutierte Entwicklungen unterminieren die traditionalistische Position.

Erstens ist der Staat nicht die monolithische und hierarchische Anstalt, als die ihn der Realismus und die ihm nahestehenden Ansätze gerne behandeln. Das gilt nicht nur für die „failed states", die sich außerhalb oder bestenfalls an den Rändern der OECD-Welt finden. Diese Phänomene lassen sich noch als Indiz für die Kontextgebundenheit scheinbar universalistischer Begriffe und Theorien verwenden. Zumindest innerhalb der OECD-Welt wären dann aber die Bedingung der konzeptuellen Trennung von Innenpolitik und internationaler Politik und der daraus erwachsenden theoretischen Implikationen gegeben. Die empirische Staatstheorie vor allem in Deutschland hat allerdings die Vorstellung eines hierarchischen politischen Steuerungszentrums auch in entwickelten Industriestaaten stark relativiert. Staatlichkeit verlagert sich auf unterschiedliche territoriale Ebenen und ist zunehmend auf korporative gesellschaftliche Akteure angewiesen.

Zweitens verliert die territoriale Grenze zwischen nationaler und internationaler Politik zunehmend an Bedeutung. Diesen Aspekt der Globalisierung hat Beate Kohler-Koch immer wieder betont. Bisher war die Realisierung politisch verantwortlichen Regierens im neuzeitlichen Staat ohne die konstitutive Funktion von Grenzen nicht denkbar. Erst die Grenzen schufen den Staat als autonome Handlungseinheit, indem sie politische Gemeinschaften, Sprach- und Kulturräume sowie „Volkswirtschaften" voneinander abgrenzten.

> „Territoriale Grenzen werden kontrolliert, um die staatliche Souveränität zu sichern, die auf den Hoheitsanspruch nach innen wie nach außen zielt. Gleichzeitig werden Grenzen genutzt, um vor unerwünschten, vor allem politisch und kulturell destabilisierenden Einflüssen von außen abzuschirmen. Ein Auseinanderfallen staatlicher Handlungsräume einerseits und die Reichweite der zu bewältigenden Probleme andererseits stellt die Funktionsfähigkeit des Nationalstaates auf den Prüfstand und hebt das politische Prinzip der Trennung von ‚innen' und ‚außen' auf" (Kohler-Koch/Knodt 1999: 239).

Damit sind aber die empirischen Voraussetzungen einer konzeptuellen Trennung von innerstaatlicher und internationaler Politik nicht mehr gegeben.

Die von Beate Kohler-Koch maßgeblich betriebene und geförderte Beschäftigung mit der Problematik des Regierens ist daher – wie auch der Institutionenbegriff (Goodin/Klingemann 1996: 11) – einer derjenigen Begriffe, die quer zu gegensätzlichen Theorien liegen und eine Zusammenschau von Phänomenen erlauben, die im Verlauf der Ausdifferenzierung des Wissenschaftssystems von verschiedenen Teildisziplinen behandelt wurden. Dies liegt auch daran, daß diese Begriffe auf einem höheren Abstraktionsniveau angesiedelt sind und ein anderes Erkenntnisinteresse haben als die von ihnen verbundenen Diskussionsstränge. Diese Rekombination bislang getrennter Erkenntnisse und Forschungsstränge ist eine wesentliche Erfolgsbedingung wissenschaftlicher Innovation (Dogan/Phare 1990). Um sie zu erreichen, kann man zwei zunächst unterschiedlich erscheinende Wege gehen.

Bei dem ersten handelt es sich um eine *theoretische* Vorgehensweise. Hier wird versucht, das Abstraktionsniveau soweit zu erhöhen, daß die jeweiligen Ansätze nicht mehr kontextspezifisch sind (also z.B. nur für die internationale Politik oder gar nur für die internationale Sicherheitspolitik gelten), sondern problemfeldübergreifend angewandt werden können (etwa für innerstaatliche, europäische und internationale Verhandlungssysteme). Hier haben vor allem Ansätze, die im weitesten Sinne dem Rational-Choice-Paradigma verpflichtet sind, bedeutsame Fortschritte erzielt (Esser 1993; Milner 1999; Scharpf 1997).

Beim zweiten Weg handelt es sich um eine *problemorientierte* Vorgehensweise. Für diese ist der *governance*-Ansatz exemplarisch. Er thematisiert die Funktionsprobleme des Regierens in unterschiedlichen institutionellen Kontexten – dem internationalen System, der Europäischen Union und dem Staat – und fragt nach den Auswirkungen dieser Kontextvariation auf verantwortliches und effektives Regieren. Dabei geraten parallele ebenso wie unterschiedliche oder gegenläufige Entwicklungen in den Blick. Ein Beispiel liefert der Aufstieg privater Akteure. In der vergleichenden Regierungslehre und der vergleichenden Policyforschung waren Interessengruppen schon lange Forschungsgegenstand. Die Steuerungstheorie hatte allerdings argumentiert, daß vor dem Hintergrund gesellschaftlicher Differenzierung und einer ansteigenden Wissensintensität von Politik private Akteure über entscheidende Informations- und Ressourcenvorteile gegenüber dem Staat verfügen. Erst vor diesem Hintergrund gewinnt die Beobachtung der größer werdenden Rolle privater Akteure in der internationalen Politik (Cutler et al. 1999) eine über die bloße Empirie hinausgehende Bedeutung, denn nur in dieser Perspektive stellt sie eine durch strukturelle Trends abgesicherte Relativierung der zentralen Rolle der Staaten dar.

Die theorieorientierte und die problemorientierte Vorgehensweise schließen sich nicht aus, sondern sollten sich idealerweise ergänzen. Die problemorientierte Sicht hat den Nachteil, daß sie leicht auf der Ebene einer breitangelegten Klassifikation inhaltlich zusammenhängender Phänomene stehenbleibt, aber gleichzeitig den Vorteil, daß sie wichtige Phänomene nicht durch die Wahl eines zu engen Theorierahmens ausblendet. Das läßt sich gut am Institutionenbegriff illustrieren.

1.2 Ein reflexiv-institutionalistischer Institutionenbegriff

Der Beitrag von Helen Wallace in diesem Band zeigt, daß sich die Analyse des Regierens in internationalen Institutionen nicht auf die formale Organisation von Politik beschränken sollte. Die weitverbreitete Fokussierung der Analysen zur europäischen Integration auf Entscheidungsverfahren im Rat, die Macht der Kommission und die Rolle der Parlamente wie auch die Reichweite des europäischen Rechtssystems greift zu kurz. Vielmehr werden die wesentlichen Charakteristika des europäischen Institutionensystems und vor allem seiner neueren Entwicklungstendenzen erst durch die Einbeziehung von Handlungsroutinen und gemeinsamen Grundverständnissen verständlich. Auf die Notwendigkeit eines solchen Institutionenverständnisses hat Beate Kohler-Koch immer hingewiesen (Kohler-Koch et al. 1998). Institutionen umfassen in dieser Sichtweise drei konstitutive Elemente:

1. Die Organisation politischer Entscheidungsprozesse;
2. das Routinehandeln;
3. die dem Handeln zugrundeliegenden Konzepte legitimer Ordnung.

Letztere beinhalten spezifische ordnungspolitische Leitideen und Rationalitätskriterien, die festlegen, nach welchen Prinzipien es vernünftig ist, bestimmten Politiken zu verfolgen. Darunter fallen auch die Kriterien sachgemäßer Problemlösung. Die Aufschlüsselung von Institutionen gemäß der drei genannten Dimensionen erlaubt eine differenzierte Sichtweise von institutionellen Veränderungen. Institutioneller Wandel vollzieht sich demnach nicht allein durch ausgehandelte Entscheidungen über Verfassungs- und Vertragsrevisionen, sondern ebenso durch Veränderung der Routinen sowie in den die Institutionen konstituierenden Paradigmen und Legitimationskonzepten.

Im Zuge steigender Betroffenheit durch die voranschreitende europäische Integration haben sich unterschiedliche Interaktionsformen mit der europäischen Ebene herausgebildet, die etwa im Fall der deutschen Länder Veränderungen in allen drei Dimensionen bewirken. So kommt es zu verfassungsrechtlichen Änderungen in der Gesetzgebungskompetenz der Länder (Organisation politischer Entscheidungsprozesse), zu neuen Problemlösungsstrategien (Routinehandeln) und es entstehen neue geteilte Überzeugungen von „vorbildlicher“ und „verbindlicher“ Ordnung (Weber), die das angemessene Verhalten der Akteure bestimmen (Knodt 1998, 2000).

Dieses Verständnis von Institutionen und institutionellem Wandel folgt einem konstruktivistischen Politikverständnis, aus dem heraus die „Konstruktion der Wechselwirkung von Struktur und Prozeß, der Handlungsorientierung von Akteuren und der Herstellung von Allgemeinverbindlichkeit“ (Kohler-Koch/Edler 1998: 170) geleistet wird. Soziale Interaktion findet dabei zwischen handelnden Menschen statt und vollzieht sich über Ideen in Form von Zeichen und Symbolen (Blumer 1973: 87ff). Die jeweilige Verhaltensausrichtung wird somit unter Berücksichtigung der Handlungsabsichten des Gegenübers, mit dem in Interaktion getreten wird, und in Auseinandersetzung mit den institutionell „eingeschriebenen“ Handlungsrationalitäten (d.h. Leitideen, Prinzipien, Normen, Regeln und Verfahrensweisen von Institutionen) aufgebaut (vgl. Lau 1978). Die methodologischen Implikationen der beschriebenen Prämisse liegen vor allem in ihrer Konzeption von sozialer Interaktion als formenden Prozeß eigener Art. Sie wenden sich damit gegen Ansätze, die Handeln in Form von Verhalten mit Faktoren wie sozialen Rollen, Status, kulturellen Vorschriften oder mit psychologischen Faktoren wie Reiz-Reaktions-Schemata, Stimuli oder Trieben erklären. Hier werden solche Faktoren zwar nicht ausgeblendet, ihre determinierende Wirkung können sie aber nicht direkt, sondern nur in der Interaktion mit dem handelnden Gegenüber und innerhalb der Institution entfalten.

Dies ist der fundamentale Unterschied zu rationalistischen Ansätzen, die zwar in ihr Konzept der Situationsdefinition neben den vorgegebenen Präferenzen auch das erwartete Verhalten anderer Akteure und den institutionellen Kontext in die Kosten-Nutzen-Kalkulation mit einbeziehen, dieses Verhalten und den institutionellen Kontext aber als objektiven externen Faktor in die Bestimmung der gewählten Handlung einfließen lassen. Eine Interaktion findet in der dem Handeln vorgelagerten Situationsdefinition nicht statt.

In dem dem konstruktivistischen Theorieverständnis zugehörigen Institutionenbegriff ist die Interpretations- und Konstruktionsleistung während der Interaktion wesentlich für die Herbeiführung von Allgemeinverbindlichkeit. Allgemeinverbindlichkeit – ein zentrales Merkmal von Regieren – ist eine Interpretationsfrage, die sich auf die Definition von Problemen und sachgemäßen Bearbeitungsstrategien bezieht (Nullmeier 1997; March/Olsen 1989). Interaktionskontexte und die damit einhergehenden Interpretationen und Konstruktionen der Wirklichkeit nehmen Einfluß darauf,

1. welche Ideenträger über Einbindung oder Ausschluß an der Konstruktion beteiligt sind;
2. wie die Konstruktion und Interpretation gefiltert wird und somit dem Handelnden Orientierung bietet;
3. unter welche institutionelle Leitidee das zukünftige Handeln subsumiert wird und damit

4. bestimmten Konstruktionen bessere Durchsetzungskraft verleiht als anderen (vgl. Kohler-Koch/Edler 1998; Lepsius 1995).

Bei dieser Konstruktion spielen Deutungsmuster oder „Frames" eine wichtige Rolle. Diese lassen sich definieren als „a way of selecting, organising, interpreting, and making sense of a complex reality so as to provide guideposts for knowing, analysing, persuading, and acting" (Rein/Schon 1991: 263). Damit werden unterschiedliche Weltsichten und zugleich multiple soziale Realitäten kreiert. Im Prozeß des „framing" kristallisiert sich bei der Entscheidung über angemessene Handlungen durch einen Prozeß der Diskriminierung zwischen den unterschliedlichen und konkurrierenden Deutungsmustern eines als das dominierende heraus (Kohler-Koch 2000a). Theoretisch wie empirisch läßt sich dies besonders gut in Bezug auf die globalisierte Welt aufzeigen (Hellmann et al. 2002). Das entscheidende Argument der konstruktivistischen Institutionentheorie lautet hier, daß gleiche „objektive" externe Stimuli von den Akteuren auf der Basis unterschiedlicher Deutungsmuster verarbeitet werden. Dabei handelt es sich nicht etwa um eine richtige und eine oder mehrere falsche Interpretationen der Wirklichkeit, sondern um prinzipiell gleichberechtigte Deutungsmuster, die auf jeweils unterschiedlichen Wertbezügen beruhen und jeweils unterschiedliche Handlungsimplikationen haben (Jachtenfuchs 2002a).

Optimale Problemlösungsstrategien guten Regierens folgen also nicht ohne weiteres direkt aus objektiven Rahmenbedingungen. Vielmehr können gleiche Rahmenbedingungen über unterschiedliche Deutungsmuster zu unterschiedlichen Handlungsstrategien führen. Dies wird leicht übersehen, wenn gängiger Forschungspraxis entsprechend nur ein Staat (in der Regel das Heimatland des Forschers) und seine Einbindung in internationale Institutionen untersucht wird. Dann werden häufig kontingente Weltdeutungen mit objektiven Problemlagen verwechselt.

Diese These hat nicht nur methodologische, sondern auch politische Implikationen. Seit dem Ende des zweiten Weltkrieges steigt die Zahl der internationalen Institutionen und Regime ebenso wie die Breite der von ihnen abgedeckten Sachbereiche und die Eingriffstiefe in staatliche Autonomie bzw. Souveränität. Zudem ist bei wichtigen internationalen Institutionen ein Trend weg vom autonomieschonenden Konsensprinzip hin zu stärker effektivitätsorientierter Supranationalisierung festzustellen. Dies gilt nicht nur für die Europäische Union, sondern auch z.B. für die WTO. Damit ist die Möglichkeit verbunden, daß Staaten auch gegen ihren Willen weitreichende Entscheidungen in nicht-trivialer Zahl auf ihrem eigenen Territorium umsetzen müssen. Die Bereitschaft, dies zu tun, hängt auch und zunehmend von innerstaatlichen Deutungssystemen über angemessene Problemlösung und legitimes Regieren ab. Während zu Zeiten des wenig intensiven Intergouvernementalismus Regieren durch internationale Institutionen noch als technisch notwendig (Weltpostverein), aber politisch wenig bedeutsam erscheinen mag, steigt die Eingriffstiefe und -breite internationaler Institutionen in innerstaatliche Bereiche immer mehr an. Unter ansonsten gleichbleibenden Bedingungen wird es in Gesellschaften, in denen input-orientierte Weltbilder demokratischen Regierens vorherrschen, wahrscheinlich zu größeren Akzeptanzkonflikten kommen als in solchen, bei denen technokratische, output-orientierte Elemente stärker sind (vgl. Abschnitt 2.2).

1.3 Staatlichkeit im Wandel

Der Prozeß der Entgrenzung und das Regieren in internationalen Institutionen wird begleitet von einem Prozeß sich wandelnder Staatlichkeit. „Die eindeutige Abgrenzung des gesellschaftlichen Raumes, in dem die Allgemeinverbindlichkeit politischer Entscheidungen gilt, von seiner Umwelt, in der diese Entscheidungen keine Geltungskraft besitzen, und deren Politik auch nicht in legitimer Weise in den eigenen Raum hinein wirken und dort Geltung entfalten kann, beginnt sich unter den Bedingungen von Globalisierung aufzulösen" (Kohler-Koch/Knodt 1999: 240). Staatliche Grenzziehungen sind nicht ausschließlich Herrschaftsstrategien, sondern auch gesellschaftlich gewollte Prozesse, die in nationalen Bewegungen und im Beharren auf dem Nationalstaat ihren Ausdruck finden. Sie erfüllen somit auch eine soziale Funktion (Brock/Albert 1995: 278). „Wenn nun eine Loslösung gesellschaftlicher, wirtschaftlicher sowie kommunikativer Austauschprozesse von territorialer Gebundenheit und staatlicher Grenzziehung eintritt, so hat diese ‚Entgrenzung' einen Funktionswandel von Staatlichkeit zur Folge" (Kohler-Koch/Knodt 1999: 240).

Regeln zur Herstellung von allgemeinverbindlichen Entscheidungen sind weiterhin erforderlich, d.h. neue Formen des Regierens jenseits des Staates in nicht-hierarchischen Kooperationsformen müssen gefunden werden (Kohler-Koch 1996). Staaten haben dabei das Monopol der Außenpolitik verloren. Sie teilen sich diese Rolle vielmehr mit ressourcenstarken gesellschaftlichen Akteuren. Die verstärkte Vernetzung und daraus resultierende Abhängigkeit sind jedoch kein unbekanntes Phänomen. In den siebziger Jahren wurde dieser Zusammenhang bereits als „komplexe Interdependenz" (Keohane/Nye 1977) beschrieben.

Der dahinterstehende Prozeß der „gesellschaftlichen Denationalisierung" (Zürn 1998) ist für Zürn (in diesem Band) von derart umfassendem Charakter, daß er durch den Übergang von der nationalen zur postnationalen Konstellation beschrieben werden kann. Regieren in der nationalen Konstellation zielt darauf ab, Sicherheit, Recht, Partizipation und soziale Wohlfahrt zu gewährleisten. Die nationale Konstellation basiert dabei auf der externen und internen Anerkennung des Staates, der über eine entsprechend ausreichende materielle Ressourcenbasis verfügen muß und in der Lage ist, gezielte Politiken zu formulieren. Die postnationale Konstellation hingegen zeichnet sich hinsichtlich der Politikformulierung dadurch aus, daß internationale Institutionen die Politik unterschiedlicher Staaten harmonisieren und koordinieren. Dies geschieht durch die Festlegung von Prinzipien, Normen, Regeln und Entscheidungsprozeduren.

Internationale Institutionen erfahren heute einen quantitativen und qualitativen Wandel. Erstens wächst die Zahl der Regelungen im internationalen Kontext schneller als im innerstaatlichen Bereich. Zweitens ändert sich ihr Charakter dahingehend, daß die Regelungsadressaten nicht mehr ausschließlich Staaten sind, sondern zunehmend innergesellschaftliche Akteure, daß positive Regelungen im Vergleich zu negativen zunehmen und daß substantielle Regelungen gegenüber der Regelung von Koordinationsproblemen dominieren. Dies führt im Ergebnis zu einer Transnationalisierung und Supranationalisierung vormals rein intergouvernementaler internationaler Institutionen, da diese ansonsten mit den Problemen der Normkollision und der Überwachung der Regeleinhaltung zu kämpfen hätten.

Postnationale Politik ist für Zürn gekennzeichnet durch funktionale Differenzierung und funktional begrenzte Autorität, die assoziativ vermittelt wird und sich an einem gemeinsamen Interesse aller beteiligten Akteure an der Lösung gemeinsamer Probleme orientiert. Zürn gibt dabei jedoch zu bedenken, daß die postnationale Konstellation sich zum einen noch längst nicht komplett durchgesetzt hat, und daß es zum anderen gerade innerhalb der postnationalen Konstellation erhebliche Variationen gibt (Zürn, in diesem Band). Auch wenn die postnationale Konstellation etwas von einer „neuen Unübersichtlichkeit" jenseits des Staates hat, so lassen sich doch einige Charakteristika des Regierens in internationalen Institutionen identifizieren.

2. Regieren in vernetzten Institutionen

Das Regieren in internationalen Institutionen ist durch eine zunehmende Vernetzung der einzelnen Institutionen gekennzeichnet. Anhaltspunkte dafür geben implizit oder explizit die meisten Beiträge in diesem Band. Woran läßt sich diese Vernetzung festmachen?

Das Phänomen überlappender Zuständigkeiten von internationalen Institutionen bzw. ihr Tätigsein in den gleichen Problemfeldern ist nicht neu. In diesem Zusammenhang wurde gefragt, ob es dadurch zu einer Konkurrenz, Arbeitsteilung oder Koexistenz mit oder ohne gegenseitige Kenntnis- und Einflußnahme kommt und welche Konsequenzen dies für das Regieren in internationalen Institutionen hat. Konkurrenz zwischen Institutionen oder überlappende

Zuständigkeiten werden meist mit negativen Effekten wie der Verursachung von hohen Entscheidungskosten und Problemlösungsdefiziten in Verbindung gebracht: „Kosten im monetären Sinne ineffizienten Mitteleinsatzes und funktional unzureichender Ausstattung der einzelnen Institutionen für die Bearbeitung spezifischer Probleme; folglich auch politische Kosten in dem Sinne, daß aufgrund unbefriedigender Problembearbeitung bzw. -lösung die Glaubwürdigkeit und Legitimität internationaler Institutionen und der sie tragenden Politik in Frage gestellt werden“ (Peters 1995: 278).

Ineffizienzen entstehen auch, wenn doppelte Arbeit geleistet wird oder die internationalen Institutionen sich gegenseitig behindern. Peters weist in diesem Zusammenhang jedoch auch darauf hin, daß Doppelung und Redundanzen nicht immer negativ zu bewerten sind. Gerade Redundanzen können zu größerer Flexibilität führen. So können z.B. Entscheidungsblockaden in einer Institution durch das Tätigwerden einer konkurrierenden Institution überwunden werden. Die positive Seite des Arbeitens mit Redundanzen wird von Grabher (1994) in seinem „Lob der Verschwendung“ am Beispiel der Regionalpolitik dargestellt. Regionale Akteure wählen keinen exklusiven Zugang zur europäischen Ebene, sondern arbeiten mit Redundanzen. Redundanzen haben den Vorteil, daß Regionen bei Veränderungen der Anforderungen der europäischen Ebene auf alternative Wege der Interessenrepräsentation zurückgreifen und somit flexibel reagieren können. Bei regionalen Akteuren, die nicht mit Redundanzen gearbeitet haben, ergaben sich massive Schwierigkeiten in der Fähigkeit zur Interaktion mit der europäischen Ebene (Kohler-Koch et al. 1998).

Arbeitsteilig können Institutionen in bezug auf unterschiedliche Sachbereiche (Sicherheit, Wohlfahrt oder Herrschaft), unterschiedliche Problemfelder innerhalb von Sachbereichen oder auch in bezug auf unterschiedliche Aufgaben innerhalb eines Problemfeldes vorgehen. Arbeitsteilung wird meist mit einem funktional und politisch effizienten Vorgehen sowie einem kostengünstigen und gezielten Mitteleinsatz gleichgesetzt. Um zu einem arbeitsteiligen Vorgehen zu kommen, bedarf es allerdings einer geteilten Auffassung über die Problemlage, die zu bewältigenden Aufgaben, die einzusetzenden Mittel, die notwendigen Ressourcen und die funktionale Übernahme von Teilaufgaben. Ein Beispiel auf der Makroebene bildet die bipolare Ordnung während des Ost-West-Konfliktes. Hier herrschte eine klare Arbeitsteilung sowohl zwischen den Institutionen auf beiden Seiten als auch innerhalb der Staatengruppierungen (Peters 1995: 279). Das Phänomen der Vernetzung von Institutionen existiert jedoch nicht nur auf der Ebene großer Konfliktformationen im internationalen System, sondern in vielfältiger Weise auch auf anderen Abstraktionsebenen.

Am deutlichsten wurde die Vernetzung internationaler Institutionen bisher am Beispiel der EU. Beate Kohler-Koch hat dabei in vielfältigen Schriften auf den Vernetzungscharakter des europäischen Mehrebenensystems hingewiesen. Ihre Kernthese lautet, daß sich in der EU aufgrund ihrer besonderen institutionellen Eigenschaften und gesellschaftlichen Strukturbedingungen eine besondere Art des Regierens entwickelt hat, die man als „Regieren im Netzwerk" bezeichnen kann (Jachtenfuchs/Kohler-Koch 1996; Kohler-Koch 1999).

Das europäische Mehrebenensystem, auch als „Multi-Arenensystem" bezeichnet (Héritier 2001), wird nicht durch Mehrheitsabstimmungen in repräsentativen Gremien, sondern durch ein ausdifferenziertes Konsensmanagement gesteuert. Es ist polyzentrisch organisiert. In diesem System der multiplen, überlappenden und lose gekoppelten Arenen (Benz 2000: 152f) existiert eine Vielzahl von Akteuren, deren Interessen nicht notwendig übereinstimmen. Dies ist zunächst nichts Besonderes; entscheidend ist hingegen, daß die Gruppe der relevanten Akteure, die über „voice" verfügen, nicht von vornherein festgelegt ist, sondern je nach Problembezug variiert.

2.1 Intensiver Transgouvernementalismus

Ein klassisches Thema der Europaforschung ist die Unterscheidung zwischen Intergouvernementalismus und Supranationalismus. Die beiden Begriffe beschränken sich jedoch nicht auf die EU, sondern werden zunehmend auch zur Charakterisierung von Wandlungsprozessen anderer internationaler Organisationen wie etwa der WTO verwendet. Der Begriff des Intergouvernementalismus scheint klar definiert zu sein. Es geht um Staaten, die ohne Einschränkung ihrer Souveränität miteinander verhandeln. Sie delegieren zwar begrenzte Kompetenzen an unabhängige Institutionen wie die Europäische Kommission oder die Sekretariate internationaler Regime. Diese können jedoch keine Autorität über die Staaten gewinnen. In rechtswissenschaftlicher Terminologie ausgedrückt behalten die Staaten in intergouvernementalen Institutionen die Kompetenzkompetenz. Entschieden wird meist im Konsensverfahren, zumindest im Bereich von Verfassungsfragen.

Schon der Begriff des Supranationalismus läßt vermuten, daß hier Institutionen *über* den Staaten stehen. Dabei ging es vor allem in der Europaforschung von Anfang an nicht nur um eine analytische Unterscheidung, sondern auch um ein progressives politisches Programm, das die stets gewaltbereiten und deshalb „unzivilisierten" Nationalstaaten durch Einbindung und Unterordnung zivilisieren wollte. Entsprechend heftig waren auch die Kontroversen darüber, ob in der EU tatsächlich die Überwindung des zwischenstaatlichen Systems gelungen sei (Supranationalismus) oder die klassischen Mechanismen der internationalen Politik auch hier nach wie vor greifen (Intergouvernementalismus). Für die erste Position steht am exponiertesten Ernst Haas (1964), für die zweite Stanley Hoffmann (1966). Wie die Heftigkeit der Diskussion um Andrew Moravcsiks scheinbar revisionistische Interpretation der EU-Geschichte zeigt, hat die Kontroverse nichts von ihrer polarisierenden Wirkung verloren. Haas hatte zwar später versucht, Supranationalismus als Entscheidungsstil zu definieren, der sich in einer anderen Theoriesprache als Problemlösungsmodus oder als Emphatie kennzeichnen ließe, konnte der Kontroverse damit aber nicht ihren dichotomischen Charakter nehmen.

Genau diese scheinbar kategoriale Unterscheidung zwischen Intergouvernementalismus und Supranationalismus als zwei scharf voneinander getrennten Polen verstellt den Blick auf Veränderungsprozesse sowohl im internationalen System als auch in der EU. Das zeigt sich deutlich an Helen Wallaces Beitrag in diesem Band, der sich nicht mit dem intensiv erforschten „ersten Pfeiler" der EU beschäftigt, sondern mit dem vernachlässigten zwischenstaatlichen Bereich. Die neue Art des Regierens in der EU, die Wallace dort ausmacht, sperrt sich gegen eine Einordnung in die gängige Dichotomie supranational vs. intergouvernemental. Wallace bezeichnet diesen Interaktionsmodus als „intensiven Transgouvernementalismus". Er läßt sich als ein partielles Delegieren von Politik in europäische Arenen kennzeichnen. Dies geschieht in Bereichen, für die entweder der Verbleib in nationaler Autonomie als unmöglich eingeschätzt wird oder für die alternative Formen nicht zur Verfügung stehen.

Gleichzeitig ist der intensive Transgouvernementalimus durch einen hohen Grad von Aktivität gekennzeichnet. Beteiligt sind vor allem die hohen Beamten der nationalen Verwaltungen und zu einem geringeren Teil die Kommission. Das Europäische Parlament wie auch die nationalen Parlamente sind hingegen kaum involviert. Die Instrumente und Methoden der Koordination sind „weich", kommunikativ und konsensual. Ob sich diese weichen Methoden und die partielle Delegation auch in anderen als den von Wallace beschriebenen experimentellen Bereichen durchsetzen werden, wird sich erst noch zeigen müssen. Deutlich ist jedoch, daß der intensive Transgouvernementalimus einen starken Vernetzungscharakter in zwei Richtungen aufweist. Zum einen ist dies die Vernetzung zwischen nationaler und europäischer Ebene, zum anderen deutet Wallace die Vernetzung mit anderen internationalen Organisationen an. In ihrer Analyse der neuen Formen transgouvernementalen Regierens stellt sie fest, daß Methoden und Techniken sowohl von der OECD als auch von der NATO übernommen und in die EU-Arenen importiert worden sind. So sind die im Weißbuch der Kommission über Europäisches Regieren (European Commission 2001) als „offenen Arbeitsweise" bezeichneten Methoden wie Audit-Verfahren oder Benchmarking ursprünglich im Rahmen der OECD entwickelt worden und von dort in den Politikprozeß der EU übernommen worden.

Diese Übernahme von Ideen und Routinen im Politikprozeß findet sich auch im Bereich der Gemeinsamen Außen- und Sicherheitspolitik der Gemeinschaft. Hier wurden Methoden der gemeinsamen Planung, rountiniertem Vorgehen und Sicherstellung der Ressourcen für Ausrüstung und Personal von der NATO übernommen. Die damit angesprochene Vernetzung ist jedoch keine Einbahnstraße. Ebenso exportiert die EU Standards, Methoden und Modelle in die Welt. Beispiele für einen solchen Export finden sich in den Bereichen Kriminalitätsbekämpfung, Ressourcen-Pooling in der Fischerei, Handelsstandards und demokratische Prinzipien in der Mittelmeerpolitik (Knodt/Princen 2002). Dazu betreibt die EU aktiv Institutionenpolitik in internationalen Arenen. Besonders deutlich wird dies am Beispiel der WTO, das zeigt, welch engen Beschränkungen die EU durch die internationalen Vereinbarungen im Welthandelsregime unterliegt.

Doch trotz der restriktiven Vorgaben durch die WTO kann daraus nicht der Schluß gezogen werden, daß die WTO die EU einseitig zur Anpassung zwinge. Der Grund hierfür ist, daß mit der Einrichtung der WTO internationales Recht geschaffen wurde, das mit jedem weiteren handelspolitischen Abkommen fortgeschrieben und durch die tägliche Verfahrenspraxis in der einen oder anderen Richtung verfestigt wird. Die Vorgaben der WTO sind also Ergebnisse von Aushandlungsprozessen, an denen auch die EU und ihre Mitgliedstaaten beteiligt sind. Die WTO selbst ist somit Gegenstand einer gezielten Institutionenpolitik. Gerade weil die Mitglieder der WTO (nicht nur die EU) wissen, welche spürbaren Folgen WTO-Regelungen haben können, prüfen sie die weitere rechtliche Entwicklung sehr sorgfältig. Bestehen grundlegende Auffassungsunterschiede, dann ist zu erwarten, daß eine neue Verhandlungsrunde erst gar nicht zustande kommt. Bestes Beispiel hierfür ist das Scheitern der Konferenz von Seattle im Jahre 1999, die eine neue Welthandelsrunde einläuten sollte. Dieses Scheitern war nicht dem Widerstand gewaltbereiter Aktivisten der zahlreichen dort vertretenen Nicht-Regierungsorganisationen anzulasten, sondern der Uneinigkeit führender Handelsmächte, allen voran der EU und der USA.

2.2 Legitimes Regieren durch vernetzte Institutionen?

Die Ausübung von Herrschaft in politischen Räumen bedeutet immer, daß verbindliche, mit dem Anspruch der Allgemeingültigkeit versehene Entscheidungen getroffen werden. Die Frage stellt sich daher immer, mit welchen guten Gründen sich diese Herrschaftsausübung rechtfertigen läßt, worin sich also ihre Legitimität gründet. Zum einen geht es dabei um die Frage, mit welcher Begründung Entscheidungen auch von denen befolgt werden sollen, die mit der Entscheidung inhaltlich nicht einverstanden sind. Zum anderen ist zu fragen, inwieweit die Legitimität der Herrschaft von den Herrschaftsunterworfenen tatsächlich anerkannt wird. Gerade im Fall der EU stellt sich die Frage nach der Legitimität von Herrschaft besonders dringlich (Jachtenfuchs 2002b; Kohler-Koch 2000b).

Ein breiter Diskussionsstrang vor allem in Deutschland hat diesbezüglich in den letzten Jahren betont, daß das klassische Modell demokratischer Legitimation – repräsentative Körperschaften – aufgrund fehlender gesellschaftlicher Voraussetzungen nicht ohne weiteres auf internationale Institutionen übertragbar ist. Die daraus entstehenden Legitimationsdefizite sind so lange tolerierbar, wie die jeweiligen Institutionen nur marginal in staatlich verfaßte Gesellschaften eingreifen. Genau dies ist aber bei einer wachsenden Zahl von internationalen Institutionen nicht mehr der Fall: sie greifen tief und umfassend in die Innenpolitik ein. Die extremsten Fälle sind sicherlich diejenigen, in denen internationale Institutionen – meist unter Führung der UN – Staaten nach dem Ende von Bürgerkrieg oder Gewaltherrschaft quasi neu erschaffen, indem sie ihnen beim Aufbau politischer Institutionen, öffentlicher Verwaltung, dem Rechtssystem bis hin zur Verfassung helfen oder diese Aufgaben praktisch in Eigenregie übernehmen. Für die OECD-Staaten erheblich bedeutender ist aber die Tätigkeit internationaler Institutionen im Wirtschaftsbereich. Hier geht es vor allem um die WTO und die EU.

In der Diskussion der letzten Jahre über die Demokratieproblematik des Regierens jenseits der Staatlichkeit hat sich die Unterscheidung zwischen input- und output-orientierter Demokratie bzw. Legitimität eingebürgert (Scharpf 1999: Kap. 1). Am Output, also an der Leistung des politischen Systems orientierte Legitimität ist im Rahmen von input-orientierten Legitimationssträngen durchaus akzeptabel. Problematisch wird diese Orientierung allerdings dann, wenn ihre Einbettung in partizipatorische politische Prozesse als den Erfordernissen modernen Regierens nicht mehr angemessen abgewertet wird (Andersen/Burns 1996). Dann besteht die Gefahr, daß die analytische Betonung des durchaus vorhandenen Leistungspotential output-orientierter Demokratievorstellungen zur rein machtpolitisch motivierten Ideologie wird, die demokratische Kontrolle mit dem Verweis auf die vorgeblich modernen Verhältnisse gar nicht mehr will. Technokratie als Leitidee für das Regieren in internationalen Institutionen ist nicht nur auf die Europäische Kommission und ihr Weißbuch über Regieren (Scharpf, in diesem Band) beschränkt.

Die Frage nach der Legitimität des Regierens stellt sich im internationalen Bereich nicht nur im Fall der Europäischen Union, wie nicht erst nach den Protesten der NGOs anläßlich der WTO-Tagung in Seattle deutlich geworden ist und wie die Beiträge von Wolf, Gehring, Zürn sowie von Börzel und Risse in diesem Band eindrücklich vor Augen führen. Eine zentrale Stellung in den Versuchen, einen Nettoverlust an Demokratie aufgrund zunehmend technokratischer Herrschaftsverhältnisse zu verhindern, nimmt die Diskussion um die Einbindung der Zivilgesellschaft ein. Die „Privatisierung der Weltpolitik" (Brühl u.a. 2001) wirft die Frage auf, ob sich durch eine stärkere Mitwirkung zivilgesellschaftlicher Akteure das mit der Internationalisierung des Regierens verbundene Demokratieproblem sowie das Dilemma zwischen Effektivität und Partizipation lösen läßt. So untersucht etwa Wolf (in diesem Band), ob und wie sich die Entstaatlichung des Regierens im Sinne einer stärkeren Partizipation zivilgesellschaftlicher Akteure nutzen läßt und in welchem Maße dies zu einem Rückgewinn an Legitimität führen könne.

Entstaatlichung impliziert bei ihm zum einen die Entlastung des Staates und eine Beschränkung der von ihm zu leistenden Funktionen, zum anderen die Herausbildung neuer Muster politischer Steuerung. Um den Zusammenhang zwischen Entstaatlichung und Legitimität des Regierens aufzeigen zu können, bemüht sich Wolf, diese beiden Größen meßbar zu machen und mit empirischer Evidenz zu unterfüttern. Dabei zeigen sich insgesamt überraschende Einbrüche zivilgesellschaftlicher (Selbst-)steuerung in vermeintlich dem Staat vorbehaltenen Kompetenzbereichen, in denen der Staat sich faktisch auf die Rolle des Schirmherren zurückzieht, der eine eher komplementäre und primär konstituierende Tätigkeit ausübt, sich aber aus konkreten Operationen weitestgehend heraushält. Andererseits zeigen sich aber auch deutliche Grenzen dieser Prozesse in Funktionsbereichen, in denen Staatlichkeit zur Gewährleistung der Legitimität politischer Steuerung kaum zu ersetzen sein wird.

Auf eine ganz andere Art der Legitimierung des Regierens in internationalen Institutionen macht Gehring aufmerksam. Ähnlich wie Alberta Sbragia (in diesem Band) widmet er sich dem Verhältnis von marktschaffender und marktkorrigierender Regulierung durch internationale Institutionen, untersucht dieses jedoch am Beispiel der WTO. Diese ist von ihrer ursprünglichen Konzeption her eine rein marktschaffende Organisation, kann aber den Bedarf an marktkorrigierender Regulierung im internationalen System auf Dauer nicht ignorieren. Dies läßt sich am Beispiel der Verfahrens- und der Produktstandards aufzeigen. In beiden Bereichen ist ein Trend hin zu marktkorrigierenden Regelungen erkennbar. Die WTO vermeidet es jedoch, hierbei selbst standardsetzend tätig zu werden und importiert stattdessen bestehende Standards, die im Rahmen anderer internationaler Institutionen bereits erarbeitet worden sind. Die dabei eingeführten externen Standards können zum einen als Maßstäbe im Rahmen des WTO-internen Entscheidungsprozesses dienen und das Ausmaß nationaler Alleingänge begrenzen helfen, zum anderen werden sie aufgrund der losen Kopplung mit dem WTO-System keine unerwünschten Rigiditäten hervorrufen. Die WTO verbindet damit eine an Auflagen geknüpfte und von ihr selbst kontrollierte Ermächtigung der Mitgliedstaaten, weitergehende einseitige Maßnahmen zu ergreifen (Gehring, in diesem Band). In seiner empirischen Analyse unterschiedlicher Fälle arbeitet

Gehring dabei die Bedeutung des WTO-Streitbeilegungsverfahrens heraus und thematisiert damit die Rolle internationaler Gerichtsbarkeit für die Normentstehung und -durchsetzung.

Durch diese Kopplung von Institutionen entsteht ohne interinstitutionelle Koordination ein Netzwerk von aufeinander bezogenen internationalen Institutionen, in dessen Zentrum die WTO steht. Diese Übernahme von Standards erlaubt der WTO eine Öffnung für marktkorrigierende Regulierungsbedürfnisse. Gleichzeitig gewinnen die importierten Standards durch das Sanktionspotential der WTO an Verbindlichkeit bzw. es wird der Anreiz zur Weiter- und Neuentwicklung internationaler Standards erhöht. Gerade der letzte Punkt weist auf einen Handlungsdruck für die WTO-Mitgliedstaaten hin.

Gehring beschreibt die Auswirkungen des WTO-Regimes auf die Mitgliedstaaten in zwei Dimensionen. Zum einen wird es ihnen in Zukunft aufgrund zusätzlicher institutioneller Restriktionen noch schwerer fallen, ihre Gesellschaften wirksam vor Risiken und Schäden zu schützen. Zum anderen wird jedoch ihre Fähigkeit zur koordinierten Steuerung auf der internationalen Ebene erheblich steigen, da durch die Entwicklung innerhalb der Welthandelsorganisation signifikante zusätzliche Kooperationsanreize entstehen. Doch die verstärkte Übernahme von internationalen Standards durch die WTO setzt die Staaten unter erhöhten Handlungsdruck. Wollen sie nicht negativ von den Standards betroffen werden bzw. ihre eigenen Standards auf die internationale Ebene heben, so müssen sie eine gezielte Institutionenpolitik innerhalb der WTO und innerhalb des mittlerweile entstandenen Netzwerkes betreiben.

Dies ist eine Herausforderung, der gerade die Entwicklungsländer, die am stärksten von internationalen Verfahrens- wie Produktstandards betroffen sind, am wenigsten gewachsen sind. Gehring zeigt deutlich, daß die Vernetzung internationaler Institutionen weit vorangeschritten ist und sich auch theoretisch nicht in einer reinen Koexistenz erschöpft. Internationale Institutionen beeinflussen sich trotz ihres auf den ersten Blick losen Nebeneinanders gegenseitig, ja machen untereinander Anleihen, die Auswirkungen auf Inhalte und Ansehen ihrer Politik haben. Weiler kommt in seiner Analyse eines aufkommenden „Common Law of International Trade“ zu ähnlichen Schlußfolgerungen. Er sieht in dem bestehenden „interlocking system of trade law“ durch gegenseitige Beeinflussung konvergierende Normen des internationalen Handels entstehen (Weiler 2001).

Diese Tendenz macht Weiler an drei Punkten fest: Erstens werden die gleichen Regulierungsmaßnahmen gleichzeitig in diversen betroffenen internationalen Regimen behandelt. Zweitens beobachtet er wie Gehring das Phänomen, daß internationale Regime gegenseitig große Teile ihres Regelungsbestandes übernehmen. Ein Beispiel dafür ist die NAFTA, die häufig große Teile des GATT übernimmt. Dies resultiert in einer Konvergenz rechtlicher

Problemlösungen. Drittens kann man beobachten, daß in den jeweiligen internationalen Regimen private Akteure eine zunehmende Rolle spielen (Weiler 2001: 4).

Gerade hierbei werden jedoch die Grenzen zivilgesellschaftlicher Beteiligung deutlich, wie sie durch ineinander verflochtene internationale Institutionen aufgebaut werden. Wie Wolf in seinem Beitrag zeigt, können sektorale „gesellschaftliche Regime“ Auswirkungen auf andere Arenen internationaler Diskussion haben. Ist dies der Fall, so entsteht ein hoher Vertretungs- und Koordinationsbedarf, der meist die Einbindung aller beteiligter Akteure einschließlich der Staaten notwendig macht. Das gleiche Phänomen in Bezug auf die EU erwähnt Wallace (in diesem Band). In ihrer Analyse der neuen Formen des intensiven Transgouvernementalismus stellt sie fest, daß Methoden, Instrumente und Techniken sowohl von der OECD als auch von der NATO übernommen und in die EU-Arenen importiert worden sind. Zürn weist in seinem Beitrag auf die steigende Rolle transnationaler epistemischer Gemeinschaften hin, deren Bedeutung in dem Maße zunimmt, wie sich Problemlagen und Politikformulierungsprozesse denationalisieren. In diesem Zusammenhang vermutet er auch, daß mit der Generierung grenzüberschreitender Solidaritätspotentiale auch solche internationalen Politiken wirksam werden könnten, die einige wenige grundlegende universale Menschenrechte bzw. transnationale Bürgerrechte befördern. Dies knüpft wiederum an Weilers Konvergenzthese an.

3. Fazit

Staaten begegnen den Nebenfolgen der Entgrenzung zunehmend durch die Schaffung oder Stärkung internationaler Institutionen, mit denen über ihr eigenes Territorium hinausreichende kollektiv verbindliche Entscheidungen getroffen werden. Dieses Regieren durch internationale Institutionen ist ebensowenig ein kategorial neues Phänomen wie die Entgrenzung, hat aber in den letzten Jahrzehnten stark an Intensität zugenommen. Schon durch die rein zahlenmäßige Expansion internationaler Institutionen entstehen Folgeprobleme. Diese werden durch die mit der quantitativen Expansion einhergehenden Erhöhung der Eingriffstiefe internationalen Regierens noch verstärkt.

In einer zeitübergreifenden Gesamtbetrachtung zeigt sich dabei, daß das Regieren im internationalen System zunehmend Charakteristika aufweist, die auch beim Regieren in den Staaten der OECD-Welt seit einiger Zeit beobachtet werden. Die vielleicht wichtigste besteht darin, daß funktionale und territoriale Subsysteme nicht mehr weitgehend isoliert voneinander bestehen, sondern interagieren. Die zentrale These des Bandes lautete daher, daß Regieren in internationalen Institutionen durch die zunehmende Vernetzung der einzelnen

Institutionen gekennzeichnet ist. Interaktion ist aufgrund der zunehmenden Entscheidungslasten bei nicht im gleichen Maße steigenden Informationsverarbeitungskapazitäten kaum zu vermeiden. Sie rührt aber auch von der Tatsache, daß sich einzelne internationale Institutionen historisch in relativ autonomen Politikfeldern entwickelt und spezialisiert haben und nun mit anderen Sachbereichen in Berührung kommen, für die sie nicht ausgelegt sind.

Das Phänomen der überlappenden Zuständigkeit, das Tätigsein in gleichen Problemfeldern bzw. der Bearbeitung politikfeldübergreifender Probleme durch internationale Institutionen ist nicht neu. In diesem Zusammenhang wurde bisher jedoch von einer Konkurrenz, Arbeitsteilung oder Koexistenz mit oder ohne gegenseitige Kenntnis- und Einflußnahme ausgegangen. Die Beiträge dieses Bandes haben demgegenüber deutlich gemacht, daß die zur Zeit zu beobachtende zunehmende Vernetzung der einzelnen Institutionen über das bisherige, eher durch Parallelität gekennzeichnete Verhältnis von Konkurrenz bis Koexistenz weit hinausgeht. So wird u.a. legitimes Regieren oft durch den Import bereits etablierter Standards und Normen aus anderen internationalen Institutionen hergestellt. Das bisher dominierende Bild des losen Nebeneinanders internationaler Institutionen muß daher durch das einer engen Kopplung ersetzt werden.

Die enge Kopplung von internationalen Institutionen ist somit bezüglich der Funktionserfüllung angemessen. Sie hat allerdings den Nachteil, daß sie die ohnehin schon schwierige demokratische Kontrolle des internationalen Regierens weiter erschwert, da eindeutige Verantwortlichkeiten für politisches Handeln immer schwerer ausgemacht werden können. Dies mobilisiert in zunehmendem Maße private Akteure. Die Hoffnungen auf eine Demokratisierung der internationalen Politik durch eine stärkere Rolle der Zivilgesellschaft sollte man allerdings nicht zu hoch hängen. Schon innerhalb der EU zeigen sich massive Asymmetrien hinsichtlich der Mobilisierungs- und Organisationsfähigkeit einzelner Gruppen. Diese werden sich außerhalb ihrer Grenzen nur verstärken. Damit sollen Demokratisierungspotentiale durch zivilgesellschaftliche Akteure nicht völlig ausgeschlossen werden. Das Gesamtbild erinnert jedoch stark an pluralistische Theorien: Alle haben zwar das gleiche Recht, ihrem Anliegen durch Organisation stärker Gehör zu verschaffen, aber einigen gelingt dies erheblich leichter als anderen.

Wie innerhalb der Staaten, so werden die Regierungen auch im internationalen System durch private Akteure mit hohem Ressourcen- und Informationsvorsprung in einem Maße herausgefordert, das effektives Regieren ohne die Beteiligung dieser Akteure praktisch unmöglich macht. Man sollte die Parallelen zwischen innerstaatlichem und internationalem System hinsichtlich der Charakteristika des Regierens jedoch nicht übertreiben. Funktionale Differenzierung, der Aufstieg privater Akteure, die zunehmende Wissensintensität und die zunehmende Verbreitung von Verhandlungssystemen sind beiden Bereichen zwar gemeinsam, auch wenn die geschilderten Tendenzen sicherlich innerstaatlich ausgeprägter sind als zwischenstaatlich.

Die Möglichkeiten der öffentlichen Mobilisierung und der demokratischen Kontrolle sind allerdings deutlich geringer. Das ist um so bedenklicher, als sich internationale Institutionen eben nicht auf diejenigen Bereiche beschränken, die ihnen die politische Theorie als relativ weniger demokratiebedürftig empfiehlt. Zwar sind die Staaten institutionenpolitisch erheblich innovativer als ihnen oft unterstellt wird und haben mittlerweile ein reiches Instrumentarium an „weichen“ Koordinationsmechanismen entwickelt, das staatliche Autonomie möglichst weitgehend zu bewahren sucht. Die Erforschung dieses Netzwerkregierens ist allerdings bisher weitgehend den überkommenen politikwissenschaftlichen Dichotomien zum Opfer gefallen. Schon frühzeitig durch empirische Forschung den Brückenschlag zwischen innerstaatlichem und internationalem Regieren versucht zu haben, ist eines der großen Verdienste von Beate Kohler-Koch.

4. Literatur

Andersen, Svein S./Burns, Tom R. 1996: The European Community and the Erosion of Parliamentary Democracy: A Study of Post-parliamentary Governance, in: Andersen, Svein S./Eliassen, Kjell A. (Hrsg.): The European Union: How Democratic Is It?, London etc., S. 227-251.

Benz, Arthur 2000: Entflechtung als Folge von Verflechtung. Theoretische Überlegungen zur Entwicklung des europäischen Mehrebenensystems, in: Grande, Edgar/Jachtenfuchs, Markus (Hrsg.): Wie problemlösungsfähig ist die EU? Regieren im europäischen Mehrebenensystem, Baden-Baden, S. 141-163.

Blumer, Herbert 1973: Der methodologische Standort des Symbolischen Interaktionismus, in: Arbeitsgruppe Bielefelder Soziologen (Hrsg.): Alltagswissen, Interaktion und gesellschaftliche Wirklichkeit, Bd. 1: Symbolischer Interaktionismus und Ethnomethodologie, Reinbek, S. 80-146.

Brock, Lothar/Albert, Mathias 1995: Entgrenzung der Staatenwelt. Zur Analyse weltgeschichtlicher Entwicklungstendenzen, in: Zeitschrift für Internationale Beziehungen, 2, 2, S. 259-285.

Brühl, Tanja (Hrsg.) 2001: Die Privatisierung der Weltpolitik. Entstaatlichung und Kommerzialisierung im Globalisierungsprozeß, Bonn.

Cutler, A. Claire/Haufler, Virginia/Porter, Tony (Hrsg.) 1999: Private Authority and International Affairs, New York.

Dogan, Mattei/Pahre, Robert 1990: Creative Marginality. Innovation at the Intersections of Social Sciences, Boulder.

Esser, Hartmut 1993: Soziologie. Allgemeine Grundlagen, Frankfurt a.M./New York.

European Commission 2001: European Governance. A White Paper, COM (2001) 428, 25.7.2001.

Goodin, Robert E./Klingemann, Hans-Dieter 1996: Political Science. The Discipline, in: dies. (Hrsg.): A New Handbook of Political Science, Oxford, S. 3-49.

Grabher, Gernot 1994: Lob der Verschwendung. Redundanz in der Regionalentwicklung: Ein sozioökonomisches Plädoyer, Berlin.

Haas, Ernst 1964: Technocracy, Pluralism, and the New Europe, in: Graubard, Stephen R. (Hrsg.): A New Europe?, Boston, S. 62-88.

Hellmann, Birgit/Knodt, Michèle/Kohler-Koch, Beate 2001: Globalisierung und Integration: Formen politischer Steuerung in einer globalisierten Welt, in: Matthias Kettner/Georg Oesterdiekhoff/Werner Reh (Hrsg.): Globalisierung – Mehr Wohlstand? Mehr Demokratie? (i.E.)

Héritier, Adrienne 2001: Differential Europe. The European Union Impact on National Policymaking, in: dies. (Hrsg): Differential Europe, Boulder, S. 1-21.

Hoffmann, Stanley 1966: Obstinate or Obsolete? The Fate of the Nation-State and the Case of Western Europe, in: Daedalus 95, S. 862-915.

Jachtenfuchs, Markus/Kohler-Koch, Beate (Hrsg.) 1996: Europäische Integration, Opladen.

Jachtenfuchs, Markus 2002a: Die Konstruktion Europas. Verfassungsideen und institutionelle Entwicklung, Baden-Baden.

Jachtenfuchs, Markus 2002b: Verfassung, Parlamentarismus, Deliberation. Legitimation und politischer Konflikt in der EU, in: Landfried, Christine (Hrsg): Politik in einer entgrenzten Welt, Köln, S. 77-96.

Keohane, Robert O./Nye, Joseph S. 1977: Power and Interdependence. World Politics in Transition, New York.

Knodt, Michèle 1998: Tiefenwirkung europäischer Politik. Eigensinn oder Anpassung regionalen Regierens?, Baden-Baden.

Knodt, Michèle 2000: Europäisierung à la Sinatra. Deutsche Länder im europäischen Mehrebenensystem, in: Knodt, Michèle/Kohler-Koch, Beate (Hrsg): Deutschland zwischen Europäisierung und Selbstbehauptung. Mannheimer Jahrbuch für Europäische Sozialforschung, Bd. 5, Frankfurt a.M./New York, S. 237-264.

Knodt, Michèle/Princen, Sebastiaan (Hrsg.) 2002: Understanding the EU's External Relations, London.

Kohler-Koch, Beate 1993: Die Welt regieren ohne Weltregierung, in: Böhret, Carl/ Wewer, Göttrik (Hrsg): Regieren im 21. Jahrhundert. Zwischen Globalisierung und Regionalisierung. Festgabe für Hans-Hermann Hartwich zum 65. Geburtstag, Opladen, S. 109-141.

Kohler-Koch, Beate 1996: Politische Unverträglichkeiten von Globalisierung, in: Steger, Ulrich (Hrsg.): Globalisierung der Wirtschaft – Konsequenzen für Arbeit, Technik und Umwelt, Berlin, S. 83-114.

Kohler-Koch, Beate 1999: Evolution and Transformation, in: Kohler-Koch, Beate/Eising, Rainer (Hrsg.): The Transformation of Governance in the European Union, London, S. 14-35.

Kohler-Koch, Beate 2000a: Framing. The Bottleneck of Constructing Legitimate Institutions, in: Journal of European Public Policy 7, S. 513-531.

Kohler-Koch, Beate 2000b: Auf der Suche nach demokratischer Legitimität, in: Aus Politik und Zeitgeschichte B6, S. 30-36.

Kohler-Koch, Beate et al. 1998: Interaktive Politik in Europa. Regionen im Netzwerk der Integration, Opladen.

Kohler-Koch, Beate/Edler, Jakob 1998: Ideendiskurs und Vergemeinschaftung. Erschließung transnationaler Räume durch europäisches Regieren, in: Kohler-Koch,

Beate (Hrsg): Regieren in entgrenzten Räumen (PVS-Sonderheft 29/1998), Opladen, S. 169-206.
Kohler-Koch, Beate/Knodt, Michèle 1999: Konzepte der politischen Steuerung in einer globalisierten Welt, in: Ulrich Steger (Hrsg.): Facetten der Globalisierung. Ökonomische, soziale und politische Aspekte, Berlin u.a., S. 235-256.
Lau, Ephrem Else 1978: Interaktion und Institution. Zur Theorie der Institutionen und der Institutionalisierung aus der Perspektive einer verstehend-interaktionistischen Soziologie, Berlin.
Lepsius, M. Rainer 1995: Institutionenanalyse und Institutionenpolitik, in: Nedelmann, Birgitta (Hrsg): Politische Institutionen im Wandel (KZfSS Sonderheft 35/1995), Opladen, S. 392-403.
March, James G./Olsen, Johan P. 1989: Rediscovering Institutions. The Organizational Basis of Politics, New York etc.
Milner, Helen V. 1999: Rationalizing Politics. The Emerging Synthesis of International, American, and Comparative Politics, in: Katzenstein, Peter J./Keohane, Robert O./Krasner, Stephen D. (Hrsg): Exploration and Contestation in the Study of World Politics, Cambridge/London, S. 119-146.
Nullmeier, Frank 1997: Interpretative Ansätze in der Politikwissenschaft, in: Benz, Arthur/Seibel, Wolfgang (Hrsg): Theorieentwicklung in der Politikwissenschaft. Eine Zwischenbilanz, Baden-Baden, S. 101-144.
Peters, Ingo 1995: Europäische Sicherheitsinstitutionen: Arbeitsteilung oder Konkurrenz?, in: Forndran, Erhard/Lemke, Hans-Dieter (Hrsg.): Sicherheitspolitik für Europa zwischen Konsens und Konflikt. Analysen und Optionen, Baden-Baden, S. 277-304.
Rein, Martin/Schon, Donald 1991: Frame-reflective Policy Discourse, in: Wagner, Peter/Weiss, Carol Hirschon/Wittrock, Björn/Wollmann, Hellmut (Hrsg): Social Sciences and Modern States. National Experiences and Theoretical Crossroads, Cambridge, S. 262-289.
Scharpf, Fritz W. 1997: Games Real Actors Play. Actor-Centered Institutionalism in Policy Research, Boulder.
Scharpf, Fritz W. 1999: Regieren in Europa. Effektiv und demokratisch?, Frankfurt a.M./New York.
Steger, Ulrich (Hrsg.) 1999: Facetten der Globalisierung. Ökonomische, soziale und politische Aspekte, Berlin etc.
Weiler, Joseph H.H. 2001: Cain and Abel. Convergence and Divergence in International Trade Law, in: ders. (Hrsg): The EU, the WTO and the NAFTA. Towards a Common Law of International Trade?, Oxford, S. 1-4.
Zürn, Michael 1998: Regieren jenseits des Nationalstaates. Denationalisierung und Globalisierung als Chance, Frankfurt a.M.

Friedrich Kratochwil

Souveränität und Moderne: Eine begriffliche Analyse des semantischen Feldes

1. Einleitung

Sich über die Souveränitätsproblematik Gedanken zu machen, ist naheliegend in einer Zeit, in der das „europäische Projekt" nicht nur seine Verwirklichung sucht, sondern auch immer noch auf der Suche nach einem Vokabular ist, das diesen Prozeß erfaßt und ihm auch Sinn gibt. Zudem fügt es sich gut, dies an dieser Stelle zu tun, gerade weil die Autorin, der dieser Band gewidmet ist, in beispielhafter Art und Weise in diesem Bereich gearbeitet hat. Damit wird jedoch auch die weitere Frage aufgeworfen, wie man sich diesem Problem nähern soll, zumal die konzeptuelle Klärung eigentlich noch vor jeder expliziten Theoriebildung und den damit verbundenen Methodenfragen liegt. Gerade weil die soziale Welt nicht einfach vorfindbar ist, sondern durch die Aktionen der Akteure erst geschaffen wird, kommt der Rekonstruktion der Verständnisse, welche die politische Praxis leiten, entscheidende Bedeutung zu.

Damit wird eine derartige Analyse immer in einer gewissen Weise historisch, da man im Gegensatz zur Natur nicht auf trans-historisch gegebene natürliche Fakten zurückgreifen kann. Jedoch ist das theoretische Anliegen mit dem historischen Befund noch nicht zufriedenstellend abgedeckt, sondern es verlangt nach einer weiteren analytischen Aufarbeitung der für die soziale Welt konstitutiven Dimension. Solch eine Aufarbeitung resultiert dann in einer Erklärung, die nicht kausaler Natur ist – im Sinne der *causa efficiens,* wie sie uns im Ideal des neuzeitlichen Wissenschaftsbegriffs entgegentritt – sondern in einer, die nach den Eigenschaften und den Möglichkeiten eines Phänomens fragt, wie Wendt dies auch vor kurzem schön herausgestellt hat. Dabei müssen wir nicht bei einer Beschreibung stehen bleiben, sondern es läßt sich über die Kategorie der Möglichkeit und der darin angelegten Selektion auch eine Logik der Entwicklung erschließen, die einen Erkenntnisgewinn jenseits und über jenen der konzeptionellen Erfassung hinaus verspricht.

Um diese Thesen zu untermauern, möchte ich beispielhaft auf die generative Logik der Souveränität in diesem Artikel eingehen, speziell auf den Zusammenhang von Souveränität und Eigentum (*dominium*), wie er sich in der Entwicklung des europäischen Staatensystems nachweisen läßt. Das Argument entwickele ich in den folgenden Schritten. Im nächsten Abschnitt beginne ich mit der Analyse des Souveränitätsbegriffs, wie er sich aus der voluntaristischen Rechtsphilosophie Bodins ergibt. Dann kontrastiere ich ihn mit dem später dominanter werdenden Souveränitätsbegriff, der auf dem römischen Institut des *dominiums* aufbaut, also souveräne Rechte per Analogie zu dem Besitz von Land konstruiert. Trotz des Bodinschen Versuchs, Souveränität als darüber hinausgehende Macht zu konstruieren, wird doch auch bei ihm ein enger Zusammenhang zwischen souveräner Macht und (originärem) Besitz anerkannt.[1] Im dritten Abschnitt verfolge ich die „Eigentumsproblematik" (*property*) im innerstaatlichen Bereich und zeige, wie *property*, zu *propriety* werdend, die Problematik der traditionellen Ethik verändert, und wie deshalb Eigentum, Vertrag und Souveränität mit dem politischen Projekt der Moderne zusammenhängen. Damit ist das semantische Feld aufgearbeitet, als dessen Teile Einzelbegriffe wie Anarchie, Souveränität, Landeshoheit etc. das Vokabular des modernen Staates und des internationalen Systems bilden. Eine kurze Reflexion auf die Problematik von Sprache, Begrifflichkeit und Kriterien des „theoretischen" Fortschritts in den Sozialwissenschaften schließt diese Arbeit ab.

2. Majestas vs. dominium: zur Semantik der Souveränität

Der *locus classicus* für den Durchbruch des Vokabulars der Souveränität – der mittelalterliche Usus dieses Begriffs gab ja lediglich ein Verhältnis von Unter- und Überordnung an – ist zweifellos Bodins 8. Kapitel im ersten Buch seines Werkes „Sechs Bücher" über den Staat (1981: 205f.):

> „Unter der Souveränität ist die dem Staat eignende, absolute und zeitlich unbegrenzte Gewalt zu verstehen, von den Lateinern *majestas*, von den Griechen *akra exousia*, auch *kyria arche*, oder auch *kyrion politeuma* genannt. Die Italiener nennen sie „*signoria*", wenden diesen Begriff aber auch auf einzelne Personen und jene an, die sämtliche Staatsgeschäfte in einem Staat wahrnehmen. An dieser Stelle eine Definition zu geben, ist deshalb notwendig, weil sich noch nie ein Rechtsgelehrter oder ein Vertreter der politischen Philosophie dieser Mühe unterzogen hat, obwohl doch gerade die Souveränität den Kern jeder Abhandlung über den Staat darstellt und vor allem anderen begriffen sein will. Nachdem wir gesagt haben, daß der Staat gekennzeichnet ist durch eine am Recht orientierte souveräne Regierungsgewalt über eine Vielzahl von Haushaltungen und das, was ihnen gemeinsam ist, ist nun zu erläutern, was souveräne Gewalt bedeutet.

1 Siehe dafür auch Euchner (1973: 261-80).

Ich habe diese Gewalt eine zeitlich unbegrenzte genannt, wie es auch sein kann, daß man einzelnen oder mehreren Personen absolute Gewalt auf bestimmte Zeit verleiht, nach deren Ablauf sie dann nichts anderes mehr sind als schlichte Untertanen, und auch solange sie diese Gewalt innehaben, können sie sich nicht als souveräne Fürsten bezeichnen, weil sie lediglich Verweser und Hüter dieser Macht ... sind ... . So, wie nämlich nach wie vor Eigentümer und Besitzer bleibt, wer einem anderen einen Teil seines Eigentums leiht, bleiben auch Eigentümer und Besitzer der Macht, Recht zu sprechen und zu befehlen, jene, die sie entweder auf bestimmte Zeit oder auf Widerruf anderen zu leihen gegeben oder bis auf Widerruf übertragen haben ... .
Der Souverän überträgt auch nie soviel Macht, daß er nicht noch immer mehr Macht zurückbehielte. Nie ist er vom Befehl ausgeschlossen oder davon, im Vorgriff, zusätzlich, kraft Evokation oder nach Belieben Fälle zu entscheiden, mit denen er seine Untertanen, sei es kommissarisch, sei es als Amtsträger, betraut hat."

Bodins Text läßt sich in Inhalt und Stil in verschiedener Hinsicht hinterfragen. Zunächst einmal steht die Begrifflichkeit einer abstrakten absoluten Macht, die durch die oberste Staatsgewalt umschrieben wird, in Spannung zu der ganz personalistisch gehaltenen Konzeptualisierung originärer Herrschaft aufgrund von Besitz des „obersten" Fürsten. Ganz abgesehen davon, daß solch ein Begriff trotz seiner personalistischen Anklänge dem Mittelalter fremd gewesen wäre, wird doch auch hier wieder der Zusammenhang zwischen Eigentum und Macht herausgestellt. So ist für Bodin z.B. ein König, der durch Erbfolge seinen Thron erwirbt, ein „echter" Souverän, während jemand, der dieses Amt aufgrund irgend einer Übertragung durch das Volk oder den Adel hat, kein Souverän im eigentlichen Sinne ist.[2] Des weiteren fällt die traditionelle aristotelische Einteilung der Herrschaft, sowie die Betonung der Haushalte und Korporationen auf, also die Konstruktion des Staates nicht aus Individuen, wie bei den späteren Vertragstheoretikern.

Es ist jedoch auch interessant, daß Bodin gerade als Jurist nicht auf die klassischen juristischen Termini des römischen Rechts zurückgreift, z.B. auf *potestas* und *imperium*, sondern den Begriff der „Majestät" verwendet, um das Wesen der Souveränität zu bestimmen. Letzterer wurde hauptsächlich im Zusammenhang mit Gott oder dem Nimbus des römischen Volkes verwendet und bezeichnete eher eine Reaktion der Beteiligten, nämlich Unterwerfung und Verehrung, als eine begriffliche Bestimmung.

Mit der Analogie zu Gott als oberstem Gesetzgeber ist dann jener Bereich angedeutet, in dem der Wille des Souveräns neue Gesetze schafft, die nicht aufgrund von Sitte und Herkommen gelten. Das königliche Amt ist damit nicht mehr als das *suum cuique tribuere* umschreibbar, da ja dieser Gerechtigkeitsbegriff notwendigerweise auf Privilegien und bestehende Ansprüche

2 Siehe z.B. Bodins Erwähnung des Tartarenkönigs, der zwar „gewählt" wird, der jedoch danach unter keinerlei Vorbehalt die Herrschaft ausüben kann. Damit ist diese Art von Delegation mehr ein „perfektes Geschenk" als eine Delegation (Bodin 1981: 210f).

rekurrieren muß. Das Königsamt ist Regentschaft, die sich in Gesetzgebung[3] manifestiert, welche wiederum als ein sich fast selbst-rechtfertigender Willensakt des Souveräns angesehen wird. Naturgesetz und göttliches Gesetz bleiben zwar noch erstaunlich wichtig,[4] auch wenn sie langsam in den Hintergrund treten, etablieren jedoch auf Seiten der Unterworfenen keinerlei Widerstandsrecht mehr.[5]

Gerade aber weil Bodin sich nicht dem Argument der „Selbstbeschränkung" des souveränen Willens durch Deklarationen (Wahlkapitulationen) oder frühere Gesetze anschließen will, verwickelt sich seine Theorie in gewisse Widersprüche, wofür das Steuerparadox[6] – Bodin behauptet nämlich, daß „kein Fürst der Welt die Macht hat, dem Volke nach Belieben Abgaben aufzuerlegen" (Bodin 1981: 220) – und seine Betonung von vertraglichen Verpflichtungen selbst mit „Untertanen"[7] nur die offensichtlichsten Beispiele sind.

Merkwürdig sind an dem oben zitierten Text auch noch zwei weitere Dinge. Erstens das Fehlen eines Begriffes des *pouvoir constituant*, gemäß dessen dann die Verfassung der Republik selbst geändert werden kann. Ausdrücklich nimmt Bodin „die Gesetze, die die Verfassung und den Aufbau des Königreichs angehen" – so auch das Salische Gesetz – von der Gesetzgebungs-

---

3 Siehe Bodins weitere Definition der Souveränität in Buch I, 10:
„Wer wollte auch leugnen, daß souverän ist, wer allen Untertanen das Gesetz vorschreiben kann, über Krieg und Frieden entscheidet, die Beamten und Magistrate im Lande ernennt, Steuern erhebt, von ihnen befreit, wen er will, und zum Tode Verurteilte begnadigt" (Bodin 1981: 285f). Trotzdem ist auch hier nicht der de facto-Besitz, sondern das Fehlen einer jurisdiktionellen Unterordnung das entscheidende Merkmal, was Bodin durch eine Untersuchung der Sanktionen weiterführt (Bodin 1981: 291ff).

4 Siehe Bodins Widerrede gegen die Kanoniker und Rechtsgelehrten, die über die Priorität des positiven Gesetzes das Naturrecht aushebeln wollen. Interessanterweise wird auch hier seine Position am Naturrecht auf „Eigentum" erläutert: „Denn unumschränkte Gewalt befugt, wie bereits dargelegt, lediglich zur Hinwegsetzung über die positiven Gesetze, nicht aber auch zur Vergreifung am Gesetz Gottes, der darin feierlich und unzweideutig zum Ausdruck gebracht hat, daß es verboten ist, eines anderen Hab und Gut zu nehmen oder auch nur zu begehren. Jene, die solche Meinungen verbreiten, bedeuten daher eine noch größere Gefahr als diejenigen, die solche Ansichten in die Praxis umsetzen ... Ist folglich der souveräne Fürst nicht befugt, die Grenzen der Naturgesetze und des Gesetzes Gottes ... zu überschreiten, so hat er auch nicht die Befugnis, fremdes Eigentum ohne vernünftigen rechtfertigenden Grund zu entziehen. Solche Gründe sind etwa, Tausch, Kauf, legale Konfiskation, oder daß der Abschluß eines Friedensvertrages nur dadurch ermöglicht werden kann, daß zur Rettung des Staates das Eigentum einzelner geopfert wird" (Bodin 1981: 235).

5 Siehe folgendes Zitat: „Ist also der souveräne Fürst schon an die Gesetze seiner Vorgänger nicht gebunden, dann erst recht nicht an seine eigenen Gesetze und Anordnungen. Denn es ist zwar durchaus möglich, daß einem von jemand anderem das Gesetz vorgeschrieben wird, sich selbst aber das Gesetz vorzuschreiben, ist ebenso unmöglich, wie sich selbst etwas zu befehlen, was vom eigenen Willen abhängt ... So finden wir denn am Schluß aller Edikte und Erlasse die Worte: „Denn dies ist unser Wille", womit klargestellt sein soll, daß die Gesetze des souveränen Fürsten auch dann einzig und allein von seinem gänzlich freien Willen abhängen, wenn vernünftige und zwingende Gründe dafür sprechen" (Bodin 1981: 214).

6 Siehe dazu Wolfe (1958: 268-84).

7 Siehe Bodin (1981: Kap. 8): „Wir können aber noch weiter gehen und sagen, daß ein Fürst an die Verträge mit seinen Untertanen, auch wenn sie nicht dem bürgerlichen Recht angehören, so stark gebunden ist, daß er von ihnen auch kraft seiner absoluten Gewalt nicht abweichen kann".

kompetenz des Fürsten aus und verficht damit ein Strukturprinzip des Staates, das weder der alten feudalistischen komplexen Herrschaftspyramide gleicht, noch der modernen staatlichen Ordnung, die auf der Rechtsgleichheit aller Subjekte basiert, ähnelt. Zweitens ist auch erstaunlich, daß hier, trotz aller Bezüge auf das römische Recht, der *privatrechtliche Vertrag* zum Paradigma der Verpflichtung und der Unantastbarkeit der konstitutionellen Ordnung wird, obwohl doch gerade das Römische Recht mit seiner klaren Unterordnung des privaten unter das öffentliche Recht die Möglichkeit geboten hätte, die Autonomie und jurisdiktionelle Superiorität des „Staates" in aller Klarheit zu erfassen.

Bleibt hier Bodin als Kind seiner Zeit dem Idiom der alten ständischen Gesellschaft verpflichtet? Die starke Stellung des *oikos*[8] in seinem Denken scheint diese Interpretation zu stützen. Die Paradoxien, die solch eine Konstruktion aufwirft, sind für uns Spätere fast mit den Händen zu greifen, aber Politik findet statt aufgrund der jeweils zu einer Zeit bestehenden Symbole und gelebten Institutionen, wobei die konzeptionelle Kohärenz – wichtig für unsere Theorien der Politik – für das praktische politische Leben von geringerer Bedeutung zu sein scheint. Dies wird entscheidende Probleme für die „Theorienbildung" in den Sozialwissenschaften haben, wie ich im vierten Abschnitt zu zeigen versuche.

Letztendlich wirft ja die Konzeption der Souveränität als Gesetzgebungskompetenz und die Definition des Gesetzes als „Befehl des Souveräns"[9] systematisch auch die Frage nach den Grenzen dieser Kompetenz auf. Solange nicht *the rule of law* als zwar selbst-generierende Kapazität Gesetze zu erlassen, konzeptualisiert wird, aber dann doch nicht systematisch auf die Kompatibilität der neuen Willensbekundungen mit konstitutionellen Prinzipien hinterfragt wird, müssen Tradition und „Natur" sowie vertragliche Vereinbarungen zwischen den Gruppen und Korporationen die Grenzen vorgeben. Erst Hobbes (1968: 220) versucht, diese Spannung dadurch aufzulösen, daß er den Akt der ursprünglichen Autorisierung des Souveräns auch zugleich zum konstitutiven Akt für die Existenz des „Volkes" macht, das damit nicht nur seine Einheit erhält, sondern auch ein für allemal anerkennt, daß die Akte des Souveräns von jedem einzelnen „gewollt" werden. Somit sind weder Partizipation der Bevölkerung an der Gesetzgebung; noch inhärente Grenzen (mit Ausnahme der Selbsterhaltung) für die Gesetzgebung notwendig, da sie von einem einmaligen Autorisierungsakt (*social contract*) abgedeckt sind. Für Bodin, der nicht von einem individualistisch geprägten Naturzustand,

8 Zur fundamentalen Bedeutung des „Hauses" für die ständische Gesellschaft siehe Brunner (1956).

9 Die Konzeption ist also schon bei Bodin vorhanden, obwohl sie gewöhnlich mit Hobbes identifiziert wird. Siehe Bodin (1981: Kap. 8, 222, 234): „Zwischen Recht und Gesetz besteht aber ein großer Unterschied. Denn ersteres ist lediglich ein Ausdruck der Billigkeit, während das Gesetz einem Befehl gleichzusetzen und nichts anderes ist als der Befehl des Souveräns, der von seiner Macht Gebrauch macht".

sondern von einer gegliederten und noch großteils ständischen Gesellschaft ausgeht, ist solch eine Lösung nicht denkbar. Hier muß die politische Gemeinschaft aufgrund der bestehenden sozialen Gruppen und ihres im Eigentum wurzelnden Mitspracherechts organisiert werden, wobei in der Republik Bodins die alten feudalistischen Strukturen und jene der heraufziehenden bürgerlichen Gesellschaft eine eigenständige Synthese bilden.

Es kann hier nicht der Ort sein, die sich aus der Willensproblematik ergebenden Schwierigkeiten im einzelnen nachzuzeichnen. Sie enden entweder in den kantischen Spekulationen über die Bedingungen des sich selbst bestimmenden freien Willens, oder – wie in der Völkerrechtsdiskussion des 19. Jahrhunderts auf dem Kontinent – in der Diskussion um die „Selbstbeschränkung" des Souveräns. Damit kann dann trotz des „ungebundenen Willens" des Souveräns sowohl eine konstitutionelle Ordnung als auch eine Staatengemeinschaft bestehen. Stattdessen sind meine weiteren Ausführungen jenen Spekulationen Bodins gewidmet, in denen er sich der Analogie von Eigentum und Macht bedient, um die Problematik der Souveränität zu erläutern.

Hier ist das in der Folgezeit immer wichtiger werdende Privatrechtsinstitut des römischen Grundbesitzrechts von besonderer Bedeutung. Indem man das *dominium,* also die exklusive Verfügungsmacht über ein Stück Land, als Maßstab verwendet, vermeidet man die schwierigen begrifflichen Probleme, die sich aus einer Willenstheorie der Souveränität ergeben. Gerade weil nämlich Autorität und Macht nicht über ihren Platz in einer Entscheidungspyramide befragt werden – wobei dann die Spitze von allen „unteren" Gesetzen und Verordnungen frei sein muß – kann man mittels der Eigentumsanalogie Souveränität als Institution innerhalb anderer Institutionen verstehen, mit denen sie in einem komplexen Netzwerk von Rechten und Pflichten verbunden ist. Diese Beziehungen und selbst die Veränderungen im Hintergrundwissen sind es dann auch, die es uns erlauben, systematisch Veränderungen im „Besitzbegriff" und den sich daraus ergebenden Folgen zu untersuchen.

Wie jeder Student der Jurisprudenz weiß, bezeichnet „Eigentum" einen komplizierten Sachverhalt, der nicht einfach ein Ding oder eine „Sache" vermittels eines Begriffs abbildet. Vielmehr steht der Begriff für eine ganze Reihe verschiedener Praktiken, die sich je anders durch ihre Verknüpfung von Rechten und Pflichten bestimmen. So kann z.B. einem etwas gehören, ohne daß man es „besitzt" oder Verfügungsgewalt darüber hat. Während das *possidere*, das „Sitzen" auf einem Platz, recht anschaulich die Problematik des Grundeigentums demonstriert, ist solch eine Begrifflichkeit jedoch kaum dazu angetan, uns bei Patenten oder Markennamen weiterzuhelfen.

So ergibt sich zum ersten: Eigentum ist am besten als „Bündel von Rechten" zu fassen, die je nach Art des Eigentums unterschiedlich geschnürt sind. Zum zweiten müssen wir uns vor Augen halten, daß

„... ein Eigentumsrecht nicht in einer Beziehung zwischen einem Besitzer und einem Gegenstand besteht, sondern zwischen einem Besitzer und anderen Individuen in bezug auf einen Gegenstand ... . Die klassische Ansicht, Eigentum stelle ein Recht auf eine gewisse Sache dar, teilt dann diese Rechte in weitere Subkategorien wie *ius utendi, ius disponendi* etc. Jedoch besteht das Wesen des privaten Eigentums immer in dem Recht, andere auszuschließen" (Cohen 1978: 159).

Damit ist aber klar, daß es sich hier um „Macht" in einer institutionalisierten Form handelt, und die generative Kraft dieser Analogie ist damit bereits angedeutet. Im römischen Recht tritt die Fähigkeit des Ausschlusses ganz besonders in den Vordergrund, da im *dominium,* im Unterschied zu den im Germanischen Recht üblichen beschränkten Nutzungsrechten, alle Rechte zusammen übertragen werden mußten. Um kurz das Problem der „Nutznießungsrechte" zu exemplifizieren, hier einige Beispiele: in der alten englischen Rechtsordnung konnte jemand, der ein Stück Wald besaß, den Bauern nicht untersagen, ihre Schweine durch den Wald zur Fütterung zu treiben. In gleicher Weise stand das Reisig am Boden oder solange es noch mit einem Stock vom Baum heruntergezogen und abgebrochen werden konnte, für die Armen als Brennholz zur Verfügung (woran noch die englische Redensart *by hook and by crook* erinnert!). Jedoch gehörte auf jeden Fall alles Wild dem Besitzer, und Wilderei wurde gewöhnlich äußerst streng verfolgt.

Aus dieser Sicht ist es auch gar nicht verwunderlich, daß selbst wichtige öffentliche Funktionen mit dem *land* zusammenhingen, und der englische Rechtshistoriker Maitland konnte noch am Anfang des letzten Jahrhunderts argumentieren, daß sich die ganze Geschichte der englischen Verfassung als Anhang an das englische Immobilienrecht darstellen ließe, da z.B. die Fähigkeit eines Barons, Recht zu sprechen, von seinem Landbesitz abgeleitet wurde (Maitland 1908: 538). Insofern läßt sich also beim römischen wie germanischen Recht der Zusammenhang von Macht und Besitz nachweisen. Worin sich die Rechtsordnungen jedoch grundsätzlich unterschieden, ist, daß das römische Recht keine „Nutzungsrechte" kannte, sondern alle Rechte dem Besitzer zuordnete. Wie die *Digesten* es so drastisch ausdrückten: *usque ad coelum, usque ad inferos,* d.h. mit dem Besitz eines Stück Landes gehörten auch alle Bodenschätze und der darüber liegende „Luftraum" dem Eigner.

Die Parallelen zur „internationalen Ordnung" des Territorialstaats sind offensichtlich. Territorium und Luftsäule wurden damit ebenso geregelt wie alle Rechte auf Ressourcen, die sich auf dem Land bzw. unter ihm befanden. Bis heute stellen Eigentumsrechte an Bodenschätzen etc. *(Permanent Sovereignty over Natural Resources*; UN-Res. XVII/1803 vom Dezember 1962) eine der wichtigsten und – rechtlich gesehen – unkontroversesten Normen des internationalen Rechtsverkehrs dar, auch wenn die „westfälische Ordnung" von vielen Staaten wegen ihres Ausschlusses an der Mitgestaltung während der vergangenen Jahrhunderte keineswegs immer Zustimmung findet.

Es wird aber auch klar, warum erst diese Konzeption den „Staat" intern als homogenen Raum von „Landeshoheit", also als exklusive jurisdiktionelle Domäne etablierte. Erst jetzt konnte die abstrakte Staatsmacht von keinen anderen Privilegien oder „Gebrauchsrechten" nachgeordneter Vasallen oder Stände in Zweifel gezogen werden. Auf der anderen Seite bleibt die bestehende Praxis zwischen den Staaten quasi feudal, gerade eben weil über Nachfolge und Vererbung souveräne Herrschaft mitvererbt wurde. Nicht nur werden selbst im 18. Jahrhundert Allianzen keineswegs allein durch die Notwendigkeiten der *Balance of Power*, sondern durchaus noch durch Eigentumsinteressen diktiert[10], und die „großen" Kriege dieser Epoche drehen sich ja alle um Erbfolgefragen.

So ist das, was sich in der Nachfolge des Westfälischen Friedens etabliert, sicher eine territoriale Ordnung, die jedoch in entscheidenden Zügen von jenem Bild des „Systems" oder der internationalen Anarchie abweicht, die speziell bei strukturellen Neorealisten als so selbstverständlich angenommen wird. Anstatt von gleichartigen „Einheiten", die sich jetzt aufgrund ihrer Position vis-à-vis einem System zusammenfinden, sehen wir eine Gruppe von Entscheidungsträgern die durch dynastische Bande sowie bestimmte Konventionen der *res publica Christiana* verbunden sind. Das Zentrum dieses Systems, das selbst Pufendorf innerhalb der Kategorien des *ius publicum Europaeum* kaum zu verstehen vermag – er spricht von einer Art von Monstrum, als er sich an die Diskussion des Reiches macht –, ist umgeben von mehr oder weniger modernen Territorialstaaten: Frankreich, England nach der Restauration und *Glorious Revolution*, sowie Schweden. Polen und die Holländische Republik sind dann auch wieder „Ausnahmen". Darüber hinaus finden sich „Mitspieler", die zwar entscheidenden Einfluß auf die Geschehnisse innerhalb des Systems genommen hatten, aber doch „außerhalb" blieben, wie das Osmanische Reich, das mit Frankreich eine Allianz gegen Habsburg eingegangen war, jedoch bis zur Mitte des 19. Jahrhunderts kein Mitglied der Staatengemeinschaft wurde.

Weder trat eine Homogenisierung dieser „Einheiten" innerhalb des Systems ein, noch kann das Verschwinden der vielen kleinen und zu Verteidigungszwecken „dysfunktionalen" Staaten mit Systemzwängen oder mit dem Problem der Verteidigung à la Hintze (Hintze 1975: 178-215) oder Tilly (Tilly 1975: 3-83/ 1990) allein erklärt werden. Die meisten Staaten verschwanden aufgrund des Nationalismus, während Kleinstaaten (wie Luxemburg) überlebten, dieses Überleben aber sicher nicht ihrer militärischen Macht verdankten.

---

10 Das beste Beispiel ist dafür die Allianz Englands im Siebenjährigen Krieg, die den Dynastischen Interessen des Hauses von Hannover mehr entsprach als denen Britanniens. Siehe Corbett (1973).

Auch hier zeigt sich, daß die historischen Systemveränderungen anhand der Eigentumsfrage besser zu verstehen sind. Mehrere Stadien lassen sich hierbei unterscheiden, wie Rodney Hall das kürzlich klar herausgearbeitet hat (Hall 1999). In unserem Zusammenhang sind drei Etappen besonders wichtig. Die *erste* drastische Änderung innerhalb des Systems souveräner Staaten kam natürlich, als Souveränität nicht mehr dem „Eigner" des Territoriums oder dem alleinigen Repräsentanten des Staates, sondern „dem Volk" zugeschrieben wurde. Das Volk war aber noch nicht die „Nation", sondern eher die ehemaligen Unterworfenen (*subjects*), die sich jetzt als die Inhaber der Souveränität artikulierten. Der *zweite* historische Wandel resultierte von der Substituierung der „Nation" für das „Volk", wobei damit zugleich das politische Programm des Nationalismus angesprochen wird. Darin wird nämlich postuliert, daß Nation und Staat zusammenfallen sollen und daß der Staat seine besondere Legitimation, nämlich Ausdruck der Nation zu sein, dadurch erhält. Während damit das Ende traditioneller Vielvölkerstaaten besiegelt wurde – sie wurden meistens nur durch die „Krone" oder die Personalunion des Herrschers zusammengehalten - schaffte auch dieser historische Schub nicht „homogene" Einheiten, sondern virulente Minderheitsprobleme.

Die *dritte* Transformation kam mit dem Prinzip der „Selbstbestimmung". Sie stellt die Ausweitung des Gedankens der Legitimation staatlicher Macht als Ausdruck von (kulturellen) Eigenheiten auf (noch nicht) bestehende oder anerkannte „Nationen" dar. Es wird dann gewöhnlich für eine Gruppe als Minimum irgendeine Form von Autonomie aufgrund einer zu schützenden Identität gefordert, die über bloß partizipatorisch-demokratische Vorstellungen hinausgeht. Obwohl natürlich Selbstbestimmung *a priori* nicht inkompatibel mit dem Projekt des Nationalstaates ist, so läßt sich doch zeigen, daß diese drei Prinzipien selten miteinander und viel häufiger *gegeneinander* wirken, da sie auf jeweils verschiedenen Kriterien des Ein- und Ausschließens beruhen. Wer zu uns „gehört" und also Teilhaber an der souveränen Macht sein soll, wirft tiefgreifende Probleme auf, für die die traditionelle Theorie der Demokratie keine Antwort hat. Sie verläßt sich entweder auf schon bestehende Gemeinschaften, ja akzeptiert die Existenz von exklusiven Grenzen als Vorbedingung der Demokratie (Rawls), oder versucht, im Gegenteil, das politische Problem der Mitgliedschaft mittels universal zu rechtfertigender Kriterien zu überspielen (*cosmopolitanism*).

Wie dem auch sei, historisch gesehen arbeiteten diese Prinzipen lediglich im Fall der USA synergetisch zusammen. Nur dort fiel die Legitimation der staatlichen Macht, die Schaffung eines „Volkes" und die Bildung einer neuen Identität glücklicherweise in eins. In der Neuen Welt war es das Territorium, das als *container* für die sich bildende „Nation" diente, und somit die Fiktion einer gemeinsamen Abkunft keine Rolle spielte – ganz abgesehen davon, daß die meisten Einwanderer im 19. Jahrhundert bewußt ihren vorherigen Identitäten den Rücken gekehrt hatten.[11] In Europa verlief die Entwicklung notgedrungen anders, und die Forderung nach Teilhabe an der Souveränität, für Selbstbestimmung und Schutz der Identität, führte zu den schwersten Konflikten, was hier nicht weiter zu erörtern ist.

Immerhin zeigen uns jedoch die obigen Betrachtungen, daß sich gerade wieder mit dem Prinzip der „Selbstbestimmung" die Willensproblematik und das Problem des „Selbst" dieses Willens in den Vordergrund zu schieben beginnt und zu ähnlichen Paradoxien führt, wie wir sie im Zusammenhang mit der Souveränität als Gesetzgebungsakt kennen gelernt haben. Letztendlich führt diese Entwicklung zu einer Ästhetisierung der Politik und zur Verherrlichung des Willens. Dieser Problematik will ich hier nicht weiter nachgehen, vielmehr will ich auch diesmal zur Metapher des Eigentums zurückkehren, um damit das „Projekt" der Moderne weiter zu erhellen. In diesem Zusammenhang interessiert mich speziell, wie der moderne Individualismus in seiner „disziplinären" Dimension, also im kognitiven Sinne wie im Sinne eines praktischen Regimes, und die Begrifflichkeit des Eigentums miteinander zusammenhängen, was im nächsten Abschnitt untersucht werden soll.

3. Macht, Eigentum und das Projekt des modernen Individualismus

Unsere obige Diskussion hat gezeigt, der Begriff des *dominiums* war konstitutiv für die entstehende Territorialordnung des Staatensystems, diese konnte aber gerade wegen ihrer Bindung an einen Besitzer lange Zeit feudale Züge beibehalten. Damit wird in gewisser Hinsicht die revolutionäre Umformung der dem politischen Denken und der politischen Praxis zugrundeliegenden institutionellen Normen verschleiert. Insbesondere sind es zwei Schnittstellen, an denen sich die fundamentale Transformation des politischen Lebens ablesen läßt. Diese sind: eine neue Konzeptualisierung von Macht und Autorität einerseits und von Individuum und Gesellschaft andererseits. Eine kurze Diskussion dieser beiden Probleme empfiehlt sich.

Indem Macht als über Dinge vermittelte Beziehung verstanden wird, aufgrund deren dann der Einzelne sich zu anderen verhält, bedeutet Individualität nicht wirkliche Unabhängigkeit (auch wenn das dem Einzelnen so erscheint), sondern, wie Rousseau so schön ausführt, eine Substitution von persönlicher Abhängigkeit durch eine Abhängigkeit von Dingen. Auch die „Gesellschaft" wird als System von Beziehungen, die aus dem Eigentum herrühren, verstanden, anstatt nach den Metaphern von Abstammung oder

11 Für eine interessante Diskussion der Auswirkungen dieser Form von „nation-building" auf Innen- wie Außenpolitik siehe Lipset (1987), speziell Kap. 3.

organischem Zusammenwirken konzeptualisiert zu werden. Anstelle des *body politic* tritt nun der Vertrag. Politische Macht, gefaßt als Verfügungsgewalt, d.h. als eine spezifische Autorität, wird nun ihrer sozialen Wurzeln im gemeinsamen Wissen um die gute Ordnung oder ihres sozialen Fundaments im Ansehen einiger weniger in einer hierarchisch gegliederten Gesellschaft beraubt. Autorität wird als anonyme, unpersönliche Form von Macht verstanden, deren Konstitution und Rechtfertigung in dem Akt der Übertragung („Autorisierung") der Einzelindividuen besteht. Selbst das Verständnis der Kriterien des richtigen Handelns entfremdet sich in zunehmendem Maße von den alten Konzeptionen der Lebensziele und der dazu notwendigen Tugenden[12] und wird auf das „Gehörige", *Propere* reduziert. In der Tat werden Eigentum und (moralische) Richtigkeit, speziell im englischen Sprachgebrauch, praktisch als Synonyme gebraucht (*property* und *propriety*). Selbst das „Individuum" erfährt sich nunmehr nicht mehr in erster Linie als Teil einer Gesellschaft (Stand) oder als Kind Gottes – wie es im alten Personenbegriff angelegt ist – sondern immer mehr als „Eigentümer" seiner selbst, seines Körpers und seiner Fähigkeiten, wie dies bei Locke besonders eindringlich dargestellt ist. Ähnliche Gedankengänge finden sich schon bei Hobbes (1968: Kap. 30).

Damit zeigt sich nicht nur die generative Kapazität des Eigentumsbegriffs, der für den Gesellschafts- und Regierungsvertrag, für subjektive Rechte, einer auf dem Tauschwert gegründeten Gerechtigkeits- und Solidaritätskonzeption (organische gegenüber mechanischer Solidarität) etc. wichtig wird, es zeigt sich auch, warum „Eigentum" solch eine Schlüsselrolle spielen konnte. Weil aber die feudale Ordnung in besonderem Maße vom Landbesitz abhängig war, stellte der Begriff des Eigentums eine Brücke zwischen dem mittelalterlichen und dem neuzeitlichen Politikverständnis dar. Trotz einer gewissen Kontinuität, die sich zweifellos verfolgen läßt, wäre es doch äußerst problematisch, nicht die fundamentalen Veränderungen mit zu berücksichtigen. Ruggie (1983: 261-85; 1993: 139-174), Rosenberg (1994), Buzan, Little und Jones (1993) – um nur einige der wichtigsten Vertreter zu nennen – haben alle darauf hingewiesen, daß die Analyse angeblich struktureller Kontinuitäten – exemplifiziert an der angeblich trans-historisch sich behauptendenden „Anarchie" der internationalen Politik – rasch in die Irre führt, wenn nicht den Prinzipien der Differenzierung näher nachgegangen wird, um damit auch den Zusammenhang zwischen dem „internationalen System" und den innerstaatlichen Strukturen zu erhellen.

Beginnen wir also mit dem Problem der Souveränität und deren veränderter Bedeutung im Argument von Hobbes. Wie wir gesehen haben, bestand für

12 Für eine kritische Diskussion des liberalen Vokabulars von Werten, Rechten, individueller Autonomie, etc. gegenüber der Tugendethik aristotelischer Prägung siehe Beiner (1992: 145-84). Für eine Anthologie moderner Versuche einer Tugendethik siehe Crisp/Slote (1997).

Bodin die Souveränitätsproblematik darin, aus einer noch vornehmlich ständisch gegliederten Gesellschaft die verschiedenen Teile zu einem handlungsfähigen Ganzen zu machen, so daß sich die ungleichen Teile in einer Art proportionaler Gleichheit zu einer Einheit zusammenfinden. Für Hobbes stellt sich während des Englischen Bürgerkrieges angesichts der weitergehenden Krise der ständischen Ordnung ein viel radikaleres Problem: wie nämlich politische Ordnung unter Bedingungen der radikalen Gleichheit – die ja signifikanterweise zunächst als gleichartige Verwundbarkeit und nicht als rechtliche Gleichheit interpretiert wird – geschaffen werden kann. Es findet sich nichts mehr von Bodins Familien, Korporationen oder intermediären Gesellschaften. Damit wird die Krise des ständischen Verständnisses deutlich, zumal ja Hobbes – durch die Wahl des als hypothetisch angenommenen Naturzustands – keineswegs historisch argumentierend, die bloße Effektivität der Macht als Garanten der Ordnung einführt, sondern durchaus sieht, daß nur aufgrund von gemeinsamen Verständnissen Macht institutionalisiert werden kann. Der Hobbes'sche Souverän ist ja nicht nur die öffentliche Zwangsgewalt, sondern er kann diese Rolle nur spielen aufgrund eines gemeinsamen Verständnisses und der „Zustimmung" der Unterworfenen, wofür der Vertrag das Symbol ist. Hobbes' Souverän ist somit nicht nur der Vollstrecker, sondern der *fixer of signs*, dem es eben obliegt, durch ein Erziehungsprogramm seine Macht zu legitimieren,[13] ohne jedoch den „Subjekten" eine Mitwirkung an dieser Macht einzuräumen.[14] Wieder werden Eigentumsbegriffe herangezogen, um diese neue „Autorität" zu etablieren:

"Of Persons Artificiall, some have their words and actions owned by those whom they represent. And the Person is the Actor; and he that owneth his words and actions, is the AUTHOR: In which case the Actor acteth by Authority. For that which in speaking of goods and possessions, is called an Owner, and in latine Dominus, in Greek kyrios; speaking of Actions is called Author. And as the Right of possession is called Dominion; so the Right of doing any Action, is called Authority. So that by Authority is always understood a Right of doing any Act: and done by Authority, done by Commission, or Licence from him whose right it is" (Hobbes 1968: 218).

Der Unterschied zum traditionellen Begriff der Autorität könnte nicht größer sein, denn was hier eigentlich mit dem Begriff der Autorität beschrieben wird, ist eigentlich die Machtfülle des *imperiums,* die ja im römischen Staatsdenken verschieden von *potestas* (oder der umgrenzten Amtsgewalt) und der *auctoritas* war. Letztere bezog sich – ganz ihrer Wortwurzel von *augere* folgend, auf das zusätzliche Gewicht oder Prestige, das eine Entscheidung oder eine Meinung dadurch erlangte, daß ein geachteter Bürger (oder später der *princeps*) ihr zustimmt (Eschenburg 1965). Diese *auctoritas*

13 Siehe Hobbes Auflistung der zu vermittelnden „Wahrheiten" in Kap. 20 des „Leviathan".

14 Für eine gute Diskussion dieser „Autorisierungstheorie der Repräsentation" siehe Pitkin (1967).

war immer praktischer Natur. Sie hatte zu tun mit Urteilskraft und Erfahrung, denn wo es sicheres Wissen technischer Art (Expertise) oder „theoretischer" Art (Demonstration) gibt, braucht man keine Autorität, die durch ihre Intervention, einer kontingenten Entscheidung mehr Gültigkeit verschaffen könnte. Auch heute sprechen wir ja von einer „Autorität" in diesem Sinne und unterscheiden davon jene „neue" Form der "Autorität" (die eigentlich der alten *postestas* vergleichbar ist), die eben Kraft des Amtes (und nicht der Weisheit oder sozialen Achtung) einem Akt oder einer Person zugesprochen wird.[15]

Diese neue, abstrakte institutionalisierte Macht des Souveräns, die uns schon oben in der Willensproblematik entgegentrat, die sich eben als „absolut" verstand und damit der „Politik" ein neues Feld gegenüber der persönlichen Herrschaft eröffnet, gibt jedoch zu einer weiteren begrifflichen Trennung Anlaß, da gerade in „liberalen" Staaten diese Macht nicht nur durch ein eingefordertes Mitspracherecht bei der Ausübung dieser Macht begrenzt, sondern ganze Bereiche dem öffentlichen Zugriff aufgrund eines als „natürlich" angesehenen Eigentumsrechts entzieht. Die Scheidung von „öffentlicher" und „privater" Sphäre – bereits im römischen Recht angelegt – führt jedoch unter modernen Bedingungen zu völlig anderen Konsequenzen, insofern als sich der Staat aus der sozialen Reproduktion ausklinkt und dem „Markt" nicht nur Bedürfnisbefriedigung, sondern Produktion der materiellen (und zunehmend durch die Ausweitung von Eigentumsrechten) der ideellen Voraussetzung der sozialen Reproduktion überläßt. Das Auftauchen einer begrifflich streng unterschiedenen Sphäre der „Ökonomie", in der der Staat nicht selbst an der Schaffung und Extraktion des Mehrwerts teilnimmt, sondern dies dem „privaten Bereich" zuordnet, stellt jene *Große Transformation* dar, die Marx (Marx 1967) und Polanyi (Polanyi 1957) so ausführlich beschrieben haben, und die auch heute wieder in der neuen (internationalen) politischen Ökonomie ihren Niederschlag findet.

Wichtig für diese Beschränkung von öffentlicher Macht ist natürlich die Idee der „Zivilgesellschaft", in der sich die Bürger gegenseitig als Eigentümer treffen und anerkennen. Ihre Beziehungen sind nicht mehr charakterisiert durch direkte Beziehungen der Herrschaft, wie dies in der antiken Ökonomie oder im Feudalismus und selbst noch der ausgehenden Ständegesellschaft der Fall war. Anstelle der direkten Beziehung von Unter- und Überordnung tritt nun die Beziehung über die Dinge, welche die Einzelnen besitzen. Die Gesellschaft formt sich auch nicht mehr aufgrund von persönlichen Beziehungen (Verwandtschaft, (imaginäre) Abstammung), sondern aufgrund von (möglichen) Tauschbeziehungen, die durch die Eigentumsrechte ermöglicht werden und aus den daraus resultierenden Verpflichtungen. Trotz des Abso-

15 Dieser Unterschied wird häufig auch als „eine Autorität sein" und als „Autorität haben" beschrieben. Siehe Blau (1963: 305-16). Siehe auch die weitere Diskussion in Blau (1964).

lutheitsanspruchs der Politik wird Politik immer mehr zum Agenten der „Zivilgesellschaft", die den Arm des Staates jetzt praktisch nur für die effiziente Durchsetzung ihrer Eigentumsrechte benötigt. Dies ermöglicht nicht nur die Verselbständigung der „ökonomischen" Aktivitäten von sozialen Bindungen – Aristoteles hat ja gerade die Handlung um des reinen Gewinns willen als Chresmatik und nicht als „ökonomisch" bezeichnet, da damit jedwede Bindung an Bedürfnis und gemeinschaftliche Aufgaben durchbrochen wird – Politik wird immer mehr zu einem Schutz von Eigentumsrechten und der Garantie von effizienter Allokation. Das Politische wird somit zu einem Unterfangen, in dem wir nicht mehr auf gemeinsame Interessen (im Sinne der alten *res publica*), sondern vielmehr darauf achten, wie die Interessen, die jeder von uns als Einzelner hat, geschützt werden, wobei nur die allgemeine Verteidigung als typisches öffentliches Gut eine Gemeinsamkeit im Sinne der alten *salus publica* darstellt. Wie Locke dies lakonisch, aber prägnant im *Second Treatise* ausdrückt:

> „Political Power I take to be a Right making Laws with Penalties of Death ... for the regulating and Preserving of Property, and of employing the force of the Community in the Execution of such Laws, and in the defence of the Commonwealth form Foreign Injury, and all this only for the Publick Good" (Locke 1965: 308).

Wie tiefgreifend diese Veränderung im Verständnis ist, wird schon dadurch klar, daß selbst der Einzelne als Individuum sich jetzt über Besitzverhältnisse konstituiert. Er oder sie ist nicht mehr vor allem Mitglied einer spezifischen Gruppe oder moralischen Gemeinschaft, sondern erfährt seine Individualität, indem er/sie Besitzverhältnisse auf seine eigene Person und die Produkte seiner Arbeit anmeldet. Locke bringt dies wieder im Kapitel über das „Eigentum" (*On Property*) im *Second Treatise* auf den Punkt:

> „From all which is evident (that) Man (by being being Master of himself, and Proprietor of his own Person, and the Actions or Labor of it) had still in himself the Great Foundation of Property ..." (Locke 1965: 340f).

Dies ist natürlich dann auch die Stelle, wo Marx's Analyse der Verfremdung ansetzt, als nämlich die Arbeit des Menschen selbst zum gehandelten Gut wird, und der Mensch somit nicht mehr sein eigenes Wesen bestimmen kann.

Interessant ist in diesem Zusammenhang, daß sich dieses Denken, das sich vornehmlich am Eigentum orientiert, in Deutschland eigentlich erst spät durchsetzt. Die deutschen politischen Diskurse bleiben im großen und ganzen der *Polizeywissenschaft,*[16] also Fragen der guten Verwaltung und Sicherheit der öffentlichen Ordnung, sowie der „Hausvaterliteratur" verpflichtet. In ihr wird die politisch ständische Ordnung im Sinne des Patriarchats analog zu der Herrschaft Gottes über die Welt gerechtfertigt. Auch in England hat ja

16 Für eine gute Aufarbeitung der deutschen historischen Quellen siehe Maier (1980).

auch noch Filmer[17], gegen den Locke speziell den ersten seiner zwei *Treatises* schreibt, einen derartigen Versuch unternommen. Diesen Entwicklungen im einzelnen zu folgen, würde zu weit führen.

Wie bedeutend jedoch Eigentum als Grundmetapher des Verständnisses inzwischen geworden war, kann man schon darin sehen, daß auch der „Republikanismus", der ja zunächst die dominante Strömung der politischen Reflexion im ausgehenden 17. Jahrhundert darstellt[18] und erst im Laufe des 18. Jahrhunderts durch den Liberalismus abgelöst wird, tief von der Eigentumsfrage tangiert wird (siehe auch Kramnick 1990). So läßt sich von Harrington[19] bis zu Jefferson eine Linie der Argumentation verfolgen, die gegen den aufkommenden Kommerz die „Tugenden" des Landbesitzes nicht nur verteidigen, sondern auch das Überleben der Republik davon abhängig machen (siehe z.B. Padover 1939). Die Topoi, die dabei verwendet werden, beziehen sich darauf, daß Eigeninteresse dem Allgemeininteresse vorgezogen werde, daß Kommerz und „Kredit" (Geldgeschäfte) zum Verfall der Sitten führe[20], und so die soziale Harmonie und natürliche Ordnung gefährde.[21] Es wird damit ein Thema angesprochen, das später auch bei Rousseau im Gegensatz von *être* and *paraître* angerissen wird. Nur Mandeville wird es wagen, in der *Fabel der Bienen* diese Wahrheiten zu bezweifeln und öffentliche Ordnung auf *private vices* zurückführen (Mandeville 1924). Darüber hinaus wird aber von den Vertretern des *civic humanism* gewöhnlich argumentiert, daß auch die freie Disposition von Eigentum, sobald es uns in der Form von Geld und nicht mehr (Land)besitz gegenübertritt, die Solidarität und Verortung des Einzelnen in einer generationenübergreifenden Gemeinschaft unterminiert.

In gleicher Weise sieht dann auch Rousseau die fundamentale Bedeutung des Eigentums nicht nur für die Gesellschaft, sondern auch für die weitere Entwicklung des Menschen[22] schlechthin, auch wenn für ihn Eigentum eben eine durch und durch politische Institution ist und nicht ein natürliches oder „vorstaatliches" Recht. Es ist das Eigentum, das zur „Denaturierung" des Menschen führt und die *amour propre* anstelle der ursprünglichen natürlichen Selbstliebe setzt, es ist auch der Motor der geschichtlichen Entwicklung,

---

17 Siehe Kap. 4 der Einleitung von Peter Laslett in John Locke (1965).

18 Siehe Pocock (1985: Kap. 2), der einen Überblick über die Debatten der vorhergehenden Dekaden zwischen Pocock, Macpherson, Hexter, Hill und anderen bringt.

19 Für eine gute Diskussion von Harrington siehe Pocock (1987: Kap. 6), sowie seine „Introduction" zu Harringtons Werken.

20 Siehe die Diskussion am Anfang des 18. Jahrhunderts in England und Defoes und Addisons vergebliche Versuche, ihre Landsleute vom Gegenteil zu überzeugen, in Pocock, (1975), besonders Kap. 13 und 14.

21 Für eine kurze generelle Diskussion dieser Probleme siehe Goldsmith (1987: Kap. 10).

22 Jean Jacques Rousseau, Zweiter Diskurs, zweiter Teil: „Der erste, der ein Stück Land eingezäunt hatte und dreist sagte: ‚Das ist mein' und so einfältige Leute fand, die das glaubten, wurde zum wahren Gründer der bürgerlichen Gesellschaft" (Rousseau 1964: 191f).

die jene totale Neuordnung der gesellschaftlichen Verhältnisse nötig macht, die es dem Menschen erst ermöglicht, ein „moralisches" Wesen zu werden.[23]

Daß diese Neuordnung nicht nur eine *alienation totale* voraussetzt, sondern auch in ein umfassendes Erziehungsprogramm mündet, hat Nicole Fermon in einem schönen Buch über Rousseaus Reformpläne für die (aristokratische) Familie gezeigt (Fermon 1997). Gerade im Unterschied jedoch zur liberalen Ordnung glaubt Rousseau nicht daran, daß die Lösung der Probleme durch „natürliche", also vorstaatliche Eigentumsrechte oder die Verschleierung der Macht als bloß „private" Angelegenheit erreicht werden kann. Das Erziehungsprogramm setzt sich damit in bewußten Gegensatz zum liberalen Diskurs und politischen Projekt, in dem das Glück im *pursuit of happiness*, also in der Befriedigung der durch die Leidenschaften (*passions*) vorgegebenen Interessen, gesehen wird.[24] Rousseau hat dem gegenüber gerade die Reform der „privaten" Familie und die Kultivierung der Gefühle (*sentiments*) im Sinn und will so sein politisch-ökonomisches Programm umsetzen.

Damit wird allerdings nur noch einmal mehr auf die Bedeutung der Verbindung zwischen dem Prozeß der Individualisierung und dem politischen Projekt der Moderne hingewiesen, die auch im Falle der Ablehnung des „possessiven Individualismus" à la Macpherson oder im Gegensatz zu Webers These der „innerweltlichen Askese" Politik und Person mittels disziplinarischer Praktiken und Vorverständnisse formen. Interessant ist jedoch, daß ganz gleich, ob es sich um den säkularisierten Puritaner oder um den Vertreter einer neuen Tugendlehre handelt, der Eigentumsbegriff in allen diesen Diskursen eine Schlüsselrolle spielt.

4. Theorie, politische Praxis und die Frage des wissenschaftlichen Fortschritts

Die obigen Ausführungen bringen uns in gewisser Weise wieder zu unserem Ausgangspunkt zurück. Was haben wir von ihnen gelernt? Es war offensichtlich zunächst eine *tour d'horizon* in „politischer Theorie". Aber welcher Art ist dann dieses „Theorieverständnis", das ja so gar nicht zu unseren Vorstellungen von *theory building* in den Sozialwissenschaften im allgemeinen und zu der Entwicklung von Ansätzen im Politikfeld Internationale Beziehungen passen will? Eine kurze Diskussion dieser Punkte scheint angezeigt.

Beginnen wir mit der zentralen Frage, was eine Theorie ausmacht. Auch hier ist es nötig, vielleicht mit möglichst wenigen unreflektierten Voraussetzungen zu beginnen, so wie z.B. der Annahme, daß es eine und nur eine Me-

---

23 Sie z.B. Jean Jacques Rousseau, Sozialvertrag, Buch I, Kap. 8.

24 Für eine grundsätzliche Studie der Entwicklung der „Interessen" siehe Hirschman (1977).

thode gibt, die sich als „wissenschaftlich“ bezeichnen läßt. Diese Position basiert entweder auf Irrtümern eines naiven Empirismus (man müsse sich halt die Sachen anschauen), oder geht von einer „Einheit“ der Methode aus, die es *de facto* nicht gibt. So ist schließlich unumstritten, daß es keine abstrakte, vom jeweiligen Feld unabhängige Methode gibt, sondern jede Wissenschaft auch darüber bestimmt, wie ihre Erkenntnisse erhärtet werden (Kaplan 1973). Es folgt ja die Biologie anderen Kriterien als die Physik oder die Chemie, und die Idee, es lasse sich eine und nur eine wissenschaftliche Methode finden, hat sich trotz der Versuche Poppers und seiner Schule nicht nachweisen lassen. Damit scheitert aber der Versuch über das logische Prinzip des Widerspruchs (entweder ist eine Sache so, oder sie ist nicht so) die Frage der Wissenschaftlichkeit zu lösen, weil eben die meisten Fragen nicht auf diese Alternativen reduziert werden können. Wie der Physiker und Philosoph John Ziemann (Zinman 1991, Kap. 2) zeigt, handelt es sich bei den meisten Hypothesen, die einem Test unterzogen werden, um die eben ausgeschlossene dritte Kategorie, d. h. um *unentscheidbare* Fragen.

Daraus ergeben sich folgende Probleme: Zum einen ist der „Fortschritt“ der Wissenschaft dann nicht als einfacher, monologischer Prozeß der „Frage an die Natur“, die von ihr eindeutig beantwortet wird, zu konzeptualisieren. Der einzelne Wissenschaftler muß nicht nur seine Gemeinschaft aufgrund von „Argumenten“ überzeugen, warum etwas eher als „Anomalie“ denn als Zurückweisung einer Hypothese angesehen werden soll. Es wird auch klar, daß dann eine ganze Anzahl von sich oft widersprechenden Kriterien angewandt werden wird – von der Eleganz bis hin zur heuristischen Fruchtbarkeit. Oder es kommt zur aus pragmatischen Gründen (oder aufgrund institutioneller Gründe: Schulen!) gewählten Fortsetzung des bisherigen Forschungsprogramms. Des weiteren hat auch die Wissenschaftsdiskussion der letzten drei Dekaden ergeben, daß zwischen „degenerativen“ Forschungsprogrammen und jenen, die sich durch heuristische Fortschritte auszeichnen, im konkreten Fall kaum zu unterscheiden ist. Damit wurden auch die Hoffnungen enttäuscht, die man auf den Versuch Lakatos gesetzt hatte, der Kritik Kuhns mit einer Unterscheidung von „naiven“ und „raffinierten“ (*sophisticated*) Falsifizierungen als Methode zu begegnen, um so die Poppersche „rationale Rekonstruktion“ der Wissenschaftsgeschichte zu retten. Demgegenüber rückten in den letzten zwei Jahrzehnten immer mehr die Rolle der Gemeinschaft der Wissenschaftler und ihrer Praktiken einerseits sowie die Rolle von praktischen und ethischen Normen andererseits in den Vordergrund der Untersuchung. Selbst ein führender „wissenschaftlicher Realist“ gibt zu bedenken:

„The account of science to be set out ... is based on the thought that science is not a logically coherent body of knowledge in the strict, unforgiving sense of the philosophers' high definition, but a cluster of the material and cognitive practices, carried out within a distinctive moral order, whose main characteristic is the trust that obtains among its members and should obtain between that community and the larger lay community with which it is interdependent ... The idea of a philosophical study that obtains in the scientific community is not new. But the significance of admitting it is at the center of our interest has rarely been acknowledged. I hope to show that science has a special status, not because it is a sure way of producing truths and avoiding falsehood, but it is a communal practice of a community with a remarkable and rigid morality" (Hare 1986: 6).

Es ist deswegen kein Zufall, wenn Wissenschaftler immer mehr „faire" Prozeduren fordern und den Wissenschaftsbetrieb durch legalistische Vorschriften zu regeln versuchen. Anstelle der ursprünglichen Metaphern von Evidenz, die für sich selbst spricht (Empirie), oder der Demonstration aufgrund einer bestimmten Methode, tritt jetzt die Frage des „Beweisens" vor einem „Gericht" *(the „court" of science)* in den Vordergrund.[25]

Mit dem Wechsel der Metapher von der „Natur" oder Logik hin zu der des Gerichts und dem „Abwägen" anstatt der des simplen Zeigens oder der logischen Demonstration zeigt sich, daß das Ideal der „Einheit der Wissenschaft" zum einen einer ziemlich problematischen Vorstellung entspringt, die sich heute kaum noch halten läßt. Zum anderen eröffnet sich gerade für die Sozialwissenschaft dadurch die Möglichkeit, die ihr eigene Problematik, d.h. die Intentionalität und das reflektive Verständis der Akteure, nicht mehr in das Prokrustesbett der traditionellen effizienten Kausalerklärung zwängen zu müssen, gerade weil das alte Ideal der wissenschaftlichen Erklärung viel von seiner Überzeugungskraft verloren hat. Das bedeutet zwar nicht, daß kausale Erklärungen keinen Platz haben, sondern nur, daß erstens das Verständnis von Gründen nicht *a priori* auf effiziente Ursachen verengt werden darf, und daß zweitens die Frage des „Fortschritts" eines Ansatzes oder einer Theorie weniger mit der Schaffung „kumulativen Wissens" als mit der Ausbildung von „Urteilskraft" zu tun hat, mit der man zwischen verschiedenen Erklärungsversuchen auswählt. Damit ist aber das Problem, das sich hinter dem traditionellen Argument des „Fortschritts" von Theoriebildung verbirgt, kein primär theoretisches, sondern ein praktisches. Dies sollte ja eigentlich auch kaum erstaunen, nachdem ja das „begründete Wissen", das wir in der politischen Wissenschaft suchen, nicht in der Konstatierung beobachteter invariabler Kausalzusammenhänge besteht oder in der Maximierung individueller Präferenzen, sondern im Verständnis des gemeinsamen Handelns, mittels dessen wir unsere Welt schaffen.

Nehmen wir zur Erläuterung dieser Probleme das seit zwei Dekaden diskutierte Problem der Rolle von Normen und „Ideen".[26] Beginnen wir also mit

---

25 Für eine interessante Diskussion dieser Idee in der amerikanischen Wissenschaftsdiskussion siehe Gaskin (1992).

26 Irgendwie scheinen ja merkwürdigerweise diese Diskussionen ineinander zu fließen, ohne daß jemals genau geklärt wurde, was denn an Regimen, an Institutionen und an „Ideen" jene Gemeinsamkeit darstellt, die es einem erlaubt, sie in solch summarischer Form abzuhandeln.

der traditionellen „Kausalerklärung", der zufolge Normen entweder „unabhängige" oder intervenierende Variable sind. In diesem Fall müssen dann also Normen analog zu mechanischen Elementen die Aktion produzieren. Aber das kann ja nicht richtig sein, denn die durch Normen konstitutierte Form des Vertrages z.B. erklärt eben gerade nicht, warum ein gewisser Vertrag von einem Akteur unterschrieben wird, genauso wenig, wie die Regeln des Fußballspiels das Fallen eines Tors erklären. Zwei Strategien stehen nun offen: man leugnet entweder, daß Normen irgend etwas erklären, oder degradiert sie zu „intervenierenden" Variablen.

Die erste Strategie führt dann, gemäß der traditionellen Scheidung von „Fakten" und Normen zum Argument, daß es eben materielle Interessen sein müssen, die eine Aktion erklären, daß also Normen und Ideen nur Reflexionen von irgendwelchen „realen" und unterliegenden Faktoren sein können. Konsequenterweise argumentieren dann auch z.B. Goldstein und Keohane, daß in strikt „rationalen" Erklärungen Ideen keine Rolle spielen oder epiphenomenal sind, „because agents correctly anticipate the results of their actions or because some selective process ensures that only agents who behave as if they were rational, succeed" (Goldstein/Keohane 1996: 3-30). Warum dies jedoch eine Erklärung (anstatt nur eine „Annahme") ist, ist nicht nachzuvollziehen. Wenn man ein „Tor" kausal erklären will, dann braucht man in der Tat nicht nur Spielregeln, sondern muß die Konstellation der Spieler erklären sowie – was meistens natürlich mysteriös bleibt – warum gerade dieser Ball, in dieser Situation und mit dieser Kraft geschossen, das Tor traf und vom Torhüter nicht abgewehrt werden konnte etc., also eine ganze Reihe von miteinander interagierender Faktoren. Während natürlich die „institutionellen" Regeln die Bedeutung der Aktion erklären und damit die Kausalerklärung nur innerhalb des vorausgesetzten institutionellen Rahmen einen Sinn macht, so ist doch immerhin richtig, daß diese Regeln bei einer Kausalerklärung im Hintergrund bleiben. Trotzdem ist damit gezeigt, daß im sozialen Bereich gewöhnlich institutionelle Erklärungen und nicht Kausalerklärungen das Primat haben.

Kausalerklärungen (im Sinne der strikten *causa efficiens*) bleiben subsidiär, weil bei der Kausalerklärung von Handlungen natürlich das alte Körper-Geist-Problem (*mind/body problem*) auftritt, das schon Descartes Schwierigkeiten bereitete. Immerhin konnte Descartes noch daran glauben, daß die Vermittlung zwischen Geist und Physis über die Hirnanhangdrüse vonstatten geht. Uns Heutigen steht leider solch eine abenteuerliche Theorie nicht mehr zur Verfügung. In diesem Sinne beruht dann die Dichotomie zwischen realen Faktoren einerseits – die angeblich materielle Gegebenheiten der Natur darstellen – und Ideen und Normen andererseits, die lediglich „Gedanken" der Einzelnen sind, auf einem fundamentalen Gedankenfehler. Er wird sogleich sichtbar, wenn wir merken, daß damit „Macht" und „Interessen" (materiellen natürlich) der Status uninterpretierter Fakten zugewiesen wird. Es ist der gleiche Fehler, wenn z.B. Gold intrinsischer Wert zugemessen wird und nicht gesehen wird, daß sich Wert nur aufgrund der Zuschreibung der Akteure konstituiert, auch wenn einige physische Charakteristika solch eine Zuschreibung vielleicht leichter machen. Wer sich aber die verschiedensten Formen von Geld – heute unter anderem nur eine digitale Notierung, die durch den Cyberspace schwirrt – vor Augen hält, wird leicht sehen, daß die Beziehung zwischen Wert und den materiellen Manifestationen äußerst kontingent ist und sich nicht in einen ursächlichen Zusammenhang bringen läßt.

Damit sollte eigentlich klar sein, daß die Unterscheidung zwischen „wirklichen", d.h. physischen Faktoren einerseits und ideellen Faktoren andererseits in den Erklärungsversuchen sozialer Handlungen auf einer falschen kategorialen Unterscheidung beruhen. Weder Macht, noch Produktionsmittel, noch Interessen stellen eine „reale", von Interpretationen unbeeinflußte Sphäre dar, in der sich die Dinge so zeigen wie sie sind, und auf die man direkt Zugriff in Erklärungen hat. Immer kann es nur darum gehen, welche Rolle physische Faktoren bei der Konstitution, den Verständnissen und den Praktiken der Akteure spielen, eine Frage, die nicht mit dem Durchgriff auf ihre „intrinsische" Natur beantwortet werden kann. Wie Wendt richtig bemerkt: „Materialists cannot claim power and interests as their variables; it all depends on how the latter are constituted" (Wendt 1999: 94). Das ist auch der Grund, warum wir bei unseren Erklärungen der sozialen Wirklichkeit immer auf die Verständnisse der Akteure rekurrieren müssen. Wer nicht weiß, daß „x" (Plastikkarte) für eine Gruppe als „y" (Geld) gilt, weiß auch nicht, worum es geht. Wem es aber bekannt ist, der weiß auch, daß diese Verständnisse nicht als Agglomeration oder Aggregat individueller Gedanken oder Ideen verstanden werden können, gerade weil sie eine intersubjektive Dimension haben. Genau wie die Sprache, die auch nur der Einzelne sprechen kann, sind diese Verständnisse jedoch als Bedeutungsträger eben nicht individuelles Attribut oder Besitz der einzelnen. Deswegen können sie als solche auch nicht als Aggregat individueller Äußerungen verstanden werden, ganz gleich, welche Argumente auch immer der methodologische Individualismus vorbringen mag.

Hier wird eine weitere Schwierigkeit sichtbar. Wenn wir eine Handlung aufgrund der intersubjektiv bestehenden Vorverständnisse der Akteure erklären, dann wird uns auch bewußt, warum solche intentionalen Erklärungen kaum in das Modell der effizienten Ursache passen. Zwar wird das Ziel, das der Akteur zu verwirklichen sucht, als Motiv vor der Entscheidung als *explanans* aufgeführt. Insofern scheint der Bedingung der zeitlichen Sequenz, daß nämlich die Ursache der Folge vorausliegen muß, Genüge getan zu sein. Jedoch zeigt eine kurze Überlegung, daß die zweite Bedingung, nämlich die Unabhängigkeit von Ursache und Wirkung, nicht behauptet werden kann: das

Ziel ist nicht unabhängig vom auslösenden Grund! Konsequenterweise revidieren wir deshalb auch unsere Erklärungen nicht, wenn wir z.B. einen Mann sehen, der läuft, um einen Zug zu erreichen, der sich aber bereits in Bewegung gesetzt hat. Wenn die erwartete Realisierung des Zieles nicht eintrifft, sagen wir nicht, die Erklärung sei falsch, sondern die Handlung sei eben nicht geglückt.

Alle diese Gründe machen deutlich, warum eine epistemologische Fixierung auf Kausalerklärungen nicht nur nicht gerechtfertigt ist – und deswegen auch die Approximation an dieses Ideal keineswegs „Fortschritt" bedeuten kann – sondern daß im Gegenteil die Reduktion theoretischer Überlegungen auf kausale Mechanismen oder universal gültige soziale Gesetze zu einer Verarmung der Forschungsagenda in den Sozialwissenschaften führen muß. Was solch einem Forschungsprogramm einfach fehlt, ist eine systematische Aufarbeitung der Institutionen und des fundamentalen sozialen Wandels.

Es war das Anliegen dieses Artikels, diese Problematik aufzuzeigen und zu versuchen, wenigstens in kurzer Form anhand einer exemplarischen Analyse zu korrigieren. Die generative Grammatik einer Institution, nämlich Eigentum, wurde zu diesem Zweck thematisiert und der Einfluß dieses Konzepts auf die Entwicklung von interner und internationaler Politik nachvollzogen. Damit wurde nicht nur die Problematik von Staat und Markt angesprochen – so wie es in den letzten Jahren in den Diskussionen der internationalen politischen Ökonomie abgehandelt wird – sondern beide wurden als Elemente des größeren Projekts der „Moderne" gestellt. Ein zweites Ziel war dabei, einige der vornehmlichsten Fehlleistungen bei der Theoriebildung im Politikbereich Internationale Politik wie auch in den Sozialwissenschaften im allgemeinen zu kritisieren. Letztendlich ist aber das Argument nicht nur an die Gruppe von Fachleuten gerichtet, sondern hat darüber hinaus praktisch-politische Bedeutung, da wir nur aufgrund eines adäquaten Verständnisses der Möglichkeiten und Grenzen unseres Handelns unsere Welt als politische Wesen errichten können.

Literatur

Beiner, Ronald 1992: The Moral Vocabulary of Liberalism, in: Chapman, John/Galston, William (Hrsg.): Virtue, New York, S. 145-84.

Blau, Peter 1963: Critical Remarks on Weber's Theory of Authority, in: American Political Science Review 57, S. 305-16.

Blau, Peter 1964: Exchange and Power in Social Life, New York.

Bodin, Jean 1981: Sechs Bücher über den Staat, übersetzt von Bernd Wimmer, hrsg. von Peter Cornelius Mayer-Tasch, München.

Brunner, Otto 1956: Das ganze „Haus" und die alteuropäische „Ökonomik", Göttingen.

Buzan, Barry/Jones, Charles/Little, Richard 1993: The Logic of Anarchy, New York.

Cohen, Morris 1978: Property and Sovereignty, in: Macpherson, Crawford B. (Hrsg.): Property: Mainstream and Critical Positions, Toronto, S. 155-175.

Corbett, Julian 1973: England in the Seventh Year War: A Study in Combined Strategy, New York.

Crisp, Roger/Slote, Michael (Hrsg.) 1997: Virtue Ethics, Oxford.

Eschenburg, Theodor 1965: Auctoritas, Frankfurt.

Euchner, Walter 1973: Eigentum und Herrschaft bei Bodin, in: Denzer, Horst (Hrsg.): Jean Bodin, München, S. 261-80.

Fermon, Nicole 1997: Domesticating Passion: Rousseau, Women, and Nation, Hanover, NH.

Gaskins, Richard 1992: Burdens of Proof in Modern Discourse, New Haven.

Goldsmith, M.M. 1987: Liberty, Luxury and the Pursuit of Happiness, in: Pagden, Anthony (Hrsg.): The Languages of Political Theory in Early Modern Europe, Cambridge, S. 225-251.

Goldstein, Judith/Keohane, Robert 1996: Ideas and Foreign Policy: An Analytical Framework, in: dies. (Hrsg.): Ideas and Foreign Policy. Beliefs, Institutions and Political Change, Ithaca, S. 3-30.

Hall, Rodney Bruce 1999: National Collective Identity: Social Constructions and International Systems, New York.

Hare, Rom 1986: Varieties of Realism: A Rationale for the Natural Sciences, Oxford.

Hintze, Otto 1975: Military Organization and the Organization of the State, in: Gilbert, Felix (Hrsg.): The Historical Essays of Otto Hintze, New York, S. 178-215.

Hirschman, Albert 1977: The Passions and the Interests: Political Arguments for Capitalism before its Triumph, Cambridge.

Hobbes, Thomas 1968: Leviathan, Hammondsworth.

Kaplan, Abraham 1973: The Conduct of Inquiry, New York.

Kramnick, Isaac 1990: Republicanism and Bourgeois Radicalism, Ithaca.

Lipset, Seymour Martin 1987: The First New Nation, New York.

Locke, John 1965: The Second Treatise of Government, in: Laslett, Peter (Hrsg.): John Lockes Two Treatises of Government, New York.

Maier, Hans 1980: Die ältere Staats- und Verwaltungslehre, München.

Maitland, Fredrick W. 1908: The Constitutional History of England, Cambridge.

Mandeville, Bernard de/Kaye, Frederick B. 1924: The Fable of the Bees, or Private Vices, Public Benefits, London.

Marx, Karl 1967: Grundrisse der Kritik der politischen Ökonomie, Frankfurt.

Padover, Saul (Hrsg.) 1939: Democracy by Thomas Jefferson: Selected Writings, New York.

Pitkin, Hannah 1967: The Concept of Representation, Berkely.

Pocock, John 1985: Virtue, Rights, and Manners, in: ders.: Virtue, Commerce and History, Cambridge.

Pocock, John 1987: The Ancient Constitution and the Feudal Law, Cambridge.

Polanyi, Karl 1957: The Great Transformation: The Political and Economic Origins of Our Times, Boston.

Rosenberg, Justin 1994: The Empire of Civic Society, London.

Rousseau, Jean Jacques 1964: Schriften zur Kulturkritik, hrsg. von Kurt Weigand, Hamburg.

Rousseau, Jean Jacques 1964: Vom Sozialvertrag, in: ders.: Politische Schriften Bd. 1, hrsg. von Ludwig Schmidt, Paderborn.

Ruggie, John 1983: Continuity and Transformation in the World Polity: Towards a Neorealist Synthesis, in: World Politics 35, S. 261-85.

Ruggie, John 1993: Territoriality and Beyond, in: International Organizations 47, S. 139-174.

Tilly, Charles 1975: Reflections on the History of European State Making, in: ders. (Hrsg.): The Formation of National States in Western Europe, Princeton, S. 3-83.

Tilly, Charles 1990: Coercion, Capital and European States, Cambridge.

Wendt, Alexander 1999: Social Theory of International Politics, Cambridge.

Wolfe, Martin 1958: Jean Bodin on Taxes: The Sovereignty-Taxes Paradox, in: Political Science Quarterly 68, S. 268-284.

Zinman, John 1991: Reliable Knowledge: An Exploration of the Grounds for Belief in Science, Cambridge.

Christian Joerges

Wurde Europa ein Großraum? Zäsuren, Kontinuitäten, Re-Konfigurationen in der rechtlichen Konzeptualisierung des Integrationsprojekts

1. Fragestellungen*

Ein garstig Thema! Mancherlei Rückfragen drängen sich auf. Zuerst vielleicht: Gehört diese Sache wirklich in diese Festschrift? Darauf zu antworten fällt nicht so schwer. Das Projekt der Europäischen Einigung ist eine Antwort auf die Katastrophen der Geschichte des 20. Jahrhunderts – und der Vertrag von Rom gab eine glücklichere Antwort als der von Versailles. Wer sich so entschieden wie Beate Kohler-Koch dem Projekt der Integration verschreibt, bewegt sich in diesen historischen Vorgaben, betreibt immer auch Vergangenheitsbewältigung und wird mit dieser Vergangenheit befaßt. Das gilt für einen ungemein vielfältigen Bereich von Themen, von der Ausgestaltung der Europäischen Institutionen über zahlreiche einzelne Politikbereiche – für ältere wie auch für neuere, etwa das Aufflackern neo-nationalistischer und xenophober Bewegungen oder den Verbleib der deutschen Sprache. Immer und überall begegnen Deutschland und Beiträge aus diesem Land der deutschen Geschichte. Diese Begegnungen sind in der Tat oft garstig (insofern beachtlich z.B. Laughland 1997: 11ff, 142ff), zumindest unangenehm. Und dies wird so bleiben, zumal in der näheren Zukunft, in der die Osterweiterung der EU verstaubte „Mitteleuropa"-Konzepte in Erinnerung bringen und Besorgnisse über die Rolle Deutschlands in der sich vergrößernden „Großraumwirtschaft" beleben wird.

Die Vergangenheit ruht nicht; sie ruhen zu lassen, ist nicht möglich. Aber zu Auseinandersetzungen mit Folgewirkungen der Geschichte sind Historiker, Politikwissenschaftler und Politikern eher berufen und besser imstande als Juristen. Freilich gibt es weitergehende, unter vielen Fächern gerade die

* Dies ist ein Zwischenergebnis eines im Jahre 1999 am Europäischen Hochschulinstitut in Florenz begonnen, noch immer nicht abgeschlossenen und wohl auch nicht abschließbaren Projekts über „Perceptions of Europe and Perspectives on a European Order in Legal Scholarship During the Era of Fascism and National Socialism". Demgemäß habe ich vielen für Anregungen, Warnungen, Berichtigungen zu danken. Die Liste ist lang; ausdrücklich nennen möchte ich aber Bardo Fassbender (Berlin), Ingo Hueck (Frankfurt a.M./Berlin), Oliver Lepsius (München/Heidelberg), Philip Manow (Konstanz) und John McCormick (New Haven), die einen Vorentwurf dieses Beitrags hilfreich kommentiert haben und ohnehin über vieles viel gründlicher als ich Bescheid wissen. – Beiträge aus jenem Projekt sind zugänglich unter http://www.iue.it/LAW/joerges/joerges_darklegacy.htm.

Rechtswissenschaft besonders treffende Erinnerungspflichten, moralische (De Greiff 2001) wie auch im engeren Sinne intellektuelle. Ihnen haben sich, wenn auch in unterschiedlicher Intensität und zeitlich versetzt, sowohl die Rechtsgeschichte als auch die rechtswissenschaftlichen Einzeldisziplinen gestellt. Europa ist freilich ein besonders gelagerter Fall. Vorstellungen zu seiner Gestaltung, die im Nationalsozialismus Anklang fanden, können *fachwissenschaftlich* jedenfalls nicht unmittelbar einschlägig sein. Gewiß, alle Fächer, die später zur rechtlichen Konzeptualisierung Europas Beiträge leisteten, trugen an ihren nationalsozialistischen Erblasten. Es gab eine nationalsozialistische Völkerrechtspraxis und eine nationalsozialistisch inspirierte Völkerrechtstheorie, ein völkisches Rechtsdenken, das die Staatsrechtslehre, Verwaltungsrechtswissenschaft und Verwaltungslehre durchdrang, das Privatrechts- und Wirtschaftsrechtsdenken umzuformieren unternahm; es gab allerlei Vorstellungen zur historischen Lage und Sendung Europas im Allgemeinen und Deutschlands im besonderen – und Wissenschaftler, die sich mehr oder weniger beflissen in den Dienst solcher Rechtserneuerungen stellten.

Europa bleibt ein besonderer Fall einfach schon deshalb, weil der Aufbau einer Europäischen Gemeinschaft mit gleichen Rechten ausgestatteter Akteure nicht Sache der Bewegung war und alle in diese Richtung weisenden historischen Vorläufer unzeitgemäß wurden (vgl. die Dokumentation bei Salewski 1985). Wenn es Versuche gab, Bausteine für eine Gestaltung Europas aus verschiedensten Fächern und Traditionen zusammenzutragen, so wurden sie von dem nationalsozialistischen Großprojekt der kriegerischen Eroberung des Kontinents überlagert und waren, als sich die Niederlage im Kriege abzeichnete, vollends hinfällig, politisch auch geradezu unerwünscht (Siebert 1996: 33). All dies mag erklären, warum Europa in den Auseinandersetzungen mit dem nationalsozialistischen Rechtsdenken kaum vorkommt. Als Bausteine für die Ausgestaltung eines europaweiten Herrschaftssystems sind nun allerdings die anti-liberalen und anti-demokratischen Rechtskonzepte, die im Nationalsozialismus so hoch im Kurs standen, durchaus verwendbar. Und diese Elemente sind weder i.J. 1933 aus dem Nichts aufgetaucht, noch sind sie nach 1945 einfach spurlos wieder verschwunden. Wir haben also nicht nur mit Zäsuren, sondern ebenso mit Kontinuitäten im Rechtsdenken zu rechnen. Diese Einsicht ist nicht neu; schwierig bleibt es dennoch, ihr gerecht zu werden. Für die Jahre nach 1933 hat M. R. Lepsius (1993: 30; vgl. 1987) von drei deutschen Wissenschaftskulturen gesprochen, „derjenigen, die im nationalsozialistischen Deutschland herrschte, derjenigen, die in Deutschland unterdrückt und zum Schweigen gebracht worden war und derjenigen in der Emigration“. Dort blieben politische Haltungen und methodologisch-theoretische Orientierungen lebendig, die innerhalb der deutschen Tradition die „Moderne“ repräsentiert hatten und bis 1933 offen gegen anti-individualistische und anti-demokratische Strömungen auftreten konnte – bis deren Protagonisten meinten, daß nun, unter der Ägide des neuen Regimes, zur Entfaltung kommen könne, was sie bisher schon im Sinne hatten (vgl. beispielhaft Lübbe 1989 zum Fall der Verfassungsgeschichtsschreibung).

Von diesem Gegen-, Neben- und Nacheinander im Rechtsdenken über Europa soll im folgenden die Rede sein. Es handelt sich um ein risikoreiches Unternehmen. Bei der Spurensuche in der deutschen Rechtstradition ist die Unterscheidung zwischen „Moderne“ und „Anti-Moderne“ hilfreich, aber doch unzureichend. Sie „paßt“ für die theoretisch-methodologischen Auseinandersetzungen im Verfassungs- und Staatsrecht und ist normativ dem Leitbild des demokratischen Verfassungsstaates verpflichtet. So klare Zurechnungen wie dort sind nun aber in dem mit der Gestaltung Europas befaßten Rechtsdenkens nicht möglich – schon deshalb nicht, weil es für die Frage, wie Europa verfaßt werden soll, kein fertiges und konsentiertes Modell gibt. Die damit verbundenen Unsicherheiten von Zuordnungen und Bewertungen sind aber auch und vor allem ein Ausdruck der Vielschichtigkeit ihres Gegenstandes. Von den Schwächen Europas, die aus seiner Uneinigkeit resultieren und durch seine Einigung überwunden werden sollen, ist seit langem die Rede: „Sein Leumund ist schlecht, seine soziale Ordnung in Verruf ... Europa *einige* sich, werde *rechtliche* Einheit“ – so liest sich eine Art Eurobarometer des Jahres 1929 (Jahrreiß 1929: 1). Der Versuch, die Irrungen und Wirrungen der Europa umkreisenden Denkbewegungen zu sichten, wird nicht unternommen (zur Ära des Nationalsozialismus vgl. Kluke 1955; Salewski 1984; Elvert 1992; als Selbstdarstellung Six 1943, 1944; zum Kontext Hausmann 1998: 84ff).

Der Beitrag wird mithin seine Fragestellungen spezifizieren und damit verbundene Beschränkungen in Kauf nehmen müssen. Er wird nicht eigentlich rechtshistorisch vorgehen und sich mit Europa höchst selektiv befassen. Die im Titel umschriebene Leitfrage ist analytisch und theoretisch gemeint. Sie zielt auf den Inhalt und die Herkunft von Vorstellungen zur Ordnung Europas, auf Vorstellungsinhalte, in denen es um eine „Institutionalisierung von Rationalitätskriterien“ (im Sprachgebrauch von M.R. Lepsius 1995) geht. Dieses Untersuchungsinteresse mag mit dem Ansatzpunkt im folgenden Abschnitt (2) auf den ersten Blick schwer verträglich erscheinen. Dieser Abschnitt wird die von Carl Schmitt i.J. 1939 ausgelöste Großraum-Debatte aufgreifen. In dieser Debatte ging es um Destruktionen des klassischen Völkerrechts. Carl Schmitt selbst hat sich in bezug auf die Binnenordnung des Großraums weitgehend verschwiegen; für die einschlägigen Vorsätze seiner Gegenspieler passen Begriffe wie Institution und Rationalität wie die Faust aufs Auge. Immerhin hat aber Carl Schmitt sich in seinen Diagnosen und Thesen zur Ablösung des völkerrechtlichen Staatensystems durch eine Welt von Großräumen auf allgemeine, die innere Verfassung der Staaten um-strukturierende Entwicklungen bezogen, zu denen er bereits vor 1933 viel beachtete Ansätze vorgelegt hatte (Abschnitt 3). Diese Problemzusammenhänge sind relevant geblieben und in der Konzeptualiserung Europas neu aufgegriffen worden (dazu Abschnitt 3).

Mit all dem muß der Beitrag Schmitt-lastig erscheinen. Indessen ist, wenn man nach theoretisch ergiebigen Europa-relevanten Beiträgen aus der Zeit des Nationalsozialismus Ausschau hält, die Großraumtheorie Carl Schmitts schlicht unübersehbar. Und gleichzeitig ist Schmitt der gewichtigste Exponent anti-liberaler Erblasten der deutschen Tradition – Grund genug, seine Vorstellungen und deren Wirkungsgeschichte ernst zu nehmen.[1]

2. Zäsuren: Carl Schmitts Großraumtheorie

In den Jahren nach der Machtergreifung nahm das Dritte Reich trotz des Rückzugs aus dem Völkerbund und anderen internationalen Organisationen in seiner Außendarstellung auf das Völkerrecht Bedacht (Vagts 1990: 675ff.). Dieser Umstand verschaffte der Disziplin einigen Schutz (Wolfrum 1992: 95; Stolleis 1999: 382, 384; Hueck 2000b; Fassbender 2001; zur Beobachtung im Ausland z.B. Gott 1938; Garner 1939; Herz 1939; Fraser 2001; indigniert zu Garner 1939 Schmitt 1941/39: 302). Der „Kronjurist des Dritten Reichs“[2] hatte sich zum Völkerrecht zwar alsbald geäußert (Schmitt 1934), sich dieses Gegenstandes mit Intensität aber erst angenommen, als er jene Rolle nicht mehr spielte – und ohne sie zurückzugewinnen. So hatte er sich aus der „ersten Kultur“, die es noch gab (Hueck 2000a: 517ff), verabschiedet, ohne in der zweiten die angestrebte Position zu finden. Dies hat die praktische Wirkung seiner Großraumtheorie beeinträchtigt und relativiert ihre Bedeutung auch für das zeitgenössische akademische Völkerrecht, ändert aber daran nichts, daß diese Theorie Ansätze zu einer die Gestaltung Europas unmittelbar betreffenden „Erneuerung“ des Rechtsdenkens enthielt, die eine Auseinandersetzung lohnen (eingehend Gruchmann 1962; Schmoeckel 1994).

2.1 Die Theorie

Vom 29. März bis zum 1. April 1939, also nach dem Anschluß Österreichs und dem Einmarsch in die Tschechei, aber vor dem Feldzug gegen Polen, tagte in Kiel die „Reichsgruppe Hochschullehrer des Nationalsozialistischen

---

1 Nicht behandeln wird der Essay Schmitts allgemeine Europa-Visionen, die er von 1923 bis 1955 in immer neuen, sich situativ verändernden Varianten vorgelegt hat (dazu McCormick 2001). – Nicht beteiligen wird er sich an Erörterungen der allzu seltsamen Frage, ob im „Schmittianischen intellektuellen Werkzeugkasten“ diejenigen etwas Nützliches finden können, denen an „mehr Demokratie“ in Europa gelegen ist (J. Müller 2000: 1781).

2 Zum Titel des Kronjuristen v. Lösch 1999: 430; Rüthers 2000: 2868.

Rechtswahrer-Bundes". Gleichzeitig feierte das „Institut für Politik und Internationales Recht" sein 25-jähriges Bestehen. Den Vorsitz führte jeweils Paul Ritterbusch, Obmann des Rechtswahrerbundes, gleichzeitig Rektor der Universität Kiel (später offiziell und folgerichtig mit dem „Kriegseinsatz der Geisteswissenschaften" betraut). Dies war der Rahmen, in dem Carl Schmitt seine Völkerrechtskonzeption[3] vorstellte: die „Völkerrechtliche Großraumordnung mit Interventionsverbot für raumfremde Mächte. Ein Beitrag zum Reichsbegriff im Völkerrecht". Das Referat erschien noch im April 1939 in der Schriftenreihe des Instituts, erlebte im Jahre 1941 seine 4. Auflage, die auf Übersetzungen in 5 Sprachen hinweist (Text der 4. Auflage in Maschke, 1995: 269-320; zum Kontext Hausmann 1998: 44f, 253ff; 1999: 414ff; Balakrishnan 2000: 226ff).

Kerngedanken des Vortrages waren: Das *jus publicum europaeum*, das den souveränen Staat zu seinem Zentralbegriff gemacht hatte, passe nicht mehr zu der wirklichen Raumordnung Europas. Nach dem Vorbild der amerikanischen Monroe-Doktrin müsse ein konkreter „Raum" zum gedanklichen Bezugspunkt des Völkerrechts werden und zu seinem Ordnungsstifter ein „Reich". Selbstbewußt erklärte Schmitt (1941/39: 306): „Als ich im Herbst 1937 meinen Bericht über ‚Die Wendung zum diskriminierenden Kriegsbegriff'[4] ... vorlegte, war die politische Gesamtlage von der heutigen noch wesentlich verschieden. ... Im Anschluß an jenen Bericht wurde die Frage gestellt, was ich denn eigentlich Neues an die Stelle der alten Staatenordnung zu setzen hätte ... Heute kann ich die Antwort geben. Der neue Ordnungsbegriff eines neuen Völkerrechts ist unser Begriff des Reiches, der von einer von einem Volk getragenen, volkhaften Großraumordnung ausgeht".

Den Begriff „Reich" hatte Schmitt eine Seite zuvor (1941/39: 305) „als eine von bestimmten weltanschaulichen Ideen und Prinzipien beherrschte Großraumordnung" eingeführt, „die Interventionen raumfremder Mächte ausschließt und deren Garant und Hüter ein Volk ist, das sich dieser Aufgabe gewachsen zeigt". Das Volk, das als „Garant und Hüter allein in Betracht kam, war das deutsche. – Europa als Großraum, in dem die Staaten nicht mehr auf Gleichbehandlung bestehen können, in dem Deutschland die Herstellung entsprechender Verhältnisse gerade in Gang gesetzt hatte, der Lobpreis dieser „Tat des Führers", die „dem Gedanken unseres Reiches politische Wirklichkeit, geschichtliche Wahrheit und eine große völkerrechtliche Zukunft verliehen" habe (Schmitt 1941/39: 306) – der Erfolg eines solchen Musterstücks „konkreten Ordnungsdenkens" schien programmiert. Die Re-

3 Die Anführungszeichen sollen nicht bloß Distanz signalisieren, sondern auf ein Problem aufmerksam machen, das Carl Schmitts Jurisprudenz insgesamt kennzeichnet, nämlich seine Absage an einen Rechtsbegriff, der allgemeine Geltungsansprüche bezeichnet. Im Völkerrecht hat er dies mit seiner *quis judicabit*-Frage, im übrigen am schärfsten mit der Unterscheidung zwischen Freund und Feind signalisiert.

4 „Inzwischen als Heft 5 der Gruppe Völkerrecht der Schriften der Akademie für Deutsches Recht, herausgegeben von Reichsminister Dr. Hans Frank, in München bei Duncker & Humblot, 1938, erschienen".

sonanz war in der Tat stark (Kaiser 1968: 537; Schmoeckel 1994: 152ff; Brechtefeld 1996: 55ff; Herbert 1996: 272ff). Das politische Echo blieb aber zwiespältig.

2.2 Kontroversen

Widersacher, wie sie schon im Jahre 1936 Schmitts Karriere als „Kronjurist" ausgebremst hatten (dazu Rüthers 1990: 81ff; v. Lösch 1999: 429ff, 448ff), waren rasch zur Stelle. Anstoß nahm man an seiner Aussage, daß die „neue völkerrechtliche Denkweise, die vom Volksbegriff ausgeht, ... die im Staatsbegriff enthaltenen Ordnungselemente durchaus bestehen" lasse (Schmitt 1941/39, 306). In einer knappen Besprechung rügte Werner Best, es komme darauf an, die Völker, jene „überpersönlichen, überzeitlichen Gesamtwesenheiten" an die Stelle der „abstrakten Staatengebilde" oder „wirtschaftlichen Interessengebilde" zu setzen und den Großraum als „Ordnung von Volksordnungen" zu begreifen (Best 1940; elaborierter 1941).

Diese Kritik wurde ernst genommen – so ernst, daß Schmoeckel (1994: 174ff) für seine Rekonstruktion der zeitgenössischen Debatte um Raum, Reich und Großraum das Dual „völkisch" v. „etatistisch" verwenden kann (aufschlußreich auch die Dokumentation bei Maschke 1995: 343-348; zum Staatsrecht vgl. Stolleis 1999: 361f; Pauly 2001: 76ff). Der Gegensatz hat seine Dramatik. Der Hinweis Schmitts (1941/39: 301), „daß im bisherigen Staatsbegriff ein Mindestmaß von innerer, berechenbarer Organisation und innerer Disziplin enthalten ist, und daß dieses organisatorische Minimum die eigentliche Grundlage alles dessen bildet, was man als die konkrete Ordnung ‚Völkerrechtsgemeinschaft' ansehen konnte", beschwört Leistungen des Rechts, zu deren Diskreditierung Schmitt selbst so maßgeblich beigetragen hatte.

Der Beistand, den Schmitt insbesondere bei Ernst Rudolf Huber fand, geht in die gleiche Richtung. Es war Schmitts Erläuterungen nicht zu entnehmen, wie beides gleichzeitig zu haben sein könnte: die Bewahrung von Restbeständen des Völkerrechts *und* die Anerkennung des neuen Machtgefüges und der Machtpolitik Deutschlands im Großraum. Seine Überlegungen zum Brükkenbegriff der „Führung", die Schmitt in einer Besprechung der 2. Auflage von Heinrich Triepels „Hegemonie. Ein Buch von führenden Staaten" (1938) vorgestellt hatte (Schmitt 1939; dazu Schmoeckel 1994: 117ff; s. auch O. Lepsius 1994: 93ff), entwickelt er in dem Großraum-Beitrag nicht weiter, sondern ließ mit einem Hinweis auf die Elastizität des Völkerrechtsbegriffs bewenden, der eben auch „zwischen-völkische Beziehungen innerhalb eines Großraums" abdecke (Schmitt 1941/39: 305). Huber (1941a) indessen erprobt den nationalsozialistischen Schlüsselbegriff: Ganz allgemein biete „Führung" eine Alternative zu den Kategorien wie Macht und Herrschaft:

„Führung leistet das, was Herrschaft leistet, mit; sie wirkt aber über die bloße Herrschaft noch hinaus, indem sie die Menschen von innen her in Bewegung bringt ... Die Erweckung des inneren Antriebs zu selbstverantwortlichem Handeln innerhalb eines vorgezeichneten Aktionsplans ist das Kriterium der Führung“ (Huber 1941a: 2021).

Das gelte zwischen Völkern nicht anders als zwischen Volksgenossen:

„Politische Führung ist sonach: *die aus den Grundkräften der Gemeinschaft unmittelbar erwachsende, auf der Verbindung von Autorität und Macht beruhende verantwortliche Bestimmung einer geschloßenen Lebenseinheit“* (Huber 1941a: 2022; Hervorh. im Original).

Das klingt recht konziliant. Die Differenzen zwischen einer gänzlich entrechtlichten völkischen „Ordnung“ und den „Etatisten“ sind in der Tat in einem meta-rechtlichen, schrecklichen Sinne wichtig. Es findet sich in den Schriften der radikal Völkischen – Werner Best; Reinhard Höhn; Wilhelm Stuckart – nicht nur wissenschaftlich Unsägliches. Das „Führungsvolk einer Großraum=Ordnung“, so liest man bei Best (1941: 42), könne „mit den schwächeren Völkern seines Bereichs nur so verfahren, daß es sie entweder total vernichtet (oder aus seinem Bereich total verdrängt) oder sie in seine Großraum=Ordnung unter seiner Ver=Waltung eingliedert“ (und Best 1942: 407: „Vernichtung und Verdrängung fremden Volkstums widerspricht nach geschichtlichen Erfahrungen den Lebensgesetzen nicht, wenn sie vollständig geschieht“; dazu Herbert 1996: 283). Zu solchen Äußerungen hat sich augenscheinlich niemand sonst verstiegen (Dreier 2001: 39f, der Best nicht zitiert). Und was besagt dies? Schmitt selbst (1939: 235) hat seine Differenz mit Best kleinzuschreiben versucht: „Im übrigen soll offen bleiben, ob die zwischen den sich bildenden Reichen und Großräumen entstehenden Beziehungen noch als ‚Völkerrecht‘ bezeichnet werden können, ob andere Worte und Benennungen richtiger sind, und ob man die innerhalb der Großräume sich entwickelnden zwischen-völkischen Beziehungen nicht richtiger, wie *Werner Best* vorgeschlagen hat, ‚völkische (statt völkerrechtliche) Großraumordnung‘ nennt“. Huber (1941b: 31) fand dazu schöne Worte:

„Für die politische Theorie wie für die Rechtslehre besteht das entscheidende Problem darin, wie der Gedanke des Reiches in seiner Wendung zum Großraumprinzip sich vom Imperialismus der anderen, gegen den wir ehrlich und aufrichtig gekämpft haben, unterscheidet. ... Der wesensbestimmende Unterschied kann nur darin liegen, daß der alte Imperialismus ein Gebilde der bloßen Macht und des nackten Interesses war, das sich hinter den tönernen Redensarten von der Gleichberechtigung aller Nationen verbarg; für den Begriff des Reiches dagegen muß entscheidend sein, daß er auf ein Gefüge der gestuften Ordnung zielt, in der die führende Macht die offene Verantwortung für den Bestand der Gesamtordnung und für die Existenz aller Glieder übernimmt. Denn Macht wird nur dadurch zum Recht, daß sie als eine verantwortlich gebundene Funktion gegenüber einem anvertrauten Lebensganzen begriffen wird. ... Das Wichtigste der Reichsaufgabe wird somit darin bestehen, daß über die staatlichen

Grenzen des Reiches hinaus die deutsche Führungsgewalt für die Lösung gesamteuropäischer Fragen verantwortlich sein wird."

Im Dunkel solcher Formulierungskünste bleibt erkennbar, wie man sich denn die Innengestalt des Großraums vorzustellen hat. Wenn sich anders als bei den kompromißlos Völkischen die „Ordnung" des Großraums nicht als nacktes Gewaltverhältnis darstellt,[5] so sind doch die Herrschaftsfunktionen der gestuften Rechtsfähigkeit für die „Staaten" im Großraum, aber auch für seine Bewohner und Insassen drastisch genug: Der „existentiellen Bestimmtheit des Volkes durch seine natürlich-biologische Leibhaftigkeit wie durch seine geistig-geschichtliche Prägung" entsprechend, qualifiziert den „Volksgenossen" sein „deutsches oder artverwandtes Blut". Deshalb sei die alte Kategorie der Staatsangehörigkeit, die dereinst „Rassefremde" umschloß, durch die des „Reichsbürgers" zu ersetzen; dann sind da noch bloße „Reichsangehörige", die, weil in den „Schutz- und Pflichtenverband" aufgenommen, Gehorsam schulden, aber nicht „Treue" und Wehrdienst. Unter den Reichsangehörigen erscheinen „Volkszugehörige" und „Rassefremde", solche mit „Bürgerrecht", die in „Volksgruppen" leben, die dem deuschen Volk und Reich Gehorsam schulden; und solche mit einem „Reichsbürgerrecht" das „Volksteilen mit eigener Kultur" zugedacht ist; „Volkszugehörige", die außerhalb der Reichsgrenzen leben, können auf die Schutzpflichten des Reichs setzen (Huber 1941b: 26). – „Es wurde von keinem Theoretiker vorausgesetzt, daß die Regierung oder die Bewohner der unterzuordnenden Großraumstaaten der neuen Ordnung zustimmen würden", bemerkt Schmoeckel (1994: 274); dies sollte hinzufügen, wer Carl Schmitts Großraum zum rechtswissenschaftlichen Kontrapunkt der völkischen Reichsvorstellungen stilisiert (Kaiser 1968: 543).

Franz Neumann hatte seinerzeit (1942/1984: 184ff) die Großraumtheorie vor allem als eine außenpolitische Dienstleistung gegenüber dem Regime verstanden. Als solche war sie bald nach ihrer Präsentation bei der „Aktion Ritterbusch" im Frühjahr 1939 nicht mehr zeitgemäß. Darauf hat Schmitt bei der Neuauflage i.J. 1941 und im Angesicht des deutschen Vormarschs in immer größere Räume reagiert, indem er seine Schrift mit dem Motto versah (Schmitt 1941/39: 270): „Wir gleichen Seeleuten auf ununterbrochener Fahrt und jedes Buch kann nicht mehr als ein Logbuch sein". Er hätte hinzufügen können, daß auch die innere „Ordnung" des Großraums widerspiegelte, was bei ihm sonst als „Situation" bezeichnet wird.

---

5 Eine Kostprobe aus Best 1941: 35: „Die Großraum-Ordnung ist also weder eine ‚staatsrechtliche' noch eine ‚völkerrechtliche' Erscheinung in dem bisher gebräuchlichen Sinne. Deshalb sind auch die ‚rechtlichen' Formen, in denen die Regeln für die Dauerbeziehungen zwischen den Völkern des Großraums ausgesprochen werden, ohne sachliche Bedeutung und nach Belieben verwendbar ..."; dazu Herbert 1996: 280ff.

3. Kontinuitäten: Binnenstrukturierung des Großraums

In seiner Replik auf Best und dessen völkisches Monitum hat Carl Schmitt seinen Großraum als „konkreten, geschichtlich-politischen Gegenwartsbegriff" vorgestellt, der „bezeichnenderweise nicht im staatlichen, sondern im technisch-industriell-wirtschaftlichen Bereich" wurzele (Schmitt 1939: 305). In den erweiterten Auflagen des Kieler Vortrages finden sich entsprechende Passagen (Schmitt 1941/39: 307). Damit nahm Schmitt, wie apokryph auch immer, auf Diskussionszusammenhänge Bezug, die seine These von dem Funktionsverlust des Territorialstaates stützten, die eine Anpassung des internationalen Rechts auf eine Umstrukturierung der internationalen Beziehungen und die Ablösung des klassischen Völkerrechts durch Normsysteme ankündigen, die man heute als *governance structures* bezeichnen würde. Auf zwei Phänomene verweist Schmitt ausdrücklich, nämlich die über Staatsgrenzen hinausreichenden wirtschaftlichen Verflechtungen („Großraumwirtschaft") und die Eigendynamik technischer Entwicklungen („Technizität"). Zu beiden Themen hatte er schon vor 1933 Beiträge geliefert, an die er nun zur Konkretisierung seiner Großraumvorstellungen hätte anknüpfen können. Er ließ sie ebenso auf sich beruhen wie eine dritte Möglichkeit, die in den Großraum-Schriften keine Erwähnung findet, nämlich die Ablösung des Völkerrechts durch Verwaltungsrecht – obwohl auch hier Carl Schmitt Anstöße gegeben hat.

3.1 Wirtschaft

Die Privat- und Wirtschaftsrechtstheorie der Weimarer Republik hat viel weniger Beachtung gefunden als das Staats- und Verfassungsrecht, ist aber kaum weniger interessant. Herrschend war eine Praxis, die Knut-Wolfgang Nörr (1994, 1999) als „organisierte Wirtschaft" kennzeichnet – ein Topos, der zeitlich und sachlich an den von Bielefelder Sozialgeschichtlern so genannten „organisierten Kapitalismus" anknüpft. Das relevante Theorie-Spektrum zwischen Industriegesellschaft und Wirtschaftsdemokraktie war aber reichhaltig (Hinweise bei Brüggemeier 1977: 239ff; Wielsch 2001: 103-11). Das Gegenmodell, für das Nörr sich vor allem interessiert, ist der Ordoliberalismus, den Ökonomen wie Walter Eucken, Alexander Rüstow, Wilhelm Röpke kongenial mit Franz Böhm seit dem Ende der 20er Jahre entwikkelten (dazu Wiethölter 1989: 215ff; Haselbach 1991; Manow 2001a). Beide, Carl Schmitt (1932/33) wie die Ordoliberalen, redeten einem starken Staat das Wort (z.B. Rüstow 1932; Böhm 1933, 1937; dazu Haselbach 1991: 40ff; Wielsch 2001: 83ff; Manow 2001b: 179ff). Daneben zeigte sich Alfred Müller-Armack (1932/1933), wie ja auch Carl Schmitt (1931) von Mussolinis Faschismus fasziniert. Aus diesen – und anderen – Gründen hat Hermann

Heller (1933) den ordoliberalen als „autoritären" Liberalismus kritisiert. Diese Qualifikation trifft die gemeinsame Kritik an einem Pluralismus, in dem der Interessenkampf den Inhalt der staatlichen Politik bestimmt. Dennoch unterschied sich die „Ordnung" der Wirtschaft, die sich die Ordoliberalen erhofften, von den Vorstellungen Schmitts und seiner Nachfolger in einer sehr wesentlichen Hinsicht. Carl Schmitt hatte in seiner Rede vom „starken Staat" und der „gesunden Wirtschaft" (1933) signalisiert, was ihm vorschwebte: Das Primat der Politik gegenüber einer sich ergeben „selbstverwaltenden" Wirtschaft (vgl. Maus 1986). „Der Führerverfassung", hieß es dann bei Forsthoff (1937: 48) „ist der Primat des Politischen über die Wirtschaft eigentümlich". Dieser Primat findet seinen Ausdruck im „Plan", der „spezifischen Aktionsform des Führerstaates ... auf dem Gebiet von Wirtschaft und Technik". „Ordo" und „Plan" sind Gegensätze, auch wenn beide einen „starken Staat" verlangen (speziell zu Böhm Wiethölter 1989: 232).[6] Selbst beim „Plan" ist freilich interpretative Vorsicht angezeigt. Hans Freyer (1933), auf den Forsthoff (1937: Fn. 1) sich bezieht, hat diesen Terminus ohne nationalsozialistische Konnotationen definiert.

Wie sich der Primat des Politischen nach 1933 im Wirtschaftsrecht auswirkte, wird allmählich intensiv erforscht (zu den Rechtsformen: Gosewinkel 2000; Seibel 2001; vgl. schon Brüggemeier 1979: 32ff, 69ff). Zu der Frage aber, wie denn die Wirtschaft des Großraums zu verfassen sein könnte, ist wenig zu finden. Werner Daitz, der wohl bekannteste Exponent eines wirtschaftlichen Großraumdenkens (Hinweise bei Salewski 1985 und Maschke 1995: 364, 465ff) wird von Schmitt erst in dem Folge-Aufsatz zum Vortrag von 1939 erwähnt (Schmitt 1940: 237) – unverständlicher- oder aufschlußreicherweise: jener dem Regime dienstbare Autor propagierte in seinen ungemein hohlen Schriften zunächst die Rückkehr von der Weltwirtschaft zur Volkswirtschaft, die Autarkie zunächst der Volks-, dann die der Großraumwirtschaft der europäischen „Völkerfamilie" als ganzer (Daitz 1943). Realistischere Zeitgenossen sahen in dem Großraum ökonomisch bloß eine Notlösung (Abelshauser 1994: 279ff; zu Zwischenkriegszeit Stirk 1994). Immerhin hat Justus Wilhelm Hedemann, eine Berühmtheit des deutschen Wirtschaftsrechts schon lange vor 1933 und seit 1939 in der Akademie für Deutsches Recht maßgeblich mit der Ausarbeitung des neuen Volksgesetzbuches befaßt, die Thematik in zwei Essays von 1941 und 1943 aufgegriffen, die freilich so gut wie keine Beachtung gefunden haben (vgl. Mohnhaupt 1989: 156 Fn. 259; Schmoeckel 1994: 224). Ohne in Betracht zu ziehen, daß die „Germanisten" unter den Natinalsozialisten von den „Imperialisten" abgemeldet worden waren (zu diesen Parteiungen Elvert 1992), suchte Hedemann nach

6 Zur Kontaktaufnahme des Reichswirtschaftsministeriums, das am Ende bei den „Freiburgern" für eine wirtschaftspolitische Konzeption jenseits von klassischem Liberalismus und sozialistischer Planwirtschaft um Rat nachsuchte vgl. Herbst 1982: 144ff, 133ff.

einem Führungsmodell für die Wirtschaft, das den Wirtschaftsakteuren und Bürgerschaften im Großraum ein Stück Unabhängigkeit belassen hätte. Die „Völkerschaften Europas" trügen das neue Recht; Selbstverwaltung, korporatistische Strukturen und Planung sollten einander ergänzen – Vagheiten allenthalben, deren Klärung in der real existierenden Kriegswirtschaft belanglos wurde und inopportun erschien (Boelcke 1992: 229).[7]

3.2 Technizität

Sein Plädoyer für den „starken Staat", in dem die Politik gegenüber der Wirtschaft ihre Priorität behaupten solle, hatte Carl Schmitt (1932/33: 73; vgl. die Diagnose einer Wendung zum „totalen Staat" der eben nicht „stark" sei, in Schmitt 1931) mit einer Polemik gegen alle technokratischen Bestrebungen verbunden, die meinen, „durch technische und wirtschaftliche Sachverstände nach angeblich rein sachlichen, rein technischen und rein wirtschaftlichen Gesichtspunkten alle Fragen" entscheiden zu können. Anders als in den USA, in denen „*The Technocrats*" die wohlfahrtsteigernden Möglichkeiten eines technisch und wirtschaftlich versierten Expertentums anpriesen (vgl. Radaelli 1999; Mohler 1968), sahen viele der in der Weimarer Republik tonangebende konservativen Intellektuellen die Herrschaft einer seelenlosen technischen Maschinerie heraufziehen, gegen die sich allenfalls kulturelle Werte mobilisieren ließen, während es aussichtslos erschien, sich den Gestaltungsmöglichkeiten der Weimarer Demokratie anzuvertrauen (Vesting 1990: 9ff; Stehr 1994: 278ff; McCormick 1997: 31ff, 83ff).

Carl Schmitt hatte in seinem brillierend-dröhnenden konter-revolutionären Manifest von Barcelona (Schmitt 1929) die Sowjetunion als institutionelle Inkarnation einer quasi-religiösen, seelenlosen Technizität identifiziert.[8] Sollte nun der „besonders starke" und „qualitativ totale" Staat nicht nur die Wirtschaft führen, sondern auch noch – anders als die ohnmächtige „Kultur" dies vermöchte – die Technizität mit wirklicher Politik bezwingen? Eine gespenstische Vorstellung. Hans Freyer, der mit guten Gründen (Freyer 1929: 9) zu den konservativen Technik-Pessimisten gezählt wird und z.B. Ernst Forsthoff beeindruckt hat (Vec 2000), äußerte sich wohltuend Weberianisch: Technische Gebilde werden Wirklichkeit erst vermittels des „Plans"; hinter dem Plan steht „die politische Macht"; sie setzt ihrerseits „Herrschaft" voraus; Herrschaft ist aber „Dauergebilde nur, weil und sofern sie ein Gebilde aus allen ist ... Herrschaft sucht wesentlich Legitimität, und ihr Bestand beruht auf der Tragfähigkeit der Legitimitätsgrundlage, die sie vorfindet oder

7 Zu den „politikwissenschaftlichen" Aufgaben und Aktivitäten des „Deutschen Auslandswissenschaftlichen Instituts" vgl. Eisfeld 1991: 152ff; Siebert 1996; zu den außenwirtschaftlichen Kontinuitäten der Großraumvorstellungen Berghahn 1996: 5ff.

8 Schmitt 1929: 120f: „... ihre Vitalität ist stark genug, sich unserer Erkenntnisse und Technik als Waffen zu bemächtigen; ihr Mut zum Rationalismus und zum Gegenteil ... sind überwältigend".

die sie zu schaffen vermag" (Freyer 1933: 20, 28, 38; vgl. 1935, 1940). Es scheint schlechterdings unmöglich, die Positionen der konservativen Technikkritik in die nationalisozialistischen Beherrschungsphantasien einzufügen.

3.3 Verwaltung

Die „originellste Weiterentwicklung der Großraumtheorie" findet Schmoeckel (1994: 225) in einem unscheinbaren Artikel von Hans Peter Ipsen über „Reichsaußenverwaltung", der in den Jahren 1942 und 1943 erschien und im Untertitel erläutert: „Die deutsche Verwaltung betreut (sic!) jenseits der inneren Reichsgrenzen 145 Millionen Menschen" (Ipsen 1943). Diese Reichsaußenverwaltung, so heißt es bei Ipsen, sei „konkret und sacherfüllt". Sie setze den Fortbestand „landeseigener Verwaltungen" voraus, beansprucht aber diesen gegenüber bedingungslose Suprematie. „Fast genial", findet Schmoeckel (1994: 226) diese Idee, in der aber auch „etwas geradezu Diabolisches" liege. In der Tat ist die Idee Ipsens zu unterscheiden von den eher drögen systematisierenden Unterscheidungen der Verwaltungspraxis im besetzten Europa (Majer 1999). Sein Denkansatz brachte die Machtansprüche des Reichs auf einen juristischen Begriff, der sich jeglicher Regel entzog. Und dies war nicht einfach so dahingeschrieben. In seiner Hamburger Habiltationsschrift aus d.J. 1937, einer ungemein gelehrsamen rechtsvergleichenden Studie, hatte Ipsen die gedanklichen Vorleistungen erbracht. Die Studie befaßte sich mit „justizlosen Hoheitsakten". Sie bot, wie ihre Rezension durch keinen geringeren als Ernst Rudolf Huber hervorhob, eine zutreffende „innere Wesensdeutung" jener Akte, wenn sie diese von den bekannten Ermessensakten abhob und ihre „völlige Freiheit von richterlicher Kontrolle" feststellt (Huber 1937/38: 195). Hubers Besprechung billigt auch die andere Seite des Arguments. Ipsen wird dafür gelobt, daß er – gegen Reinhard Höhn – vom Fortbestand einer „Verwaltungskontrolle mit individueller Rechtsschutzwirkung" im neuen Staat ausgeht (Huber 1937/38; Ipsen 1937: 253). Höher als dieser Grundsatz aber ist die nationalsozialistische Erkenntnis einer originären Normsetzungsbefugnis der Regierung. „Sie bedeutet nicht nur die Organschaft der Regierung zur Ausübung einer ihr an sich übergeordneten Gesetzgebungsgewalt, sondern die Regierung *ist* Träger der Regierungsgewalt,[9] die Gesetzgebungsgewalt umschließt" (Ipsen 1937: 180).

Dies ist Schmittianismus in Rein„kultur". In seinem Aufsatz über „Legalitat und Legitimität" hatte Schmitt das Ende des „Gesetzgebungsstaates" ausgerufen, eine „für den gegenwärtigen Moment charakteristische ‚Wendung zum totalen Staat' mit ihrer unvermeidlichen Tendenz zum ‚Plan' (statt wie vor hundert Jahren zur ‚Freiheit'" diagnostiziert, die „heute typisch als eine Wendung zum Verwaltungsstaat erscheine" (Schmitt 1932: 266). Er sei,

9 Huber (1937/38: 196) mahnend: „Besser wäre zu sagen: Führungsgewalt".

setzte er kurz vor Hitlers Machtergreifung hinzu, gleichsam gezwungenermaßen, nämlich wegen der Schwäche pluralistischer Gemeinwesen, total in dem „quantitativen" Sinne, daß er in alle Daseinssphären eindringe, total und dabei „ein besonders starker Staat" auch in dem Sinne, daß er sich aller neuen technischen Mittel zu seiner Machtsteigerung bediene (Schmitt 1933: 361, 365). Ernst Forsthoff sekundierte: „Unter der Geltung der Weimarer Verfassung (ging) der deutsche Staat zugrunde, weil er zum Raub des gesellschaftlichen Pluralismus wurde. Dieser nun wirklich gewordene totale Staat komme mit der alten Exekutivgewalt nicht aus. Nun trete neben das „Berufsbeamtentum" und die Bürokratie ... der Kommissar, als nicht neutraler, sondern politisch entschiedener und entscheidender Funktionär, Exponent des politischen Willens ..." (1933: 28, 36, s. auch 1935a, 1935b). Was innen gilt, muß ja wohl erst recht „außen" gelten.[10]

3.4 Zwischenbemerkung

Der mit etatistischen Restbeständen befrachtete Großraumtheorie Carl Schmitts bleibt im Innern leer. Diese Diskrepanz hat ihre Logik. Die nationalsozialistische Europavision, die einen Großraum im Sinn hatte, der vom Nordkap bis nach Sizilien, von der Bretagne bis zum Ural rassisch verwandte, faschistisch geführte Völker unter deutscher Führung vereinigen sollte, bekümmert sich nicht um eine Institutionalisierung irgendwelcher ökonomischer, technischer oder politischer Rationalitätsmuster in dessen Industriegesellschaften. Mit der Zäsur, die Schmitts Großraumtheorie gegenüber dem überkommenen Völkerrecht bedeutete, verbindet sich eine zweite: Schmitt ist nicht im Stande – und seine Gegner sind nicht gewillt – Ordnungsstrukturen zu benennen, die an die Stelle jener internen Autonomie treten würden, die das völkerrechtliche Souveränitätsprinzip geschützt hatte.

4. Rekonfigurationen: Die Erneuerung der Ersten Kultur im Integrationsprozeß

Die europäischen Einigungsbemühungen, die mit dem Schuman-Plan von 1950 einsetzten und im Jahre 1957 in den Vertrag von Rom mündeten, bedeuteten eine sehr bewußte Überwindung des rassistischen Imperialismus des NS-Regimes. Die Lage unterschied sich grundsätzlich von der nach dem Ersten Weltkrieg – politisch wie akademisch. Es hatte in der Tat, wie Dreier (2001: 69) notiert, „keinen nennenswerten Versuch sachlich-legitimatorischer

10 Zu Forsthoffs weiterer Entwicklung nach 1933 vgl. Forsthoff 1938; Stolleis 1999: 352f, 366ff; Mehring 2000: 316f, Pauly 2001: 81f, 98ff; zur Kontinuität seines Denkens auch „danach" Neumann 1984; Staff 1987: 151ff; Vec 2000.

Rückanknüpfung an das Dritte Reich und keine substantiellen Fortwirkungen nationalsozialistischer Denkweisen in der Staatsrechtslehre" gegeben. Es gab ebensowenig grundsätzliche Vorbehalte gegen die Europaoffenheit des Grundgesetzes. Es gab stattdessen intensive Debatten um die Rechtsnatur der Europäischen Wirtschaftsgemeinschaft, an der sich Vertreter des Staats-(Verfassungs)rechts, des Völkerrechts, des internationalen öffentlichen Wirtschaftsrechts beteiligten.

4.1 Fragestellung

Die Geschichte dieser Diskussionen, aus denen durch die doppelte Abgrenzung gegenüber dem Völkerrecht einerseits und dem Staats- und Verfassungsrecht andererseits das Europarecht als eine autonome Disziplin hervorging, ist hier nicht insgesamt zu rekonstruieren. Den Fragestellungen der vorangegangenen Abschnitte entsprechend, soll es vielmehr im folgenden vor allem um die Institutionalisierung von Rationalitätskriterien im Inneren der neuen Herrschaftsverbandes gehen (zur Begrifflichkeit M.R. Lepsius 1995, 2000). Es zeichnet die deutsche Europarechts-Diskussion aus, daß sie die Spannungen zwischen dem Integrationsprozess einerseits und der politischen Autonomie der Mitgliedstaaten andererseits sehr früh als ein Problem für die im Innern gerade erreichte Demokratie begriff, ohne deshalb in völkisch-nationale Nostalgien zu verfallen. Freilich mußte diese Art Europaoffenheit mit einer gewissen Zwangsläufigkeit, jedenfalls mit einer frappierenden historischen „Logik", dazu führen, daß bei den Vermittlungsversuchen zwischen Demokratie und Integration vor allem vordemokratische Traditionsbestände aus der „Ersten Kultur" wiederbelebt wurden.

Zur Erinnerung: Alle Sphären der Gesellschaft des Großraums – die Wirtschaft, die Technik, die Verwaltung – hatten sich dem Führungsanpruch der nationalsozialistischen Politik gebeugt. Diese Ergebenheit war nach 1945 funktionslos geworden. Indessen hatten sich die Probleme einer Ordnung der Wirtschaft, der Eigengesetzlichkeit der Technik und der Funktionen der Verwaltung mit nationalsozialistischen Politik nicht erledigt. Das galt im Innern der neuen Republik (dazu 4.2.) Und gerade das Projekt der Integration, das eine so überzeugende Antwort auf die Friedlosigkeit des nationalstaatlich organisierten Europas enthielt, sollte die Virulenz jener Probleme verstärken. Es lag angesichts der politisch-institutionellen Unvollkommenheiten jenes Projekts nahe, bei der Suche nach Antworten auf seine Legitimationsprobleme die im Nationalsozialismus verkehrten Denkmuster neu zu beleben (dazu 4.3).

4.2 Ordoliberalismus, Organisierter Kapitalismus und der Staat der Industriegesellschaft

In seinen oben bereits genannten Studien zur neueren Privat- und Wirtschaftsrechtsgeschichte hat Knut Wolfgang Nörr (eingehend zuletzt 1999: 5ff) die Wirkungsgeschichte der Konzepte der „organisierten Wirtschaft" und der „sozialen Marktwirtschaft" unter dem Grundgesetz geschildert. Die sog. „organisierte Wirtschaft" – ein Kartellrecht sollte es erst 1958 geben – verstand die im Staats- und Verfassungsrecht herrschende Meinung als ein von der parlamentarischen Gesetzgebung erneut toleriertes oder gar gefördertes und eben dadurch verfassungsrechtlich legitimiertes Phänomen. Im Privatrechts- und im Wirtschaftsrechtsdenken dominierte dagegen der Ordoliberalismus, der eine Bindung des einfachen Gesetzgebers an die Prinzipen einer freiheitlichen, wettbewerblichen Marktverfassung postulierte (Joerges 1994: 114ff; Nörr 1999: 58ff, 81ff); er wurde praktisch-politisch einflußreich, weil er – anders als seiner von Hermann Heller als „autoritärer Liberalismus" gekennzeichneten Frühform – ein Bündnis mit den Exponenten einer „sozialen Marktwirtschaft" einging (Abelshauser 1987; Haselbach 1991: 117ff; Manow 2001a).

Carl Schmitts dunkle Rede über den „starken Staat" und die „gesunde Wirtschaft" hatte beide Richtungen auf ihre Weise hinter sich gelassen, ohne mit ihren theoretischen Differenzen die Politik allzu sehr zu irritieren. Die Bundesrepublik hat zwar offiziös Leitbilder, Konzeptionen, Institutionalisierungen im ordoliberalen Sinne gepflegt; sie hat aber gleichzeitig eine ordnungspolitische Indifferenz im Staats-, Verfassungs-, Verwaltungsrecht an den Tag gelegt, die der Gesetzgebungspolitik das Paktieren mit der „organisierten Wirtschaft" erlaubte. Nörr (1999: 84) bezeichnet deshalb „als ein Grundphänomen in der Entstehungsgeschichte der Bonner Republik ... [ihre] wirtschaftspolitische und wirtschaftsverfassungsrechtliche Zweigleisigkeit". Und „für die Wirtschaftsordnung, die den neuen Staat prägen sollte, müssen wir geradezu von einer doppelten Inszenierung sprechen, von zwei Aufführungen desselben dramatischen Stückes, die voneinander keine Notiz nahmen."

In Nörrs auf das Wirtschaftsrecht konzentrierten Darstellung fehlt die Position Ernst Forsthoffs, die hier nicht so wegen ihrer Bedeutung für das deutsche Verwaltungs- und Verfassungsrecht, sondern im Hinblick auf ihre Übertragbarkeit in den europäischen Kontext interessiert – und die Kontinuität, die sein Denken auszeichnet. Als Forsthoff anno 1933 den „totalen Staat" begrüßte, war ihm dieser allen Ernstes als Bollwerk gegen die Räubereien „des gesellschaftlichen Pluralismus" der Weimarer Republik erschienen (Forsthoff 1933: 28). Diese Begeisterung hatte sich nicht erst verflüchtigt, als Forsthoff im „Staat der Industriegesellschaft" (1971: 53) den Zugriff totalitärer politischer Bewegungen auf den Staat, der den „totalen Staat" konstituiert, als „Entartung des Staates“ kennzeichnete. Bereits im Jahre 1938 hat Forsthoff, in der berühmtesten seiner Schriften, auf die „Technisierung“ aller Verhältnisse gesetzt, die er, ganz im Stile der konservativen Zeitkritik, beklagte, in die er aber auch seine Hoffnungen auf eine Zähmung der Dämonie des Politischen setzte: Es sei eine Folgewirkung der „industriell-technischen Entwicklung“ und der mit ihr verbundenen „massentümlichen Lebensformen“, daß „der moderne Mensch“ seinen „effektiven Lebensraum“ steigern konnte und gleichzeitig in eine neue „soziale Bedürftigkeit“ geriet (Forsthoff 1938: 25, 32; dazu Neumann 1984; zur Herkunft des Begriffs Pauly 2001: 98, Fn. 114): „Diejenigen Veranstaltungen, welche zur Befriedigung des Appropriationbedürfnisses getroffen werden, bezeichne ich als *Daseinsvorsorge.* ... Die Verantwortung für die Befriedigung dieser Appropriationsbedürfnisse nenne ich *Daseinsverantwortung*“ (1938: 26).

Damit hatte Forsthoff die Daseinsvorsorge als eine Art Lebenssachverhalt etabliert, der als solcher nicht zur Disposition steht. So konnte er in der Nachkriegsdebatte um den sozialen Rechtsstaat des Grundgesetzes das Soziale einem „außerverfassungsrechtlichen Bereich“ zuordnen, einer durch soziale Impulse auf das stärkste bewegten und bestimmten Wirklichkeit“, derentwegen Politik, Gesetzgebung und Verwaltung nicht umhin können, die rechtsstaatliche Verfassung um materiale Gehalte, eben den Sozialstaat, zu ergänzen (1954: 24, 29, 31).

Die Denkmuster, die er für die von ihm jetzt (Forsthoff 1971) als „soziale Realisation“ genannten Entwicklungen gefunden hatte, nutzte er auch für die „technische Realisation“. Dem technischen Prozess sei, so heißt es ganz wie in Carl Schmitts Rede von 192 eine freiheitsbedrohendes Potential eingeschrieben. Die Frontstellungen bleiben sich gleich:[11] „So hat sich der Bolschewismus alsbald nach der Machtübernahme mit der Technik identifiziert“; aber auch dem „freiheitlichen Staat [wird] eine partielle Identifizierung mit der Technik durch die Bedingungen des technischen Prozesses aufgenötigt“ (1969: 852). All dies habe dazu geführt, daß „sachgerechte Entscheidungen“ vielfach nur in immer enger werdenden Zirkeln, die über das nötige „Sachwissen“ verfügen, getroffen werden können, Regierung und Verwaltung sich gegenüber dem „rechtsstaatlichen Normativsystem“ verselbständigten (1971: 84, 105, 158ff). „Das ist die Situation, welche die Politiker noch nicht begriffen haben, und die sich jenseits des Horizonts einer zur Rechtsstaatswissenschaft geschrumpften Staatsrechtswissenschaft befindet, die in normativen Gehäusen ihr Wesen treibt“ (1971: 46).

Wenn solche Thesen über den Horizont der „Rechtsstaatswissenschaft“ hinausgegangen sein sollte, so stand Forsthoff dennoch nicht allein. Kongenial hieß es z.B. bei Helmut Schelsky (1964: 453): „An die Stelle der politi-

11 Oben Fn. 8.

schen Normen und Gesetze [treten] Sachgesetzlichkeiten der wissenschaftlich-technischen Zivilisation ..., die nicht als politische Entscheidung setzbar und als Gesinnungs- und Weltanschauungsnormen nicht verstehbar sind". In der gesamten sogenannten Technokratiedebatte war die „Technizitäts"-Tradition ausgesprochen virulent (kritisch inbes. Habermas 1968).

Für Europa hat die Technokratiediskussion sich nicht interessiert. Forsthoff hat sehr wohl gesehen, daß „der technische Prozeß" die staatlichen Grenzen gesprengt hatte und innerstaatlich nicht zu bewältigen war. So sei es „nicht abwegig", auf die Entwicklung einer „internationalen Organisation" zu denken, „die den weiteren Ablauf des technischen Prozesses als effizienter Hüter der Humanität zu begleiten vermag" (1971: 169). Die Quelle seiner so unvermittelt eingestreuten Humanitätshoffnungen hat Forsthoff nicht preisgegeben Mit der EWG hat er augenscheinlich kaum gerechnet; aber seine Denkansätze konnten dort dennoch wirksam werden.

4.3 Deutsche Traditionsbestände in Europa

Mit dem Ordoliberalismus und Forsthoffs Theorie der Industriegesellschaft standen zwei Konzepte zur Verfügung, die durch die Spannungen zwischen Demokratieprinzip und Integration nicht in Verlegenheit zu bringen waren. Die ordoliberale Schule hat dies sehr früh gesehen. Die im EWGV verbürgten Freiheiten, die Öffnung der Volkswirtschaften, die Diskriminierungsverbote und Wettbewerbsregeln wurden als gemeinschaftliche Entscheidung für eine Wirtschaftsverfassung verstanden, die den ordoliberalen Vorstellungen über die Rahmenbedingungen einer marktwirtschaftlichen Ordnung, wenn man die vielen ordnungspolitischen Exklaven als bloße Ausnahmen einstuft und von dem Sündenfall der Agrarpolitik absieht, entgegen kamen. Und gerade der Umstand, daß Europa als bloße Wirtschaftsgemeinschaft auf den Weg gebracht wurde, verlieh der ordoliberalen Argumentation Plausibilität: Mit der Deutung der wirtschaftsrechtlichen Bestimmungen der Europäischen Gemeinschaft als einer auf Recht gegründeten und auf die Sicherung wirtschaftlicher Freiheiten verpflichteten Ordnung, gewann die Gemeinschaft eine eigene, von den Institutionen des demokratischen Verfassungsstaates unabhängige Legitimität, aus der sich zugleich Schranken für die Gestaltung dieser Gemeinschaft ergaben (Mussler 1998: 94ff, 113ff).

Europa ressortierte jedoch ungeachtet seiner Ausrichtung als Wirtschaftsgemeinschaft im öffentlichen Recht. Im Völkerrecht, im Staats- und Verfassungsrecht war nun freilich die Vorstellung einer die souveränen Verfassungsstaaten bindenden supranationalen Wirtschaftsrechtsordnung nicht gerade geläufig. Wer jedoch Carl Schmitt so nahe stand wie Joseph H. Kaiser, konnte dessen unausgeführte Verweise auf die Trias von großräumiger Wirtschaft, Technik und Verwaltung aufgreifen, um dann die europäische öffentliche Gewalt ganz im Forsthoffschen Sinne „sachbezogen-zweckhaft" zu begreifen und sie einer „sozial freischwebenden Intelligenz" anzuvertrauen (1966: 28, 23). Gleichartige Aussagen findet man schon früher (Bülck 1959: 105-107). Am gründlichsten und systematischsten hat sie aber Hans Peter Ipsen (zuerst wohl 1964) in seiner Qualifikation der (drei) Europäischen Gemeinschaften als „Zweckverbände funktioneller Integration" entfaltet. Der Topos „Zweckverband" öffnete das Gemeinschaftsrecht für Aufgabenfelder, die in der Ordnungspolitik des Ordoliberalismus keinen Raum hatten – ohne es deshalb demokratischen Anforderungen auszusetzen. Als Zweckverband sollte Europa sich mit Fragen „technischer Realisation" befassen, d.h. mit Verwaltungsaufgaben, die einer supranationalen Bürokratie übertragen werden können – und müssen (Ipsen 1972: 176ff). Wie durchdacht die Konzeption war, zeigt sich gerade daran, daß Ipsen sich in seinem Verständnis des Grundgesetzes entschieden von Forsthoff unterschied (vgl. nur Ipsen 1950 einerseits, Forsthoff 1954: 9f, 28, 32 andererseits). Er hat die technokratische Vernunft in der EWG zwar verankern, aber gleichzeitig ihren Wirkungsbereich einschränken wollen: Die Gemeinschaften sollten sich auf die Administration von „Wissensfragen" beschränken, wirklich „politische" Fragen aber demokratisch legitimierten Entscheidungsträgern überlassen (Ipsen 1972: 1045). Mit seiner Zweckverbandstheorie hat Ipsen sowohl weiterreichende föderale Integrationsvorstellungen als auch die frühen Deutungen der Gemeinschaft als bloße internationale Organisation zurückgewiesen. Das Gemeinschaftsrecht stellte sich ihm als ein tertium zwischen dem (bundes)-staatlichem Recht und dem Völkerrecht dar, das sich durch seine „Sachaufgaben" konstituiert und hinlänglich legitimiert (Ipsen 1970; 8ff; zu all dem Kaufmann 1997: 300ff; Bach 1999: 38ff).

5. Schlußbemerkung

Der Ordoliberalismus und der Funktionalismus versprachen Antworten auf das europäische Legitimations-Dilemma, die ohne parlamentarisch-demokratische Bestätigung i.S.d. nationalen Verfassungsstaates auskommen. *Beide* Konzeptionen hatten ihr *fundamentum in re*. Sie boten nicht bloß abstrakte rechtsdoktrinelle Deutungen, sondern Rationalitätskriterien, die sich institutionalisieren und praktisch handhaben lassen. Keiner dieser Ansätze braucht sich zu verstecken, im Gegenteil: Im Gesamtspektrum der zeitgenössischen Diskussion handelt es sich jedenfalls deshalb um positive Ausnahmeerscheinungen, weil sie sich mit den Folgeproblemen der Einsicht stellten, daß die EWG ein aliud zum Völkerrecht und Landesrecht bedeutete, daß sie ein supranationales Regieren ermögliche, das mit dem Hinweis auf die Zustimmung der Regierungen der Mitgliedstaaten allein selbst unter der Geltung der Einstimmigkeitsregel nicht zureichend legitimiert werden konnte. Beide Traditionen müssen freilich auch ihre Grenzen sehen. Dabei ist die Kontinuität mit vordemokratischen Beständen der deutschen Rechtskultur zwar frappant, aber doch eigentlich nicht überraschend. Ironischer- und glücklicherweise sind es die Erfolge des Europäischen Projekts, die jene Traditionen grundsätzlich herausfordern: Europa hat sich so entwickelt, daß es eine seine Politik strukturierende und legitimierende Verfassung braucht. Wenn diese Verfassung die der nationalstaatlichen Demokratien nicht kopieren kann, so bedeutet dies nicht, daß sie sich an ererbten Alternativen orientieren dürfte.

6. Literatur

Abelshauser, Werner 1987: Die Langen Fünfziger Jahre. Wirtschaft und Gesellschaft der Bundesrepublik Deutschland 1949 - 1966, Düsseldorf.

Abelshauser, Werner 1994: „Mitteleuropa" und die deutsche Außenwirtschaftspolitik, in: Buchheim, Christoph/Hutter, Michael/James, Harold (Hrsg.): Zerrissene Zwischenkriegszeit. Wirtschaftshistorische Beiträge. Knut Borchardt zum 65. Geburtstag, Baden-Baden, S. 263-286.

Bach, Maurizio 1999: Die Bürokratisierung Europas. Verwaltungseliten, Experten und politische Legitimation in Europa, Frankfurt a.M.

Balakrishnan, Gopal 2000: The Enemy. An Intellectual Portrait of Carl Schmitt, London/New York.

Berghahn, Volker R. 1996: German Big Business and the Quest for a European Economic Empire in the Twentieth Century, in: ders. (Hrsg.): Quest for Economic Empire: the European strategies of German Business in the Twentieth Century, Providence/Oxford, S. 1-34.

Best, Werner 1940: Völkische Großraumordnung, in: Deutsches Recht 10, S. 1006-1007.

Best, Werner 1941: Grundfragen einer deutschen Großraumverwaltung, in: Festschrift für Heinrich Himmler zum 40. Geburtstag, Darmstadt, S. 33-60.

Best, Werner 1942: Großraumordnung und Großraumverwaltung, in: Zeitschrift für Politik, S. 406-412.

Böhm, Franz 1933: Wettbewerb und Monopolkampf, Berlin.

Böhm, Franz 1937: Die Ordnung der Wirtschaft als geschichtliche Aufgabe und rechtsschöpferische Leistung, Stuttgart und Berlin.

Boelcke, Willi A. 1992: Die „europäische Wirtschaftspolitik" des Nationalsozialismus, in: Historische Mitteilungen der Ranke-Gesellschaft 5, S. 194-232.

Brechtefeld, Jörg 1996: Mitteleuropa and German Politics. 1848 to the Present, Houndmills-London

Brüggemeier, Gert 1977, 1979: Entwicklung des Rechts im organisierten Kapitalismus, Band 1 (1977): Von der Gründerzeit bis zur Weimarer Republik; Band 2 (1979): Vom Faschismus bis zur Gegenwart, Frankfurt a.M.

Bülck, Hartwig 1959: Zur Systematik der Europäischen Wirtschaftsgemeinschaften, in: Berichte der Deutschen Gesellschaft für Völkerrecht 6, S. 66-118.

Daitz, Werner 1943: Der Weg zur Volkswirtschaft, Großraumwirtschaft und Großraumpolitik, Dresden.

Dreier, Horst 2001: Die deutsche Staatsrechtslehre in der Zeit des Nationalsozialismus, in: Veröffentlichungen der Vereinigung der Deutschen Staatsrechtslehrer 60, S. 9-72.

Eisfeld, Rainer 1991: Ausgebürgert und doch angebräunt. Deutsche Politikwissenschaft 1920-1945, Baden-Baden.

Elvert, Jürgen 1992: „Germanen" und „Imperialisten" – Zwei Europakonzepte aus nationalsozialistischer Zeit, in: Historische Mitteilungen der Ranke-Gesellschaft 5, S. 161-184.

Fassbender, Bardo 2001: Stories of War and Peace. The Writing of the History of International Law in the „Third Reich" and After, in: European Journal of International Law (im Erscheinen).

Forsthoff, Ernst 1933: Der totale Staat, Hamburg.

Forsthoff, Ernst 1935a: Das neue Gesicht der Verwaltung und die Verwaltungsrechtswissenschaft, in: Deutsches Recht 5, S. 331-333.

Forsthoff, Ernst 1935b: Führung und Bürokratie – Einige grundsätzliche Erwägungen, in: Deutsches Adelsblatt, S. 1339-1340.

Forsthoff, Ernst 1937: Führung und Planung, Deutsches Recht 7, S. 48-49.

Forsthoff, Ernst 1938: Daseinsvorsorge als Aufgabe der modernen Verwaltung. Abschnitt aus: Die Verwaltung als Leistungsträger (Stuttgart und Berlin), wieder abgedruckt in: ders.: Rechtsfragen der leistenden Verwaltung, Stuttgart 1959, S. 23-34.

Forsthoff, Ernst 1954: Begriff und Wesen des sozialen Rechtsstaats, in: Veröffentlichungen der Vereinigung der Deutschen Staatsrechtslehrer 12, S. 8-36.

Forsthoff, Ernst 1969: Technischer Prozess und politische Ordnung, in: Studium Generale 22, S. 849-856.

Forsthoff, Ernst 1971: Der Staat der Industriegesellschaft. Dargestellt am Beispiel der Bundesrepublik Deutschland, München.

Fraser, David 2001: „the outsider does not see all the game ...": Perceptions of German Law in Anglo-American Legal Scholarship, 1933-1940, Beitrag zu dem oben* genannten Projekt, ttp://www.iue.it/LAW/joerges/Fraser_Anglo_American.pdf.

Freyer, Hans 1929: Zur Philosophie der Technik, zitiert nach dem Wiederabdruck in: Üner, Elfriede/Freyer, Hans (Hrsg.): Herrschaft, Planung und Technik. Aufsätze zur politischen Soziologie, Weinheim 1987, S. 7-16.

Freyer, Hans 1933: Herrschaft und Planung. Zwei Grundbegriffe der politischen Ethik, Hamburg 1933, zitiert nach dem Wiederabdruck in: Üner, Elfriede/Freyer, Hans (Hrsg.): Herrschaft, Planung und Technik. Aufsätze zur politischen Soziologie, Weinheim 1987, S. 17-44.

Freyer, Hans 1935: Das Politische als Problem der Philosophie, in: Blätter für Deutsche Phhilosophie 9, 347-367; zitiert nach dem Wiederabdruck in: Üner, Elfriede/Freyer, Hans (Hrsg.): Herrschaft, Planung und Technik. Aufsätze zur politischen Soziologie, Weinheim 1987, S. 45-64.

Freyer, Hans 1940: Beiträge zur Theorie der Herrrschaft; zitiert nach dem Wiederabdruck in: Üner, Elfriede/Freyer, Hans (Hrsg.): Herrschaft, Planung und Technik. Aufsätze zur politischen Soziologie, Weinheim 1987, S. 65-83.

Garner, James W. 1939: The Nazi Prosciption of International Law, in: American Journal of International Law 33, 112-119.

Gosewinkel, Dieter 2000: Wirtschaftspolitische Rechtssetzung im Nationalsozialismus, unveröff. Ms., Frankfurt a.M.: Max Planck Institut für europäische Rechtsgeschichte.

Gott, Virginia L. 1938: The National Socialist Theory of International Law, in: American Journal of International Law 32, S. 704-718.

De Greiff, Pablo 2001: Redeeming the Claims of Justice in Transitions to Democracy, Typoscript Princeton.

Gruchmann, Lothar 1962: Nationalsozialistische Großraumordnung. Die Konstruktion einer deutschen Monroe-Doktrin, Stuttgart.

Habermas, Jürgen 1968: Technik und Wissenschaft als „Ideologie", in: ders., Technik und Wissenschaft als „Ideologie", Frankfurt a.M., S. 48-103.

Haselbach, Dieter 1991: Autoritärer Liberalismus und Soziale Marktwirtschaft. Gesellschaft und Politik im Ordoliberalismus, Baden-Baden.

Hausmann, Frank-Rutger 1998: „Deutsche Geisteswissenschaft" im Zweiten Weltkrieg. Die „Aktion Ritterbusch" (1940-1945), Dresden-München.

Hausmann, Frank-Rutger 1999: Carl Schmitt und die deutschen Romanisten, in: Romanistische Zeitschrift für Literaturgeschichte 23, S. 409-429.

Hedemann, Justus Wilhelm 1941: Der Großraum als Problem des Wirtschaftsrechts, in: Deutsche Rechtswissenschaft 6, S. 180-203.

Hedemann, Justus Wilhelm 1943: Das Recht als gestaltende Macht im europäiscehn Wirtschaftsleben, in: Deutsches Institut für außenpolitische Forschung (Hrsg.): Europa – Handbuch der politischen, wirtschaftlichen und kulturellen Entwicklung des neuen Europas, Leipzig, S. 107-117.

Heller, Hermann 1933: Autoritärer Liberalismus, in: Die Neue Rundschau 44, S. 289-298.

Herbert, Ulrich 1996: Best. Biographische Studien über Radikalismus, Weltanschauung und Vernunft, 1903-1989, 3. Aufl., Bonn.

Herbst, Ludolf 1982: Der totale Krieg und die Ordnung der Wirtschaft, Stuttgart.

Herz, John H. 1939: The National Socialist Doctrine of International Law and the Problems of International Organization, in: Political Science Quarterly 54, S. 536-554.

Huber, Ernst Rudolf 1937/38: „Politik und Justiz": Zu Hans Peter Ipsens Schrift uber das Problem der „justizlosen Hoheitsakte", in: Zeitschrift für die gesamte Staatswissenschaft 98, S. 193-200.

Huber, Ernst Rudolf 1941a: Herrschaft und Führung, in: Deutsches Recht 11, S. 2017-2024.

Huber, Ernst Rudolf 1941b: Bau und Gefüge des Reiches, in: Deutsche Rechtswissenschaft 6, S. 22-33.

Hueck, Ingo 2000a: Die deutsche Völkerrechtswissenschaft im Nationalsozialismus, in: Kaufmann, Doris (Hrsg.): Geschichte der Kaiser-Wilhelm-Gesellschaft im Nationalsozialismus. Bestandsaufnahme und Perspektiven der Forschung, Göttingen, S. 490-527.

Hueck, Ingo 2000b: „Sphere of Influence" and „*Völkisch* Legal Thought": Reinhard Höhn's Notion of Europe, Beitrag zu dem oben * genannten Projekt, http://www.iue.it/LAW/joerges/conference2000.htm.

Ipsen, Hans Peter 1937: Politik und Justiz. Das Problem der justizlosen Hoheitsakte, Hamburg.

Ipsen, Hans Peter 1943: Reichsaußenverwaltung, in: Brüsseler Zeitung v. 3.4.1943, abgedruckt in: Neulen, Hans Werner (1987), Europa und das 3. Reich, Einigungsbestrebungen im deutschen Machtbereich 1939-1945, München, S. 111-115.

Ipsen, Hans Peter 1950: Über das Grundgestz, Hamburg, zitiert nach dem Abdruck in: Forsthoff, Ernst (Hrsg.): Rechtsstaatlichkeit und Sozialstaatlichkeit, Darmstadt, S. 16-41.

Ipsen, Hans Peter 1964: Der deutsche Jurist und das europäische Gemeinschaftsrecht", Verhandlungen des 43. Deutschen Juristentages, Bd. 2, L, 3.

Ipsen, Hans Peter 1970: Verfassungsperspektiven der Europäischen Gemeinschaften, Berlin.

Ipsen, Hans Peter 1972: Europäisches Gemeinschaftsrecht, Tübingen.

Jahrreiß, Hermann 1929: Europa als Rechtseinheit, Leipzig.

Joerges, Christian 1994: Die Wissenschaft vom Privatrecht und der Nationalstaat, in: Simon, Dieter (Hrsg.): Rechtswissenschaft in der Bonner Republik. Studien zur Wissenschaftsgeschichte der Jurisprudenz, Frankfurt a.M., S. 311-363.

Kaiser, Joseph H. 1966: Bewahrung und Veränderung demokratischer und rechtsstaatlicher Verfassungsstruktur in den internationalen Gemeinscahften, in: Veröffentlichungen der Vereinigung der Deutschen Staatsrechtslehrer 23, S. 1-33.

Kaiser, Joseph H. 1968: Europäisches Großraumdenken. Die Steigerung geschichtlicher Größen als Rechtsproblem, in: Hans Barion/Ernst-Wolfgang Böckenförde/Ernst Forsthoff/Werner Weber (Hrsg.): Epirrhosis. Festgabe für Carl Schmitt, Berlin, Bd. 2, S. 319-331.

Kaufmann, Marcel 1997: Europäische Integration und Demokratieprinzip, Baden-Baden.

Kluke, Paul 1955: Nationalsozialistische Europaideologie, in: Vierteljahreshefte für Zeitgeschichte 3, S. 240-275.

Laughland, John 1997: The Tainted Source. The Undemocratic Origins of the European Idea, London.

Lepsius, M. Rainer 1987: Kultur und Wissenschaft in Deutschland unter der Herrschaft des Nationalsozialismus, in: ders., Demokratie in Deutschland, Göttingen, S. 119-132.

Lepsius, M. Rainer 1993: Juristen in der sozialwissenschaftlichen Emigration, in: Lutter, Marcus/Stiefel, Ernst C./Hoeflich, Michael H. (Hrsg.): Der Einfluß deutschsprachiger Emigranten auf die Rechtsentwicklung in den USA und in Deutschland, Tübingen, S. 19-31.

Lepsius, M. Rainer 1995: Max Weber und das Programm einer Institutionenpolitik, in: Berliner Journal für Soziologie 5, S. 327-333.

Lepsius, M. Rainer 2000: Die Europäische Union als Herrschaftsverband eigener Prägung, in: Joerges, Christian/Mény, Yves/Weiler, J.H.H. (Hrsg.): What Kind of Constitution for What Kind of Polity? – Responses to Joschka Fischer –, RSC Florenz-Harvard Law School, S. 203-212; http://www.iue.it/RSC/symposium/.

Lepsius, Oliver 1994: Die gegensatzaufhebende Begriffsbildung. Methodenentwicklungen in der Weimarer Republik und ihr Verhältnis zur Ideologisierung der Rechtswissenschaft unter dem Nationalsozialismus, München.

Lösch, Anna-Maria Gräfin von 1999: Der nackte Geist. Die Juristische Fakultät der Berliner Universität im Umbruch von 1933, Tübingen.

Lübbe, Anne 1989: Die deutsche Verfassungsgeschichtsscheibung unter dem Einfluß des Nationalsozialismus, in: Stolleis, Michael/Simon, Dieter (Hrsg.): Rechtsgeschichte im Nationalsozialismus. Beiträge zur Geschichte einer Disziplin, Tübingen, S. 63-78.

Majer, Diemut 1999: NS-Verwaltung im besetzten Europa, in: Verwaltungs-Archiv 90, S. 163-186.

Manow, Philip 2001a: *Modell Deutschland* as an Interdenominational Compromise, Minda De Ginzburg Center for European Studies. Harvard University. *CES Working Paper, Program for the Study of Germany and Europe, No. 003,* Cambridge, Mass.

Manow, Philip 2001b: Ordoliberalismus als ökonomische Ordnungstheologie, in: Leviathan S. 179-198.

Maschke, Günter (Hrsg.) 1995: Carl Schmitt, Staat, Großraum, Nomos. Arbeiten aus den Jahren 1916-1969, Berlin.

Maus, Ingeborg 1986: Existierten zwei Nationalsozialismen?, in: dies., Rechtstheorie und politische Theorie im Industriekapitalismus, München, S. 83-92.

McCormick, John P. 1997: Carl Schmitt's Critique of Liberalism. Against Politics as Technology, Cambridge.

McCormick, John P. 2001: Carl Schmitt's Europe: Cultural, Imperial and Spatial Proposals for European Integration, 1923-1955. Beitrag zu dem oben * genannten Projekt, http://www.iue.it/LAW/joerges/conference2000.htm.

Mehring, Reinhard 2000: Epilogue. The Decline of Theory – Introduction, in: Jacobson, Arthur J./Schlink, Bernhard (Hrsg.): Weimar: A Jurisprudence of Crisis, Berkley/Los Angeles, S. 313-320.

Mohler, Armin 1968: Der Weg der „Technokratie" von Amerika nach Frankreich, in: Barion, Hans/Böckenförde, Ernst-Wolfgang/Forsthoff, Ernst/Weber, Werner (Hrsg.): Epirrhosis. Festgabe für Carl Schmitt, Berlin, Bd. 2, S. 579-596.

Mohnhaupt, Heinz 1989: Justus Wilhelm Hedemann als Rechtsdenker und Zivilrechtler vor und während der Epoche des Nationalsozialismus, in: Michael Stolleis/Dieter Simon (Hrsg.): Rechtsgeschichte im Nationalsozialismus. Beiträge zur Geschichte einer Disziplin, Tübingen, S. 107-159.

Müller, Jan 2000: Carl Schmitt and the Constitution of Europe, in: Cardozo Law Review 21, S. 1777-1795.

Müller-Armack, Alfred 1932: Entwicklungsgesetze des Kapitalismus. Ökonomische, geschichtstheoretische und soziologische Studien zur modernen Wirtschaftsverfassung. Berlin.

Müller-Armack, Alfred 1933: Staatsidee und Wirtschaftsordnung im neuen Reich. Berlin.

Mussler, Werner 1998: Die Wirtschaftsverfassung der Europäischen Gemeinschaft im Wandel. Von Rom nach Maastricht, Baden-Baden.

Neumann, Volker 1984: Der harte Weg zum sanften Ziel. Ernst Forsthoffs Rechts- und Staatstheorie als Paradigma konservativer Technikkritik, in: Rossnagel, Alexander (Hrsg.): Recht und Technik im Spannungsfeld der Kernenergiekontroverse, Opladen, S. 88-99.

Nörr, Knut Wolfgang 1994: Die Leiden des Privatrechts. Kartelle in Deutschland von der Holzstoffkartellentscheidung bis zum Gesetz gegen Wettbewerbsbeschränkungen, Tübingen.

Nörr, Knut Wolfgang 1999: Die Republik der Wirtschaft. Teil I: Von der Besatzungszeit bis zur Großen Koalition, Tübingen.

Pauly, Walter 2001: Die deutsche Staatsrechtslehre in der Zeit des Nationalsozialismus, in: Veröffentlichungen der Vereinigung der Deutschen Staatsrechtslehrer 60, S. 70-101.

Radaelli, Claudio 1999: Technocracy in the EU, Essex/New York.

*Rüstow, Alexande*r 1932: Freie Wirtschaft – starker Staat, in: Schriften des Vereins für Socialpolitik, Bd. 187, in: Boese, Franz (Hrsg.): Deutschland und die Weltkrise, München, S. 62-69.

Rüthers, Bernd 1990: Carl Schmitt im Dritten Reich. Wissenschaft als Zeitgeist-Verstärkung, 2. Aufl., Müchen.

Rüthers, Bernd 2000: Geschichten und Legenden aus der NS-Zeit, in: Neue Juristische Wochenschrift, S. 2866-2871.

Salewski, Michael 1985: Ideas of the National Socialist Government and Party, in: Lipgens, Walter (Hrsg.): Documents on the History of European Integration, Bd. 1 (Continental plans for European Union 1939-1945), Berlin-New York, S. 37-178.

Schelsky, Helmut 1961: Der Mensch in der wissenschaftlichen Zivilisation, Köln/Opladen (wieder abgedruckt in: Auf der Suche nach Wirklichkeit. Gesammelte Aufsätze, Düsseldorf, 1964, S. 439-480).

Schmitt, Carl 1929: Das Zeitalter der Neutralsierungen und Entpolitsierungen, zitiert nach: Positionen und Begriffe im Kampf um Weimar – Genf – Versaillles 1923-1939, Berlin, S. 120-133.

Schmitt, Carl 1931: Die Wendung zum totalen Staat, in: Positionen und Begriffe im Kampf mit Weimar – Genf – Versailles, 1923-1939, Berlin, S. 146-157.

Schmitt, Carl 1932: Legalität und Legitimität, Münche, zitiert nach: ders., Verfassungsrechtliche Aufsätze aus den Jahren 1924-1945. Materialien zu einer Verfassungslehre, Berlin, 2. Aufl. 1973, S. 265-293.

Schmitt, Carl (1932/1933): Starker Staat und gesunde Wirtschaft. Ein Vortrag vor Wirtschaftsführern (gehalten am 23.11.1932), in: Volk und Reich, S. 81-94; wieder abgedruckt in Maschke 1995, S. 71-94.

Schmitt, Carl 1933: Weiterentwicklung des totalen Staats in Deutschland, zitiert nach: ders., Verfassungsrechtliche Aufsätze aus den Jahren 1924-1945. Materialien zu einer Verfassungslehre, Berlin 2. Aufl. 1973, S. 359-366.

Schmitt, Carl 1934: Nationalsozialismus und Völkerrecht, Berlin.

Schmitt, Carl 1939: Führung und Hegemonie, in: Maschke 1995, S. 225-233.

Schmitt, Carl 1940: Großraum und Völkerrecht, in: Maschke 1995, S. 234-264.

Schmitt, Carl 1941 (1939): Völkerrechtliche Großraumordnung mit Interventionsverbot für raumfremde Mächte. Ein Beitrag zum Reichsbegriff im Völkerrecht, 4. Aufl. 1941 (in: Maschke 1995, S. 269- 320, mit dessen Annotationen, S. 321-371).

Schmoeckel, Mathias 1994: Die Großraumtheorie. Ein Beitrag zur Geschichte der Völkerrechtswissenschaft im Dritten Reich, insbesondere der Kriegszeit, Berlin.

Seibel, Wolfgang 2001: Steuerung durch Recht im Nationalsozialismus? Beitrag zum Workshop „Wirtschaftskontrolle und Recht im Nationalsozialismus – Zwischen Entrechtlichung und Modernisierung. Bilanz und Perspektiven der Forschung“ der

Berlin-Brandenburgischen Akademie der Wissenschaften, Studiengruppe „Das Europa der Diktatur. Wirtschaftssteuerung und Recht“, Blankensee, 14.-16. Juni 2001.
Siebert, Erich 1996: Entstehung und Struktur der Auslandswissenschaftlichen Fakultät an der Universität Berlin (1940-1945), in: Wissenschaftliche Zeitschrift der Humboldt-Universität zu Berlin. Gesellschafts- und Sprachwissenschaftliche Reihe 15, S. 19-34.
Six, Franz Alfred 1943: Das Reich und Europa – eine poltisch-historische Skizze (Schriftenreihe der NSDAP. Gruppe 4. Bd. 5).
Six, Franz Alfred 1944: Europa – Tradition und Zukunft, Hamburg.
Staff, Ilse 1987: Die Wahrung staatlicher Ordnung. Ein Beitrag zum technologischen Staat und seinen rechten Propheten Carl Schmitt und Ernst Forsthoff, in: Leviathan 16, S. 141-162.
Stehr, Nico 1994: Arbeit, Eigentum und Wissen. Zur Theorie von Wissensgesellschaften, Frankfurt a.M.
Stirk, Peter M.R. 1994: Ideas of Economic Integration in Interwar Mitteleuropa, in: ders. (Hrsg.): Mitteleuropa. History and Prospects, Edinburgh, S. 86-111.
Stolleis, Michael 1999: Geschichte des öffentlichen Rechts in Deutschland. Dritter Band. Staats- und Verwaltungsrechtswissenschaft in Republik und Diktatur 1914-1945, München.
Vagts, Detlev F. 1990: International Law in the Third Reich, in: American Journal of International Law 84, S. 661-702.
Vec, Miloš 2000: Aushöhlung des Staates? Selbst-Normierung im Staat der Industriegesellschaft als historisches Problem, in: Rechtshistorisches Journal 19, S. 517-532.
Vesting, Thomas 1994: Politische Einheitsbildung und technische Realisation. Über die Expansion der Technik und die Grenzen der Demokratie, Baden-Baden.
Wielsch, Dan 2001: Freiheit und Funktion. Zur Struktur- und Theoriegeschichte des Rechts der Wirtschaftsgesellschaft, Baden-Baden.
Wiethölter, Rudolf 1989: Franz Böhm (1895-1977), in: Diestelkamp, Bernhard/Stolleis, Michael (Hrsg.): Juristen an der Universität Frankfurt a.M., Baden-Baden, S. 208-252.
Wolfrum, Rüdiger 1992: Nationalsozialismus und Völkerrecht, in: Säcker, Franz Jürgen (Hrsg.): Recht und Rechtswissenschaft im Nationalsozialismus, Baden-Baden, S. 89-102.

Lothar Brock

Republikanischer Friede. Hegemonie und Selbstbindung in der interamerikanischen Regionalpolitik der USA, 1823-1948

Einleitung

Gegenstand des vorliegenden Textes ist das Spannungsverhältnis zwischen bornierter Interessendurchsetzung und Selbstbindung von Staaten in internationalen Institutionen. Dieses Spannungsverhältnis soll hier am Beispiel der interamerikanischen Regionalpolitik der USA in der Zeit von 1823 und 1948 dargestellt werden. Zwischen den USA und den lateinamerikanischen Staaten (neuerdings auch Kanada) besteht ein komplexes Organisationengefüge, dessen Geschichte bis in die zwanziger Jahre des 19. Jahrhunderts zurückreicht und das am Ende des 19. und zu Beginn des 20. Jahrhunderts konkrete Gestalt anzunehmen begann. Es gilt daher zu Recht als ältestes Regionalsystem der Welt. Am Anfang der Entwicklung stand die *Monroe-Doktrin* von 1823.[1] Eine wichtige Zwischenstufe der sich bis heute fortsetzenden Ausdifferenzierung des interamerikanischen Regionalismus bildete die Gründung der Organisation Amerikanischer Staaten im Jahre 1948, mit der der bis dahin erfolgte „Wildwuchs" geordnet und auf Dauer gestellt wurde. Dieser zeitliche Rahmen der Untersuchung verweist keineswegs auf die Pole einer linearen Entwicklung der US-amerikanischen Außenpolitik vom Unilateralismus (Monroe-Doktrin) zum (regionalen) Multilateralismus. Immerhin kann zumindest für die Zeit seit der Einrichtung eines *Handelsbüros der Amerikanischen Republiken* (1889) von einem interamerikanischen Organisationsprozess i.S. einer fortschreitenden Verregelung der interamerikanischen Beziehungen gesprochen werden. Die Bezugseinheit der US-amerikanischen Interessen im Untersuchungszeitraum war nicht nur der eigene Staat, sondern auch die „Neue Welt" bzw. die „Westliche Hemisphäre".[2] Das heißt, daß Teil der nationalen Identität der USA die Zuordnung zu einer Staatengruppe war, der das kollektive Interesse zugeschrieben wurde, sich

1 Eine zweite Wurzel des interamerikanischen Regionalismus bildet zweifellos der von Simon Bolívar einberufene Kongreß von Panama (1826), der die Idee einer institutionalisierten multilateralen Kongreßdiplomatie in der Westlichen Hemisphäre einführte.

2 Einen solchen Doppelbezug arbeitet Beate Kohler-Koch (2000: 195) für die Definition der gegenwärtigen deutschen Interessen heraus (Ausrichtung auf Deutschland und Europa). Zur Wirksamkeit von Ideen sei in diesem Zusammenhang aus der Fülle der Literatur nur auf Jachtenfuchs 1995 verwiesen.

von Europa zu emanzipieren. Hierbei handelte es sich nicht einfach um eine imperiale Verschleierungstaktik. Die „Idee der westlichen Hemisphäre" (Whitaker 1954) trug vielmehr dazu bei, daß der interamerikanische Regionalismus in gewissem Umfang als Ausdruck der eigenen politischen Werte der USA interpretiert werden konnte. Dadurch wurde auch einer Verselbständigung des Regionalismus gegenüber der Tagespolitik Vorschub geleistet. Dies ist ein Grund dafür, daß es am Ende des Zweiten Weltkrieges gerade die lateinamerikanischen Staaten waren, die darauf drängten, dem von den USA initiierten interamerikanischen Regionalismus die Gestalt einer umfassenden Regional-Organisation zu geben.

Die Entwicklung des interamerikanischen Regionalismus ging mit einem beständigen Tauziehen zwischen den USA und den lateinamerikanischen Staaten um die Formulierung, Interpretation, Neuformulierung und Befolgung internationaler Rechtsnormen insbesondere im Spannungsfeld zwischen Intervention und Selbstbestimmung einher. Die Frage ist, warum sich die USA – trotz der von Anfang an bestehenden (und perzipierten) Machtdisparität zwischen ihnen und dem Rest der Westlichen Hemisphäre – auf ein solches Tauziehen eingelassen haben und es auch noch durchhielten, als die Lateinamerikaner auf die Regeln, nach denen die interamerikanische Politik erfolgte, Einfluß zu nehmen begannen.

2. Selbstbindung und Autonomiestreben in der Außenpolitik

„Die Einsicht in die Überlegenheit kooperativen Verhaltens selbst in einer ‚Welt von Egoisten' ist unschwer zu vermitteln," schreibt Beate Kohler-Koch (1989: 22) mit Blick auf die Herausbildung internationaler Regime. Kooperation, so könnte man die einschlägige Literatur zusammenfassen, schafft Erwartungssicherheit, senkt die Transaktionskosten bei der Durchsetzung der eigenen Interessen und wirkt in dem Maße auf deren Definition zurück, in dem die Erhaltung der Arrangements, die die Kooperation institutionalisieren und regeln, als integraler Bestandteil des eigenen Interesses verstanden wird.[3] Die Institutionalisierung von Kooperation vollzieht sich in diesem Sinne als Selbstbindung der Akteure. Die Selbstbindung der Akteure steht aber in einem unauflösbaren Spannungsverhältnis zu dem ihnen zugeschriebenen (weil sie konstituierenden) Autonomiestreben.[4] Diese „Dialektik" manifestiert sich

3 Zum Wandel von Interessenperzeptionen im Zuge der Kooperation sei auf die neueren Beiträge zu kommunikativem und rhetorischem Handeln verwiesen: Risse (2000), Schimmelfennig (1997), Müller (1994).

4 „Eingeschrieben" deshalb, weil sich über das Autonomiestreben der Akteursstatus einer politischen Einheit reproduziert. Zur Ausrichtung des Autonomiestrebens von staatlichen Akteuren nach innen, gegenüber der eigenen Gesellschaft siehe Wolf (2000). Zur Kompensation von Autonomie durch Einfluß siehe Baumann/Rittberger/Wagner (1998).

in der Praxis in einem fortwährenden Schwanken der Politik zwischen den Polen der Kooperation und der Kooperationsverweigerung, zwischen Normenbildung und Normenumgehung. Sie verweist insofern auf eine allgegenwärtige Borniertheit und zugleich auf die ebenso allgegenwärtige Chance des Regierens in internationalen Institutionen.

Hegemonie steht bekanntlich nicht im Widerspruch zur Herausbildung geregelter Kooperation, sondern kann diese befördern (Keohane 1984). Geregelte Kooperation hebt aber auch für den Hegemon das Spannungsverhältnis zwischen Autonomiestreben und Selbstbindung nicht auf, da *jede* Form der Regelbildung (auch die in einer hegemonialen Konstellation) die Kosten für die Inanspruchnahme von Handlungsfreiheit erhöht. Da Außenpolitik (wie alle Politik) in einer Demokratie prinzipiell umstritten ist, gibt es kein dauerhaftes Gleichgewicht zwischen Autonomiestreben und Selbstbindung. Von daher ist auch der Hegemon in ständiger Versuchung, sich auf die Domination, also vom Multi- auf den Unilateralismus, zurückzuziehen, während er ebenso beständig unter dem (innen- und außenpolitischen) Druck steht, vom Unilateralismus zum Multilateralismus zurückzukehren. Dementsprechende Oszillationen zeigen sich heute besonders deutlich in der UN-Politik der USA.

Das Spannungsverhältnis zwischen Autonomiestreben und Selbstbindung äußert sich in innergesellschaftlichen Auseinandersetzungen über außenpolitische Präferenzen. Es ist zwar allgegenwärtig, aber damit nicht unbedingt gleichbleibend. Der Denktradition der Aufklärung folgend wachsen mit der wirtschaftlichen Entwicklung und der Demokratisierung von Staaten die Opportunitätskosten einer gewaltsamen Interessendurchsetzung. Dementsprechend vergrößert sich die Chance einer partiellen Auflösung des Spannungsverhältnisses zwischen Selbstbindung und Autonomiestreben zugunsten der Selbstbindung. Die wirtschaftliche Vernunft der Selbstbindung bei fortschreitender Entwicklung von der Agrar- zur Manufakturgesellschaft hat Adam Smith am klarsten und umfassendsten herausgearbeitet. Ihre politische Durchsetzbarkeit im Zeichen der Demokratisierung hat Immanuel Kant auf den Begriff gebracht. Aus Kants Sicht erhöht eine demokratische Ordnung im Innern der Staaten die Wahrscheinlichkeit des Gewaltverzichts (als höchster Form der Selbstbindung in der Staatengesellschaft), weil nunmehr die eigentlichen Leidtragenden gewaltsamer Interessendurchsetzung die Chance hätten, über Krieg oder Frieden zu entscheiden.

Kants Vertrauen in die größere Friedlichkeit von *Demokratien* wurde jedoch zu seiner Zeit keineswegs von allen Anhängern der Demokratie geteilt. So wurde von den *Federalists* die Gefahr von Kriegen zwischen den neuen (demokratischen) Staaten Nordamerikas als Argument für die staatliche Vereinigung der ehemaligen britischen Kolonien ins Feld geführt.[5] Während Adam Smith die Vernunft des Friedens in einer interdependenten Welt herausarbeitete und Kant in der Überwindung des Feudalismus eine Voraussetzung für den politischen Durchbruch dieser Vernunft sah, warnten die *Federalists* vor der Fragilität und Verwundbarkeit der sich neu formierenden Staaten in Nordamerika und der absehbaren Rivalität zwischen ihnen. Ihr Eintreten für die Weiterentwicklung der Konföderation zum Bundesstaat wurde aber vorrangig nicht mit Argumenten des politischen Realismus begründet, sondern mit der Notwendigkeit, die Errungenschaften der Revolution zu verteidigen. Da diese auch durch die Errichtung eines „starken Staates" gefährdet werden konnten, kam nur die föderale Lösung mit ihren spezifischen Möglichkeiten der Austarierung politischer Macht in Frage. Mit anderen Worten, die neuen politischen Gemeinwesen sollten nach außen geschützt werden, ohne einer freiheitsgefährdenden Machtzusammenballung nach innen Vorschub zu leisten.

Ein irgendwie gearteter Zusammenschluß der neu zu bildenden amerikanischen Republik mit anderen Staaten nach dem Muster des Friedensbundes, den Kant intendierte, war im Denkansatz der *Federalists* nicht angelegt. Kants Friedensidee war universalistisch, sein Friedensbund zielte auf die Schaffung einer Weltfriedensordnung ab. Der Denkansatz der *Federalists* war partikularistisch. Es ging nicht um die Errichtung einer neuen Weltordnung, sondern um den Schutz und die Bewahrung der Freiheit, die die antikoloniale Revolte gegen England erbracht hatte. Diese Perspektive fand später ihren Ausdruck in George Washingtons Abschiedsbotschaft, in der er der US-amerikanischen Außenpolitik die Maxime „no entangling alliances" vorgab.

Im Anschluß an Daniel Deudney (2001) könnte der US-amerikanische Ansatz als der eines „republikanischen Friedens" im Unterschied zum „demokratischen Frieden" Kants bezeichnet werden. Dabei handelt es sich jedoch um eine idealtypische Unterscheidung, die auf die zwei Seiten der Friedensidee in Demokratien verweist: die Verteidigung demokratischer Selbst-

5 John Jay liefert im *Federalist* Nr. 5 ein flammendes Plädoyer für eine Weiterentwicklung der Konföderation zu einem Bundesstaat (Föderation). Andernfalls, so warnt er, würde es in Amerika so zugehen, wie überall sonst auf der Welt: „Instead of their (the people of America, L.B.) being ‚joined in affection and free from all apprehension of different interests', envy and jealousy would soon extinguish confidence and affection, and the partial interests of each confederacy, instead of the general interests of all America, would be the only objects of their policy and pursuits. Hence, like most other *bordering* nations, they would always be either involved in disputes and war, or live in the constant apprehension of them." Bezeichnenderweise beruft er sich auf Argumente, mit denen die britische Königin Anne im Jahre 1706 den Zusammenschluß von England und Schottland begründete. Darauf bezieht sich das Zitat im Zitat. Hier wie an anderen Stellen der *Federalists Papers* geht es um die Bewahrung der inneren und äußeren Freiheit. „Men are ambitious, vindictive, and rapacious," schreibt Hamilton im Fed. Nr. 6 dazu. „To look for a continuation of harmony between a number of independent, unconnected sovereignties situated in the same neighborhood would be to disregard the uniform course of human events, and to set at defiance the accumulated experience of ages" (Hamilton/Madison/Jay 1961: 50f, 54).

bestimmung in einem Feld rivalisierender Selbstbestimmungsansprüche auf der einen Seite (republikanischer Friede), die Begrenzung einzelstaatlicher Selbstbestimmung unter dem Gesichtspunkt der Entschärfung internationaler Selbstbestimmungsrivalitäten auf der anderen. Die Frage ist nun aber, in welcher Form (bzw. inwieweit) die unterschiedlichen Formen der Verknüpfung von Demokratie und Frieden auf das Verhältnis von Demokratien zu Nicht-Demokratien durchschlägt.

Das Theorem vom demokratischen Frieden bezieht sich bekanntlich nur auf das Verhältnis von Demokratien zueinander. Im Verhältnis zu Nicht-Demokratien können Demokratien sich durchaus unfriedlich verhalten (Risse-Kappen 1994a und b). Auch Kant räumt ein, daß Gewaltanwendung erlaubt ist gegen einen „ungerechten Feind", der nach einer Maxime handelt, „nach welcher, wenn sie zur allgemeinen Regel gemacht würde, kein Friedenszustand unter den Völkern möglich wäre" (Kant 1966: 179f.). Da aber bei Kant der Friede im Vordergrund steht, muß jede Form der Gewaltanwendung problematisch sein.[6] Das gilt natürlich auch für die republikanische Friedensidee. Da hier die Verteidigung der Freiheit und der Demokratie vom Denkansatz her im Vordergrund steht, könnte die Anwendung von Gewalt gegenüber Nicht-Demokratien jedoch als bloßer Zielkonflikt (und nicht als unlösbares Dilemma) interpretiert und als solcher je nach den Umständen (d.h. pragmatisch) im Sinne einer kontextspezifischen Optimierung demokratischer Selbstbestimmung gelöst werden. Unter diesem Gesichtspunkt ist auch eine Assoziation von Demokratien mit Nicht-Demokratien denkbar, dann nämlich, wenn diese Assoziation als Schaffung eines „freundlichen" internationalen Umfeldes dient und als Ausgangspunkt für die Ausweitung der Demokratie auf mittlere und längere Sicht verstanden werden kann. Die NATO mit ihrer (zeitweilig) heterogenen Mitgliedschaft[7] wäre in diesem Sinne eine Einrichtung des republikanischen Friedens, die EU mit ihrer homogen-demokratischen Mitgliedschaft eine Institution des demokratischen Friedens. Diese Unterscheidung wird nicht dadurch aufgehoben, dass die USA bis heute darauf bestehen, die kubanische Regierung unter Fidel Castro von der Teilnahme am Interamerikanischen System auszuschließen. Die USA argumentieren hier vielmehr, dass das *castristische* Regime prinzipiell den „amerikanischen Werten" widerspreche, während es sich bei den lateinamerikanischen Militärdiktaturen der 1970er Jahre lediglich um eine zeitweilige Außerkraftsetzung dieser Werte im Interesse ihrer Verteidigung gegen den internationalen Kommunismus gehandelt habe.

Diese Beobachtung unterstreicht, daß die (objektiven) organisatorisch-prozeduralen Charakteristika politischer Regime nicht immer ausschlagge-

---

6 Andernfalls würde, wie Bruno Schoch anmerkt, „gewaltsamen moralischen Kreuzzügen im Namen des Friedens das Tor geöffnet" (Schoch 2000: 175).

7 Türkei, Protugal und Griechenland unter Militärherrschaft.

bend dafür sind, welche Eigenschaften ihnen von Demokratien (unter Berücksichtigung der je eigenen Interessen und Präferenzen) zugewiesen werden. (Subjektive) Zuschreibungen, in denen sich situationsbezogene Wahrnehmungen anderer Staaten (z.B. als Freund oder Schurke) spiegeln, sind augenscheinlich genauso wichtig.[8] Bezogen auf eine Betrachtung über Zeit würde das heißen, daß die Wahrnehmung der politischen Ordnungen von Staaten historisch kontingent ist und ganz unterschiedlich ausfallen kann (Oren 1995). Welche Eigenschaften sich Staaten zuweisen, hängt u.a. davon ab, in welchem innergesellschaftlichen und internationalen Kontext die betreffenden Regierungen operieren. Eine Konzeptualisierung des Kontextes aus der Perspektive des demokratischen Friedens würde dabei eher die Notwendigkeit der Selbstbindung (Stärkung allgemeiner internationaler Institutionen) unterstreichen. Unter der Perspektive des republikanischen Friedens stünde tendenziell die Aufgabe im Vordergrund, Allianzen für die Verteidigung der Demokratie zu schmieden.

Im folgenden sollen zunächst die Hauptentwicklungslinien der interamerikanischen Regionalpolitik der USA herausgearbeitet und anschließend daraufhin erörtert werden, inwieweit es hier zu Akzentverschiebungen von einer eher *republikanischen* zu einer eher *demokratischen* Regionalpolitik (im Sinne stärkerer Selbstbindung) gekommen ist, worauf die Akzentverschiebungen gegebenenfalls zurückzuführen sind und welcher Stellenwert ihnen in der US-amerikanischen Lateinamerikapolitik zukam.

3. Die Entwicklung der interamerikanischen Regionalpolitik der USA

3.1 Frühe Visionen eines „amerikanischen Systems“

Nach dem Sieg der Amerikaner im „zweiten Unabhängigkeitskrieg“, dem Krieg von 1812 gegen die Briten, setzte in den USA eine dynamische Entwicklung ein, die durch Urbanisierung, Industrialisierung und Westexpansion gekennzeichnet war. Die neue Dynamik absorbierte „die psychologischen Bedürfnissen einer in Gärung befindlichen Gesellschaft, die ständig darauf aus war, ihren Kolonialkomplex zu überwinden und ihren Republikanismus sowie ihren Glauben an die Ideale der Demokratie“ zu bestätigen (Johnson 1990: 17). Das zuvor erwachte Interesse am südlichen Amerika wurde dadurch wieder gedämpft. Lateinamerika erschien nicht mehr als so wichtig wie zu jenen Zeiten, in denen die Zukunft der Republik noch im Seehandel zu liegen schien. Aber die Unabhängigkeitsbestrebungen in den spanischen Kolonien, die Restaurationsbemühungen der Heiligen Allianz, und, wenn

8 Owen (1994); Risse-Kappen (1994a und b); Herman/Kegley (1995); Peceny (1997).

nicht vor allem, die britische Präsenz in Lateinamerika stellten die junge Republik schließlich doch vor die Aufgabe, ihre Interessen gegenüber der Entwicklung in Lateinamerika zu definieren. Hierfür hatte schon Präsident Jefferson gedankliche Vorarbeit geleistet. Kurz vor dem Ende seiner Präsidentschaft (1808) schrieb er mit Blick auf die sich verdichtenden Anzeichen einer antikolonialen Bewegung in Kuba und Mexiko: „We consider their interests and ours as the same, and that the object of both must be to exclude all European influence from this hemisphere“ (Whitaker 1954: 28). Henry Clay, der den Frieden von Gent mit Großbritannien 1815 ausgehandelt hatte und sich Hoffnung machte, als Internationalist Außenminister unter Präsident Monroe zu werden, schlug ganz im Sinne Jeffersons die Gründung eines „amerikanischen Systems“ vor, „of which we shall be the centre, and in which all South America will act with us“. Ziel sollte es sein, die wirtschaftlichen Bande zwischen den beiden Amerika zu stärken und einen „rallying point of human wisdom against all the despotism of the Old World“ zu schaffen (Whitaker 1954: 32). Aber nicht Clay, sondern John Quincy Adams wurde von Präsident Monroe zum Außenminister ernannt. Während seiner Amtszeit als Außenminister vertrat Adams in krassem Gegensatz zu Clay eine konsequent unilateralistische Politik, die sich nicht nur gegen jede Beteiligung an der europäischen Politik, sondern auch gegen jegliche Assoziation mit Lateinamerika richtete.

Als Kompromiß zwischen denjenigen, die für eine Garantieerklärung für Lateinamerika eintraten, und denjenigen, die wie Adams selbst am liebsten keinerlei Selbstverpflichtung der USA zugunsten Lateinamerikas eingegangen wären, wurde von Adams die sogenannte Monroe-Doktrin formuliert. Sie legt die USA zwar auf ein politisches Engagement in Lateinamerika fest. Die Entscheidung über die Modalitäten eines solchen Engagements wurde aber ganz der US-Regierung vorbehalten. Die Monroe-Doktrin gab den europäischen Staaten zu verstehen, daß jeder Versuch, in die weitere politische Entwicklung der Westlichen Hemisphäre (außerhalb der nach den Unabhängigkeitskriegen verbliebenen Kolonien) einzugreifen, von seiten der USA als Bedrohung von „Frieden und Sicherheit“ und als „unfreundlicher Akt“ gewertet werden würde. Objekt der Doktrin waren nicht nur die Restaurationsbestrebungen der Heiligen Allianz, sondern auch, wenn nicht vor allem, die Ambitionen Englands in der Neuen Welt. England vertrat die gleichen antikolonialistischen Maxime wie die USA und war für den Süden wie für den Norden in Amerika die größte ausländische Kapitalquelle. Aber gerade daraus ergab sich aus Adams Sicht die Notwendigkeit einer eigenständigen Politik der USA.

Als Jackson 1828 die Wahlen gewann, rückte Lateinamerika gänzlich in den Hintergrund amerikanischer Interessen und Ideen. Zwar spielte die Monroe-Doktrin in der Folgezeit eine gewisse Rolle bei der Rechtfertigung der

US-amerikanischen Westexpansion. Bezogen auf Lateinamerika blieb sie aber bis zum Ende des Jahrhunderts unerheblich. England wurde zur Hauptbezugsgesellschaft Lateinamerikas, zumindest was Kredit und Handel betraf, während die politischen Energien der USA ebenso wie deren wirtschaftliche Möglichkeiten durch die Westexpansion und die infrastrukturelle Erschließung der Gesamtregion absorbiert wurden.[9]

3.2 Panamerikanismus und Interventionismus

Lateinamerika trat erst im letzten Drittel des 19. Jahrhunderts wieder als Objekt US-amerikanischer Außenpolitik in Erscheinung. Den unmittelbaren Anlaß für die Initiierung einer Lateinamerika-Politik der USA zu dieser Zeit bot der Salpeter-Krieg (1879-1883) zwischen Chile auf der einen, Peru und Bolivien auf der anderen Seite. Dieser Krieg wurde von dem kurzzeitig zum Außenminister avancierten James G. Blaine nicht ganz zu Unrecht als Krieg Großbritanniens um die Salpetervorkommen der drei Staaten verstanden. In der Tat hatte britisches Kapital sich nicht nur der chilenischen Vorkommen bemächtigt, es war auch in die umstrittenen Gebiete geflossen. Diese Ausweitung des britischen Engagements traf auf die Interessen US-amerikanischen Kapitals, das von Peru Schürfkonzessionen erhalten hatte und nunmehr versuchte, das State Department zur Durchsetzung von Entschädigungsforderungen gegenüber Peru zu mobilisieren. Die US-Presse forderte ein direktes Eingreifen der USA „im Namen der Zivilisation und des Handels“ (Wehler 1965: 66). Blaine war sich bewußt, daß die USA dafür nicht gewappnet waren. So entwickelte er den Plan, eine internationale Konferenz aller unabhängigen Staaten der Westlichen Hemisphäre einzuberufen. Sie sollte ein System der friedlichen Streitbeilegung schaffen, um auf diesem Wege europäischen Interventionen in Lateinamerika vorzubeugen.[10]

Von Blaines Nachfolger wurde die bereits ergangene Einladung zu einer solchen Konferenz wieder zurückgezogen mit der Begründung, die USA könnten durch die Lateinamerikaner überstimmt werden. Der US-Kongreß griff jedoch Blaines Initiative 1884 wieder auf. Er gab eine Studie über die wirtschaftliche Bedeutung Lateinamerikas für die USA und die Stellung der

---

9 Zur britischen Position in Lateinamerika vgl. Rippy (1949). Großbritannien war der Hauptkreditgeber für Lateinamerika und hatte schon während der Unabhängigkeitskriege die Lateinamerikaner unterstützt mit der Folge, daß die neuen Länder bei ihrer Unabhängigkeit z.T. bereits hoch verschuldet waren. England hatte schon vor der Unabhängigkeit das koloniale Handelsmonopol im Wege des Schmuggels in Frage gestellt. Nach der Unabhängigkeit überschwemmten britische Waren den lateinamerikanischen Markt.

10 Vgl. hierzu und zum folgenden Inter-American Institute of International Legal Studies: The Inter-American System. Its Development and Strengthening, Dobbs Ferry, New York 1966; Mecham (1961); Gil (1971); Brock (1974); die verschiedenen interamerikanischen Konferenzen sind dokumentiert in: Conferencias Internacionales Americanas, 1889-1936, Washington, D.C. 1938; Conferencias Internacionales Americanas, Primer Suplemento 1938-1942, Washington, D.C. 1943; Conferencias Internacionales Americanas. Segundo Suplemento, 1945-1954, Washington D.C.: 1956.

US-Wirtschaft gegenüber dem europäischen Kapital in Auftrag und verabschiedete vier Jahre später ein Gesetz zur Durchführung einer interamerikanischen Konferenz, die sich nunmehr vornehmlich mit der Einrichtung eines Amerikanischen Zollvereins, der Verbesserung der Schiffsverbindungen und der Vereinheitlichung von Maßen und Gewichten befassen sollte. Die Konferenz wurde 1889/90 in Washington durchgeführt. Aber der Zollverein scheiterte am Widerstand der Lateinamerikaner. Es wurde lediglich ein „Handelsbüro der Amerikanischen Republiken" eingerichtet, das durch die Sammlung entsprechender Informationen die Anbahnung und Abwicklung von Handelsgeschäften erleichtern sollte.

Trotz des enttäuschenden Ergebnisses der ersten Interamerikanischen Konferenz[11] wurden in der Folgezeit weitere Konferenzen abgehalten, die den Grundstein für das später sogenannte „Interamerikanische System" legten. Die USA forcierten jedoch in dieser Zeit den Ausbau des interamerikanischen Regionalsystems nicht, sondern verlegten sich auf ein verstärktes unilaterales Engagement in der Auseinandersetzung mit der Politik europäischer Mächte in und gegenüber dem karibischen Raum. Einen spektakulären Auftakt dieser Politik bot der Krieg von 1898, in dem die USA auf der Seite der Aufständischen in Kuba die Spanier zur Aufgabe ihres Kolonialreiches in der Karibik und auf den Philippinen zwangen. Der zweite Schritt war die Unterstützung einer Revolte in Panama, die zur Loslösung Panamas von Kolumbien führte und damit den Weg frei machte für die Kanalpolitik der USA. Der dritte Schritt bestand in der Abwehr europäischer Versuche, mit der Androhung und dem Einsatz von Waffengewalt gegenüber säumigen Zahlern in Lateinamerika ausstehende Schulden einzutreiben. Die rabiate Politik der Gläubigerstaaten rief auch die Lateinamerikaner selbst auf den Plan. So schlug der argentinische Außenminister Luis Maria Drago als Reaktion auf eine militärische Aktion Deutschlands, Großbritanniens und Italiens gegen Venezuela im Jahre 1902 eine Multilateralisierung der Monroe-Doktrin zur Abwehr solcher Interventionen vor. Das löste in den USA keine Begeisterung aus. Statt die später sogenannte Drago-Doktrin, die ein Verbot jeglicher Intervention zur Schuldeneintreibung enthielt, zu akzeptieren, verkündete Roosevelt zwei Jahre später, als sich neue Interventionsgefahren von Seiten europäischer Staaten (diesmal gegenüber der Dominikanischen Republik) abzeichneten, unilateral eine Verschärfung der Monroe-Doktrin, mit der sich die US-Regierung selbst ein Interventionsrecht in der Westlichen Hemisphäre gegenüber Regierungen anmaßte, die nach US-amerikanischer Einschätzung nicht zur Aufrechterhaltung der öffentlichen Ordnung und zur Erfüllung ihrer Pflichten in der Lage waren.[12]

---

11 Die Konferenzen haben im Laufe der Jahre unterschiedliche offizielle Namen gehabt. Sie werden hier einheitlich als Interamerikanische Konferenzen bezeichnet.

12 Roosevelt Corollary zur Monroe-Doktrin (zit. nach Gil 1997: 70).

Auf diese Weise verfolgte Washington im karibischen Raum und Zentralamerika eine Politik der unilateralen Einflußnahme und Intervention, die vom akuten Eingriff in innere Konflikte zum Schutz US-amerikanischer Bürger bis zur langjährigen Übernahme der Zollverwaltungen einzelner Länder reichte. Unter Roosevelts Nachfolger Taft wurde das Engagement US-amerikanischer Banken und Investoren als Beitrag zur Lösung der Schuldenproblematik unterstützt (Dollar-Diplomatie). Woodrow Wilson brachte dann als neuen Ansatz die Förderung der Demokratie ins Spiel (New Freedom-Diplomatie). Diese Politik war zunächst auf Zentralamerika und den karibischen Raum gerichtet, wurde aber in Gestalt einer Politik der Nicht-Anerkennung von Regierungen, die aus einem Staatsstreich hervorgingen, auf ganz Lateinamerika ausgedehnt und ging schließlich in die Völkerbundsidee Wilsons ein.

Unter dem Eindruck des Ersten Weltkrieges schlug Wilson einen Panamerikanischen Pakt zur friedlichen Streitbeilegung und zur Sicherung der Unabhängigkeit der „amerikanischen Republiken" vor. Dieser Vorstoß scheiterte am Widerstand Chiles und Brasiliens. Brasilien hatte generelle Vorbehalte, während Chile befürchtete, daß der Pakt seinen Handlungsspielraum im Grenzkonflikt mit Peru einschränken könnte. Das Scheitern des panamerikanischen Paktes trug dazu bei, daß Wilson sich nunmehr einem universalistischen Friedensprojekt zuwandte, der Schaffung des Völkerbundes.[13]

3.3 Ausweitung und Formalisierung des interamerikanischen Regionalsystems

Auf Drängen des US-Senats wurde in der Satzung des Völkerbundes die Monroe-Doktrin als „regional understanding for securing the maintenance of peace" anerkannt (Art. 21). Dennoch verweigerte der Senat die Ratifizierung der Völkerbundssatzung. Damit war dem universalistischen Engagement ein Riegel vorgeschoben. Gleichzeitig kehrten die USA zur interamerikanischen Regionalpolitik zurück. Die USA hatten sich auf den interamerikanischen Konferenzen, die während der Hochzeit der Interventionspolitik stattfanden, dagegen gewehrt, diese Politik auf die Tagesordnung setzen zu lassen. Noch in den Instruktionen zur Siebenten Interamerikanischen Konferenz (Montevideo 1933) hieß es, daß es die Funktion der Konferenzen sei, „sich so weit wie möglich mit nicht-kontroversen Fragen von allgemeinem Interesse zu befassen, die frei und ausgiebig mit dem Ziel und der Wahrscheinlichkeit diskutiert werden können, eine Einigung und Zusammenarbeit zu erreichen".[14] Aber schon auf der Fünften Interamerikanischen Konferenz in Santiago

13 Auf Drängen des Senats (der dann später die Ratifikation verweigerte) wurde die Monroe-Doktrin in der Satzung des Völkerbunds als „regional understanding for securing the maintenance of peace" anerkannt (Art. 21 VB Satzung).

14 US Foreign Relations 1933/IV, 45 und 1928/I, 534.

(1923) waren erste Schritte unternommen worden, die zwischenzeitlich aus dem Handelsbüro hervorgegangene *Pan American Union* zu stärken und einen Rückzug Washingtons aus der extensiven Interpretation der Monroe-Doktrin (als Recht auf Intervention im Falle von Friedensstörungen) einzuleiten. Auf der Sechsten Panamerikanischen Konferenz (Havanna 1928) ließen die USA zum ersten Mal eine offizielle Erörterung der Interventionsproblematik im Rahmen der interamerikanischen Konferenzdiplomatie zu. Auf der siebenten Konferenz, die 1933 im Zeichen des Aufstiegs von Faschismus und Nationalsozialismus in Europa stattfand, akzeptierte die neue US-Administration unter Franklin D. Roosevelt in allgemeiner Form die völkerrechtliche Unzulässigkeit einseitiger Interventionen (wofür sich Roosevelt schon 1928 ausgesprochen hatte). 1936 wurde in Buenos Aires auf einer interamerikanischen Sonderkonferenz das Interventionsverbot erweitert und als Gegenstück eine multilaterale politische Konsultation in Krisensituationen eingeführt, die seit 1939 in Gestalt des bis heute bestehenden Konsultativtreffens der Außenminister durchgeführt wird. Gleichzeitig wurden die in den zwanziger Jahren eingeleiteten Schritte zur Internationalisierung der interamerikanischen Gremien, die bis dahin weitgehend ein Appendix des State Departments gewesen waren, weiter vorangetrieben.

Hatten die USA, wie oben angemerkt, noch bis 1933 die Beschränkung der interamerikanischen Konferenzdiplomatie auf „nicht-kontroverse Fragen von allgemeinem Interesse" verlangt, so trieben sie nunmehr selbst diese Politisierung der interamerikanischen Beziehungen voran, um insbesondere in den Kriegsjahren eine „all-amerikanische Front" gegen Nationalsozialismus und Faschismus aufzubauen. Dementsprechend wurde ein Notstandskomitee für politische Verteidigung gebildet, das Maßnahmen zur Abwehr subversiver Aktionen der Feindstaaten koordinierte (Brock 1974: 53).

Am Ende des Zweiten Weltkrieges gab es zwar in den USA immer noch Stimmen, die für die Rückkehr in eine isolationistische Politik eintraten. „Die isolationistische Lösung erwies sich aber schon 1939 als undurchführbar ... Die Amerikaner waren auf die Welt angewiesen und mußten sich daher um die Welt kümmern" (Czempiel 1966: 28). Die Frage war, in welcher Form das gebotene Engagement erfolgen sollte. Die hier bestehenden unterschiedlichen Auffassungen manifestierten sich noch während des Krieges im State Department selbst. Der Staatssekretär im Auswärtigen Amt, Sumner Welles, trat für eine Nachkriegsordnung mit starken Regionalsystemen (nach dem Muster des *Interamerikanischen Systems*) ein. Außenminister Cordell Hull war hingegen Anhänger einer starken Weltorganisation mit ihr untergeordneten Regionalorganisationen.[15]

15 Vgl. zum Verhältnis der drei Politiker zueinander Gellman (1995).

Schon mit der Atlantik-Charta waren die Weichen zugunsten der Weltorganisation gestellt worden. Sumner Welles trat 1943 zurück. Damit verlor die regionalistische Alternative im State Department weiter an Boden. Allerdings wurden Regionalorganisationen in der Charta der Vereinten Nationen (Kap. VIII) sehr viel stärker berücksichtigt als im Völkerbund. Dies geschah im Unterschied zur Initiierung des *Interamerikanischen Systems* am Ende des 19. Jahrhunderts nunmehr auf Drängen der Lateinamerikaner, nicht der USA. Hierin manifestierte sich die Hoffnung auf Wirtschaftshilfe, aber auch darauf, die Selbstbindung der USA auf regionaler Ebene (Nicht-Intervention, Konsultation) weiter vorantreiben und einer Relativierung dieser Selbstbindung durch eine entsprechende Instrumentalisierung der Vereinten Nationen von Seiten der USA entgegenzutreten. In der Tat gelang es den Lateinamerikanern, in der Charta der OAS ein außerordentlich weitreichendes Interventionsverbot zu verankern. Demzufolge hat kein Staat und keine Staatengruppe das Recht, sich direkt oder indirekt aus welchen Gründen auch immer in die inneren oder äußeren Angelegenheiten eines anderen Staates einzumischen, wobei ausdrücklich klargestellt wird, daß dieses Prinzip nicht nur ein militärisches Eingreifen betrifft, sondern jede andere Form der Einmischung und Druckausübung (Art. 16 resp. 19 der revidierten OAS-Charta).[16]

Weniger erfolgreich waren die Lateinamerikaner auf wirtschaftlichem Gebiet. Sie hatten sich zumindest einen kleinen Marshall-Plan erhofft, sahen sich stattdessen aber mit dem (nach dem Staatssekretär für Wirtschaftsfragen im State Department so genannten) Clayton-Plan konfrontiert, der die Herstellung des freien und gleichen Zugangs aller Staaten zu den Rohstoffen der Welt forderte sowie den generellen Abbau aller Handelsschranken, die „Beseitigung des ökonomischen Nationalismus in allen seinen Formen", die „gerechte und gleiche" Behandlung des Auslandskapitals und die Ausrichtung der staatlichen Wirtschaftsaktivitäten auf die Förderung der Privatinitiative (Brock 1974: 86). Es gelang den Lateinamerikanern zwar, in den Verhandlungen über das Ökonomische Übereinkommen von Bogotá (1948) diese amerikanische Position verbal zugunsten ihrer etatistischen Entwicklungsvorstellungen zu modifizieren. Das änderte jedoch (bis zur kubanischen Revolution) nichts an der faktischen Wirtschaftspolitik der USA gegenüber Lateinamerika.

16 Die OAS-Charta ist abgedruckt in Stoetzer (1993).

4. Bestimmungsfaktoren und Reichweite US-amerikanischer Selbstbindung im Interamerikanischen System

4.1 Zwei-Ebenen- als Zwei-Welten-Spiel

Die oben erwähnten Beobachtungen und Visionen Jeffersons and Clays zur anti-despotischen Intereressengemeinschaft der politischen Gemeinwesen in Amerika können als frühe Formulierung der später sogenannten *Western Hemisphere*-Idee gelten (Whitakter 1954). Der Kern der *Western Hemisphere*-Idee geht auf die Unterscheidung zwischen der Alten und der Neuen Welt zurück. Diese Unterscheidung ist zunächst aus europäischer Sicht erfolgt, bildete dann aber einen Kristallisationspunkt für die Herausbildung eines politischen Selbstbewußtseins in den beiden Amerika, das in gleicher Weise durch die Erfahrung der gemeinsamen Herkunft wie der gemeinsamen politischen Ablösung von Europa geprägt war.[17] Die Identifizierung einer außereuropäischen politischen Hemisphäre war aber in ihren Konsequenzen für die US-amerikanische Politik interpretationsbedürftig. Sie ließ die Frage offen, wie das Verhältnis der beiden Amerika zueinander gestaltet werden sollte. Die Monroe-Doktrin brachte insofern keine Klärung als sie eher das Verhältnis zu Europa als zu Lateinamerika betraf.[18] Das unterstreicht ihren Kompromißcharakter zwischen einer eher unilateralistischen Position, wie sie von John Quincy Adams als Außenminister vertreten wurde, und einer für ein starkes regionales Engagement eintretenden Position, wie sie Henry Clay (in der Hoffnung auf den Posten als Außenminister) propagiert hatte. Mit anderen Worten, in der Monroe-Doktrin vermischten sich die Ideen der beiden oben erläuterten Friedenskonzeptionen. Der Sachverhalt, daß Adams dann als Präsident in der Auseinandersetzung mit den *Jacksonites* praktisch die regionalistische Position Clays übernahm, zeigt, wie sehr sich hier außenpolitische Ideen und der innergesellschaftliche Machtkampf vermischten. Einen vorläufigen Höhepunkt stellten in dieser Hinsicht die Auseinandersetzungen um eine Teilnahme Washingtons an dem von Simón Bolivar einberufenen Kongreß von Panama dar. Adams war aus dem Wahlkampf von 1824/25 nur knapp als Sieger hervorgegangen. Um so mehr fühlte er sich offenbar genötigt, in diametralem Gegensatz zu seinen früheren Überzeugungen die Teilnahme an dem Kongreß von Panama im Streit mit den *Jacksonites* zur Schicksalsfrage hochzuspielen. Die *Jacksonites* warfen Adams vor, das Erbe aufzukündigen, das George Washington der jungen Republik in seiner Abschiedsbotschaft hinterlassen hatte. Adams hielt dem in aller Schärfe entgegen, daß gerade die Nichtteilnahme am Kongreß von Panama einen Verrat an

17 Vgl. Reid (1977) und Johnson (1990).

18 Es ist oben bereits darauf hingewiesen worden, daß John Quincy Adams, der als Außenminister die Monroe-Doktrin verfaßte, eine isolationistische Linie gegenüber Lateinamerika vertrat.

Washingtons Prinzipien bedeuten würde. Washington sei seiner Zeit voraus gewesen. Durch die Beseitigung des spanischen Kolonialreiches sei nunmehr eine Situation eingetreten, in der man sagen könne, daß Amerika eine eigenständige Hemisphäre mit eigenen Interessen gegenüber Europa darstelle. Aus dieser Interpretation zog er den Schluß, daß eine aktive Lateinamerikapolitik erforderlich sei, um die US-amerikanischen Lebensinteressen so zu schützen wie George Washington sich das vorgestellt hatte (Whitaker 1954: 38-39, 44-48).

Die Lateinamerikapolitik der USA stellt sich hier als ein „Zwei-Ebenen-Spiel" dar (Putnam 1988), das als „Zwei-Welten-Spiel" gespielt wird. Die auf die inneramerikanische Wählerschaft zielende Kontroverse darüber, wer die Lebensinteressen der USA auf internationaler Ebene am besten vertritt (Außenpolitik als nach innen gerichtete Machtsicherung) wird anhand der Unterscheidung zwischen zwei Welten ausgetragen: der Alten und der Neuen Welt, Europa und der *Western Hemisphere*. Die Mobilisierung innergesellschaftlicher Unterstützung erfolgt in diesem Zusammenhang mit Blick auf die Frage, wieviel Engagement die Polarisierung der Welt den USA zur Wahrung ihrer Interessen abverlangt (Isolationismus versus internationales Engagement), welche Reichweite das US-Engagement gegebenenfalls haben sollte (Regionalismus versus globaler Ansatz) und welcher Art dieses Engagement zu sein hat (Unilateralismus versus Multilateralismus). Die Austragung von Zwei-Ebenen-Spielen als Zwei-Welten-Spiele diente der jeweiligen Administration dazu, Überparteilichkeit in der Außenpolitik einzufordern (*Bi-Partisanship*) und diejenigen als unpatriotisch zu disqualifizieren, die ihr nicht folgten. Aber gerade dieser Aspekt der US-Außenpolitik sollte nicht dahin führen, die innergesellschaftlichen Auseinandersetzungen um die Bildung außenpolitischer Präferenzen (Moravcsik 1997) und damit den Spielraum für einen außenpolitischen Wandel zu unterschätzen.

Die Auseinandersetzungen um die Teilnahme am Kongreß von Panama gingen aus wie das Hornberger Schießen. Die USA entsandten schließlich eine Delegation, dies geschah aber so spät, daß die Delegation nicht mehr rechtzeitig am Konferenzort ankam. Dieses Debakel symbolisierte die Regionalpolitik der USA der folgenden Jahrzehnte. Die Bekundung eines existentiellen Interesses der USA an Lateinamerika durch die Monroe-Doktrin blieb zunächst ohne ein regionalpolitisches „follow-up". Das Aufkommen des Panamerikanismus, also die Reaktivierung einer Süd-Politik der USA fünfzig Jahre später, ist in Zusammenhang mit dem Sachverhalt zu sehen, daß das nachkoloniale Lateinamerika in wirtschaftlicher Hinsicht weiterhin von Europa – nunmehr insbesondere von England – dominiert wurde, während die wirtschaftliche Präsenz der USA in Lateinamerika im Zeichen des Bürgerkrieges noch weiter zurückgegangen war. Die USA erlebten außerdem im Zeichen der zweiten industriellen Revolution einen weiteren Modernisierungsschub, der grundlegende ordnungspolitische Fragen aufwarf (Rolle des Staates im Wirtschaftsprozeß) und eine soziale Dynamik in Gang setzte, die die Integrationskraft des politisch-sozialen Systems der USA zu sprengen drohte, zumal die *Western Frontier* in dieser Zeit geschlossen wurde und damit ein wichtiges Ventil für die Absorption von sozialen Konflikten verloren zu gehen schien. In dieser Situation eröffnete eine aktive Regionalpolitik die Möglichkeit, externe Ressourcen für die Lösung inneramerikanischer Probleme zu mobilisieren, ohne das Selbstverständnis der USA als antikoloniale Macht zu desavouieren.[19]

Aus den wirtschaftlichen und sozialen Umbrüchen in den USA entstanden Reformströmungen (*progressive movement*), in denen sich Fortschrittsglaube, Sendungsbewußtsein und Sozialdarwinismus mischten. Sie wurden von Farmern, Intellektuellen, Kirchenvertretern und kritischen Presseleuten (*muckraker*) getragen und fanden ein Echo im Bekenntnis der Großindustrie zu sozialer und politischer Verantwortung (Aufbau des Stiftungswesens). Diese Reformströmungen bildeten paradoxerweise den Kontext der Rooseveltschen Interventionspolitik in Zentralamerika. „Teddy" Roosevelt selbst verfolgte mit Entschiedenheit eine *progressive* Linie, die sich vor allem in der Stärkung staatlicher Kontrollen über die Wirtschaft manifestierte. So wurden die Anti-Trustgesetze, die unter Cleveland und McKinley bloßes Papier geblieben waren, nunmehr umgesetzt, wobei dies allerdings z.T. nur zu einer Anpassung der Unternehmungsstrategie, aber nicht unbedingt zu ihrer substantiellen Veränderung führte. Roosevelts interventionistische Politik gegenüber schwachen Staaten im karibischen Raum kann als Teil eines politischen Modernisierungsprojektes verstanden werden, das in erster Linie auf die Transformation der USA selbst gerichtet war.[20] Der Zwei-Welten-Bezug dieser Politik (Abwehr europäischer Interventionen) erlaubte es dabei, die eigene Interventionspolitik wiederum in Einklang mit dem Selbstverständnis der USA als anti-imperialistischer Macht zu bringen.

Auch bezogen auf die Regionalpolitik Franklin D. Roosevelts dreißig Jahre später kann argumentiert werden, daß sie Teil einer erneuten großen Transformation von Staat, Wirtschaft und Gesellschaft in den USA war. Während bei „Teddy" Roosevelt das Zwei-Welten-Spiel die Abwehr einzelner, ökonomisch motivierter Eingriffe der Europäer im karibischen Raum[21] betraf, ging es bei Franklin D. Roosevelt darum, eine eher flächendeckende Modernisierung Lateinamerikas als eine Art „Verlängerung" des New Deal zu fördern und damit zugleich eine Ausbreitung des Faschismus von Europa aus in die Westliche Hemisphäre zu verhindern.

---

19 Vgl. zu dieser Diskussion und insbesondere zur Sozialimperialismusthese Wehler (1974).

20 Vgl. Bates (1976), Littlefield (1980), Israel (1971).

21 „Karibischer Raum" wird hier immer unter Einschluß der Anrainergebiete in Zentralamerika und dem nördlichen Südamerika verwendet.

4.2 Demokratie, Selbstbestimmung und Intervention

Schon bei der Monroe-Doktrin ging es nicht nur um außenpolitische Fragen im engeren Sinne, sondern auch um Fragen der Ordnungspolitik, und zwar in Gestalt einer Verteidigung der amerikanischen Republiken gegen europäische Restaurationsbestrebungen, die vom nach-napoleonischen Frankreich angeführt wurden. Aber auch der Gegenspieler Frankreichs, Großbritannien, verband seine Opposition gegen die Heilige Allianz keineswegs mit einer prinzipiell pro-republikanischen Politik in Lateinamerika. Großbritannien, das dem portugiesischen Herrscherhaus während der Napoleonischen Kriege wertvolle Speditionsdienste geleistet hatte, als dieses zeitweilig nach Brasilien übersiedelte, vermittelte 1825 eine Anerkennung Dom Pedros als Kaiser von Brasilien durch die portugiesische Krone. Darüber hinaus gab es in Großbritannien offenbar eine gewisse Sympathie für den von Simón Bolívar ventilierten Plan, im Norden Südamerikas (Kolumbien) eine Monarchie zu errichten, was von den USA ausdrücklich missbilligt wurde. Die USA setzten sich für die Übernahme der republikanischen Staatsform durch die neuen Staaten Lateinamerikas ein, um eine Isolation zu verhindern, die für den Fall drohte, daß Lateinamerika sich für das monarchische System entschied. Dabei spielte auch eine Rolle, daß aus der Sicht der USA monarchische Systeme stets in der Gefahr standen, zum Einfallstor für einen unerwünschten Einfluß der Europäer zu werden (Johnson 1990: 38).

Auf der Grundlage dieser politischen Linie verfolgten die USA jedoch ihrerseits weiterhin eine pragmatische Politik.[22] Sie erkannten Kaiser Iturbide in Mexiko 1822 an ebenso wie den von den Briten unterstützten Kaiser Dom Pedro von Brasilien. Die Anerkennung Dom Pedros zeigte, daß das gute Einvernehmen mit einer lateinamerikanischen Regierung die Frage der Staatsform durchaus in den Hintergrund treten lassen konnte (Johnson 1990: 39) – eine Verhaltensweise, die später oft und zwar auch gegenüber den repressivsten Regimen zum Zuge kommen sollte. Die zur eigenen Staatsverfassung gewordene Idee des Republikanismus führte im Kontext des amerikanisch-europäischen Dualismus zur Konstruktion eines US-Sicherheitsinteresses an der Verbreitung des Republikanismus in Lateinamerika. Aber gerade diese Verknüpfung von Staatsideal und Sicherheitsvorstellungen erlaubte in der Tagespolitik eine Relativierung des Staatsideals zugunsten US-amerikani-

22 In diesem Zusammenhang sei erwähnt, daß die USA trotz ihrer republikanischen Sympathien für die französische Revolution auf der einen Seite, und ihrer Distanz zu England als Kolonialmacht und als „Schutzmacht" der westlich an die USA angrenzenden Urbevölkerung auf der anderen, sich zum großen Ärger Frankreichs aus handelspolitischen Gründen mit England arrangierten (Jay-Vertrag), später aber unter dem Druck der englischen Kontinentalsperre und der rüden Umgangsformen Englands mit der von ihm abhängigen US-Handelsflotte sich im Jahre 1812 auf einen regulären internationalen Krieg mit England einließen (Manicas 1998: 155).

scher Partikularinteressen, die über die Rückbindung an demokratische Ideale als kollektive Sicherheitsbedürfnisse definiert wurden (Buzan/Waever 1998). Diese Möglichkeit war letztlich schon in Jeffersons „Urkonzeption" der *Western Hemisphere*-Idee angelegt. Jefferson teilte das Mißtrauen gegenüber „Völkern, die von Priestern beherrscht" würden. Anders als viele seiner Landsleute war das aber für ihn kein Grund, eine Verbindung mit Lateinamerika abzulehnen; denn „welche Regierungen auch immer sie sich geben mögen, es werden amerikanische Regierungen sein, die nichts mehr mit den endlosen Streitereien in Europa zu tun haben." (Whitaker 1954: 29) Hier zeigt sich die republikanische Friedensidee (nach der obigen Definition) in klarer Form.

Ein Beispiel für die ambivalente Rolle, die die Öffentlichkeit in dem hier angesprochenen Zusammenhang spielt, bot der spanisch-kubanisch-amerikanische Krieg von 1898. Er war das Ergebnis einer ökonomischen Krise auf Kuba, die wiederum aus einer drastischen Reduzierung der US-Zucker-Importe aus Kuba resultierte. Die Krise führte zu erneuten Aufständen, denen Spanien mit brutaler Gewaltanwendung zu begegnen trachtete. Diese Entwicklung wurde zum Gegenstand des Konkurrenzkampfes zwischen Pulitzer- und Hearst-Presse, die sich durch Sensationsberichterstattung über die Kriegsgreuel auf Kuba gegenseitig auszustechen versuchten. So wurde ein pro-interventionistisches Klima erzeugt, das im US-Kongreß ein starkes Echo fand. Hatte sich Präsident Cleveland diesem Druck noch widersetzt, so sah sein Nachfolger McKinley sich zum Nachgeben gezwungen. Der Krieg mündete in die Annexion von Puerto Rico und Guam, die Errichtung eines Quasi-Protektorats über Kuba und den Kauf der Philippinen für 20 Mio. Dollar.

Das Bekenntnis zur Demokratie und zur Selbstbestimmung war aber keineswegs bloße Ideologie. So war der auf Drängen US-amerikanischer Wirtschaftsvertreter zustande gekommene Kauf der Philippinen in den USA höchst umstritten, während der Krieg um Kuba, der den Anlaß hierfür bot, sich äußerster Beliebtheit erfreute. Der Kauf wurde trotz heftiger anti-imperialistischer Reaktionen in großen Teilen der US-Öffentlichkeit vom Senat nur deshalb gebilligt, weil der Führer der Demokraten, William Jennings Bryan, die Kritiker aus den eigenen Reihen zur Zustimmung überredete. Dies tat er wiederum nicht aus Mangel an Zivilcourage, sondern mit der Absicht, den US-Imperialismus zu einem zentralen Thema des Wahlkampfes von 1900 machen zu können.

Daß die Kriegsbegeisterung nicht als Widerspruch zum anti-imperialistischen Selbstverständnis der USA, sondern geradezu als Ausdruck dieses Selbstverständnisses gesehen wurde, zeigte sich auch darin, daß der Kongreß zwar die Errichtung eines Quasi-Protektorates billigte, aber die Annexion

Kubas ausdrücklich untersagte.[23] Es war gerade der Verzicht auf die Annexion, der sich innenpolitisch in den USA auszahlte. Schärfer formuliert: „Während die Beteiligung an dem von Europa praktizierten formellen Kolonialismus im Falle der Philippinen erheblichen innenpolitischen Widerstand hervorrief, erwies sich das Eintreten für Anti-Kolonialismus und Selbstbestimmung im Rahmen einer zeitlich begrenzten Kontrolle Kubas als äußerst effektive Strategie zur Mobilisierung von Kriegsbegeisterung; denn die Kriegsbeteiligung entsprach dem die Tagespolitik transzendierenden Selbstbild der US-amerikanischen Gesellschaft, also ihrer selbst so wahrgenommenen Identität als revolutionäre, auf Selbstbestimmung ausgerichtete, freiheitsliebende Nation" (Peceny 1997: 416).

Der Kuba-Krieg war damit begründet worden, daß es gelte, die kubanischen „Freiheitskämpfer" gegen das unterdrückerische Regime in Spanien zu schützen. Als aber die Freiheitskämpfer mit amerikanischer Hilfe gesiegt hatten, wurde per nationaler Gesetzgebung in den USA das Selbstbestimmungsrecht der Kubaner mit Hilfe des sogenannten Platt-Amendments zur kubanischen Verfassung eingeschränkt. Dies geschah wiederum mit der Begründung, die Freiheit Kubas zu schützen: Interventionen von Seiten europäischer Mächte sollte dadurch vorgebeugt werden, daß die USA (notfalls mit Waffengewalt) für politische Stabilität auf Kuba sorgten. „Teddy" Roosevelt war trotz seines Images als „rough rider" keineswegs erpicht darauf, in Kuba zu intervenieren. Als er es doch tat, geschah dies in einer äußerst turbulenten Situation, in der die Errichtung eines US-amerikanischen Protektorats tatsächlich als stabilisierende und gewaltmindernde Maßnahme verstanden werden konnte und auch verstanden wurde.[24]

Mit der *Roosevelt-Corollary* zur Monroe-Doktrin[25] wurde der Interventionismus in eine Sprache gekleidet, die diese Politik als Fortsetzung des US-amerikanischen Kampfes um Freiheit und Selbstbestimmung auswies. Den USA ging es dabei nicht um Legitimationsbeschaffung gegenüber den europäischen Staaten, denn letztere behaupteten ja selbst die Rechtmäßigkeit militärischer Interventionen, wenn es darum ging, ausstehende Schulden einzutreiben. Wichtiger war eine Rechtfertigung gegenüber der innenpolitischen Opposition im eigenen Lande. Die Monroe-Doktrin wurde durch die

23 Teller Amendment. Siehe hierzu Pastor (1994: 208).

24 Vgl. die heutige Debatte über den Umgang mit „failed states".

25 Die Ergänzung lautete wie folgt: „If a nation shows that it knows how to act with reasonable efficiency and decency in social and political matters, if it keeps order and pays its obligations, it needs fear no interference from the United States. Chronic wrongdoing ... may in America as elsewhere, ultimately require intervention by some civilized nation, and in the Western Hemisphere the adherence of the United States to the Monroe Doctrine may force the United States, however reluctantly, in flagrant cases of such wrongdoing or impotence, to the exercise of an international police power. It is a mere truism to say that every nation, whether in America or anywhere else, which desires to maintain its freedom, its independence, must ultimately realize that the right of such independence cannot be separated from the responsibility of making good use of it" (zit. nach Gil 1971: 70).

Roosevelt Corollary zu einer die US-Politik selbst verpflichtenden Richtlinie der Außenpolitik erhoben, die die USA im Namen der Zivilisation trotz allen Widerstrebens zum Handeln „zwang“. Obwohl die USA sich in dieser Weise die Pflicht auferlegten, „wie widerstrebend auch immer“ eine internationale Polizeigewalt auszuüben, stellte sich auch der Rooseveltsche Zusatz zur Monroe-Doktrin als Verteidigung der Unabhängigkeit der betroffenen Staaten dar. „Chronic wrongdoing“ oder wie man heute sagen würde, dauerhaftes Staatsversagen, lud externe Interventionen ein. Es kam darauf an, diesen durch Wiederherstellung bzw. Stabilisierung der politischen Ordnung in den fraglichen Ländern vorzubeugen.

Das politische Selbstverständnis der USA als Hüter des Rechts auf Selbstbestimmung verband sich mit einem unverhohlenen Paternalismus.[26] Der US-Historiker Michael Hunt spricht in diesem Zusammenhang vom „Streben nach nationaler Größe in enger Verbindung mit der Förderung von Freiheit“ (Hunt 1987). Diese spannungsgeladene Einstellung, so könnte in Anlehnung an Hunt weiter argumentiert werden, zeigt sich in der Neigung, die eigene Revolution zu verherrlichen, den Revolutionen „der anderen“ aber zu mißtrauen, was die US-Regierung andererseits nicht davon abhielt, wenn schon nicht Revolutionen, so doch Rebellionen anzuzetteln, wo sie der eigenen Politik dienlich waren. Dies geschah im Falle der panamaischen Rebellion gegen die Zentralregierung in Bogotá, die Panama zum eigenständigen Staat machte und damit den Weg zum Bau des Panamakanals in US-Regie öffnete.

Aber man sollte sich hüten, die ideellen Bestimmungsfaktoren der US-Lateinamerikapolitik auf allzu grobe Raster (Sendungsbewußtsein, Paternalismus und Revolutionsfurcht) zu reduzieren.[27] Zur Mobilisierung innenpolitischer Unterstützung in den USA gehörte auch der Versuch, von der Gesamtheit der lateinamerikanischen Staaten eine gewisse Akzeptanz der US-amerikanischen Politik zu erhalten. So setzte der amerikanische Außenminister Elihu Root unter „Teddy“ Roosevelt nicht ganz ohne Erfolg alles daran, für seine Politik in Lateinamerika zumindest Verständnis, wenn schon nicht Zustimmung zu finden.[28] Diese Bemühungen wurden von Wilson und dann insbesondere von Franklin D. Roosevelt ausgebaut. Zwar praktizierte auch und gerade Woodrow Wilson eine umfangreiche, mit Paternalismus und Schulmeisterei verbundene Interventionspolitik gegenüber Mexiko, Zentralamerika und der Karibik, obwohl seine Administration mit einem anti-inter-

26 „The ... Platt amendments defined the nation's distaste for imperialism but also its unwillingness to accept equality with small, unstable neighbors.“ (Pastor 1994: 208)

27 Den Vorwurf, dies zu tun, erhebt Tom Farer gegen Hunt. Vgl. Farer (1992: 966-975).

28 „Root had definite ideas about the leading role that the United States must play in Western Hemisphere affairs; but so long as the Latin Americans would play the game according to his rules, he spared no pains to show the most exquisite consideration both in his regard for the national interests and susceptibilities of the Latin American countries and in his personal relations with their diplomatic representatives. ... Root was remarkably successful in winning the friendship and confidence of the Latin Americans with whom he came in contact“ (Whitaker 1954: 103).

ventionistischen Programm angetreten war. Seinem Engagement für eine regionale und später globale Demokratisierung („to make the world safe for democracy") lag ein politisches Programm zugrunde, das Intervention zum Zweck der Demokratisierung zuließ, zugleich aber eine multilaterale Friedenssicherung anstrebte, die solche Interventionen überflüssig gemacht hätte (s.u.).

Auch Franklin D. Roosevelt verfolgte eine Strategie der Demokratisierung Lateinamerikas. Anders als bei Wilson sollte dies nun aber auf der Grundlage eines umfassenden Interventionsverzichts der USA geschehen. So bekannten sich die amerikanischen Staaten auf der Interamerikanischen Konferenz von Buenos Aires (1936) zur Demokratie als eine allen gemeinsame Staatsform,[29] während die USA auf eben dieser Konferenz zum ersten Mal das Interventionsverbot ohne Vorbehalte anerkannten. Das Bekenntnis zur Demokratie war aus US-Sicht Teil einer Politik, die darauf abzielte, ein Vordringen des Faschismus in Lateinamerika zu verhindern. Zugleich ging es um eine umfassende politische Modernisierung in Lateinamerika, die den Anforderungen an einen erweiterten und intensivierten Wirtschaftsaustausch entsprach. Die Demokratisierung war aber nicht nur Mittel zum Zweck, sondern Bestandteil des schon in den 1820er Jahren sichtbaren Bestrebens, eine politische Umwelt der USA zu schaffen, die der inneren Ordnung der USA entsprach und damit der Festigung dieser Ordnung selbst diente.[30]

Die These, daß das Engagement für eine Demokratisierung in Lateinamerika von Seiten der USA in dem Wunsch wurzelte, die eigene politische Ordnung zu festigen, sagt noch nichts über die Qualität der Politik, der dieser Wunsch zugrunde lag, die aber nie ausschließlich Demokratisierungspolitik war. So ist denn auch die Geschichte der interamerikanischen Beziehungen von selbstkritischer Auseinandersetzung mit der Lateinamerikapolitik der USA durchzogen. Gerade in der Phase der Umorientierung von der Interventions- zur Nichtinterventionsdoktrin schwankten die Meinungen stark hin und her, wie Tom Farer in einer Betrachtung über das Lateinamerika-Bild US-amerikanischer Medien zeigt. Die New York Times kritisierte die Interventionspolitik in einem Leitartikel vom 23. Februar 1909 mit den Worten, daß Präsident Monroe zwar empfohlen habe, das Haus des Nachbarn zu schützen, um das eigene zu sichern. Dieses Prinzip des *republikanischen Friedens* im hier vertretenen Verständnis begründe aber keineswegs ein Recht, sich in die häuslichen Angelegenheiten des Nachbarn einzumischen, und ihm auch noch die eigene Diät vorzuschreiben (zit. nach Farer 1992: 968). Bezogen auf die-

29 Declaration of Principles of Inter-American Solidarity and Co-operation, in: International Conferences, 1st Sup. (1933-40), S. 160; vgl. Inter-American Institute of International Legal Studies: The Inter-American System. Its Development and Strengthening (Dobbs Ferr 1966, Kapitel IV).

30 In diesem Sinne ist auch Art. 5d der OAS-Charta von 1948 zu verstehen, in dem es hieß: „The solidarity of the American States and the high aims which are sought through it require the political organization of those States on the basis of the effective exercise of representative democracy".

se Form der Einmischung heißt es später im Kontext der Auseinandersetzungen mit der von Wilson praktizierten, auf die Förderung der Demokratie ausgerichteten Anerkennungspolitik:

„... American public opinion was genuinely concerned to discourage government by insurrection. It was our hope that Latin-Americans might be weaned away from the rifle to the ballot box. Even where provocation existed it must have been our belief that in the long run it would benefit those peoples to acquire the habit of patience under temporary injustice. We have felt that a popular self-control in Latin America was the greatest need."

Die USA hätten nun aber einsehen müssen, so der Leitartikel der New York Times, daß eine bewaffnete Erhebung gegen nicht tolerierbare Übel unter bestimmten Umständen unausweichlich sei.[31] Nichtsdestotrotz trat ein Leitartikel zwei Jahre später wieder für eine interventionistische Politik ein, „um die öffentliche Ordnung aufrechtzuerhalten und die kleineren und weniger entwickelten Staaten wie Haiti und Santo Domingo zur Einhaltung ihrer Pflichten zu zwingen".[32]

In dieser Widersprüchlichkeit drückt sich nicht zuletzt auch die Schwierigkeit aus, eine demokratischen Grundsätzen standhaltende Politik gegenüber dem karibischen Raum zu formulieren und umzusetzen. Diese Schwierigkeit sollte als ein Bestimmungsfaktor der Lateinamerika-Politik der USA nicht unterschätzt werden. Gerade weil die Formulierung von Handlungspräferenzen sich auf ein in ständiger Bewegung befindliches Terrain bezog, boten sich wirtschaftlichen und politischen Interessengruppen zahlreiche Möglichkeiten, in einer Art und Weise auf die Lateinamerika-Politik einzuwirken, die über viele Jahrzehnte zur Perpetuierung jener Verhältnisse beitrug, zu deren Überwindung die US-Politik beizutragen beanspruchte.

4.3 Handlungsfreiheit und Selbstbindung

Thomas Jeffersons Auffassung, daß die Interessen der Unabhängigkeitsbewegungen in Lateinamerika auch die Interessen der USA wären, markiert den Ausgangspunkt einer sich über fast zwei Jahrhunderte hinziehenden Konstruktion und Rekonstruktion einer amerikanischen Region („Westliche Hemisphäre"), in der ein komplexes Geflecht von internationalen Institutionen und regulativen Normen in Verbindung mit sich wandelnden Grenzziehungen zwischen „innen" und „außen" entstanden ist. Diese Institutionen und Normen sind der sichtbare Teil jenes ideellen Referenzrahmens für die US-amerikanische Lateinamerikapolitik, der mit der *Western Hemisphere*-Idee, der Monroe-Doktrin und dem Panamerikanismus geschaffen wurde.

31 New York Times, 5.2.1928, zit. nach Farer 1992: 969.
32 New York Times 25.6.1930, zit. nach Farer 1992: 969.

In dem seit Beginn des 19. Jahrhunderts anhaltenden innergesellschaftlichen Streit um die Lateinamerika-Politik der USA ging es nicht nur um die Alternative von Isolationismus und Engagement, sondern auch um die Alternative von Kooperation und Handlungsfreiheit. Zunächst setzte sich die Option der Handlungsfreiheit (Autonomie) insofern durch, als die USA 1823 eine gemeinsame Garantie-Erklärung mit Großbritannien für Lateinamerika ablehnten und mit Ausnahme der deklaratorischen Monroe-Doktrin und dem mißglückten Zwischenspiel von 1826 zunächst ganz auf die Formulierung einer Lateinamerika-Politik verzichteten. In den vierziger Jahren wurde die Monroe-Doktrin ausdrücklich auf das von den *Jacksonites* ursprünglich angestrebte Maß zurückgefahren. Sie sollte fortan nur für das Territorium der USA selbst gelten (Polk-Doktrin).

Wie oben aufgezeigt, verfolgte Blaine dann aber wenige Jahrzehnte später (nach Bürgerkrieg und erster Weltwirtschaftskrise) einen multilateralen Ansatz. Seine Idee, ein System der friedlichen Streitbeilegung zu schaffen, entsprach nicht nur einem bestimmten Interessen- und Machtkalkül der USA, sondern auch dem Geist der Zeit, wie die beiden Haager Friedenskonferenzen und die Gründung erster (funktional ausgerichteter) Internationaler Organisationen belegen. Das Scheitern des von Blaine vorgeschlagenen Zollvereins bewirkte, daß die Zusammenarbeit auf multilateraler Ebene in der Folgezeit entpolitisiert wurde. Im Vordergrund standen bis in die zwanziger Jahre hinein techno-politische bzw. administrative Fragen, die die Erleichterung der Handelsbeziehungen zwischen den beiden Amerika betrafen (Vereinheitlichung von Maßen, Gewichten und Handelsnomenklaturen; Information über nationale Handelsmodalitäten, insbesondere Zollbestimmungen; Schutz von Patenten, Markenzeichen und Schriftstücken; Regelung des Umgangs mit Geldforderungen; Kodifizierung des öffentlichen und privaten internationalen Rechts).

Seit Beginn der zwanziger Jahre und insbesondere mit der Konferenz von Havanna 1928 setzte dann eine Politisierung des interamerikanischen Organisationsprozesses ein. Ein erster wichtiger Schritt in diese Richtung war die Verabschiedung des Gondra-Vertrages durch die Konferenz von Santiago 1923. Der Vertrag stellte sozusagen einen späten Sieg Blaines dar, denn er nahm die Idee der friedlichen Streitbeilegung auf interamerikanischer Ebene wieder auf und ergänzte sie durch Vorschläge zur Konfliktprävention. Es handelte sich dabei auch im globalen Vergleich um ein beachtliches Pionierunternehmen.[33] Dieser Ansatz wurde nach dem Zweiten Weltkrieg durch den Amerikanischen Vertrag zur friedlichen Streitbeilegung (Pakt von Bogotá, 1948) weiter ausgebaut.

---

33 Schon der Versuch von 1889 fand in der frühen friedenswissenschaftlichen Literatur Beachtung. Siehe hierzu Fried (1918).

Entscheidend für die Politisierung des Interamerikanischen Systems war, daß die USA ihren Widerstand gegen eine Erörterung der Interventionspolitik aufgaben. Hierfür waren mehrere Faktoren verantwortlich: der Zweifel an der Wirksamkeit militärischer Eingriffe, die zunehmenden Möglichkeiten einer nicht-militärischen Einflußnahme und schließlich auch Boykottkampagnen gegen US-amerikanische Produkte in Lateinamerika als Antwort auf die Interventionen in Zentralamerika (speziell Nicaragua). Aber letztlich wären diese Faktoren wohl nicht zum Zuge gekommen, wenn sie nicht dem prinzipiellen Unbehagen in den USA selbst an der Interventionspolitik (als rechtfertigungsbedürftige Abweichung vom Leitbild des Anti-Imperialismus) entsprochen hätten. Die „Politik der guten Nachbarschaft", die Franklin D. Roosevelt propagierte, entsprach dem Bedürfnis, Selbstperzeption und tatsächliches Verhalten in Einklang zu bringen.

Eine zunehmende Bedeutung kam der ordnungspolitischen Umorientierung im Gefolge der Weltwirtschaftskrise auf der einen Seite, der Ausbreitung des Faschismus in Europa sowie der Entwicklung in Japan auf der anderen, zu. Die Aufwertung der Rolle des Staates gegenüber der Wirtschaft im New Deal Franklin D. Roosevelts korrespondierte mit dem Übergang zu einer etatistischen Entwicklungspolitik in den meisten lateinamerikanischen Staaten.[34] Daraus ergaben sich neue Möglichkeiten der ordnungspolitischen Einflußnahme der USA in Lateinamerika. Diese Einflußmöglichkeiten wurden durch die nunmehr in größerem Umfang einsetzende Hilfe der USA beim Aufbau neuer und der Modernisierung bestehender staatlicher Institutionen im Bereich der Wirtschaft und später durch die politische, militärische und wirtschaftsstrategische Kooperation mit den lateinamerikanischen Staaten während des Krieges erheblich erweitert. Als Reaktion auf die Ausbreitung des Faschismus bemühten sich die USA, die *Western Hemisphere* als Region demokratischer Staaten zu organisieren. Dem entsprach der Aufbau eines politischen Konsultationswesens in der zweiten Hälfte der dreißiger Jahre (Konsultativtreffen der Außenminister, Notstandskomitee für politische Verteidigung). Getreu den Grundsätzen der „Guten Nachbarschaft" verzichteten die USA auf eine allzu massive Druckausübung auf Bolivien und Mexiko, als diese 1937 und 1938 US-Ölgesellschaften verstaatlichten, und sie akzeptierten schließlich sogar die Zuständigkeit der nationalen Gerichte dieser Länder für die Entscheidung über die Entschädigungsansprüche der Ölkonzerne. Das war eine bedeutende Konzession, wie sich fünfunddreißig Jahre später bei

---

34 Gemeint ist hier vor allem die Aufwertung der Rolle des Staates im Zuge der Bemühungen, das alte „Wachstum nach außen" nunmehr durch ein „Wachstum nach innen" zu ersetzen. Vgl. hierzu Glade (1969).

den Nord-Süd-Auseinandersetzungen um eine Neuordnung der Weltwirtschaft zu Beginn der 1970er Jahre zeigen sollte.[35]

Als es nach dem Kriege darum ging, in der OAS-Charta ein starkes Interventionsverbot zu verankern, versuchten die USA das zunächst mit dem Argument abzuwehren, daß in die Charta nur „grundlegende und allgemein akzeptierbare Ausführungen zu den Rechten und Pflichten von Staaten" aufgenommen werden sollten (Brock 1974: 133). Als diese restriktive Linie sich nicht durchsetzen ließ, zogen sich die USA keineswegs aus den Verhandlungen zurück, sondern überließen den besonders interessierten lateinamerikanischen Delegationen das Feld. Sie akzeptierten schließlich das bereits erwähnte umfassende Interventionsverbot. Das läßt sich zum einen dadurch erklären, daß das Interventionsverbot gerade wegen seines umfassenden Charakters große Interpretationsspielräume ließ, denn wörtlich genommen hätte es angesichts der Machtdisparitäten zwischen den USA und Lateinamerika den USA jegliche Form der Wahrnehmung ihrer eigenen Interessen verboten (Dreier 1967: 25). Da das schwerlich der Sinn des Interventionsverbots sein konnte, blieb offen, welche konkreten Verhaltensbeschränkungen es mit sich brachte. Zum zweiten sah die Truman-Administration das Interventionsverbot im Kontext des ein Jahr zuvor verabschiedeten Rio-Paktes und des dort verankerten Konsultationsmechanismus. In diesem Rahmen bot das Interventionsverbot, wie sich sehr schnell herausstellen sollte, neue Möglichkeiten, die Politik extra-kontinentaler Mächte (jetzt also der Sowjetunion) als Intervention zu brandmarken und „Gegenmaßnahmen" einzuleiten.

Dennoch kann die Entwicklung, die zur Verabschiedung des Interventionsverbots der OAS-Charta (in Verbindung mit dem Rio-Pakt) führte, nicht einfach als Roßtäuschertrick abgetan werden; denn erstens setzte der Rückzug der USA aus der Interventionspolitik schon in den späten 1920er Jahren ein. Zweitens stand dieser Rückzug in der Form, wie er in den dreißiger Jahren ausgeführt wurde, in engem Zusammenhang mit dem New Deal, der auf eine grundlegende Revision des Verhältnisses von Politik und Ökonomie hinauslief und durch die Ausweitung der Rolle des Staates als Wirtschaftssubjekt auch neue Bedingungen für die Politik gegenüber Lateinamerika schuf. Drittens war die Akzeptanz des neuen Rahmens der Lateinamerikapolitik nicht ganz ohne Risiko für die USA, da nicht von vornherein klar abzusehen war, wie sich die Dinge unter den neuen Bedingungen entwickeln würden. Es zeigte sich später, daß es den USA zwar bis 1965 (d.h. bis zur Dominikanischen Krise) gelang, das „Interamerikanische System" als Instrument zur Legitimationsbeschaffung für ihre Politik einzusetzen. Soweit sie sich

35 Bei der UN-Abstimmung von 1974 über die von Mexiko lancierte Charta der wirtschaftlichen Rechte und Pflichten der Staaten gaben die USA u.a. wegen der dort vorgesehenen Zuständigkeit nationaler Gerichte für Entschädigungsfragen eine Gegenstimme ab, während sich die Bundesrepublik im Einklang mit anderen westlichen Ländern aus demselben Grunde der Stimme enthielt.

hierauf einließen, mußten sie aber gewisse Abstriche an der früher praktizierten Handlungsfreiheit hinnehmen und sich einem gewissen Rechtfertigungsdruck aussetzen. Während Präsident Carter diesem Druck insofern nachgab, als er 1979 den Versuch unternahm, mit Hilfe der OAS einen kontrollierten Abgang des Somoza-Clans in Nicaragua durchzusetzen, wich die Reagan-Administration den Unbequemlichkeiten des Multilateralismus aus, indem sie im Alleingang in der Form des „war of low intensity" auf das Konfliktgeschehen in Lateinamerika einzuwirken versuchte. Die Handlungsfreiheit, die die USA durch den Verzicht auf jegliche ernsthafte OAS-Konsultation in den achtziger Jahren erreichten, „bezahlten" sie mit abnehmendem Einfluß auf die Politik vor allem der Contadora-Staaten, einem zunehmenden Einfluß Westeuropas und einer Stärkung der Rolle der UNO, die sie bis dahin stets aus der Region hatten heraushalten wollen.

Im Rahmen des interamerikanischen Regionalismus war mit anderen Worten nicht nur eine Maschinerie zur Rechtfertigung der US-Politik (und damit zur Senkung innenpolitischer Transaktionskosten) entstanden, sondern auch zu ihrer Kritik. Diese Doppelfunktion des interamerikanischen Regionalismus zeigte sich insbesondere auf dem Gebiet der Menschenrechte (Risse/Ropp/Sikkink 1999). Die USA hatten selbst die Schaffung eines regionalen Systems zum Schutz der Menschenrechte forciert. Vor allem im Zusammenhang mit dem Sturz Salvador Allendes und der Errichtung einer Militärdiktatur in Chile half dieses System in Wechselwirkung mit Nichtregierungsorganisationen, über die Dokumentation von Menschenrechtsverletzungen in Chile den öffentlichen Druck auf die US-amerikanische Chile-Politik zu verstärken. Die Kritik der Menschenrechtsverletzungen trug insgesamt dazu bei, die Rückkehr der lateinamerikanischen Staaten zur Demokratie zu einem Zeitpunkt (1984/85) einzuleiten, als Washington sich in der Gestalt seiner UN-Botschafterin Kirkpatrick öffentlich zur Kooperation mit den Militärdiktaturen als „befreundete Regierungen" im Kampf gegen den „internationalen Kommunismus" bekannte.

5. Ergebnisse

In seiner Studie über Demokratie und Krieg schreibt Peter T. Manicas bezogen auf den „ersten unerklärten Krieg" der Vereinigten Staaten im Jahre 1794, in dessen Verlauf der Widerstand der Urbevölkerung gegen die Westexpansion (in Kentucky) niedergeschlagen wurde: „Theory had taught that a confederation of republics would not be imperial. It had said nothing about the new United States"[36] (Manicas 1998: 156). Aber wenn die Geschichte der

36 „Confederation" bezeichnet hier den Bundesstaat.

US-amerikanischen Außenpolitik sich auch wie eine Bestätigung des pessimistischen Politikverständnisses liest, mit dem die *Federalists* die Notwendigkeit der Union begründeten, so zeigt doch die Geschichte der interamerikanischen Regionalpolitik der USA, daß auch in der amerikanischen Außenpolitik dem Autonomiestreben durch die Einsicht in die Vernunft der Selbstbegrenzung (wenn auch wechselnde) Grenzen gesetzt werden.

Die USA folgten in ihrer Regionalpolitik überwiegend der von den *Federalists* artikulierten Problemsicht, die nicht auf die Schaffung einer Weltfriedensordnung, sondern auf die Verteidigung der amerikanischen Demokratie, also die Absicherung der Errungenschaften der US-amerikanischen Revolution gerichtet war. Die ehemaligen Kolonien sahen sich in der Anfangszeit mit gravierenden Problemen konfrontiert: Einer hohen, z.T. gewaltträchtigen sozialen Instabilität, einer erheblichen Unsicherheit über das Verhältnis der ehemaligen Kolonien zueinander und zu den westlich angrenzenden Gebieten und einer eklatanten außenwirtschaftlichen Abhängigkeit, die mit einer vollständigen diplomatischen Mißachtung durch die europäischen Staaten einherging (Manicas 1998: 150 ff). Diese Sachverhalte ließen es angeraten erscheinen, die Selbstbehauptungsfähigkeit der ehemaligen Kolonien im internationalen System zu stärken, statt sich auf eine allgemeine Politik der Friedenssicherung einzulassen. Insofern ist ihre Regionalpolitik im oben erläuterten Sinne eher unter dem Begriff einer *republikanischen* als einer *demokratischen Friedenskonzeption* zu subsumieren.

Mit der Konstruktion der „Westlichen Hemisphäre" wurde ein Referenzrahmen für die US-Außenpolitik geschaffen, der es erlaubte, US-Interessen gegenüber Lateinamerika im Einklang mit den eigenen Grundanschauungen zu vertreten (Morgenthau 1952: 985; Czempiel 1966: 10f). Die Grenzziehung gegenüber Europa ermöglichte den USA dabei eine Relativierung der inneren Grenzen der Region (Interventionspolitik), ohne daß dies als Widerspruch zu den eigenen Grundanschauungen verstanden werden mußte. Im Gegenteil, der Interventionismus konnte als Verteidigung dieser Grundanschauungen wahrgenommen werden. Hierbei handelte es sich nicht um ein (Selbst-) Täuschungsmanöver, sondern um ein politisches Programm, das in enger Wechselwirkung mit grundlegenden Entwicklungen innerhalb der USA formuliert wurde (Schließung der Frontier, Industrialisierung, *Progressive Movement*, New Deal).[37]

Zur Zeit der Formulierung der Monroe-Doktrin ging es vorrangig um die Abwehr möglicher Interventionen europäischer Mächte und die Wahrung US-amerikanischer Handlungsfreiheit im Umgang mit solchen Interventionen. Fragen, die die innere Ordnung der nachkolonialen Staaten in Latein-

37 Der Interventionismus wurde in starkem Maße durch die von „Teddy" Roosevelt vertretene Strömung des *Progressive Movement* mitgetragen und konnte von daher als eine Art externer Beitrag zur Festigung der Demokratie in den USA gesehen werden.

amerika betrafen, waren dem nachgeordnet. Sie spielten insofern eine Rolle, als die Durchsetzung des anti-monarchischen Prinzips die Ansatzfläche für eine europäische Einflußnahme verkleinern konnte. Andererseits wurden aber auch die Monarchien in Mexiko und Brasilien anerkannt, da sie nicht als abhängig von Europa galten. Auch das verstärkte Bemühen um Kooperation in den 1930er Jahren war nicht in erster Linie Ausdruck einer faktischen Demokratisierung Lateinamerikas. Vielmehr drängten die USA die lateinamerikanischen Staaten zu einem kollektiven Bekenntnis zur Demokratie, um den in einigen Staaten wachsenden Einfluß faschistischer Ideen einzudämmen. Immerhin waren sie bereit, dafür den Preis eines Interventionsverzichts und einer Multilateralisierung des „Interamerikanischen Systems" (Selbstbindung) zu zahlen.

Der weitgehende Verzicht der USA auf Friedensideen in der Kant'schen Denktradition hob das emanzipatorische und utopische Element der amerikanischen Unabhängigkeit in seiner Bedeutung für das Außenverhalten der USA keinesfalls auf. Gerade in seinem Bezug auf die „Neue Welt", die „Westliche Hemisphäre" oder die „amerikanischen Republiken" hatte es einen gewissen Einfluß auf die Form, in der sich der Übergang von der passiven zu einer aktiven Lateinamerikapolitik im letzten Drittel des 19. Jahrhunderts vollzog. Statt sich dem europäischen Kolonialismus anzuschließen, ergänzten die USA ihre unilaterale Einflußnahme und Intervention ansatzweise durch eine Politik der institutionalisierten multilateralen Koordination und Kooperation. Das blieb in Europa nicht unbeachtet. Vielmehr wurde das gesamtamerikanische Regionalsystem als Ausdruck eines neuen „organisatorischen Pazifismus" interpretiert (Fried 1918). Insofern kann hier zumindest von einer Ergänzung der aus dem *Federalist* abzuleitenden Friedensideen durch Ideen, wie sie sich bei Kant finden, gesprochen werden.

Das Kooperationsangebot an Lateinamerika im Rahmen des Panamerikanismus ist als Strategie zur Senkung der Transaktionskosten wirtschaftlicher Expansion zu verstehen, die den Präferenzen einer demokratischen Gesellschaft entsprach. In Wechselwirkung mit dem Umbruch in den USA nach der Weltwirtschaftskrise (New Deal) und der politischen Entwicklung in Europa bildeten sich im Rahmen des „Interamerikanischen Systems" aber im Laufe der dreißiger Jahre auch kollektive Verhaltenserwartungen heraus (Interventionsverzicht, Konsultationsgebot), deren Bruch wiederum mit bestimmten Kosten verbunden war. Insofern erzeugte der Auf- und Ausbau des „Interamerikanischen Systems" gewisse Selbstbindungseffekte, in denen sich auch eine gewisse Eigendynamik des interamerikanischen Organisationsprozesses zeigte.

Beate Kohler-Koch hat kürzlich die These aufgestellt, „daß die in den nationalen Institutionen verankerten Prinzipien und Normen von Rechtsstaatlichkeit, politischer Verantwortlichkeit und gesellschaftlichen Mit- und

Selbstbestimmungsrechten nicht nur die nationale Verfassungswirklichkeit prägen, sondern auch Orientierung für außenpolitisches Handeln geben" (Kohler-Koch 2000: 198/199). Dem kann mit dem Argument begegnet werden, daß gerade im Bereich der Außenpolitik typischerweise erhebliche Demokratiedefizite bestehen (Czempiel 1996). Eine direkte Umsetzung demokratischer Prinzipien im Außenverhalten von Demokratien wäre von daher nicht zu erwarten. Die wechselvolle Entwicklung der interamerikanischen Regionalpolitik der USA läßt aber den Schluß zu, daß die innerdemokratische Ordnung immer wieder den politischen Raum schafft, in dem Forderungen nach einer größeren Konsistenz der Außenpolitik von Demokratien mit ihrer inneren Ordnung erhoben und debattiert werden können. Das ist nicht viel, aber mehr als nichts, insbesondere wenn man davon ausgeht, daß strategisches Handeln mit kommunikativem Handeln interagiert (Müller 1994) und Verhandlungen nicht nur die Machtverteilung zwischen den Verhandelnden reflektieren, sondern auch die kulturell vermittelten Handlungsrepertoires (Jetschke/Liese 1998) und Argumentationsverläufe, in die die Verhandlungen eingebettet sind (Schimmelfennig 1997, Risse 2000).

Wie die Friedensideen, die der Kant'schen Tradition folgen und die Universalisierbarkeit des Friedens betonen, immer wieder durch Beobachtungen in die Schranken verwiesen werden, die die *Federalists* in den Vordergrund stellten (Notwendigkeit der Verteidigung demokratischer Errungenschaften), so wird die im Ansatz der *Federalists* angelegte Friedensidee immer wieder von der Logik des Kant'schen Konzeptes eingeholt (Notwendigkeit eines im Sinne der Friedensidee verallgemeinerungsfähigen Verhaltens, das Selbstbindung voraussetzt). Dieses Spannungsverhältnis kommt in historischer Perspektive als Wandel kollektiver Ideen bzw. Wandel ihrer Gewichtung über Zeit zum Tragen (Legro 2000). Ein solcher Wandel kann sich als Angleichung des Außenverhaltens von Demokratien an ihre innere Ordnung vollziehen. Die Entwicklung der interamerikanischen Regionalpolitik der USA mahnt zur Vorsicht bei der Erwartung eines solchen Wandels, sie schließt ihn aber nicht aus.

Literatur

Bates, James Leonhard 1976: The United States 1898-1928. Progressivism and a Society in Transition, New York.

Baumann, Rainer/Rittberger, Volker/Wagner, Wolfgang 1998: Macht und Machtpolitik: Neorealistische Außenpolitiktheorie und Prognosen für die deutsche Außenpolitik nach der Vereinigung, Tübinger Arbeitspapiere zur Internationalen Politik und Friedensforschung Nr. 30.

Brock, Lothar 1974: Entwicklungsnationalismus und Kompradorenpolitik, Meisenheim/Glan.

Brock, Lothar 1990: „Frieden". Überlegungen zur Theoriebildung, in: Rittberger, Volker (Hrsg.): Theorien der Internationalen Beziehungen, Opladen, S. 71-89.
Buzan, Barry/Waever Ole/de Wilde, Jaap 1998: Security: A New Framework for Analysis, Boulder.
Conferencias Internacionales Americanas, 1889-1936, Washington, D.C. 1938.
Conferencias Internacionales Americanas, Primer Suplemento 1938-1942, Washington, D.C. 1943.
Conferencias Internacionales Americanas, Segundo Suplemento, 1945-1954, Washington D.C. 1956.
Czempiel, Ernst-Otto 1966: Das amerikanische Sicherheitssystem 1945-1949, Berlin.
Czempiel, Ernst-Otto 1996: Kants Theorem. Oder: Warum sind die Demokratien (noch immer) nicht friedlich?, in: Zeitschrift für Internationale Beziehungen 3, S. 79-102.
Deudney, Daniel 2001: Publius vs. Kant: Federal Republican Security vs. Democratic Peace. Paper prepared for the Annual Convention of the International Studies Association, Chicago, February 21-24.
Dreier, Jerome 1967: The OAS and United States Foreign Policy, o.O.
Farer, Tom 1992: The Image of Latin America in the United States, in: Reinhard, W./Waldmann, Peter (Hrsg.): Nord und Süd in Amerika, Freiburg, S. 966-975.
Fried, Alfred 1918: Panamerika (1810-1916), Zürich.
Gellman, Irwin 1979: The Good Neighbor Diplomacy. United States Policies in Latin America 1933-1945, Baltimore.
Gellman, Irwin 1995: Secret Affairs. Franklin Roosevelt, Cordell Hull, and Sumner Welles, Baltimore.
Gil, Federico 1971: Latin American-United States Relations, London.
Glade, William P. 1969: The Latin American Economies. A Study of their Institutional Evolution, New York.
Hamilton, Alexander/Madison, James/Jay, John 1961: The Federalists Papers, in: Rossiter, Clinton (Hrsg.), New York.
Herman, Margaret/Kegley, Charles 1995: Rethinking Democracy and International Peace, in: International Studies Quarterly 39, S. 511-534.
Hunt, Michael 1987: Ideology and U.S. Foreign Policy, London.
Inter-American Institute of International Legal Studies: The Inter-American System. Its Development and Strengthening, Dobbs Ferry, New York 1966
Israel, Jerry 1971: Progressivism and the Open Door. America and China 1905-1921, Pittsburg.
Jachtenfuchs, Markus 1995: Ideen und Internationale Beziehungen, in: Zeitschrift für Internationale Beziehungen 2, S. 417-442.
Jetschke, Anja/Liese, Andrea 1998: Kultur im Aufwind. Zur Rolle von Bedeutungen, Werten und Handlungsrepertoires in den internationalen Beziehungen, in: Zeitschrift für Internationale Beziehungen 5, S. 149-179.
Johnson, John J. 1990: A Hemisphere Apart. The Foundations of United States Policy toward Latin America, Baltimore.
Kant, Immanuel 1966: Metaphysik der Sitten, Hamburg.
Keohane, Robert O. 1984: After Hegemony. Cooperation and Discord in the World Political Economy, Princeton.

Kohler-Koch, Beate 1989: Regime in den internationalen Beziehungen, in: Dies. (Hrsg.): Regime in den internationalen Beziehungen, Baden-Baden, S. 17-88.

Kohler-Koch, Beate 2000: Ordnungsdenken in einer globalisierten Welt, in: Lutz, S. Dieter (Hrsg.): Globalisierung und nationale Souveränität. Festschrift für Wilfried Röhrich, Baden-Baden, S. 189-225.

Legro, Jeffrey W. 2000: Whence American Internationalism, in: International Organization 54, S. 253-289.

Littlefield, Roy Everett 1980: William Randolph Hearst. His Role in American Progressivism, Lanham.

Manicas, Peter T. 1998: Democracy and War, Cambridge.

Mecham, John Lloyd 1961: The United States and Inter-American Security, 1889-1960, Austin.

Moravcsik, Andrew 1997: Taking Preferences Seriously: A Liberal Theory of International Poltics, in: International Organization 51, S. 513-535.

Morgenthau, Hans-Joachim 1952: Another „Great Debate“: The National Interest of the United States, in: American Political Science Review 46, S. 961-988.

Müller, Harald 1994: Internationale Beziehungen als kommunikatives Handeln, in: Zeitschrift für Internationale Beziehungen 1, S. 15-44.

Oren, Ido 1995: The Subjectivity of the 'Democratic' Peace. Changing U.S. Perceptions of Imperial Germany, in: International Security 20, S. 147-184.

Owen, John M. 1994: How Liberalism Produces Democratic Peace, in: International Security 19, S. 87-152.

Pastor, Robert A. 1994: Disagreeing on Latin America, in: Peterson, Paul E. (Hrsg.): The President, the Congress, and the Making of Foreign Policy, London.

Peceny, Marc 1997: A Constructivist Interpretation of the Liberal Peace: the Ambiguous Case of the Spanish-American War, in: Journal of Peace Reseach 34, S. 414-430.

Putnam, Robert 1988: Diplomacy and Domestic Politics: The Logic of Two-Level Games, in: International Organization 42, S. 427-460.

Reid, John T. 1977: Spanish American Images of the United States, 1790-1960, Gainesville.

Rippy, J. Fred 1949: British Investments in Latin America, 1822-1949, Minneapolis.

Risse-Kappen, Thomas 1994a: Demokratischer Frieden? Unfriedliche Demokratien?, in: Krell, Gert/Müller, Harald (Hrsg.): Frieden und Konflikt in den internationalen Beziehungen. Festschrift für Ernst-Otto Czempiel, Frankfurt, S. 159-189.

Risse-Kappen, Thomas 1994b: Wie weiter mit dem „demokratischen Frieden“?, in: Zeitschrift für Internationale Beziehungen 2, S. 368-379.

Risse, Thomas 2000: „Let's Argue.“ Communicative Action in World Politics, in: International Organization 54, S. 1-39.

Risse, Thomas/Ropp, Stephen/Sikkink, Kathryn (Hrsg.) 1999: The Power of Human Rights. International Norms and Domestic Change, Cambridge.

Schimmelfennig, Frank 1997: Rhetorisches Handeln in der internationalen Politik, in: Zeitschrift für Internationale Beziehungen 4, S. 219-254.

Schoch, Bruno 2000: Kants Entwurf zum „Ewigen Frieden“ und die Französische Revolution, in: Hauskeller, Christine/Liebert, Wolfgang/Ludwig, Heiner (Hrsg.): Wissenschaft verantworten. Wolfgang Bender zum 70. Geburtstag, Münster, S. 146-175.

Wehler, Hans Ulrich 1965: 1889: Wendepunkt der amerikanischen Außenpolitik – Die Samoakrise, in: Historische Zeitschrift 201, S. 57-110.
Wehler, Hans Ulrich 1974: Der Aufstieg des amerikanischen Imperialismus, Göttingen.
Whitaker, Arthur P. 1954: The Western Hemisphere Idea. Its Rise and Decline, Ithaca.
Wolf, Klaus-Dieter 2000: Die Neue Staatsräson – Zwischenstaatliche Kooperation als Demokratieproblem in der Weltgesellschaft, Baden-Baden.

Thomas Gehring

Schutzstandards in der WTO? Die schleichende Verknüpfung der Welthandelsordnung mit standardsetzenden internationalen Institutionen[1]

1. Einleitung

Angesichts der fortschreitenden Öffnung ehedem nationaler Märkte sinkt die Steuerungsfähigkeit moderner Industriestaaten. Die zunehmende Intensität des Wettbewerbs und die steigende Mobilität wirtschaftlicher Akteure lassen bestimmte Formen staatlichen Handelns unwirksam werden oder erhöhen deren Kosten auf eine nicht mehr tragbare Höhe. Die von internationalen Institutionen ausgehenden Restriktionen reduzieren die staatliche Handlungsfähigkeit weiter. Dies gilt nicht nur für die Finanzierung des Wohlfahrtsstaates (Genschel 2000), sondern auch für die staatliche Fähigkeit, Fragen des Umwelt-, Arbeits- oder Verbraucherschutzes wirksam zu regulieren.

Auch die Welthandelsorganisation (WTO) beschränkt die staatliche Handlungsfähigkeit. Sie ist errichtet worden, um Hemmnisse zu beseitigen, die den freien Austausch von Waren und Dienstleistungen einschränken, und hat einen erheblichen Anteil an der „Globalisierung" der internationalen Wirtschaft. Deshalb ist sie in den vergangenen Jahren zunehmend in die Kritik der Öffentlichkeit und von Interessengruppen insbesondere aus den Bereichen des Umwelt- und Menschenrechtsschutzes sowie der Gewerkschaften geraten. Die Welthandelskonferenz von Seattle (1999), auf der eine neue Welthandelsrunde eingeläutet werden sollte, fand im Schatten heftiger, teilweise gewalttätiger Auseinandersetzungen statt.

Angesichts institutionell vorangetriebener Marktöffnung, schwindender Handlungsfähigkeit des Staates und abnehmender Akzeptanz einer ausschließlich auf Wettbewerb basierenden Welthandelsordnung steigt der Bedarf für neue Formen des marktkorrigierenden „Regierens jenseits des Nationalstaates" (Zürn 1998, Kohler-Koch 1993, 1998). Während die Spannung zwischen marktschaffender Deregulierung und den damit in Einklang zu bringenden Schutzinteressen im Europäischen Binnenmarkt zu einer massiven Reregulierung (Majone 1990) geführt hat, hält die WTO bislang daran fest, ausschließlich für die Handelspolitik zuständig zu sein. Marktkorrigie-

---

1 Der Beitrag bildet die erweiterte Fassung der am 18.7.2001 vor der Fakultät Sozial- und Wirtschaftswissenschaften der Otto-Friedrich-Universität Bamberg gehaltenen Antrittsvorlesung des Verfassers.

rende Schutzstandards etwa in den Bereichen des Umwelt-, Gesundheits- und Arbeitsschutzes sollen statt dessen in anderen internationalen Institutionen gesetzt werden. Im Unterschied zu Nationalstaaten und zur Europäischen Union zeichnet sich das internationale System durch die institutionelle Trennung der marktschaffenden von der marktkorrigierenden Regulierung aus. Über die Interaktion internationaler Institutionen ist jedoch erstaunlich wenig bekannt (vgl. Gehring/Oberthür 2000). Dies gilt auch für das Wechselverhältnis der Welthandelsorganisation mit standardsetzenden internationalen Institutionen.

In diesem Beitrag soll untersucht werden, ob die von der WTO institutionell vorangetriebene fortschreitende Weltmarktintegration den Erlaß nationaler oder internationaler Schutzstandards zunehmend erschwert. Bei genauerem Hinsehen lassen sich innerhalb der WTO überraschende Entwicklungen beobachten. Durch den „Import" bestehender Standards aus anderen internationalen Institutionen gewinnt die Welthandelsordnung Sensibilität für marktkorrigierende Schutzregulierungen, ohne in unmittelbare Regulierungskonkurrenz mit den standardsetzenden Institutionen zu geraten. Dadurch erhöht sie nicht nur die Verbindlichkeit bestehender Standards aus den Bereichen des Umwelt- und Gesundheitsschutzes, sondern schafft auch Anreize zur Erhöhung des dort festgelegten Schutzniveaus. Diese Entwicklungen schränken die Fähigkeit der Mitgliedstaaten zur einseitig nationalen Regulierung weiter ein. Sie sind jedoch gleichzeitig geeignet, die kollektive Regulierungsfähigkeit der Staaten insgesamt signifikant zu erhöhen.

Dazu werden zunächst zentrale Merkmale der Welthandelsordnung daraufhin untersucht, in welcher Weise sie die Regulierungsfähigkeit der Staaten einschränken (1). Sodann wird herausgearbeitet, daß insbesondere im Bereich der Verfahrensstandards Regulierungsdefizite verbleiben, obwohl auf diesem Gebiet zahllose standardsetzende internationale Regime errichtet worden sind (2). Im dritten Schritt wird untersucht, inwieweit die WTO aufgrund neuerer Rechtsprechung vom Hemmschuh zur Triebfeder für die internationale Verfahrensregulierung werden kann (3). Schließlich wird den Folgen nachgegangen, die der Import internationaler Produktstandards in die Welthandelsordnung nach sich zieht (4). Der Beitrag kommt zu dem Schluß, daß ein Netzwerk miteinander verknüpfter internationaler Institutionen mit der Welthandelsorganisation als Zentrum im Entstehen begriffen ist, von dessen Ausbau eine erhebliche Veränderung des Regierens im internationalen System zu erwarten ist.

2. Strukturmerkmale der Welthandelsordnung

Die Ausgestaltung und Funktionsfähigkeit von Märkten hängt entscheidend von den jeweils geltenden institutionellen Rahmenbedingungen ab, weil diese die Handlungsmöglichkeiten der darin tätigen Marktteilnehmer beeinflussen (North 1990). Die Bedingungen, die für den internationalen Handel jenseits der Grenzen der regionalen Wirtschaftsintegrationsorganisationen gelten, werden zu wesentlichen Teilen durch die im Rahmen der WTO verwaltete Welthandelsordnung gesetzt. Es ist die zentrale Aufgabe dieser Institution, den ursprünglich bestehenden Spielraum der Mitgliedstaaten zur *Regulierung des internationalen Handels* zu beschränken, um dadurch das gemeinsam angestrebte Kooperationsziel der Öffnung internationaler Märkte umzusetzen. Damit sind jedoch unweigerlich Auswirkungen auf die Fähigkeit der Mitgliedstaaten zur Gestaltung ihrer Umwelt-, Arbeits- und Gesundheitsschutzpolitik verbunden. In einem ersten Schritt gilt es also festzustellen, wie die Welthandelsordnung diese Fähigkeit beeinflußt. Obwohl sie heute aus einer Vielzahl einzelner Abkommen besteht, die jeweils spezifische Fragen, etwa des Schutzes des geistigen Eigentums, des Dienstleistungs- und des Agrarhandels, regeln, ist die „normative Grundstruktur" (Schoenbaum 1997: 271-280) dieser Ordnung nach wie vor in dem in dieser Hinsicht seit 1947 unveränderten Allgemeinen Zoll- und Handelsabkommen (GATT) niedergelegt.

Im Zentrum des GATT-Abkommens stehen zwei allgemeine und dennoch direkt anwendbare Grundsätze. Nach dem Grundsatz der *Inländerbehandlung* dürfen Importprodukte auf dem Gebiet der Abgaben und Rechtsvorschriften nicht schlechter gestellt werden als gleichartige inländische Produkte, sobald sie die Zollgrenze passiert haben (Jackson 1999: 208-228). Nach dem Grundsatz der *Meistbegünstigung* sind die Mitgliedstaaten verpflichtet, alle Vorteile und Vergünstigungen, die sie einem Land gewähren, auf alle „gleichartigen" Waren aus anderen Mitgliedstaaten zu erstrecken. Wenn Land A den Importwaren aus Land B etwa einen Zollsatz von nur 5% einräumt, darf es für gleichartige Waren aus den Ländern C und D keinen höheren Zollsatz verlangen (Hoekman/Kostecki 1995: 26). Dadurch werden Vorteile, die in irgendeinem bilateralen Verhältnis gewährt werden, automatisch auf alle Mitglieder von GATT/WTO ausgedehnt (Jackson 1999: 161). Das Meistbegünstigungsprinzip bildet damit den zentralen Hebel zur Multilateralisierung des ansonsten auf Reziprozität gegründeten Welthandelssystems (Ruggie 1992).

Darüber hinaus sind mengenmäßige Ein- und Ausfuhrbeschränkungen von wenigen eng begrenzten Ausnahmen abgesehen vollständig untersagt. Demgegenüber ist es den Mitgliedstaaten nicht grundsätzlich verwehrt, ihre Wirtschaft durch Zölle zu schützen. Die bislang acht Welthandelsrunden haben jedoch aufgrund zahlloser wechselseitiger Konzessionen, die zu Bestandteilen des GATT-Abkommens geworden sind, zu einer drastischen Senkung der jeweils produktspezifischen Zollabgaben geführt. Nach der Uruguay-Runde beträgt der Einfuhrzoll im Durchschnitt nur noch etwa 3,9% und stellt kein ernsthaftes Handelshemmnis mehr dar (Jackson 1999: 74). Da die Zollsenkungen sich – jedenfalls im Rahmen der Welthandelsordnung – nicht mehr einseitig revidieren lassen, können deshalb auch Zölle immer weniger zum selektiven Schutz einzelner Bereiche der nationalen Volkswirtschaften eingesetzt werden.

Diese normative Grundstruktur der Welthandelsordnung beeinflußt die Fähigkeit der Mitgliedstaaten zum Erlaß nationaler Schutzgesetzgebung nicht in allen Bereichen gleichmäßig. Sie führt zu einer durchgängig unterschiedlichen Behandlung von Maßnahmen, die sich auf international gehandelte *Produkte* beziehen, und solchen Maßnahmen, die *Produktionsprozesse* betreffen, aus denen Handelsgüter hervorgehen.

Anders als innerhalb des EU-Binnenmarktes können Produktstandards im Rahmen der Welthandelsordnung weitgehend frei gesetzt werden. Die Grundsätze der Meistbegünstigung und der Inländerbehandlung verbieten lediglich die willkürlich unterschiedliche Behandlung gleichartiger Produkte durch das Importland. Ein Mitgliedstaat kann also etwa die Höhe der für Automobile geltenden Abgasgrenzwerte nach Belieben setzen oder die Verwendung von Asbest in Bauprodukten untersagen, solange er gleichartige Produkte gleichartig, also ohne Diskriminierung nach ihrer Herkunft, behandelt. Er darf sogar Anforderungen an die Produktionsverfahren importierter Güter stellen, sofern diese zur Sicherung der Produktqualität erforderlich sind. Dies gilt etwa für Hygienestandards bei der Herstellung von Arzneimitteln. Diese regulative Großzügigkeit läßt sich dadurch erklären, daß die Regulierung einem erwarteten Schaden vorbeugen soll, der in dem Land auftritt, in dem das importierte Produkt verwandt bzw. konsumiert wird. Sie ist jedoch bemerkenswert, weil jeder Produktstandard handelshemmend wirkt, indem er Güter, die national gesetzten Anforderungen nicht entsprechen, von dem betreffenden Markt ausschließt.

Dagegen ist der Erlaß von Standards, die den Prozeß der Produktion einer Ware regulieren (process and production methods, PPM), engen Grenzen unterworfen. Wohl kann jeder Mitgliedstaat die inländischen Produktionsprozesse durch eigene Umwelt- und Sozialstandards selbst regulieren und damit die Lebensbedingungen im Herstellungsland beeinflussen. Dies geschieht etwa durch das Festlegen der höchstzulässigen Arbeitszeit pro Woche oder von Grenzwerten für die Emissionen einer Industrieanlage. Dagegen verbieten die Grundsätze der Meistbegünstigung und der Inländerbehandlung es den Mitgliedstaaten, Importprodukte nach der Art ihrer Herstellungsprozesse unterschiedlichen Anforderungen zu unterwerfen. Sie dürfen also etwa Turnschuhe nicht von ihren Märkten fernhalten, weil sie in umweltverschmutzenden Fabriken oder mit Kinderarbeit hergestellt worden sind, sofern die importierten Produkte selbst den Anforderungen des Importlandes entsprechen. Der Grund für diese weitgehende Beschränkung der Regulierungsfähigkeit der Mitgliedstaaten liegt darin, daß Schäden, denen Verfahrensanforderungen vorbeugen, in der Regel im Herstellungsland auftreten.

Mit der Gründung der Welthandelsorganisation im Jahr 1995 ist die Institution um einen obligatorischen und gerichtsförmigen Streitbeilegungsmechanismus ergänzt worden (Jackson 1998), durch den das bereits seit den 50er Jahren bestehende System der Streitbeilegung ausgebaut wurde. Seither können Panel-Entscheidungen nur noch im Ausnahmefall, nämlich durch den einstimmigen Beschluß der Mitgliedstaaten, blockiert werden. Statt dessen ist gegen die Entscheidung eines Panels Revision bei dem „Ständigen Berufungsgremium" („Appellate Body") möglich, das damit zum obersten Gericht der WTO wird. Fortan gilt die Welthandelsordnung also in der durch das Ständige Berufungsgremium verbindlich festgelegten Auslegung. Damit gewinnen die Regeln der Welthandelsordnung nicht nur deutlich an Verbindlichkeit (Keohane et al. 2000), weil einseitige Interpretationen und „politische" Lösungen sich mit den eingegangenen Verpflichtungen nur noch schwer vereinbaren lassen. Diese Entwicklung führt auch zu einer begrenzten Supranationalisierung, möglicherweise sogar zu einer „Konstitutionalisierung" der Welthandelsordnung (Nettesheim 2000).

3. Regulierungsdefizite im Bereich der Verfahrensstandards

Wenn die normative Grundstruktur der Welthandelsordnung, im Unterschied zu einzelnen der zahlreichen Spezialbestimmungen, zu Regulierungsdefiziten führt, dann werden diese im Bereich der Verfahrensanforderungen zu suchen sein, weil die Handlungsfähigkeit der Mitgliedstaaten hier besonders deutlich eingeschränkt ist. Im zweiten Schritt soll deshalb untersucht werden, unter welchen Bedingungen in diesem Bereich Regulierungsbedarf besteht, der sich nicht durch das Setzen nationaler Anforderungen durch die jeweiligen Herstellungsländer erfüllen läßt (1) und wie innerhalb des internationalen Systems darauf reagiert wird (2).

3.1 Bedarf für Verfahrensanforderungen jenseits des Herstellungslandes

National gesetzte Verfahrensstandards beeinflussen nicht nur die Lebensbedingungen im Herstellungsland. Sie bilden auch einen Kostenfaktor für die dortige Produktion. Indem ein Land Schutzmaßnahmen etwa in bezug auf die Emission von Industrieanlagen oder auf Arbeitszeiten festlegt, entscheidet es auch darüber, in welchem Ausmaß es seinen Produzenten Kosten aufbürdet. In einer offenen Volkswirtschaft läßt sich die Wettbewerbsfähigkeit der heimischen Produzenten sowohl auf dem heimischen Markt als auch auf den Märkten anderer Länder also durch die Wahl der nationalen Schutzstandards beeinflussen. Durch niedrige Umwelt- und Sozialstandards gewinnt ein Land einen „komparativen Kostenvorteil“ gegenüber anderen Ländern, während hohe Standards mit einem relativen Nachteil verbunden sind. Allerdings handelt es sich lediglich um einen unter mehreren Produktionsfaktoren. Weniger entwickelte Länder versuchen etwa, ihre niedrigere Produktivität, ungünstige klimatische Bedingungen oder einen schlechten Bildungsstand der Bevölkerung auf diese Weise auszugleichen. Aus der Sicht der klassischen Außenhandelstheorie besteht deshalb zunächst kein Korrekturbedarf (Bhagwati/Srinivasan 1996; GATT 1992: 29).

Ein Regulierungsdefizit ist erst zu erwarten, wenn die nationalen Regulierer, also insbesondere die Regierungen der WTO-Mitgliedstaaten, einem systematischen Anreiz unterliegen, möglichst niedrige Standards zu setzen. Insbesondere in zwei Fällen führt der ungehinderte Wettbewerb zum Versagen des „Marktes“ national konkurrierender Regulierungen (Stewart 1995). Zum einen ist die Güterproduktion häufig mit dem Erzeugen negativer Externalitäten verbunden. Bestimmte Kosten, die im Produktionsprozeß entstehen, gehen dann nicht in den Preis des hergestellten Produktes ein, sondern werden auf Dritte abgewälzt. Dies gilt geradezu idealtypisch für den Umweltbereich. So kann ein Land sich komparative Kostenvorteile verschaffen, indem es Industrieanlagen an seinen Grenzen errichtet und Nachbarländer mit Umweltschadstoffen belastet oder gemeinsame Umweltgüter, etwa ein internationales Meer oder die Ozonschicht, besonders stark belastet. Im Bereich des Arbeits- und Sozialschutzes sind vergleichbare Externalitäten von nachgeordneter Bedeutung. Ein eher hypothetischer Fall wären Flüchtlingsströme, die durch besonders niedrige Arbeits- und Sozialstandards hervorgerufen werden.

Zum anderen droht eine abwärts gerichtete Spirale der Deregulierung, wenn Länder – unabhängig von der Höhe des ursprünglich festgelegten Schutz*niveaus* – um Wettbewerbsvorteile kämpfen, *indem* sie ihre Umwelt- oder Sozialstandards wechselseitig absenken (vgl. Anderson 1998: 236-243; Langille 1996). In der Praxis wahrscheinlicher als dieses „race to the bottom“ ist aufgrund politischer Widerstände der Verzicht auf eine wechselseitige *Erhöhung* nationaler Schutzstandards („stalemate at the bottom“) (Esty/Geradin 1998: 7). In beiden Fällen liegt das Schutzniveau aufgrund des intensiven Wettbewerbs am Ende niedriger, als eigentlich zu erwarten wäre.

In der öffentlichen Diskussion um Produktionsstandards geht es jedoch nicht nur um die Bearbeitung von Problemen des Marktversagens. So bestreiten umweltpolitische Akteure, etwa Nichtregierungsorganisationen, aufgrund der Konzeption „der einen Welt“, daß nationale Gesellschaften das Recht haben, ihre Umweltstandards allein nach nationalen Präferenzen zu setzen (Kingsbury 1995). Aus dieser Sicht ist nur schwer zu akzeptieren, daß umweltbelastende Industrien (auch) aufgrund kostenträchtiger Umweltvorgaben in Niedrigstandardländer ausweichen und nunmehr die Umwelt dort beeinträchtigen (Charnovitz 1998). Menschenrechtsgruppen kämpfen für die Verbreitung „universalistischer" Menschenrechte, die etwa auch das Verbot der Kinder- oder Sklavenarbeit einschließen. Anders als in der innenpolitischen Diskussion erscheinen Arbeits- und Sozialstandards deshalb im Rahmen der öffentlichen Auseinandersetzung um die Fortentwicklung der WTO vielfach als Menschenrechte (Cullen 1999). Universalistische Standards dieser Art *können* eine Antwort auf das Problem der abwärts gerichteten Spirale der Deregulierung darstellen, aber sie lassen sich auch in anderen Fällen einsetzen.

Es läßt sich also festhalten, daß das Setzen geeigneter Verfahrensstandards durch die Herstellungsländer allein nicht in jedem Fall gewährleistet ist – und zwar unabhängig davon, ob man die Forderung nach der Durchsetzung universalistisch geltender Umwelt- und Sozialstandards teilt oder als versteckten Protektionismus der Industrieländer mit hohen Schutzstandards gegenüber den Entwicklungsländern betrachtet.

3.2 Internationale Regelsetzung außerhalb der WTO als klassische Lösung

Um diesen Regulierungsbedarf zu erfüllen, haben die Staaten – und andere innerhalb des internationalen Systems tätige Akteure – eine Vielzahl funktional spezialisierter Institutionen errichtet. Umweltprobleme betreffen typischerweise das Eindämmen negativer Externalitäten und werden im Rahmen voneinander unabhängiger internationaler Umweltregime bearbeitet (Gehring/Oberthür 1997). Inzwischen existieren weit mehr als hundert wichtige multilateraler Regime etwa für den Schutz einzelner regionaler Meere, Seen und internationale Flüsse, den Schutz globaler Umweltgüter (z.B. Klima, Ozonschicht, Weltmeere) und gefährdeter Tier- und Pflanzenarten (Sand 1992). Arbeitsschutz- und Sozialstandards werden dagegen weitgehend im Rahmen der Internationalen Arbeitsorganisation (ILO) gesetzt (Samson 1997). Inzwischen sind etwa 170 standardsetzende Konventionen in Kraft. 1998 haben die ILO-Mitgliedstaaten sogar beschlossen, daß ein Kernbestand von sieben Konventionen, die u.a. Regelungen über Kinder- und Sklavenarbeit sowie über Organisations- und Koalitionsfreiheiten von Arbeitnehmern enthalten (Bhala 1998: 31-39), auch für solche Staaten Verbindlichkeit erlangt, die sie nicht ratifiziert haben (Cullen 1999: 5).

Innerhalb der WTO werden dagegen in den Bereichen des Umwelt-, Arbeits- und Sozialschutzes keine Standards gesetzt. Es ist vielmehr die erklärte Politik der WTO, daß Umweltstandards weiterhin im Rahmen der dafür kompetenten internationalen Institutionen, etwa durch das UN-Umweltprogramm

UNEP, erarbeitet werden sollen. In der Abschlußerklärung der Ministerkonferenz von Singapur (1996) heißt es für Arbeits- und Sozialstandards entsprechend: „We renew our commitment to the observance of internationally recognized labour standards. The International Labour Organization (ILO) is the competent body to set and deal with these standards“ (www.wto.org/english/thewto_e/minist_e/min96_e/wtodec_e.htm, 28.7.2001). Die eigenständige Ausarbeitung materieller Standards würde den Entscheidungsapparat der WTO nicht nur überfordern, sondern auch zur Schaffung zahlreicher „flankierender“ Politiken führen und die Organisation in den Status einer „Weltsozialregierung“ erheben. Der damit unweigerlich verbundene Einflußzuwachs würde von den Mitgliedstaaten auf absehbare Zeit kaum toleriert werden.

Anders als in dem grundsätzlich allzuständigen Nationalstaat und im Unterschied auch zu der jedenfalls für den hier betrachteten Regulierungsbereich de facto ebenfalls weitgehend allzuständigen Europäischen Union sind die Regulierungsprozesse der Marktöffnung und der Marktkorrektur also in voneinander unabhängigen Steuerungsinstitutionen angesiedelt. Jede dieser Institutionen ist von den jeweiligen Mitgliedern errichtet worden, um einen als sub-optimal wahrgenommenen Status quo in eine bestimmte Richtung zu lenken (Gehring 1994: 433-449). Da die Welthandelsordnung von den Mitgliedstaaten der WTO aufrechterhalten und weiterentwickelt wird, um den freien Welthandel zu fördern und zuvor voneinander abgeschottete nationale Märkte für Importe zu öffnen, fallen Entscheidungen in ihrem Rahmen, beispielsweise durch den Streitschlichtungsmechanismus, in erster Linie aus diesem Blickwinkel. Sofern Schutzstandards Auswirkungen auf den internationalen Handel haben, erscheinen sie innerhalb der WTO deshalb als unerwünschte Handelsstörungen. Umgekehrt erscheinen die Regeln der Welthandelsordnung aus dem Blickwinkel von ILO und standardsetzenden internationalen Umweltregimen als unerwünschte Störungen ihrer Regulierungsaktivitäten, soweit sie ihren Entscheidungsspielraum einschränken. Man kann WTO und standardsetzende Institutionen also als in sich geschlossene und organisatorisch selbständige sektorale Teilordnungen betrachten (Gehring 1991), die jeweils eigene Blickwinkel auf das Spannungsfeld von Marktöffnung und Marktregulierung entwickeln. Diese durch die sektorspezifische Spezialisierung bedingte Verengung des institutionellen Blickwinkels wäre problemlos, wenn die Welthandelsordnung mit anderen sektoralen Teilordnungen konfliktfrei koexistieren könnte. Aufgrund ihrer weitgehend komplementären Funktionen sind die Institutionen jedoch durch nicht intendierte inter-institutionelle Beeinflussung sowie durch das Handeln der jeweiligen Mitgliedstaaten miteinander verknüpft (vgl. Gehring/Oberthür 2000).

So schwächt die Welthandelsordnung die wirksame Marktregulierung durch internationale Standards. Internationale Umwelt-, Arbeits- und Sozialstandards unterliegen durchweg der Problematik des kollektiven Handelns.

Sie werden im Rahmen zwischenstaatlicher Verhandlungen ausgearbeitet und müssen von den Mitgliedstaaten freiwillig übernommen und weitgehend selbständig umgesetzt werden. Typischerweise verfügen sie nicht über inhärente Sanktionsmöglichkeiten. Wenn sie in Situationen mit der Struktur eines Gefangenendilemmas eingesetzt werden, etwa zum Schutz gemeinsam genutzter globaler und regionaler Umweltgüter (Meere, Ozonschicht) oder um wettbewerbsbedingten Standardreduzierungen („race to the bottom", „stalemate at the bottom") vorzubeugen, vermag ein Staat komparative Kostenvorteile zu gewinnen, indem er sich einseitig unkooperativ verhält. Im Bereich der negativen Externalitäten haben Verursacher (z.B. Oberlieger eines Flusses) darüber hinaus vielfach überhaupt keinen Anlaß, sich auf kooperative Arrangements einzulassen. Die durch Marktversagen geschaffenen Probleme ließen sich eindämmen, wenn die Mitgliedstaaten der WTO Importprodukte, die bestimmten Mindeststandards nicht entsprechen, von ihren nationalen Märkten ausschließen könnten. Gleichzeitig böten solche Maßnahmen einen Hebel zur Umsetzung „universalistischer" Umwelt-, Arbeits- und Sozialstandards (Howse/Trebilcock 1997: 192-208). So darf der Import von Produkten, die von Gefangenen hergestellt worden sind, aufgrund einer Ausnahmebestimmung des GATT restriktiver geregelt werden als der Import anderweitig erzeugter Produkte. Auf diese Weise läßt sich „unfairer" Wettbewerb im Importland verhindern. Zudem wird interessierten Staaten jeder Anreiz genommen, die Gefangenenarbeit auszuweiten, *um* Wettbewerbsvorteile zu erzielen. Diese Bestimmung bildet deshalb den Prototyp eines „Sozialstandards". Grundsätzlich ist es den Mitgliedstaaten im Rahmen der Welthandelsordnung jedoch verwehrt, die Wirksamkeit standardsetzender Regime durch Handelsbeschränkungen zu erhöhen. Sie dürfen die Umsetzung des von ihnen im Rahmen der ILO verabschiedeten Verbotes der Kinderarbeit beispielsweise nicht fördern, indem sie durch Kinderarbeit hergestellte Produkte von ihren Märkten verbannen (Cullen 1999).

Umgekehrt greifen einige internationale Umweltregime durch ihre Bestimmungen unmittelbar in die Welthandelsordnung ein (Moltke 1997). So untersagt die Baseler Konvention über das grenzüberschreitende Verbringen gefährlicher Abfälle (Meinke 1997) den OECD-Ländern den Export bestimmter Abfälle in andere Länder und stellt damit eine nach dem GATT eigentlich verbotene Ausfuhrbeschränkung dar, die potentielle Empfängerländer aus einem möglicherweise lukrativen Geschäft verdrängt. Die Konvention über den Handel mit gefährdeten Tier- und Pflanzenarten (CITES) verpflichtet die Mitgliedstaaten zur Beschränkung des Handels mit Tieren und Pflanzen geschützter Arten sowie daraus gewonnenen Produkten. Dabei wird je nach Gefährdungslage unter Umständen zwischen Tieren und Pflanzen unterschiedlicher Herkunftsländer sowie zwischen deren Entnahme aus der Wildbahn und künstlicher Aufzucht unterschieden. Gelegentlich werden auch darüber hinausgehende Sanktionen für Länder festgelegt, die sich nicht an die Verpflichtungen halten (Sand 1997). Im Rahmen des Montrealer Protokolls über Substanzen, die die Ozonschicht gefährden (Breitmeier 1997) können schließlich ebenfalls Handelssanktionen gegenüber nicht kooperierenden Staaten verhängt werden. Diese Regime verstoßen zumindest gegen den Grundsatz der Meistbegünstigung. Ähnliche Sanktionsmöglichkeiten lassen sich grundsätzlich auf beliebige andere (Umwelt-)Regime übertragen. Innerhalb der ILO wird diese Option intensiv diskutiert. Allerdings zögern die Mitglieder der ILO trotz Durchsetzungsschwierigkeiten, die Arbeits- und Sozialstandards der Organisation mit Handelssanktionen zu bewehren (de Wet 1995: 444), weil sie aufgrund der verstärkten Bindungswirkung der betreffenden marktkorrigierenden Standards negative Folgen, z.B. schwierigere Entscheidungsprozesse befürchten (vgl. Abbott/Snidal 2000). Für die Welthandelsordnung sind solche Beschränkungen grundsätzlich immer dann problematisch, wenn die Handelsbeschränkungen sich auch auf Mitgliedstaaten der WTO auswirken, die nicht Mitglieder der standardsetzenden Institutionen sind (GATT 1992: paras. 13-37). In der Praxis haben die Mitgliedstaaten es jedoch bislang vermieden, entsprechende Handelskonflikte im Rahmen des Streitbeilegungsmechanismus auszutragen.

Es läßt sich also feststellen, daß die institutionelle Trennung der auf die Öffnung von Märkten gerichteten Welthandelsordnung von Institutionen, die auf den Erlaß international abgestimmter, marktkorrigierender Schutzregeln gerichtet sind, sowohl zu Regulierungsdefiziten im Bereich der Verfahrensanforderungen als auch zu Störungen innerhalb der Welthandelsordnung führen kann, die innerhalb eines Staates sowie im Rahmen der EU so nicht zu erwarten oder aufgrund des einheitlichen institutionellen Rahmens jedenfalls leichter zu lösen sind.

4. Die WTO als Triebfeder für internationale Verfahrensstandards?

Die Problematik der Verfahrensstandards und der latente Konflikt zwischen der Welthandelsordnung und standardsetzenden internationalen Institutionen bilden die Grundlage für die Auseinandersetzungen um die weitere Marktöffnung. Wichtige Industriestaaten, darunter die USA und die in diesem Bereich mit weitreichenden Kompetenzen ausgestattete EU, fordern seit langem, die Welthandelsordnung durch wirksame Umwelt- und Sozialklauseln zu ergänzen (Weiss 1996: 169-172; Cappuyns 1998. 665-666). Dadurch sollen die Kompatibilität der genannten Institutionen untereinander (Biermann 2001) sowie die Fähigkeit der WTO-Mitgliedstaaten erhöht werden, auf unerwünschte Begleiterscheinungen des intensivierten weltweiten Wettbewerbs eigenständig reagieren zu können. Inzwischen ist es zwar gelungen, in die Präambel des Vertrages zur Gründung der WTO eine ausdrückliche Bezugnahme auf die Ziele der nachhaltigen Entwicklung und der Erhaltung der Umwelt aufzunehmen sowie einen „Ausschuß für Handel und Umwelt" einzurichten (vgl. Tarasovsky 1997). Letzterer hat jedoch bislang kaum Ergebnisse hervorgebracht. Die Entwicklungsländer setzen der Einführung von Umwelt- und Sozialklauseln jedoch vehementen Widerstand entgegen, weil sie eine Schwächung ihrer Exportchancen (Cappuyns 1998: 670) sowie den Mißbrauch durch die Industrieländer befürchten (z.B. Sautter 2000: 256-258). Deshalb sind die zwischenstaatlichen Verhandlungen in diesem Bereich bis heute blockiert.

Inzwischen deutet sich jedoch eine tiefgreifende Veränderung der bestehenden Situation im Umweltbereich an, die *durch die Rechtsprechung* vorangetrieben wird. Deshalb soll im dritten Schritt zunächst die Ausgangslage im Bereich des Umweltschutzes etwas genauer betrachtet werden (1), um anschließend die Ursachen und das Ausmaß des Wandels erfassen zu können (2).

4.1 Ausgangslage im Bereich des Umweltschutzes

Um die Ausgangslage erfassen zu können, ist es zunächst notwendig, einige weitere zentrale Bestimmungen des GATT-Abkommens einzuführen. In seinem Artikel XX sieht das Abkommen eine Reihe allgemeiner Ausnahmetatbestände vor. Im Bereich der Sozialstandards besteht nur eine einzige eng begrenzte Ausnahme, die es den Mitgliedstaaten erlaubt, den Marktzugang von Produkten, die innerhalb von Strafanstalten hergestellt worden sind, frei zu regeln. Für den Bereich des Umweltschutzes bestehen dagegen zwei allgemeinere – und damit interpretationsfähige – Ausnahmebestimmungen. Danach dürfen die Mitgliedstaaten Maßnahmen zum Schutz des Lebens und der Gesundheit von Menschen, Tieren und Pflanzen und zur Erhaltung endlicher Naturschätze ergreifen, auch wenn diese den Grundsätzen des GATT widersprechen. Allerdings stehen diese Ausnahmen unter dem generellen Vorbehalt des Art. XX (dem „chapeau"), demzufolge die ergriffenen Maßnahmen nicht „zu einer willkürlichen und ungerechtfertigten Diskriminierung zwischen Ländern, in denen gleiche Verhältnisse bestehen, oder zu einer verschleierten Beschränkung des internationalen Handels führen" dürfen.

Die Handlungsfähigkeit der Mitgliedstaaten im Bereich des Umweltschutzes hängt also nicht zuletzt von der Interpretation dieser Ausnahmebestimmungen in der Rechtsprechung von GATT und WTO ab. Bis weit in die 90er Jahre hinein haben Panels zu einer sehr engen Auslegung geneigt (Hudec 1996). Dieses Vorgehen und die damit verbundenen Folgen werden bei der Betrachtung einer Serie zentraler Handelsstreitigkeiten sichtbar, die die Diskussion um den latenten Konflikt von Handel und Umwelt entscheidend beeinflußt haben und auch von einer breiteren Öffentlichkeit beachtet worden sind.

In einem Fall hatten die USA die im östlichen Pazifik verbreitete Praxis verboten, Thunfisch auf eine Weise zu fangen, die zu erheblichen Todesraten für Delphine führt. In diesen Gewässern schwimmen die von Schiffen aus sichtbaren Delphine oberhalb von Thunfischschwärmen und wurden deshalb als Anzeiger für Thunfischbestände genutzt. Eine kostengünstige Fangmethode bestand darin, mittels eines Motorbootes Netze um einen Delphinschwarm sowie den darunter befindlichen Thunfischschwarm herumzuführen und beide gemeinsam zu fangen. Dadurch wurden noch 1986 etwa 133.000 Meeressäuger getötet (GATT 1994: 2.2). Die US-Gesetzgebung setzte der amerikanischen Fangflotte enge Grenzen für getötete oder verletzte Delphine (GATT 1991: 156-157) und erzwang damit eine Umstellung der Fangmethoden. Um die nationale Maßnahme abzusichern, wurde darüber hinaus der Import von Fisch und Fischprodukten aus Ländern verboten, in denen kein Programm zum Schutz von Meeressäugern aufgelegt oder umgesetzt wurde, das den US-Vorgaben entsprach, sowie aus Zwischenhandelsländern, die Fisch oder Fischprodukte aus Ländern ohne ausreichendes Schutzprogramm importierten. Dagegen legten Mexiko sowie die Europäische Gemeinschaft und die Niederlande, die als Zwischenhandelsländer ebenfalls mit Sanktionen belegt worden waren, 1991 bzw. 1993 Beschwerde beim GATT ein (GATT 1991, 1994).

In einem weiteren zentralen Fall ergriffen die USA Maßnahmen zum Schutz vom Aussterben bedrohter Seeschildkröten, die unter dem Übereinkommen über den internationalen Handel mit gefährdeten Pflanzen- und Tierarten (CITES) geschützt sind. Diese über weite Strecken wandernden Tiere verenden in großer Zahl als unerwünschter Beifang in den Netzen von Garnelenfischern. Die USA schrieben den eigenen Garnelenfischern die Verwendung von Vorrichtungen (sog. „turtle excluder devices“) vor, durch die Wasserschildkröten aus den Fangnetzen ferngehalten werden konnten (Cadeddu 1998). Gleichzeitig erließen sie einen Importstopp für Garnelen aus Ländern, die kein vergleichbares Programm zum Schutz der Wasserschildkröten aufgelegt hatten. 1996 legten Malaysia, Pakistan, Thailand und Indien Beschwerde gegen dieses Vorgehen ein und beantragten die Aufnahme eines Streitschlichtungsverfahrens.

In beiden Fällen sind die getroffenen Maßnahmen auf den Schutz von Tierarten, die über nationale Seegrenzen hinweg wandern, also auf den Schutz gemeinsamer Umweltgüter, gerichtet. Damit tritt das Problem des Erzeugens negativer Externalitäten in den Vordergrund. Durch niedrige Verfahrensanforderungen vermag ein Land einen Teil der durch die Thunfisch- bzw. Garnelenfischerei hervorgerufenen Umweltkosten auf die Allgemeinheit abzuwälzen. Indem die USA ihrer nationalen Fangflotte kostspielige

Auflagen erteilte, erzwangen sie die Internalisierung dieser Kosten in den Preis der erzeugten Güter. Dadurch verschlechterten sie jedoch die Wettbewerbsbedingungen der heimischen Fangflotte auf dem heimischen Markt gegenüber den Erzeugnissen der günstiger produzierenden Fangflotten anderer Länder. Ohne handelsbeschränkende Regelungen käme dies einer Prämierung umweltschädlicher Fangmethoden gleich. Dem beugten die USA durch die genannten Handelsbeschränkungen vor, indem sie von der Qualität gleichwertige Produkte allein deshalb vom US-Markt ausgeschlossen, weil sie nicht auf delphin- bzw. schildkrötenfreundliche Weise gefangen worden waren. Damit setzte die US-Gesetzgebung einen Produktionsstandard, der nicht nur für inländische, sondern auch für importierte Produkte galt.

In allen drei Verfahren erklärten die eingesetzten Streitbeilegungs-Panels die handelsbeschränkenden US-Maßnahmen für unvereinbar mit dem GATT-Abkommen. Zunächst wurden die Maßnahmen als unvereinbar mit dem Grundsatz der Inländerbehandlung nach Artikel III des GATT („Gleichstellung ausländischer und inländischer Waren auf dem Gebiet der inneren Abgaben und Rechtsvorschriften") erklärt. Zwar ist dort von der nichtdiskriminierenden *Behandlung* gleichartiger Produkte die Rede (Art. III.4) und die amerikanische Maßnahme wurde zweifellos diskriminierungsfrei auf in- und ausländische Produkte gleichermaßen angewandt. Dennoch wird diese Bestimmung seit jeher ausschließlich auf Produkte bzw. auf unmittelbar produktbezogene Anforderungen und Abgaben angewandt (vgl. Howse/Regan 2000). Das Panel im ersten Thunfisch-Verfahren stellte deshalb fest, daß die US-Maßnahmen „could not be regarded as being applied to tuna products as such because they would not directly regulate the sale of tuna products and could not possibly affect tuna as a product" (GATT 1991: 195). Statt dessen handele es sich um eine grundsätzlich verbotene mengenmäßige Beschränkung. Diese Auslegung bildet die Grundlage für die bis heute gültige Unterscheidung von Produkt- und Verfahrensstandards in der Welthandelsordnung.

Verfahrensbezogene handelsbeschränkende Maßnahmen können deshalb nur auf die Ausnahmebestimmungen des Artikel XX gestützt werden. Doch auch dies wurde von allen drei Panels mit unterschiedlichen Begründungen abgelehnt. Das „Tuna/Dolphin-I"-Panel beobachtete, daß ein Importstaat danach zwar Bestimmungen zum Schutz von Leben oder Gesundheit von Pflanzen und Tieren oder zum Schutz endlicher Ressourcen erlassen könne, befand jedoch, daß dieses Recht sich auf Maßnahmen *innerhalb seines Hoheitsbereichs* beschränke, während die amerikanischen Maßnahmen auf anderswo stattfindende Ereignisse gerichtet seien (GATT 1991: 199-200). Andernfalls könnte jede Vertragspartei „unilaterally determine the life or health protection policies from which other contracting parties could not deviate without jeopardizing their rights under the General Agreement. *The General*

Agreement would then no longer constitute a multilateral framework for trade among all contracting parties but would provide legal security only in respect of trade between a limited number of contracting parties with identical internal regulations" (GATT 1991: 199, Herv. hinzugefügt).

Das „Tuna/Dolphin-II"-Panel erkannte demgegenüber das Recht der Mitgliedstaaten ausdrücklich an, Umweltschutzmaßnahmen zu ergreifen, die jenseits des nationalen Hoheitsgebiets wirken. Die amerikanische Gesetzgebung sei jedoch gar nicht unmittelbar auf den Schutz des Lebens und der Gesundheit von Tieren bzw. den Schutz endlicher Ressourcen gerichtet, sondern erzwinge zunächst eine Veränderung der nationalen Politiken der Adressatenländer. Dies sei wiederum aus grundsätzlichen Erwägungen nicht möglich: Wenn Artikel XX „were interpreted to permit contracting parties to impose trade embargoes so as to force other countries to change their policies within their jurisdiction, including policies to protect living things, and which required such changes to be effective, *the objectives of the General Agreement would be seriously impaired*" (GATT 1994: 5.38, Herv. hinzugefügt).

Das im „Shrimps/Turtle"-Fall eingesetzte Panel schließlich hielt die amerikanische Maßnahme auf der Grundlage des allgemeinen Vorbehalts des Art. XX (des „chapeau") für eine ungerechtfertigte Diskriminierung der betroffenen Exportstaaten. Danach seien die Ausnahmebestimmungen des GATT zum Schutz endlicher Ressourcen und zum Schutz des Lebens und der Gesundheit von Menschen, Tieren und Pflanzen für die Mitgliedstaaten nur anwendbar, „so long as, in doing so, they do not undermine the WTO multilateral trading system" (WTO 1998b: para. 7.44). Dies sei hier jedoch der Fall, denn „if one WTO Member were allowed to adopt such measures, then other Members would also have the right to adopt similar measures on the same subject but with differing, or even conflicting requirements. ... Market access for goods could become subject to an increasing number of conflicting policy requirements for the same product and this would rapidly lead to the end of the WTO multilateral trading system" (WTO 1998b: para. 7.45).

Die drei genannten Panel-Entscheidungen waren deutlich erkennbar auf das traditionelle Verständnis des GATT als Institution zur Entwicklung eines möglichst freien Welthandels gegründet. Weder der Wortlaut des GATT-Abkommens noch die gar nicht im einzelnen geprüfte Eignung der spezifischen Maßnahmen, sondern die *Zwänge des Welthandelssystems selbst* bildeten die Grundlage für die festgestellte Rechtswidrigkeit der US-amerikanischen Schutzgesetzgebung. Wenn die Integrität der Welthandelsordnung den Referenzpunkt der Entscheidungen bildet, erscheinen Produktionsstandards, die von einzelnen Mitgliedstaaten zum Zweck des Umweltschutzes erlassen werden, *ausschließlich* als nicht-tarifäre Handelshemmnisse, deren störende Wirkung so weit wie irgend möglich begrenzt werden muß. Dann bleiben die Schutzziele, auf deren Erreichen solche Maßnahmen ausgerichtet sind, nahezu vollständig unberücksichtigt. An dieser „Einäugigkeit“ der Welthandelsordnung entzündeten sich insbesondere in den USA massive öffentliche Proteste.

4.2 Das Aufbrechen der blockierten Situation durch die Rechtsprechung

Die Panel-Entscheidungen in den beiden Tuna/Dolphin-Verfahren wurden nach den bis 1995 gültigen GATT-Regelungen nicht rechtskräftig, weil die USA ihnen die notwendige Zustimmung verweigerten. Das Shrimps/Turtle-Verfahren wurde jedoch erst 1996 nach den neuen Regeln des WTO-Streitbeilegungsverfahrens eingeleitet. Danach ist die Blockade der Entscheidung durch das Veto eines betroffenen Staates nicht mehr möglich. Statt dessen ist Revision vor dem „Ständigen Berufungsgremium“ („Appellate Body“) möglich.

Diese oberste Gerichtsinstanz der WTO korrigierte die Panel-Entscheidung 1998 in wesentlichen Teilen, wenn auch nicht im Ergebnis. Sie wies die Interpretation zurück, daß die Welthandelsordnung das einseitige Erlassen von Anforderungen für Importprodukte grundsätzlich ausschließe (WTO 1998c: para. 121), da die Ausnahmebestimmungen des Art. XX andernfalls weitgehend gegenstandslos wären. Es sei auch nicht der Sinn des allgemeinen Vorbehalts des Art. XX, das Welthandelssystem zu schützen, sondern eine *Abwägung der Interessen* des importierenden Staates auf den Erlaß umweltschützender Maßnahmen und des exportierenden Staates auf Marktzugang anzustellen (WTO 1998c: para. 156). Es entwickelte sodann eine Reihe von Kriterien, denen handelsbeschränkende nationale Maßnahmen genügen müssen, um mit dem GATT-Abkommen vereinbar zu sein. So müssen die Maßnahmen einem legitimen Schutzziel dienen; die Schutzmaßnahme selbst muß vernünftig auf das Schutzziel bezogen sein; sie muß in- und ausländische Produzenten sowie die Produzenten unterschiedlicher Länder vergleichbar behandeln; schließlich muß das Importland die Interessen betroffener Staaten im Rahmen der Gesetzgebung gebührend berücksichtigen und *dazu ernsthafte Versuche unternehmen, zu einer Verhandlungslösung zu kommen* (Hansen 1999: 1057; Quick/Lau 2001: 122).

Damit deutet sich eine Veränderung der Rechtsprechung an. Fortan schließt die Welthandelsordnung einseitig gesetzte, verfahrensbezogene Maßnahmen zum Schutz der Umwelt mit handelsbeschränkender Wirkung nicht mehr kategorisch aus, sondern knüpft sie an die Erfüllung bestimmter Kriterien, die im Rahmen der Rechtsprechung festgelegt und ggf. weiter entwickelt werden. Die Folgen dieser Entwicklung lassen sich noch nicht im einzelnen absehen. Es ist allerdings schon jetzt erkennbar, daß sie von erheblicher Tragweite für die Regulierungsfähigkeit der WTO-Staaten sein werden. Dies liegt an der Veränderung der „Default-Bedingung“, also des Ergebnisses, das eintritt, wenn die jeweils beteiligten Staaten sich im Rahmen zwischenstaatlicher Verhandlungen nicht auf eine Lösung zu verständigen vermögen.

Erstens wandelt sich dadurch die innerhalb der WTO bestehende Interessenkonstellation. Bislang konnten die Mitgliedstaaten sich darauf verlassen, daß die Marktfähigkeit von Importgütern ausschließlich von der Produktqualität und nicht von den Produktionsbedingungen abhingen. Dies war insbesondere für Niedrigstandardländer des Südens von Vorteil. Der nun entstehende (begrenzte) Spielraum für die Unterscheidung von Importprodukten nach ihren Produktionsbedingungen wird dagegen vorwiegend von den Hochstandardländern des Nordens genutzt werden können. Dadurch könnte sich die Interessenlage der Niedrigstandardländer schrittweise verändern. Solange ihre Produkte freien Zugang zu den Märkten der Hochstandardländer genossen, hatten sie kein Interesse an einer gemeinsamen Regelung von Produktionsstandards. In dem Maße, wie dieser Zugang jedoch an selektive Produktionsstandards geknüpft werden kann, wird es für sie vorteilhaft, auf die Art und die Höhe dieser Standards selbst Einfluß zu gewinnen. Darüber hinaus hängt die Gestaltung der Situation und der verfügbaren Handlungsoptionen für beide Staatengruppen nunmehr weitgehend von der Rechtsprechung des Ständigen Berufungsgremiums ab. Durch den Übergang von einer eindimensionalen Betrachtung von Konflikten aus dem Blickwinkel eines möglichst freien Welthandels zu einer Balance widerstreitender Zielsetzungen erschließt sich das Berufungsgremium jedoch erheblichen zusätzlichen Entscheidungsspielraum. Die sich andeutende Öffnung der Welthandelsordnung ist insofern mit einer fortschreitenden Supranationalisierung des organisatorischen Entscheidungsprozesses verbunden. Unabhängig von dem angestrebten Schutzniveau gewinnen Mitgliedstaaten, die die Auswirkungen dieser Entwicklung begrenzen wollen, deshalb ein gemeinsames Interesse an der politischen (d.h. zwischenstaatlich ausgehandelten) Neuregelung des Problembereichs der verfahrensbezogenen Umweltstandards.

Zweitens wird der Konflikt zwischen der Welthandelsordnung und internationalen Umweltregimen mit handelsbeschränkender Wirkung, etwa des Ozonschutzregimes oder von CITES, entschärft. In diesen Fällen wird eine Reihe der vom Ständigen Berufungsgremium entwickelten Kriterien bereits dadurch erfüllt, daß die betreffenden Schutzmaßnahmen nicht einseitig, sondern im Zuge multilateraler Regime festgelegt werden. Darüber hinaus ist ein Mißbrauch zum Zweck des Protektionismus kaum möglich, weil einzelne Staaten auch über die Festsetzung der Handelsbeschränkungen nicht selbst verfügen (Howse/Regan 2000). Darüber hinaus ist es jetzt denkbar, daß interessierte Staaten die Umsetzung auch solcher standardsetzenden internationalen Umweltregime durch gezielte Handelsbeschränkungen zu fördern suchen, die selbst keine Sanktionen vorsehen. In diesem Fall müssen die handelsbeschränkenden Maßnahmen jedoch den aufgestellten Kriterien entsprechen. Das gilt insbesondere für das Verhandlungsgebot und die Berücksichtigung der Interessen betroffener Adressatenstaaten. Wenn interessierte Staaten sich dazu bereit finden, die neuen Regulierungsoptionen in diesem Sinne zu nutzen, könnten auf diese Weise innerhalb oder außerhalb der betreffenden Umweltregime angesiedelte multilaterale Sanktionsarrangements entstehen.

Drittens lassen sich die neuen Regulierungsoptionen auch zur Förderung neuer Umweltstandards verwenden. Regulierungswillige Staaten können die Präferenzen von Adressatenländern durch den Erlaß gezielter Handelssanktionen so verändern, daß diese dem Aufbau wirksamer Schutzregime zustimmen. Dieser Mechanismus hat sich in der Vergangenheit bereits in begrenztem Maß als wirksam erwiesen. So haben die genannten handelsbeschränkenden Maßnahmen der Vereinigten Staaten zum Schutz der Delphine inzwischen zum Aufbau eines Regimes geführt, das die Fangmethoden der Thunfischer im Ostpazifik wirksam zu regulieren vermag (Howse/Regan 2000). Ein vergleichbares Verbot des Fanges wildlebender Pelztiere mittels Tellereisen durch die Europäische Union und das damit einhergehende Importverbot für Pelztierprodukte aus Ländern, die kein vergleichbares Programm zur Ächtung inhumaner Fangmethoden aufgelegt haben, hat zum Abschluß einer Reihe paralleler Vereinbarungen mit interessierten Staaten (Kanada, USA und Rußland) geführt (Quick/Lau 2001: 101-105).

Es ist damit eine Entwicklung absehbar, durch die die Welthandelsordnung in zunehmendem Maß mit standardsetzenden Umweltregimen verknüpft wird, ohne daß dies sich bisher in der formellen Anerkennung der wechselseitigen Beziehungen oder gar in vertraglich festgelegten Klauseln niederschlägt. Der Verknüpfungsmechanismus beruht auf der nunmehr zugelassenen Möglichkeit zum Erlaß verfahrensbezogener Handelsbeschränkungen, auf den Kriterien, die für solche Maßnahmen inzwischen gelten sowie auf der Kontrolle des Verhaltens der Mitgliedstaaten durch die Rechtsprechung des Ständigen Berufungsgremiums. Da im GATT für Sozialstandards keine vergleichbar generellen – und deshalb auslegbaren – Ausnahmebestimmungen existieren (Cullen 1999: 20-22), gilt diese Entwicklung zunächst ausschließlich für verfahrensbezogene *Umwelt*standards.

5. Die wachsende Bedeutung internationaler Produktstandards in der Welthandelsordnung

Anders als im Bereich der Verfahrensstandards führt die normative Grundstruktur im Bereich der Produktstandards aufgrund der weiten Handlungsspielräume der Mitgliedstaaten nicht zu einem Regulierungsdefizit. Dennoch lassen sich in diesem Bereich Veränderungen beobachten, die in vieler Hinsicht mit der gerade untersuchten Entwicklung im Verfahrensbereich vergleichbar sind. Deshalb werden im vierten Schritt der grundlegende Ansatz der neuen WTO-Produktregulierungspolitik (1) und dessen inhärente Harmonisierungslogik untersucht (2).

5.1 Der WTO-Ansatz zur Harmonisierung von Produktstandards

Da die Mitgliedstaaten im Produktbereich aufgrund des GATT-Abkommens über einen nahezu unbegrenzten Regulierungsspielraum verfügen, sofern sie die Grundsätze der Meistbegünstigung und der Inländerbehandlung beachten, lassen sich die Triebkräfte der Veränderung hier nicht auf ein Regulierungsdefizit zurückführen. Der große Handlungsspielraum der Mitgliedstaaten führt jedoch zur Errichtung immer neuer nicht-tarifärer (oder technischer) Handelshemmnisse und zur Abschottung der nationalen Märkte voneinander. Wenn nationale Märkte mit jeweils speziellen Sonderserien beliefert werden müssen, gehen die Vorteile größerer Produktionsserien verloren, und auf den nationalen Märkten können sich über lange Zeit signifikante Preisunterschiede für vergleichbare Produkte halten (Hoekman/Kostecki 1995: 114). Darüber hinaus können Produktanforderungen gezielt eingesetzt werden, um ausländischen Produkten den Zugang zu nationalen Märkten zu versperren (Hoekman/Kostecki 1995: 117-118).

Das Problem der handelshemmenden Wirkung nationaler Schutzstandards besteht in allen Projekten der Marktintegration. Es läßt sich auf zwei Wegen bewältigen. Handelshemmnisse entfallen, wenn die Mitgliedstaaten ihre unterschiedlichen nationalen Schutzstandards als gleichwertig anerkennen. Dieses Vorgehen hat sich jedoch bereits in der sehr viel homogeneren Mitgliedschaft der Europäischen Union als weitgehend inakzeptabel erwiesen, weil es allein auf die Beseitigung handelshemmender Standards (für Importgüter) gerichtet ist. In der EU greift es nur insoweit, als der Europäische Gerichtshof die Mitgliedstaaten durch seine „Cassis-de-Dijon“-Rechtsprechung dazu zwingt, für Produkte auf nationale Standards zu verzichten, die in einem anderen Mitgliedsland zugelassen sind, sofern sie sich nicht auf vertraglich vorgesehene Ausnahmebestimmungen berufen können (Alter/Meunier-Aitsahalia 1994). Im Rahmen der WTO wäre dies kaum akzeptabel, wenn es bedeuten würde, daß ein Produkt allein deshalb in der EU oder in den USA als marktfähig anerkannt werden müßte, weil es etwa auf den Philippinen oder in Angola zugelassen ist. Da die handelshemmende Wirkung durch die Unterschiede nationaler Produktanforderungen entsteht, läßt sie sich auch durch die Anwendung gemeinsamer Standards beseitigen. Das Binnenmarktprogramm der EU hat deshalb zum Erlaß zahlloser einheitlicher europäischer Standards entweder im Wege der regulären Rechtsetzung oder durch die Normen europäischer Normungsinstitutionen (Joerges et al. 1988) geführt. Auch dieses Vorgehen läßt sich aufgrund der Heterogenität der Mitgliedschaft und des damit verbundenen institutionellen Einflußzuwachses kaum auf die WTO übertragen.

Dennoch streben die Mitgliedstaaten inzwischen auch im Rahmen der Welthandelsordnung eine Harmonisierung von Produktanforderungen an. Dazu haben sie im Zuge der Uruguay-Runde zwei Abkommen abgeschlossen, die die zuvor nahezu unbegrenzten Spielräume der nationalen Standardsetzung deutlich begrenzen. Anders als die Europäische Union verzichtet die WTO jedoch auf das Ausarbeiten eigener harmonisierter Schutzvorschriften und greift statt dessen auf bereits existierende Normen einschlägiger internationaler standardsetzender Gremien zurück (Hoekman/Kostecki 1995: 120), die aufgrund des weiten nationalen Handlungsspielraums bislang nur eine begrenzte Bedeutung besaßen. Erkennbar ist dieser Harmonisierungsansatz in dem „Übereinkommen über technische Handelshemmnisse". Danach ist es den Mitgliedstaaten nur noch gestattet, erforderliche Maßnahmen etwa im Bereich des Umwelt- und Verbraucherschutzes zu ergreifen, *sofern diese keine stärker handelsbeschränkende Wirkung entfalten, als zur Umsetzung berechtigter Schutzziele erforderlich ist.* Dabei sind die Mitgliedstaaten verpflichtet, bestehende internationale Normen als Grundlage für ihre Vorschriften zu verwenden, es sei denn, diese sind wegen besonderer Umstände zum Erreichen des Schutzzieles ungeeignet.

Noch weiter geht das „Übereinkommen über die Anwendung gesundheitspolizeilicher und pflanzenschutzrechtlicher Maßnahmen"[2], das insbesondere für die Produktanforderungen im Bereich der Lebensmittelsicherheit bedeutsam ist. Es soll zwar „einen multilateralen Rahmen von Regeln und Disziplinen für die Entwicklung, Annahme und Durchsetzung von gesundheitspolizeilichen und pflanzenschutzrechtlichen Maßnahmen ... schaffen, um deren nachteilige Wirkungen auf ein Mindestmaß zu beschränken". Dies soll jedoch geschehen, „ohne daß die Mitglieder gezwungen werden, das ihnen angemessen erscheinende Niveau des Schutzes des Lebens oder der Gesundheit von Menschen, Tieren oder Pflanzen zu ändern" (Präambel). Dazu verpflichten sie sich, nur solche Produktanforderungen anzuwenden, die zum Schutz des Lebens oder der Gesundheit von Menschen, Tieren und Pflanzen *„notwendig"* sind und die zudem auf *„wissenschaftlichen Grundsätzen"* beruhen (Art. 2.2, Herv. hinzugefügt). Bei der Ausarbeitung ihrer nationalen Maßnahmen müssen sie sich darüber hinaus auf bestehende internationale Normen, Richtlinien und Empfehlungen stützen (Art. 3.1). Bezug genommen wird dabei neben dem Internationalen Tierseuchenamt und den Gremien der Internationalen Pflanzenschutzkommission auf die „Codex-Alimentarius-Kommission", eine gemeinsame Unterorganisation von FAO (Food and

2 Agreement on the Application of Sanitary and Phytosanitary Measures (fortan SPS-Abkommen).

Agricultural Organization) und WHO (World Health Organization), in der 151 Länder vertreten sind. Diese Kommission erläßt u.a. Empfehlungen über Qualitätsanforderungen für Nahrungsmittel, etwa Rückstandsgrenzwerte für Pestizide und andere gesundheitsgefährdende Stoffe.

Um den erwünschten Harmonisierungsdruck zu erhöhen und gleichzeitig eine angesichts der Heterogenität der WTO-Mitgliedschaft unrealistische Vollharmonisierung zu vermeiden, umfaßt das SPS-Abkommen einen interessanten Regelmechanismus. Es läßt den Mitgliedstaaten die Wahl zwischen der Übernahme internationaler Standards und dem Erlaß strengerer nationaler Anforderungen. Allerdings gelten nationale Maßnahmen, die internationalen Standards entsprechen, automatisch als gerechtfertigt (Art. 3.2), während davon abweichende nationale Maßnahmen, die ein höheres Schutzniveau bewirken sollen, gesondert begründet werden müssen (Art. 3.3, vgl. Victor 2000: 881-882). Dazu muß ein Staat anhand verfügbarer wissenschaftlicher Angaben prüfen, ob der bestehende internationale Standard nicht ausreicht, um das als angemessen erachtete Schutzniveau zu erreichen (Fußnote zu Art. 3.3). Dies geschieht mittels einer Risikoanalyse, in deren Rahmen die Gefahren bewertet werden (Art. 5.1. - 5.3). Trotz der formellen Wahlfreiheit erlangen bestehende internationale Standards damit den Charakter „normaler" Regelungen, während darüber hinausgehende nationale Anforderungen zu Ausnahmen werden, deren Nutzung an erhebliche Bedingungen gebunden ist.

Die im Rahmen der zwischenstaatlichen Vereinbarungen der Uruguay-Runde getroffenen Regeln gehen damit erheblich über die Grundsätze der Meistbegünstigung und der Inländerbehandlung hinaus (Jackson 1999: 223). Fortan können interessierte Exportstaaten die nationalen Produktanforderungen (potentieller) Importländer im Rahmen des Streitbeilegungsmechanismus der WTO auch dann herausfordern, wenn diese ohne Diskriminierung angewandt werden. Die Abkommen verändern damit die Balance zwischen Import- und Exportstaat erheblich. Dies wird anhand der zwischen der EU und den USA geführten, auch in der Öffentlichkeit weithin beachteten Auseinandersetzung um die Einfuhr von sogenanntem „Hormonfleisch" nach Europa erkennbar (Victor 2000; McNiel 1998).

1981 hatte die EU die Verwendung einer Reihe leistungssteigernder Hormone in der Rinderaufzucht verboten. Die EU-Maßnahme geht weit über die 1995 von der Codex-Alimentarius-Kommission beschlossenen Hormonrückstandswerte hinaus (Hilf/Eggers 1997: 560). Da die Hormonbehandlung in den USA und Kanada nicht verboten ist, führte dieser Schritt zu einem Exportverlust der dortigen Produzenten in einer geschätzten Höhe von über 100 Mio. US-Dollar pro Jahr (Hilf/Eggers 1997: 559-560). 1996 initiierten Kanada und die USA deshalb ein Verfahren im Rahmen des neuen Streitbeilegungsmechanismus der WTO. Sowohl das eingesetzte Panel (WTO 1997) als auch das Ständige Berufungsgremium (WTO 1998a) erklärten die EU-Maßnahme für rechtswidrig.

Das Panel ging davon aus, daß die Standards der Codex-Alimentarius-Kommission den Bezugspunkt für die Bewertung mitgliedstaatlicher Schutzmaßnahmen bilden und verwies die Mitgliedstaaten auch de jure auf das Regel-Ausnahme-Verhältnis der relevanten internationalen Standards und der darüber hinausgehenden europäischen Anforderungen (WTO 1997: para. 8.86). Diese seien nur in den engen Grenzen einer nach wissenschaftlichen Kriterien durchgeführten Risikobewertung und auf der Grundlage nachgewiesener Anhaltspunkte einer tatsächlichen Gesundheitsgefahr erlaubt. Dazu sei in formeller Hinsicht eine Risikoabschätzung in Gestalt eines wissenschaftlichen Prozesses der Überprüfung von Daten und Studien *und nicht lediglich in der Form einer politischen Abwägung sozio-ökonomischer Erwägungen durch politische Organe* erforderlich (WTO 1997: para. 8.94, 8.113-8.116). In materieller Hinsicht müsse eine Gesundheitsgefahr wissenschaftlich nachgewiesen werden (WTO 1997: para. 8.119-8.124). Beide Kriterien habe die EU nicht erfüllt (WTO 1997: para. 8.116, 8.124). „Zusammengefaßt und weitergedacht ermöglicht diese Auslegung und Anwendung des SPS-Übereinkommens die Durchsetzung eines grenzenlosen Weltbinnenmarktes, auf dem Lebensmittel, die die Codex-Standards erfüllen, frei zirkulieren können und wo es letztlich nur den Verbrauchern überlassen ist, sich durch Kauf eines z.B. als hormonfrei gekennzeichneten Produktes für ein höheres Schutzniveau zu entscheiden" (Hilf/Eggers 1997: 561).

Das Ständige Berufungsgremium hob die Entscheidung in wesentlichen Teilen wieder auf. Es stellte fest, daß die Übernahme internationaler Standards und der Erlaß davon abweichender nationaler Maßnahmen *rechtlich* kein Regel-Ausnahme-Verhältnis bilden (WTO 1998a: para. 97-109, 170-173), denn andernfalls würden die unverbindlichen Empfehlungen des Codex Alimentarius in rechtlich verbindliche Normen der Welthandelsordnung überführt, ohne daß das SPS-Abkommen die Absicht der Mitgliedstaaten für diesen weitreichenden Schritt erkennen ließe (WTO 1998a: 165). Sodann senkte das Berufungsgremium die Anforderungen an die Risikoabschätzung (WTO 1998a: para. 182-187; Eggers 1998) und billigte dem regulierenden Staat einen gewissen Ermessensspielraum zu (WTO 1998a: para. 193). Im Ergebnis erklärte es die EU-Maßnahme aufgrund der fehlenden Risikoanalyse jedoch ebenfalls für rechtswidrig.

Damit wird die Wirkungsweise des SPS-Abkommens deutlich. Es billigt den Mitgliedstaaten die Wahl des von ihnen angestrebten Schutzniveaus zu (Victor 2000; Walker 1998), erlegt ihnen jedoch Prüf- und Begründungspflichten auf. Maßnahmen, die den im Rahmen der WTO festgelegten Anforderungen an die Begründbarkeit nicht entsprechen, werden für rechtswidrig erklärt und ausgesondert. Damit wird die Auswahl der Maßnahmen zur Umsetzung des selbst gewählten Schutzniveaus eingeschränkt. Als Auffanglösung stehen internationale Standards zur Verfügung, die ohne weitere Anforderungen in das nationale Recht übernommen werden können. Obwohl das SPS-Abkommen die Mitgliedstaaten nicht formell an bestehende internationale Standards bindet, gewinnen diese de facto erheblich an Bedeutung für die Gewährleistung der Lebensmittelsicherheit (Ritter 1997: 135). Aufgrund des indirekten Harmonisierungseffekts wird die Gesamtheit der in einem Sachbereich bestehenden Schutzmaßnahmen dem Schutz*ansatz* zustreben, der von den bestehenden internationalen Normen und Empfehlungen vorgegeben wird, weil allein dieses Vorgehen keiner gesonderten Rechtfertigung bedarf.

Die Intensität und das Tempo dieses Harmonisierungsprozesses wird entscheidend durch die Rechtsprechung des Ständigen Berufungsgremiums beeinflußt werden. Je strengere Anforderungen er an gesonderte nationale Schutzstandards stellt, desto zahlreicher werden nationale Maßnahmen für rechtswidrig erklärt werden und müssen dann durch die bestehenden internationalen Standards ersetzt werden. Deshalb führt die nun gültige Revisionsentscheidung im Hormonfleisch-Streit im Vergleich zu der korrigierten Entscheidung des vorausgehenden Panels zu einem deutlich reduzierten Harmonisierungstempo.

5.2 Das Problem des „Imports“ extern erzeugter Standards in die Welthandelsordnung

Der Import extern erzeugter Schutzstandards in die Welthandelsordnung entlastet die WTO von einer Harmonisierungsaufgabe, die sie im Rahmen ihrer bestehenden Entscheidungsstrukturen kaum erfolgreich erfüllen könnte. Dieses Vorgehen ist jedoch nicht unproblematisch.

Zum einen übernimmt die WTO aufgrund der Importtechnik unweigerlich alle Verfahrens- und Entscheidungsprobleme, die in den standardsetzenden Regimen und Organisationen bestehen. Normen, Richtlinien und Empfehlungen werden beispielsweise vielfach von staatlichen oder gar nicht-staatlichen (!) Expertenzirkeln ohne öffentliche, ggf. sogar ohne staatliche Kontrolle ausgearbeitet. So war die Festlegung der Hormonrückstandswerte innerhalb der „Kommission des Codex Alimentarius“ heftig umstritten. 1991 hatte die Kommission es vornehmlich aufgrund der Schwierigkeit der Überprüfung der vorschriftsmäßigen Dosierung entsprechend der „guten landwirtschaftlichen Praxis“ und der ablehnenden Haltung des Verbrauchers von „Hormonfleisch“ noch mehrheitlich abgelehnt, solche Werte festzulegen (Eckert 1995: 386-387). Auf Betreiben der Vereinigten Staaten und einiger anderer interessierter Länder (Ritter 1997: 137) beschloß die Kommission 1995 jedoch, daß Staaten, die einem Standard zwar aufgrund der wissenschaftlichen Erkenntnisse über die toxikologische Schädlichkeit eines Stoffes, nicht jedoch aufgrund derartiger „anderer Gründe“ zustimmen könnten, sich enthalten mögen. Erst auf Grundlage dieser Verfahrensänderung legte die Kommission die Hormonrückstandswerte in dem üblichen mehrstufigen Verfahren (Merkle 1994: 31-37; Eckert 1995) mit der knappen Mehrheit von 33 Stimmen bei 29 Gegenstimmen (darunter denen der EU-Staaten) und sieben Enthaltungen fest (Hilf/Eggers 1997: 560). Das Beispiel zeigt, daß importierte Standards auf einer nur schwachen Legitimationsbasis stehen können, ohne daß die WTO selbst mittels ihrer eigenen Entscheidungsprozesse darauf einen Einfluß zu gewinnen vermag.

Zum anderen werden die Produktanforderungen importierter Standards in den standardsetzenden Institutionen selbst vielfach als Mindeststandards behandelt. So stehen der Schutz der Verbraucher sowie die Gewährleistung des freien Handels durch Täuschungsschutz und gleiche Wettbewerbsbedingungen im Zentrum der Arbeit des Codex Alimentarius (Merkle 1994: 15-16). Da solche Standards in zwischenstaatlichen Verhandlungsprozessen oder unter Beteiligung von Experten aus Ländern mit sehr unterschiedlichen nationalen Schutzniveaus festgelegt werden, schreiben sie zudem häufig ein vergleichsweise geringes (Mindest-) Schutzniveau fest (Merkle 1994: 32), über das Länder mit höherem Schutzniveau hinausgehen können (für den Codex vgl. Eckert 1999: 591-592). Sie entfalten dennoch eine harmonisierende Wirkung, indem sie insbesondere Entwicklungsländern als Orientierungspunkte für deren Schutzgesetzgebung dienen. Wenn solche Standards in die Welthandelsordnung importiert werden, übernehmen sie dagegen die Funktion bedingter Höchststandards, denn das Bestreben nach einer Öffnung nationaler Märkte verlangt es, insbesondere den Spielraum der Mitgliedstaaten zur Setzung höherer nationaler Produktanforderungen wirksam zu begrenzen. Wenn (ggf. niedrige) Mindeststandards im Zuge des Imports in die Welthandelsordnung zu Höchststandards werden, besteht die Gefahr einer Senkung des weltweiten Schutzniveaus auf ein niedriges Niveau.

Beide Probleme werden durch ein in die Funktionsweise des Importmechanismus eingebautes Korrektiv jedoch deutlich begrenzt. Es ist zwar zu erwarten, daß die Bedeutung importierter Standards im Rahmen der Welthandelsordnung zunehmen wird. Es steht den Mitgliedstaaten jedoch frei, von ihnen abzuweichen, wenn sie dies hinreichend gut zu begründen vermögen. Die Fähigkeit eines Mitgliedstaates, die Erforderlichkeit weitergehender nationaler Maßnahmen zu begründen, wird weitgehend von der Qualität und dem Schutzniveau des internationalen Standards abhängen. Ein internationaler Standard, der durch wissenschaftliche Erkenntnisse gut abgesichert ist, ein hohes Schutzniveau anstrebt und überdies solche zusätzlichen Aspekte berücksichtigt, die auch die WTO-Mitgliedstaaten in ihre Risikoanalyse einfließen lassen dürfen, wird nur schwer durch begründbare nationale Schutzmaßnahmen übertroffen werden können. Je stärker ein internationaler Standard dagegen durch zwischenstaatliche Kompromisse oder den Einfluß partikularer Interessen beeinflußt ist und je niedriger das durch ihn angestrebte Schutzniveau liegt, desto einfacher ist es, weitergehende nationale Maßnahmen zu begründen. Um im Rahmen der Welthandelsordnung signifikante Harmonisierungseffekte hervorzurufen, müssen internationale Standards also selbst wohlbegründet sein und ein vergleichsweise hohes Schutzniveau anstreben.

Es läßt sich also auch im Bereich der Produktanforderungen eine Entwicklung beobachten, durch die die Welthandelsordnung zunehmend mit standardsetzenden internationalen Institutionen verknüpft wird, ohne daß dafür besondere Koordinations- und Abstimmungsmechanismen erforderlich wären. Dadurch steigt die Bedeutung internationaler Produktstandards erheblich an. Umgekehrt führt der auf einer losen Koppelung beruhende Verknüpfungsmechanismus dazu, daß die Welthandelsorganisation einen indirekten Einfluß auf die betreffenden standardsetzenden internationalen Institutionen sowie auf die Art und Qualität der von ihnen erzeugten Standards gewinnt.

6. Fazit: Ein Netzwerk miteinander verknüpfter internationaler Institutionen

Obwohl ihr Regulierungs*ziel* weiterhin allein in der Marktöffnung durch den Abbau von Handelshemmnissen liegt, kann die WTO die Probleme, die durch den Bedarf nach marktkorrigierender Regulierung entstehen, nicht mehr vollständig ignorieren. Hinsichtlich der Verfahrensstandards, die auf Importprodukte bezogen sind, hatte die normative Grundstruktur der Welthandelsordnung den Mitgliedstaaten diesbezüglich ursprünglich nahezu gar keinen Handlungsspielraum gelassen. Inzwischen bahnt sich jedoch im Bereich des Umweltschutzes ein deutlicher Wandel der Rechtsprechung des supranational organisierten Streitbeilegungsmechanismus an. Im Bereich der Produktstandards verhält es sich gerade umgekehrt. Dort hatte die normative Grundstruktur der Welthandelsordnung den Spielraum der Mitgliedstaaten zum Erlaß marktkorrigierender Standards ursprünglich kaum beschränkt. Infolge des Bestrebens, nicht-tarifäre Handelshemmnisse abzubauen oder die dadurch verursachten Störungen des Welthandels in möglichst engen Grenzen zu halten, ist dieser Spielraum jedoch inzwischen durch einzelne Seitenabkommen der Uruguay-Runde signifikant beschränkt worden. Die Auseinandersetzung um das Verbot der Vermarktung hormonbehandelten Rindfleisches in der Europäischen Union zeigt, daß die WTO damit massiv auf den Erlaß produktbezogener Schutzstandards durch die Mitgliedstaaten Einfluß gewinnt.

In beiden Bereichen wird trotz der diametral entgegegengesetzten Ausgangsbedingungen ein gemeinsames Regulierungsmuster erkennbar. Die WTO vermeidet es, selbst standardsetzend tätig zu werden, denn dies würde nicht nur ihre bestehenden Entscheidungsstrukturen erheblich überfordern. Sie würde auch unweigerlich in den Status einer problemfeldübergreifend tätigen *und durchsetzungsfähigen* Weltsozialorganisation geraten, der für die große Mehrheit der Mitgliedstaaten auf absehbare Zeit wohl kaum akzeptabel sein dürfte. Statt dessen importiert sie bestehende Standards, die im Rahmen dafür kompetenter internationaler Institutionen ausgearbeitet worden sind, systematisch in die Welthandelsordnung. Dabei werden die externen Standards so eingeführt, daß sie einerseits als Maßstäbe im Rahmen des WTO-internen Entscheidungsprozesses dienen und das Ausmaß nationaler Alleingänge begrenzen können, andererseits aufgrund ihrer losen Koppelung keine unerwünschten Rigiditäten hervorrufen. Damit verbunden ist eine an Auflagen geknüpfte und im Rahmen der WTO kontrollierte Ermächtigung der Mitgliedstaaten zu weitergehenden einseitigen Maßnahmen.

Damit entsteht ohne interinstitutionelle Koordination ein Netzwerk aufeinander bezogener internationaler Institutionen, in deren Zentrum die Welthandelsordnung steht. Es erlaubt der WTO eine Öffnung gegenüber Regulierungsbedürfnissen der Mitgliedstaaten zunächst im Bereich von Gesundheits- und Umweltschutz, die ggf. auf andere Bereiche (z.B. Arbeits- und Sozialstandards) erweiterbar ist. Umgekehrt gewinnen die importierten Standards sowohl im Verfahrens- als auch im Produktbereich an Verbindlichkeit, weil das in Handelsbeschränkungen liegende Sanktionspotential nunmehr zu ihrer Stützung mobilisiert werden kann. Die bedingte und im Rahmen der WTO überwachte Ermächtigung zu nationalen Alleingängen ist geeignet, die Blokkadehaltung kooperationsunwilliger Staaten in den standardsetzenden Institutionen zu unterlaufen. Auf diese Weise entstehen zusätzliche Anreize zur Errichtung neuer und zur Erhöhung des Schutzniveaus bereits bestehender internationaler Regime.

Mit der beginnenden Öffnung der Welthandelsordnung für marktkorrigierende Schutzstandards und ihrer losen Koppelung an standardsetzende internationale Regime sind also Veränderungen der internationalen Beziehungen verbunden, die weit über die WTO hinausgehen. In der Zukunft wird es den Mitgliedstaaten aufgrund zusätzlicher institutioneller Restriktionen noch schwerer fallen, ihre Gesellschaften durch das einseitige Setzen nationaler Umwelt- und Gesundheitsstandards wirksam vor Risiken und Schäden zu schützen. Gleichzeitig wird ihre Fähigkeit zur koordinierten Steuerung auf der internationalen Ebene jedoch erheblich steigen, weil durch die Entwicklungen innerhalb der Welthandelsorganisation signifikante zusätzliche Kooperationsanreize entstehen.

Literatur

Abbott, Kenneth W./Snidal, Duncan 2000: Hard and Soft Law in International Governance, in: International Organization 54, S. 421-456.

Alter, Karen J./Meunier-Aitsahalia, Sophie 1994: Judicial Politics in the European Community. European Integration and the Pathbreaking Cassis de Dijon Decision, in: Comparative Political Studies 26, S. 535-561.

Anderson, Kym 1998: Environmental and Labor Standards: What Role for the WTO?, in: Krueger, Anne O. (Hrsg.): WTO as an International Organization, Chicago, S. 230-255.

Bhagwati, Jagdish/Srinivasan, T.N. 1996: Trade and the Environment: Does Environmental Diversity Detract from the Case for Free Trade?, in: Jagdish Bhagwati/Robert E. Hudec (Hrsg.): Fair Trade and Harmonization. Prerequisites for Free Trade ?, Bd. 1: Economic Analysis, Cambridge, MA, S. 159-223.

Bhala, Raj 1998: Clarifying the Trade-Labor Link, in: Columbia Journal of Transnational Law 37, S. 11-56.

Biermann, Frank 2001: The Rising Tide of Green Unilateralism in World Trade Law. Options for Reconciling the Emerging North-South Conflict, in: Journal of World Trade 35, S. 421-448.

Breitmeier, Helmut 1997: Entstehung und Wandel des globalen Regimes zum Schutz der Ozonschicht, in: Thomas Gehring/Sebastian Oberthür (Hrsg.): Internationale Umweltregime. Umweltschutz durch Verhandlungen und Verträge, Opladen, S. 27-44.

Cadeddu, Marlo Pfister 1998: Turtles in the Soup? An Analysis of the GATT Challenge to the United States Endangered Species Act Section 609 Shrimp Harvesting Nation Certification Program for Conservation of Sea Turtles, in: Georgetown International Environmental Law Review 11, S. 179-207.

Cappuyns, Elisabeth 1998: Linking Labor Standards and Trade Sanctions: An Analysis of their Current Relationship, in: Columbia Journal of Transnational Law 36, S. 659-686.

Charnovitz, Steve 1998: The World Trade Organization and the Environment, in: Yearbook of International Environmental Law 8 (1997), S. 98-116.

Cullen, Holly 1999: The Limits of International Trade Mechanisms in Enforcing Human Rights: The Case of Child Labour, in: International Journal of Children's Rights 7, S. 1-29.

Eckert, Dieter 1995: Die neue Welthandelsordnung und ihre Bedeutung für den internationalen Verkehr mit Lebensmitteln, in: Zeitschrift für Lebensmittelrecht 22, S. S. 363-395.

Eckert, Dieter 1999: Das Lebensmittelrecht an der Schwelle zum 21. Jahrhundert, in: Zeitschrift für Lebensmittelrecht 5, S. 579-598.

Eggers, Barbara 1998: Die Entscheidung des WTO-Appellate Body im Hormonstreit. Doch ein Recht auf Vorsorge?, in: Europäische Zeitschrift für Wirtschaftsrecht 9, S. 147-151.

Esty, Daniel C./Damien Geradin 1998: Environmental Protection and International Competitiveness, in: Journal of World Trade 32, S. 5-46.

GATT 1991: United States. Restrictions on Imports of Tuna. Report of the Panel (DS21/R), in: General Agreement on Tariffs and Trade (Hg.): Basic Instruments and Selected Documents, Bd. 39, Genf 1993, S. 155-205.

GATT 1992: Trade and Environment, Report of the Chairman of the Group on Environmental Measures and International Trade presented to the CONTRACTING PARTIES at their Forty-ninth Session, in: General Agreement on Tariffs and Trade (Hrsg.): Basic Instruments and Selected Documents, Bd. 40, Genf 1995.

GATT 1994: Dispute Settlement Panel Report on United States Restrictions on Imports of Tuna, in: International Legal Materials 33, S. 839-899.

Gehring, Thomas ; Oberthür, Sebastian 2000: Exploring Regime Interaction: A Framework for Analysis. Barcelona Final Conference of the Concerted Action on the Effectiveness of International Environmental Agreements and EU-Legislation, Barcelona 9. - 11. November 2000; http://158.36.155.230/CA-web/gehring-oberthur.pdf.

Gehring, Thomas 1991: International Environmental Regimes. Dynamic Sectoral Legal Systems, in: Yearbook of International Environmental Law 1 (1990), S. 35-56.

Gehring, Thomas 1994: Dynamic International Regimes. Institutions for International Environmental Governance, Frankfurt/M.

Gehring, Thomas/Oberthür, Sebastian 1997 (Hrsg.): Internationale Umweltregime. Umweltpolitik durch Verhandlungen und Verträge, Opladen.

Genschel, Philipp 2000: Der Wohlfahrtsstaat im Steuerwettbewerb, in: Zeitschrift für internationale Beziehungen 7, S. 267-296.

Hansen, Patricia Isela 1999: Transparency, Standards of Review, and the Use of Trade Measures to Protect the Global Environment, in: Virginia Journal of International Law 39, S. 1017-1068.

Hilf, Meinhard/Eggers, Barbara Ba 1997: Der WTO-Panelbericht im EG/USA-Hormonstreit. Anstoß zum grenzenlosen Binnenmarkt für Lebensmittel oder Eigentor der WTO?, in: Europäische Zeitschrift für Wirtschaftsrecht 8, S. 559-566.

H*oekman, Bernard M./Kostecki, Michael M.* 1995: The Political Economy of the World Trading System. From GATT to WTO, Oxford.

Howse, Robert/ Regan, Donald 2000: The Product/Process Distinction. An Illusionary Basis for Disciplining "Unilateralism" in Trade Policy, in: European Journal of International Law 11, S. 249-289.

Howse, Robert/Trebilcock, Michael J. 1997: The Free Trade – Fair Trade Debate. Trade, Labour, and the Environment, in: Jagdeep Bhandari und Alan O. Sykes (Hrsg.): Economic Dimensions in International Law. Comparative and Empirical Perspectives, Cambridge, S. 186-234.

Hudec, Robert E. 1996: GATT Legal Restraints on the Use of Trade Measures against Foreign Environmental Practices, in: Jagdish Bhagwati/Robert E. Hudec (Hrsg.): Fair Trade and Harmonization. Prerequisites for Free Trade?, Vol. 2: Legal Analysis, Cambridge MA, S. 95-174.

Jackson, John H. 1998: Designing and Implementing Effective Dispute Settlement Procedures: WTO Dispute Settlement, Appraisal and Prospects, in: Anne O. Krueger (Hrsg.): WTO as an International Organization, Chicago, S. 161-180.

Jackson, John H. 1999: The World Trading System. Law and Policy of International Economic Relations, Cambridge MA, 2. Aufl.

Joerges, Christian/Falke, Joseph/Micklitz, Hans-Wolfgang/Brüggemeier, Gert 1988: Die Sicherheit von Konsumgütern und die Entwicklung der Europäischen Gemeinschaft, Baden-Baden.

Keohane, Robert O./Moravcsik, Andrew/Slaughter, Anne-Marie 2000: Legalized Dispute Resolution: Interstate and Transnational, in: International Organization 54, S. 457-488.

Kingsbury, Benedict 1995: The Tuna-Dolphin Controversy, the World Trade Organization, and the Liberal Project to Reconceptualize International Law, in: Yearbook of International Environmental Law 5 (1994), S. 1-40.

Kohler-Koch, Beate 1993: Die Welt regieren ohne Weltregierung, in: Carl Böhret/ Göttrik Wewer (Hrsg.): Regieren im 21. Jahrhundert – Zwischen Globalisierung und Regionalisierung, Opladen, S. 109-141.

Kohler-Koch (Hrsg.) 1998: Regieren in entgrenzten Räumen, Politische Vierteljahresschrift, Sonderheft 29, Opladen.

Langille, Brian Alexander 1996: General Reflections on the Relationship of Trade and Labor (Or: Fair Trade is Free Trade's Destiny), in: Jagdish Bhagwati/Robert E. Hudec (Hrsg.): Fair Trade and Harmonization. Prerequisites for Free Trade?, Vol. 2: Legal Analysis, Cambridge MA, S. 231-266.

Majone, Giandomenico (Hrsg.) 1990: Deregulation or Re-regulation? Regulatory Reform in Europe and the United States, London.

McNiel, Dale E. 1998: The First Case under the WTO's Sanitary and Phytosanitary Agreement: The European Union's Hormone Ban, in: Virginia Journal of International Law 39, S. 89-134.

Meinke, Britta 1997: Die internationale Kontrolle des grenzüberschreitenden Handels mit gefährlichen Abfällen (Baseler Konvention von 1989), in: Thomas Gehring/Sebastian Oberthür (Hrsg.): Internationale Umweltregime. Umweltschutz durch Verhandlungen und Verträge, Opladen, S. 63-80.

Merkle, Rüdiger 1994: Der Codex Alimentarius der FAO und WHO, Bayreuth.

Moltke, Konrad von 1997: Institutional Interactions: the Structure of Regimes for Trade and the Environment, in: Oran R. Young (Hrsg.): Global Governance. Drawing Insights from the Environmental Experience, Cambridge MA, S. 247-272.

Nettesheim, Martin 2000: Von der Verhandlungsdiplomatie zur internationalen Verfassungsordnung: Überlegungen zum Entwicklungsstand des internationalen Wirtschaftsrechts, in: Karl-Heinz Schenk/Dieter Schmidtchen/Manfred E. Streit/Viktor Vanberg (Hrsg.): Globalisierung und Weltwirtschaft. Jahrbuch für Neue Politische Ökonomie, Tübingen, S. 48-76.

North, Douglass C. 1990: Institutions, Institutional Change, and Economic Performance, Cambridge.

Quick, Reinhard/Lau, Christian 2001: Kreativer Unilateralismus und die WTO. Die Tellereisen-Verordnung der EG im Lichte der „Shrimps/Turtle"-Entscheidung, in: Zeitschrift für europarechtliche Fragen 4:1, S. 97-126.

Ritter, Markus 1997: Das WTO-Übereinkommen und seine Auswirkungen auf das deutsche Lebensmittelrecht. Hormonrückstände in Lebensmitteln als künftiger Standard?, in: Europäische Zeitschrift für Wirtschaftsrecht 8, 133-138.

Ruggie, John G. 1992: Multilateralism: The Anatomy of an Institution, in: International Organization 46: S. 561-598.

Samson, Klaus 1997: The Standard-Setting and Supervisory System of the International Labour Organization, in: Raija Hanski/Markku Suski (Hrsg.): An Introduction to the Protection of Human Rights. A Textbook, Turku, S. 149-179.

Sand, Peter H. (Hrsg.) 1992: The Effectiveness of International Environmental Agreements. A Survey of Existing Legal Instruments, Cambridge.

Sand, Peter H. 1997: Das Washingtoner Artenschutzabkommen (CITES), in: Thomas Gehring/ Sebastian Oberthür (Hrsg.): Internationale Umweltregime. Umweltschutz durch Verhandlungen und Verträge, Opladen, S. 165-184.

Sautter, Hermann 2000: Menschenrechte und Menschenrechtsstandards im Globalisierungsprozeß, in: Karl-Heinz Schenk/Dieter Schmidtchen/Manfred E. Streit/Viktor Vanberg (Hrsg.): Globalisierung und Weltwirtschaft. Jahrbuch für Neue Politische Ökonomie, Tübingen, S. 234-265.

Schoenbaum, Thomas J. 1997: International Trade and Protection of the Environment: The Continuing Search for Reconciliation, in: American Journal of International Law 91, S. 268-313.

Stewart, Richard B. 1995: Markets versus Environment? Jean Monnet Chair Papers 19, Europäisches Hochschulinstitut, Florenz.

Tarasovsky. Richard G. 1997: Ensuring Compatibility between Multilateral Environmental Agreements and GATT/WTO, in: Yearbook of International Environmental Law 7 (1996), S. 52-74.

Victor, David G. 2000: The Sanitary and Phytosanitary Agreement of the World Trade Organization: An Assessment after Five Years, in: New York University Journal of International Law and Politics 32, S. 865-937.

Walker, Vern 1998: Keeping the WTO from Becoming the „World Trans-science Organization“: Scientific Uncertainty, Science Policy, and Factfinding in the Growth Hormones Dispute, in: Cornell International Law Journal 31, S. 251-320.

Weiss, Friedl 1996: Internationally Recognized Labour Standards and Trade, in: Legal Issues of European Integration 2, S. 161-178.

Wet, Erika de 1995: Labor Standards in the Globalized Economy: The Inclusion of a Social Clause in the General Agreement on Tariffs and Trade/World Trade Organization, in: Human Rights Quarterly 17, S. 443-462.

WTO 1997: EC Measures Concerning Meat and Meat Products (Hormones); Complaint by the United States. Report of the Panel; www.wto.org.

WTO 1998a: EC Measures Concerning Meat and Meat Products (Hormones). Report of the Appellate Body; www.wto.org.

WTO 1998b: United States Import Prohibition of Certain Shrimp and Shrimp Products. Report of the Panel; www.wto.org.

WTO 1998c: United States Import Prohibition of Certain Shrimp and Shrimp Products. Report of the Appellate Body; www.wto.org.

Zürn, Michael 1998: Regieren jenseits des Nationalstaates. Globalisierung und Denationalisierung als Chance, Frankfurt.

Tanja A. Börzel und Thomas Risse

Die Wirkung internationaler Institutionen. Von der Normanerkennung zur Normeinhaltung

Einleitung[1]

Die empirische und theoretische Forschung zur Rolle internationaler Institutionen in der Weltpolitik hat sich in der Vergangenheit vor allem auf die Entstehung internationaler Regelsysteme konzentriert und dabei die Wirkungen dieser Normen und Regeln auf das Verhalten der Akteure vernachlässigt. Implizit war dies die Folge der Dominanz rationalistischer Ansätze: Warum sollten Staaten erhebliche Anstrengungen zur Aushandlung von internationalen Institutionen unternehmen, wenn sie sich anschließend nicht an die Regeln halten?

Demgegenüber ist die Frage der Institutionenwirkungen seit langem ein fester Bestandteil des Forschungsprogramms von Beate Kohler-Koch. Schon die Problematik des „Regierens ohne Weltregierung" (Kohler-Koch 1993, 1998c) beinhaltet eine Auseinandersetzung mit dem Thema, ob und wieso sich Staaten an Regeln halten, die bei ihrer Um- und Durchsetzung nicht auf eine sanktionsbewehrte Zentralgewalt rekurrieren können. Empirisch hat Kohler-Koch sich in mehreren Forschungsprojekten zum Thema „Regieren in Europa" mit der Frage beschäftigt, inwieweit die Europäisierung zu Veränderungen politischer Strukturen und Prozeße führt, die sich zu einem dauerhaften Ordnungssystem neuen Typs zusammenfügen (Kohler-Koch 1994, 1996, 1998b; Kohler-Koch/Eising 1999). Dabei hat sie einen Institutionenbegriff zugrunde gelegt, der über eine formale Definition hinaus geht und der Bedeutung von Ideen und der sozialen Konstruktion von Institutionen Rechnung trägt (Kohler-Koch 1998a: 19). Sie unterscheidet drei Mechanismen institutionellen Wandels. Auferlegter Wandel geschieht über Verfassungsrevisionen und verändert die formale Organisation der Politik. Demgegenüber wirkt die Einbindung von Akteuren in Politiknetzwerke auf die Interaktionsstrukturen innerhalb von Institutionen ein. Schließlich kann das Angebot von erstrebenswerten Ordnungsprinzipien die Leitideen und Rationalitätskriterien einer

1 Wir danken Markus Jachtenfuchs, Michèle Knodt, Christoph Engel, Henry Farrell und Adrienne Héritier für Kommentare und Anregungen.

Organisation beeinflussen (Kohler-Koch 1998a: 22). Diese Mechanismen lassen sich auch für die Induzierung regelkonformen Verhaltens als einer zentralen Form der Institutionenwirkung fruchtbar machen, wie wir im folgenden zeigen werden.

Unser Beitrag konzentriert sich also auf den Prozeß, der von der Normanerkennung zur Normeinhaltung führt. Die Entstehung internationaler Institutionen klammern wir hier ausdrücklich aus. Nach einer Begriffsklärung der Normeinhaltung als „regelkonformes Verhalten" (*compliance*) unterscheiden wir zwischen zwei sozialen Logiken der Institutionenwirkung. Beide Perspektiven gehen davon aus, daß nur „unbequeme Regeln" Probleme bei der Normeinhaltung verursachen, weil sie materielle oder ideelle Kosten verursachen bzw. an gegebene Institutionen oder Identitäten nicht anschlußfähig sind. Rationalistische Ansätze konzentrieren sich dabei auf die Verhaltenssteuerung durch positive und negative Anreize. Wir unterscheiden vier rationalistische Erklärungsfaktoren der Normeinhaltung. Erstens stellen internationale Institutionen Sanktionierungsmechanismen bereit, welche die Kosten von Regelbrüchen wirksam erhöhen können (Legalisierungshypothese). Zweitens stärken Ressourcentransfers die administrativen und politischen Handlungskapazitäten betroffener Staaten und erleichtern so die Einhaltung unbequemer Regeln (Management-Hypothese). Drittens ist die Autonomie nationaler Regierungen gegenüber ihren gesellschaftlichen Umfeldern entscheidend für die Fähigkeit, unbequeme Regeln innerstaatlich durchzusetzen (liberal-institutionenzentrierte Hypothese). Schließlich wird die Normeinhaltung dadurch befördert, daß institutionelle Regeln die innenpolitischen Kräfteverhältnisse zugunsten derjenigen Akteure verändern, die von den internationalen Normen profitieren (liberal-akteurszentrierte Hypothese). Demgegenüber beschreiben Ansätze des konstruktivistischen oder soziologischen Institutionalismus die Normeinhaltung als einen Prozeß, bei dem die Internalisierung von Normen zu Präferenzänderungen der Akteure führt. Auch hier formulieren wir vier Hypothesen zur Normeinhaltung. Erstens erhöht die Einbeziehung der Regelzielgruppen in das Verfahren der Normfindung die Legitimität internationaler Regeln und damit die Folgebereitschaft (Verfahrenslegitimitäts-Hypothese). Einen ähnlichen Effekt bewirkt, zweitens, die Einbettung einer Regel in umfassendere und weithin als legitim angesehene Institutionen (institutionelle Legitimitäts-Hypothese). Drittens ermöglicht die unmittelbare Rechtswirkung und die Einklagbarkeit einer Regel einen rechtlichen Diskurs über ihre Bedeutung und ihre Geltung (rechtliche Internalisierungs-Hypothese). Schließlich stoßen transnationale oder nationale „Normunternehmer" gesellschaftliche Lern- und Überzeugungsprozeße an, durch die internationale Regeln von ihren Adressaten und Zielgruppen neue Regeln als „selbstverständlich" in ihr Handlungsrepertoire übernehmen (soziale Internalisierungs-Hypothese).

Obwohl rationalistische und konstruktivistische Ansätze zur Institutionenwirkung sich grundsätzlich im Hinblick auf die jeweils unterstellten sozialen Handlungslogiken unterscheiden, schließen sich die daraus ableitbaren Hypothesen zur Normeinhaltung keinesfalls gegenseitig aus, sondern lassen sich auf vielfältige Weise zueinander in Beziehung setzen. Wir illustrieren dies anhand empirischer Beispiele aus dem Bereich der europäischen Umweltpolitik einerseits und der Einhaltung internationaler Menschenrechte andererseits. Unser Beitrag schließt mit einigen Vorschlägen für die künftige Forschung zur Frage der Institutionenwirkungen.

2. Von der Normanerkennung zur Normeinhaltung: Logiken der Institutionenwirkung

*2.1 Was ist regelkonformes Verhalten (*compliance*)?*

Die Anerkennung einer internationalen Norm oder Regel erfolgt, wenn sie Geltung im nationalen Recht erlangt. Im Völkerrecht bedeutet dies gewöhnlich die Ratifizierung eines internationalen Abkommens durch ein nationales Gesetz. Im Europarecht erfolgt die Normanerkennung unmittelbar mit der Normbildung, da europäische Regeln und Normen Vorrang vor dem nationalen Recht genießen und meistens direkt anwendbar sind, auch wenn sie der Umsetzung ins nationale Recht bedürfen. Die Normanerkennung bedingt jedoch keinesfalls zwingend die Normeinhaltung (*compliance*). Nur weil eine internationale oder europäische Regel rechtliche Geltung hat, wird sie faktisch noch keinesfalls angewendet und befolgt.

In der einschlägigen Literatur wird Normeinhaltung gewöhnlich als regelkonformes Verhalten definiert (Young 1979; Victor et al. 1998; Mitchell 1994a). Die meisten *compliance*-Studien konzentrieren sich auf das regelkonforme Verhalten von Staaten bzw. deren Regierungen und vernachlässigen dabei die Rolle von nicht-staatlichen Akteuren. Um der Bedeutung privater Akteure gerecht zu werden, ist es sinnvoll, zwischen regelkonformem Verhalten der Adressaten (*rule addressees*) und dem der Zielgruppe (*rule targets*) einer Regel zu unterscheiden. Während sich die Regeln des Völker- und Gemeinschaftsrechts gewöhnlich an Staaten richten, sind diese nicht notwendigerweise ihre Hauptzielgruppe. So verstanden bezieht sich *compliance* dann auf das *regelkonforme Verhalten der Akteure, welche die formalen Adressaten der Regel sind und deren Verhalten durch die Regel bestimmt werden soll.* Die Unterscheidung zwischen Adressaten und Zielgruppen erleichtert auch die Abgrenzung zwischen *compliance* einerseits und den verschiedenen Konzepten der Implementationsforschung andererseits. Implementation bezieht sich auf die Umsetzung einer Regel in die Praxis. In Anlehnung an den systemtheoretischen Ansatz von David Easton differenzieren Implementationsstudien häufig zwischen drei Phasen des Umsetzungsprozeßes:

- *output*: die gesetzlichen und administrativen Maßnahmen, welche die praktische Anwendung der Regel ermöglichen;
- *outcome*: die Wirkung der gesetzlichen und administrativen Maßnahmen auf das Verhalten der Zielgruppe;
- *impact*: die Wirkung einer Regel auf ihr sozio-ökonomisches Umfeld (Problemlösungsfähigkeit, Effektivität).

Der hier zugrunde gelegte Begriff der Normeinhaltung umfasst die *output*- und die *outcome*- Dimensionen. Die Frage der Effektivität (*impact*) oder Problemlösungsfähigkeit einer Regel wird beiseite gelassen, weil regelkonformes Verhalten nicht notwendigerweise zu einer Veränderung im sozio-ökonomischen Umfeld führen muß.

Hinsichtlich des *outputs* erfordert regelkonformes Verhalten von den *Adressaten*, daß sie:

- die Regel vollständig und korrekt in nationales Recht umsetzen und entgegenstehende nationale Bestimmungen ändern oder aussetzen,
- den Verwaltungsapparat und die Ressourcen bereitstellen, die für die praktische Anwendung der Regel sowie für die Überwachung des regelkonformen Verhaltens der Zielgruppe notwendig sind,
- das regelkonforme Verhalten der Zielgruppe durch effektives Überwachen, die Bereitstellung positiver und/oder negativer Sanktionen sowie ggf. der Durchsetzung von Zwangsmaßnahmen befördern.

Hinsichtlich des *outcomes* erfordert regelkonformes Verhalten von der *Zielgruppe*, daß sie:

- Handlungen unternimmt, um ihr Verhalten den Anforderungen der Regel anzugleichen bzw.
- Handlungen unterläßt, die gegen die Regel verstoßen.

Unabhängig davon, welcher Theorie sie im einzelnen verpflichtet sind, teilen die meisten Ansätze zur Untersuchung von Institutionenwirkungen eine Grundannahme: Nur „unbequeme" Regeln führen überhaupt zu „compliance"-Problemen, weil deren Einhaltung Anpassungskosten verursacht, die von Regeladressanten und Regelzielgruppen selten widerstandslos hingenommen werden. Ähnlich argumentiert aus konstruktivistischer Sicht die „Resonanzhypothese", daß neue internationale Normen umso eher innenpolitisch umgesetzt und schließlich eingehalten werden, je stärker sie an bereits existierende innenpolitische Regelsystemen, kollektive Bedeutungsgehalte oder Identitäten anschlußfähig sind (Checkel 1997; Ulbert 1997). Für die Forschung wird es daher erst interessant, wenn die Normen und Regeln internationaler Institutionen mit nationalen Standards, politischen und gesellschaftlichen Institutionen, Problemlösungsphilosophien und kollektiven Identitäten mindestens teilweise unvereinbar sind (Breitmeier/Wolf 1995: 347-348; Underdal 1998: 12; Cortell/Davis 2000; Checkel 1997). Die diversen *compliance*-Theorien unterscheiden sich dahingehend, wie sie dieses Anpassungsproblem konzeptualisieren und welche Faktoren und Mechanismen sie betonen, um regelkonformes Verhalten trotz unbequemer Normen zu erklären.

2.2 Rationalistischer Institutionalismus: Verhaltenssteuerung durch Anreize

Der rationalistische (oder neoliberale) Institutionalismus folgt einer Logik der instrumentellen Rationalität. Zielorientierte Akteure versuchen, in strategischen Interaktionen ihren Nutzen zu maximieren oder zu optimieren auf der Basis von gegebenen und transitiv geordneten Präferenzen. Sie verhalten sich instrumentell rational, indem sie Kosten und Nutzen verschiedener Verhaltensweisen kalkulieren und dabei das antizipierte Verhalten ihrer Interaktionspartner in diese Kalküle einbeziehen (strategische Rationalität). Institutionen wirken auf das Verhalten instrumentell rationaler Akteure, indem sie die zur Verfügung stehenden Handlungsoptionen einschränken, wohingegen die zugrundeliegenden Interessen und Handlungsziele unberührt bleiben. Daraus folgt logisch, daß der rationalistische Institutionalismus vor allem die Verhaltenssteuerung durch positive und negative Anreize betont, um die Einhaltung unbequemer Regeln erklären zu können. Sie wird dadurch erreicht, daß die Kosten der Regelbefolgung durch positive Anreize gesenkt bzw. die Kosten von Regelverletzungen durch (die Drohung mit) Sanktionen erhöht werden.

Allerdings sehen sich rationalistische Ansätze einem theoretischen Puzzle gegenüber, wenn sie die Einhaltung unbequemer Regeln erklären wollen. Unter der Annahme vollständiger Information sollten strategisch-rationale Akteure (z.B. nationale Regierungen) die Folgen ihrer Handlungen auch in der Zukunft abschätzen können. Zumindest materiell und ideell mächtige Akteure dürften sich also gar nicht erst auf „unbequeme" Regeln einlassen, die Kosten bei der Implementation und Einhaltung bereiten könnten. Vertreter neorealistischer Ansätze haben konsequenterweise behauptet, daß (mächtige) Staaten sich an internationale Regeln halten, weil sie ohnehin nur solche Normen vereinbaren, die sie problemlos einhalten können (Downs et al. 1996). Dabei haben hegemoniale Staaten die Möglichkeit, unbequeme Regeln durchzusetzen, indem sie schwächere Staaten durch Sanktionsdrohungen zur Regeleinhaltung bringen und ggf. auch zwingen.

Demgegenüber betont der rationalistische Institutionalismus, daß internationale Institutionen das Kosten-Nutzen Verhältnis zwischen Regeleinhaltung und Regelverstoß verändern können (Keohane 1984; Zürn 1997; Gehring 1994). Staaten haben einerseits ein prinzipielles Interesse an der Einhaltung von Regeln, sonst hätten sie ihnen nicht zugestimmt. Andererseits haben sie einen Anreiz zur Nichtbefolgung, solange sich die anderen Staaten weiterhin an die Regeln halten. Ein solches Trittbrettfahrertum wird dann unattraktiv, wenn die Wahrscheinlichkeit des Entdeckt- und Bestraftwerdens relativ hoch ist. Die in viele internationale Regime eingebauten Überwachungs- und Sanktionsmechanismen haben die Funktion, Trittbrettfahrertum zu begrenzen, d.h. zu verhindern, daß bestimmte Akteure (vor allem kleinere Staaten) von den Regeln profitieren, ohne die Kosten der Einhaltung zu tragen. Darüber hinaus stellen internationale Institutionen Schlichtungsverfahren zur Beilegung von Konflikten über die Bedingungen der Regeleinhaltung bereit und tragen zu einer fairen Verteilung von Kosten und Nutzen der Regelbefolgung bei (vgl. Mills/Rockoff 1987; Mitchell 1996; Victor et al. 1998).

Wenn man die Annahmen des rationalistischen Institutionalismus und die Bedingung vollständiger Information zugrundelegt, dann ergeben sich Probleme bei der Regeleinhaltung internationaler Institutionen also vor allem dann, wenn die Regeln selbst unvollständig sind („incomplete contracting"). Internationale Normen und Regeln sind oft nicht spezifisch genug und die Überwachungs- und Sanktionierungsmechanismen internationaler Regime sind häufig schwach ausgebildet (Abbott/Snidal 2000; Raustiala/Slaughter 2002). Dies kommt vor allem dadurch zustande, daß nationale Regierungen ihr Interesse an klaren Regeln und strengen Sanktionsmechanismen gegenüber den Kosten des damit verbundenen Verlusts an nationaler Autonomie und Souveränität ausbalancieren müssen. Schließlich sind in vielen Fällen der Regimebildung die distributiven Konflikte derart ausgeprägt, daß eine Einigung schwierig ist, Staaten unklare Regeln aber gegenüber einem völlig ungeregelten Zustand vorziehen. Die Literatur zur Verrechtlichung internationaler Normen kommt daher zu dem Schluß, daß die Einhaltung auch unbequemer Regeln umso eher zu erwarten ist, je spezifischer und präziser die Regeln und je ausgeprägter die Überwachungs- und Sanktionsmechanismen sind (Abbott et al. 2000; Legro 1996). Die empirische Prüfung dieser Hypothese führte bisher zu keinem eindeutigen Befund. Während Studien zu diversen Umweltregimen sowie zur Einhaltung von EU-Recht die Hypothese zu bestätigen scheinen (Mitchell 1994a; Victor et al. 1998; Alter 2000), konnten Untersuchungen zur Einhaltung von Menschenrechtsnormen in Lateinamerika den Zusammenhang nicht erhärten (Lutz/Sikkink 2000).

Im Unterschied zu denjenigen Ansätzen, die effektive Überwachungs- und Sanktionierungsmechanismen betonen, unterstellen *Management*-Ansätze begrenzte Rationalität (Simon 1982, 1997; Odell i.E.), also z.B. Ungewissheit über die Verhaltensanforderungen der Regel oder die vorhandenen Handlungskapazitäten. Es wird davon ausgegangen, daß Staaten grundsätzlich bereit sind, sich an internationale Regeln zu halten, selbst wenn sie Kosten verursachen. Die meisten Regelverletzungen geschehen unbeabsichtigt, weil den Staaten z.B. die notwendigen Handlungskapazitäten zur Um- und Durchsetzung oder die notwendigen Informationen über die Verhaltensanforderungen der Regel fehlen (vgl. Chayes et al. 1998, Chayes/Chayes Handler 1993, 1995; Levy et al. 1993; Marauhn 1996; Zürn 1997). Internationale Institutionen spielen bei der Verhütung solcher „ungewollten Regelverstöße" eine wichtige Rolle. Ihre vorrangige Funktion liegt in der Bereitstellung finanzieller und technischer Unterstützung für die Staaten, denen es an den für die Regelumsetzung notwendigen Geldmitteln, Expertise und Technologie fehlt. Insbesondere Arbeiten über Entwicklungsländer haben die zentrale Bedeutung eines solchen „capacity building" für die erfolgreiche Umsetzung internationaler Abkommen z.B. im Umweltbereich aufgezeigt (Ponce-Nava 1995; Beiträge in Jänicke/Weidner 1997). Neben dem finanziellen und technischen Ressourcentransfer stellen Institutionen Verfahren und Informationen zur Klärung von Regelinhalten und etwaigen Regelbrüchen bereit. Empirische Studien betonen hier die Bedeutung eines kontinuierlichen Informationsflusses über Problemlösung und Regeleinhaltung (Mitchell 1994b). Während für die einen dabei die Prozeduralisierung des Informations- und Ressourcentransfers im Vordergrund steht (Marauhn 1996), unterstreichen andere die Rolle von Expertengemeinschaften (*epistemic communities*) und Ideen sowie Lernprozeßen bei der Entwicklung von Problemlösungen (Haas 1998; Underdal 1998).

Die bisher diskutierten Ansätze aus der Perspektive des rationalistischen (neoliberalen) Institutionalismus folgen einer eher staatszentrierten Perspektive und behandeln Staaten als einheitliche Akteure. Ungewollte Regelverstöße können aber auch dadurch zustande kommen, daß nationale Regierungen die innenpolitischen Konsequenzen der von ihnen favorisierten internationalen Regelungen nicht absehen. Zwei Varianten dieses Arguments können dabei unterschieden werden. Die eine argumentiert institutionenorientiert und betont z.B. die Anzahl der Vetospieler in einem politischen System (Tsebelis 1995) oder die Autonomie der nationalen Regierungen gegenüber ihren gesellschaftlichen Umfeldern (Katzenstein 1984, 1978). Daraus läßt sich dann die allgemeine Hypothese ableiten, daß ungewollte Regelverstöße umso unwahrscheinlicher werden, je autonomer und handlungsfähiger nationale Regierungen gegenüber ihren gesellschaftlichen Umfeldern sind (Simmons/Martin 2002: 29; Jacobson/Brown Weiss 1995).

Eine mehr akteurszentrierte Variante des Arguments rekurriert u.a. auf die Literatur zu „Zwei-Ebenen-Spielen" (Putnam 1988; Evans et al. 1993) und betont, daß innenpolitische – sowohl private wie öffentliche – Akteure häufig gegen internationale Regeln mobilisieren oder gar deren Ratifizierung verhindern (wie etwa im Falle des Teststopvertrages der amerikanische Senat). Milner und Rogowski haben umgekehrt vor mehr als zehn Jahren darauf hingewiesen, daß zunehmende ökonomische Interdependenz und die Globalisierung nationaler Märkte zur einer Veränderung der gesellschaftlichen Kräfteverhältnisse zugunsten exportorientierter Sektoren und Interessengruppen führt, die für internationale Freihandelsregime und gegen Protektionismus eintreten (Milner 1988; Rogowski 1989). Im Umweltbereich haben empirische Arbeiten gezeigt, daß die Unterstützung von gesellschaftlichen Interessengruppen von zentraler Bedeutung für die Regelbefolgung ist (Raustiala 1997; Haverland 1999; Börzel 2000). Auch in bezug auf das europäische Recht wird häufig damit argumentiert, daß die europäische Integration diejenigen politischen und gesellschaftlichen Akteure innenpolitisch stärkt, die von diesen Regelungen profitieren (Burley/Mattli 1993; Stone Sweet/Brunell 1998; Cowles et al. 2001). Moravcsik behauptete in bezug auf die EU, daß die europäische Integration tendenziell zur Stärkung nationaler Regierungen gegenüber ihren gesellschaftlichen Umfeldern führt, und zwar über deren Kontrolle wichtiger materieller und ideeller Ressourcen (Moravcsik 1997; siehe aber dagegen Sandholtz 1996; Schmidt 1996). Ähnlich findet Goldstein, daß Regierungen mit Hilfe von internationalen Abkommen innerstaatliche Interessengruppen disziplinieren können, indem sie etwa internationale Handelabkommen zur Durchsetzung eigener Deregulierungsvorstellungen nutzen (Goldstein 1996).

Trotz ihrer zum Teil gegensätzlichen Einsichten gehen akteurszentrierte Ansätze generell davon aus, daß internationale Institutionen zu einer Umverteilung der materiellen und ideellen Ressourcen von innenpolitischen und gesellschaftlichen Akteuren führen und damit eine Veränderung der politischen und sozialen Kräfteverhältnisse bedingen können. Je mehr innenpolitische Akteure durch internationale Normen und Regeln gestärkt werden und je mehr dies zu einer Veränderung der innergesellschaftlichen Kräfteverhältnisse zugunsten einer Gewinnkoalition derer führt, die von der Regel profitieren, desto eher ist die Einhaltung auch unbequemer internationaler Regeln zu erwarten.

Die Aussagen des rationalistischen Institutionalismus zum Problem der Regelbefolgung lassen sich in vier Annahmen zusammenfassen. Die Einhaltung unbequemer internationaler Regeln hängt ab von

1. dem Ausmaß ihrer „Legalisierung“ im Sinne ihrer Spezifität und der Dichte der Überwachungs- und Sanktionsmechanismen (Legalisierungshypothese);
2. der Stärkung administrativer und politischer Handlungskapazitäten der betroffenen Staaten (Management-Hypothese);

3. der Autonomie und Handlungsfähigkeit der politischen Systeme gegenüber ihren gesellschaftlichen Umfeldern (liberal-institutionenzentrierte Hypothese);
4. der Veränderung innenpolitischer Kräfteverhältnisse zugunsten derjenigen, die von den Regeln profitieren (liberal-akteurszentrierte Hypothese).

2.3 Konstruktivistischer Institutionalismus: Präferenzänderung durch Norminternalisierung

Auf der metatheoretischen Ebene unterscheiden sich konstruktivistische Ansätze recht grundsätzlich von rationalistischen Perspektiven (vgl. z. B. Wendt 1999; Onuf 1989; Risse i.E.). Gegen den methodologischen Individualismus von Rational Choice betonen sie, daß sich (soziale) Strukturen und Akteure wechselseitig konstituieren. Daraus folgt für unsere Fragestellung, daß soziale Normen und Regeln nicht nur verhaltenssteuernd und regulativ wirken, sondern Akteure in vielen Fällen bereits konstituieren, d.h. deren Interessen Präferenzen und sogar kollektive Identitäten verändern können. Souveränität als internationale Norm reguliert nicht nur das Verhalten von Staaten in den internationalen Beziehungen (z.B. über die Nichteinmischung in die inneren Angelegenheiten); Souveränität definiert und konstitutiert Staaten in der Weltgesellschaft im Unterschied zu anderen Akteuren (etwa multinationalen Konzernen). Darauf hat bereits die Englische Schule hingewiesen (Bull 1977). Internationale Menschenrechtsnormen definieren zunehmend, was es heißt, Mitglied der internationalen (zivilisierten) Gemeinschaft zu sein. „Zivilisierte" Mitglieder der internationalen Gemeinschaft unterscheiden sich von „Schurkenstaaten" u.a. durch die Einhaltung grundlegender Menschenrechte sowie den Verzicht auf die Proliferation von Massenvernichtungsmitteln oder auf die Unterstützung des internationalen Terrorismus.

Daraus folgt, daß konstruktivistische Ansätze andere soziale Handlungslogiken betonen als Vertreter der rationalistischen Perspektive. Zum einen geht es um die von March und Olsen betonte „Logik der Angemessenheit" (logic of appropriateness, vgl. March/Olsen 1989, 1998). Normgeleitetes Verhalten unterscheidet sich von instrumentell-rationalem Verhalten dadurch, daß Akteure in einer gegebenen Situation danach streben, das sozial Angemessene und Richtige zu tun anstatt strategische Ziele zu optimieren. Sie versuchen, die für die gegebene soziale Situation angemessene Regel zu finden und sich danach zu verhalten. Wenn die Normen bekannt und eindeutig sind, dann werden sie gewohnheitsmäßig und quasi „selbstverständlich" eingehalten, ohne daß die Regeleinhaltung in jedem Fall einen bewussten Vorgang darstellt.

Zum anderen geht es um die „Logik kommunikativer Rationalität," auf die vor allem die in der *Zeitschrift für Internationale Beziehungen* über mehrere

Jahre geführte Debatte hingewiesen hat (vgl. u.a. Müller 1994; Keck 1995; Zangl/Zürn 1996; Risse 2000). Häufig sind sich instrumentell-rationale Akteure über ihre eigenen Interessen im unklaren oder verfügen nicht über ausreichendes Wissen, um ihre Ziele verfolgen zu können. Ebensowenig sind sich normengeleitete Akteure in allen Fällen darüber im klaren, welche Regel die jeweils angemessene ist oder gar, ob die jeweilige Norm überhaupt moralisch vertretbar ist. In solchen Situationen bietet verständigungsorientiertes Handeln einen Ausweg. In theoretischen oder praktischen Diskursen können Akteure sich über die Situationsdefinition ebenso wie über die „richtigen" Normen und Regeln verständigen. Argumentatives Handeln (Habermas 1981, 1992) impliziert, daß Akteure ihre Interessen und Handlungsziele hintan- oder gar zur Disposition stellen und sich gegenseitig als gleichberechtigt im Kommunikationsprozeß anerkennen. Es geht also um die Durchsetzungskraft des „besseren Arguments," nicht um die Verwirklichung der eigenen Präferenzen.

Konstruktivistisch oder soziologisch orientierte Institutionalisten konzeptualisieren daher das Problem der Regeleinhaltung anders als ihre rationalistischen Kollegen. Erstens wird die Anerkennung einer internationalen Norm als legitim und ihre (zumindest kognitive, wenn auch nicht unbedingt moralische) Internalisierung[2] durch die Akteure zur Voraussetzung regelkonformen Verhaltens. In Lern- und Sozialisationsprozessen internalisieren Staaten und ihre Gesellschaften neue Regeln und übernehmen sie als „selbstverständlich" in ihr Handlungsrepertoire. Dies bedeutet meist auch eine Redefinition staatlicher Präferenzen und Identitäten. Während einige Arbeiten die Rolle von internationalen Organisationen als „Lehrer" betonen, die staatlichen Akteure bestimmte Normen und Regeln vermitteln (Finnemore 1996; Checkel 1999; vgl. auch Kohler-Koch 1998a), heben andere auf die Rolle (trans)nationaler Nicht-Regierungsorganisationen ab, die staatliche Akteure mittels Argumentations- und Überzeugungsprozesse in neue Regeln und Normen hineinsozialisieren (Risse et al. 1999).

Daraus ergibt sich, daß sich „gewollte" Regelverstöße nicht nur durch Zwang oder negative bzw. positive Sanktionen vermeiden lassen. Wenn staatliche Akteure von der Angemessenheit internationaler Regeln überzeugt werden und diese als Standard für international akzeptiertes Verhalten annehmen, erübrigen sich solche Maßnahmen. Statt Disziplinierung wird Überzeugung zum dominanten Mechanismus der Regeleinhaltung. Die Einbeziehung konstruktivistischer Annahmen in die Erklärung regelkonformen Verhaltens öffnet erstens den Blick für die Bedeutung der *Legitimität* internationaler Regeln, welche Juristen häufig betonen, die von vielen Politikwissen-

---

2 Norminternalisierung verlangt nicht unbedingt, daß die Regel für moralisch richtig gehalten wird, sondern lediglich, daß Akteure wissen, was von ihnen in einer gegebenen Situation als angemessenes Verhalten erwartet wird. Wir verdanken diesen Hinweis Ron Jepperson.

schaftlern aber oft vernachlässigt wird. Die Legitimität einer Regel erhöht ihre Akzeptanz und generiert damit freiwillige Folgebereitschaft (Franck 1990; Koh 1997; Joerges/Neyer 1997; Hurd 1999). Legitimität kann u.a. dadurch erzeugt werden, daß alle von der Regel potentiell betroffenen Akteure die Chance erhalten, an der Regelbildung gleichberechtigt teilzuhaben, und die Kosten und Nutzen der Regel als gerecht verteilt empfunden werden (Dworkin 1986; Franck 1995). Neben Verfahrens- und Verteilungsgerechtigkeit erhöht auch die Einbindung einer Regel in ein übergeordnetes Rechtssystem ihre Legitimität (Hurrell 1993). Ausserdem wirkt Regelbefolgung „ansteckend“: Je mehr Staaten eine internationale Norm für legitim und angemessen halten, desto stärker wird der Druck auf diejenigen, die die Regel nach wie vor verletzen (Finnemore/Sikkink 1998; Franck 1990).

Zweitens – und ebenfalls im Einklang mit juristischen Argumentationen (vgl. z. B. Chayes/Chayes Handler 1995; Snyder 1993) – wird Regeleinhaltung nicht einfach als objektiv messbare Übereinstimmung zwischen Verhaltensanforderung und tatsächlichem Verhalten verstanden, sondern als Interpretations- und Aushandlungsprozeß (vgl. auch Kratochwil 1989). Die Bedeutung und Anwendbarkeit von Regeln ergibt sich aus Auslegungsprozessen, in denen häufig zwischen konfligierenden Auffassungen vermittelt werden muß. Die Legitimität einer Norm hängt auch von einem von den Betroffenen geteilten Verständnis über ihren Bedeutungsgehalt ab. Dabei geht es nicht nur um die Präzisierung zweideutig formulierter Regeln. Häufig prallen unterschiedliche Auslegungen einer Regel und ihrer Anwendbarkeit aufeinander, zwischen denen es in einem rechtlichen Diskurs zu vermitteln gilt (Koh 1997; Marauhn 1996). Solche Vermittlungsprozesse, die häufig vor internationalen und nationalen (Schieds-) Gerichten ausgetragen werden, befördern die rechtliche Internalisierung von Regeln, die zu einer Redefinition staatlicher Interessen und Identitäten führen kann. Auch hier kommt es auf kommunikative Prozesse und die Überzeugungskraft der besseren Argumente an. Zwar argumentieren Ankläger und Verteidiger vor Gericht strategisch im Sinne rhetorischen Handelns (Schimmelfennig 1997, 2001). Nichtsdestotrotz unterliegt ihre Argumentation den Regeln verständigungsorientierten Handelns, weil sie nämlich ihre Zuhörerschaft – in diesem Fall Richter oder Jury – von ihrer Glaubwürdigkeit und der Richtigkeit der vorgetragenen Begründungen überzeugen müssen. Daraus ergibt sich, daß die Einhaltung unbequemer internationaler Regeln umso wahrscheinlicher wird, je stärker deren Rechtsqualität im nationalen Rechtssystem ausfällt und je mehr die Regel vor innerstaatlichen Gerichten einklagbar wird (rechtliche Internalisierung; vgl. Slaughter 1995; Zürn/Joerges 1999). Rechtliche Internalisierung geht daher über die bloße Umsetzung der Regel ins nationale Recht hinaus. Sie bezieht sich auf den Rechtsdiskurs über die Bedeutung und die Geltung einer international Norm im nationalen Rechtssystem.

Allerdings verweisen soziologische Institutionalisten der Stanford-Schule um John Meyer darauf, daß zwischen der Normanerkennung als legitim und der Regeleinhaltung im praktischen Verhalten eine starke Diskrepanz bestehen kann. Man spricht in diesem Zusammenhang von „Entkopplung", die Organisationen ermöglicht, standardisierte und legitimierte formale Strukturen aufrechtzuerhalten und gleichzeitig ihre Aktivitäten aufgrund pragmatischer Erwägungen zu orientieren und zu variieren (Meyer/Rowan 1991: 58, Meyer et al. 1987). Eine quantitative Studie fand beispielsweise keinen statistisch signifikanten Zusammenhang zwischen der Ratifizierung internationaler Menschenrechtsabkommen durch einzelne Staaten und der praktischen Einhaltung der Menschenrechte (Keith 1999). Offenbar gehört es in den 90er Jahren zum guten Ton, bestimmte internationale Abkommen zu unterzeichnen, wenn man als „anständiges Mitglied" der internationalen Gemeinschaft gelten will. Ob man dann aber auch die entsprechenden Normen einhält, steht auf einem anderen Blatt (vgl. dazu auch Liese 2001). Das empirische Problem der „Entkopplungs"-These ist, daß sie die große Varianz bei der Regeleinhaltung nicht erklären kann. Wie kommt es, daß einige Staaten sich peinlich genau an internationale Menschenrechtsabkommen oder das EU-Recht halten, während andere eher locker damit umgehen? In der EU beispielsweise ist die Varianz zwischen den – anderweitig durchaus europaskeptischen – „Musterknaben" Dänemark und Großbritannien einerseits und den „Bummlern" Italien und Griechenland enorm (Börzel 2001).

Aus konstruktivistischer Perspektive wurden zwei Hypothesen entwickelt, um die Varianz bei der Regelbefolgung im praktischen Verhalten trotz verbaler und rechtlicher Normanerkennung zu erklären. Die „Resonanzhypothese" führt die Nichteinhaltung internationaler Normen auf deren mangelnde Anschlußfähigkeit an kollektive Bedeutungsgehalte und Identitäten auf nationaler Ebene zurück. Je größer die Diskrepanz zwischen innenpolitisch institutionalisierten Normen und Regeln, desto schwieriger wird die Regeleinhaltung. Empirisch wurde diese Hypothese erfolgreich im Bereich der internationalen Umwelt- und Handelspolitik sowie des Staatsbürgerschaftsrechts evaluiert (Überblick bei Cortell/Davis 2000). Aber die Resonanzhypothese ist selbst nicht unproblematisch: Je größer die Kompatibilität zwischen internationaler Norm und innenpolitischen Regeln, umso bequemer wird die Regeleinhaltung für die Akteure. Damit hört Regelbefolgung auf, ein erklärungsbedürftiges Phänomen zu sein. Es ist daher sinnvoller, fehlende Anschlußfähigkeit an geltende nationale Normen oder kulturelle Bedeutungsgehalte als konstruktivistische Interpretation dessen zu behandeln, was eine „unbequeme internationale Regel" ausmacht.

Hinzu kommt, daß sich politische und gesellschaftliche Akteure häufig als „Normunternehmer" gerieren, die mittels strategischer sozialer Konstruktionen internationale Regeln mit den nationalen Normen kompatibel machen.

Dies führt zu einer weiteren konstruktivistisch inspirierten Hypothese, welche die Varianz zwischen Regelanerkennung und -einhaltung erklären soll. Danach wird Regeleinhaltung umso wahrscheinlicher, je mehr es transnationalen oder gesellschaftlichen Akteuren – „Normunternehmern" – gelingt, über strategische Konstruktionen und das „framing" sozialer Probleme andere Akteure von der Anschlußfähigkeit der internationalen Regeln an nationale Verfahren zu überzeugen. Diese Hypothese bildet so etwas wie das konstruktivistische Gegenstück zur oben formulierten liberal-akteurszentrierten Annahme, wonach internationale Regeln und Institutionen zu einer Umverteilung von Ressourcen zwischen gesellschaftlichen und politischen Akteuren führen.

Zusammengefasst lassen sich vier Annahmen zum Problem der Regelbefolgung aus dem konstruktivistischen bzw. soziologischen Institutionalismus ableiten. Die Einhaltung unbequemer internationaler Regeln hängt ab von

1. der Einbeziehung der Regelzielgruppe in das Verfahren der Normfindung (Verfahrenslegitimitäts-Hypothese);
2. der Einbettung in umfassendere und weithin als legitim bzw. für die Staatengemeinschaft als konstitutiv angesehene internationale Institutionen (institutionelle Legitimitäts-Hypothese);
3. der unmittelbaren Rechtswirkung und der innerstaatlichen Einklagbarkeit der Regel (rechtliche Internalisierungs-Hypothese);
4. der Überzeugungsfähigkeit transnationaler oder nationaler „Normunternehmer" in den gesellschaftlichen Umfeldern (soziale Internalisierungs-Hypothese).

2.4 Überlegungen zu einer Synthese von Rationalismus und Konstruktivismus

Die oben entwickelten rationalistischen und konstruktivistischen Perspektiven zum Problem der Befolgung internationaler Regeln unterscheiden sich dadurch, daß sie zum einen den gemeinsamen Ausgangspunkt – „unbequeme internationale Normen" – jeweils unterschiedlich konzeptualisieren. Für rationalistische Institutionalisten geht es in erster Linie um die mit der Regelbefolgung zusammenhängenden (materiellen und ideellen) Kosten. Konstruktivistische Institutionalisten betonen dagegen die fehlende Anschlußfähigkeit der internationalen Norm an nationale Regeln, Verfahren und kulturelle Bedeutungsgehalte. Zum anderen stellen beide Perspektiven auf jeweils unterschiedliche Mechanismen und Kausalpfade von der Normanerkennung zur Normeinhaltung ab. Diese Mechanismen wurden oben im einzelnen diskutiert und werden in Abbildung 1 zusammengefasst.

Abbildung 1:

Rationalistische und konstruktivistische Perspektiven zum Problem der Regelbefolgung

Rationalistische Perspektive	Konstruktivistische Perspektive

Gemeinsamer Ausgangspunkt:

„unbequeme internationale Regeln"

Rationalistische Perspektive	Konstruktivistische Perspektive
Regel verursacht (materielle/ideelle) Kosten	Regel ist nicht anschlußfähig an nationale Normen/Institutionen
↓	↓
(positive/negative) Sanktionen	Verfahrenslegitimität
	Legitimität der internationalen Institution
Stärkung bzw. Machtumverteilung zugunsten	
a) technisch-administrativer Handlungsfähigkeit	rechtliche Internalisierung
b) nationaler Regierungen	
c) gesellschaftlicher Reformkoalitionen	soziale Internalisierung über „Norm-Unternehmer"

MECHANISMEN DER REGELDURCHSETZUNG

Regelbefolgung

Bedeutet dies, daß die beiden institutionalistischen Perspektiven zur Frage der Regeleinhaltung sich wechselseitig ausschließen, weil sie erstens das Problem unterschiedlich beschreiben und zweitens verschiedene Mechanismen der Regeldurchsetzung betonen? Es ist in der Tat richtig, daß beide Perspektiven jeweils unterschiedliche Handlungslogiken betonen, die sich auf der theoretisch-analytischen Ebene wechselseitig ausschließen. Die Logik der Angemessenheit widerspricht grundsätzlich zweckutilitaristischem Handeln und ist auch nicht mit verständigungsorientiertem Handeln vereinbar. Davon ist allerdings die empirisch-phänomenologische Ebene zu trennen. Die Spiele, die wirkliche Akteure in der wirklichen Welt spielen (Scharpf 1997), kombinieren meistens die metatheoretisch differenzierten Handlungslogiken der instrumentellen, normgeleiteten und kommunikativen Rationalität. Es kann damit für die Forschung nicht darum gehen, sich metatheoretisch für ausschließlich eine Handlungslogik zu entscheiden, sondern herauszufinden, welche Handlungslogik in welcher empirischen sozialen Situation dominiert. Dabei können rationalistische und konstruktivistische Ansätze als heuristische Mittel betrachtet werden, die den Blick auf jeweils unterschiedliche Elemente der Wirklichkeit richten bzw. verschiedene Erklärungsfaktoren der gleichen empirischen Wirklichkeit betrachten.

Was bedeutet das für unsere Fragestellung? Zunächst ergibt sich, daß die unterschiedliche Konzeptualisierung einer „unbequemen Regel" durch die beiden theoretischen Perspektiven nicht schon zu miteinander unvereinbaren Problembeschreibungen führen muß. Eine internationale Norm, die an nationale Institutionen und Bedeutungsgehalte nur wenig anschlußfähig ist, wird ebenfalls ideelle und in der Regel auch materielle Kosten bei der Umsetzung verursachen. Umgekehrt gilt, daß Akteure, die von den Kosten einer internationalen Regel betroffen sind, häufig dazu neigen, die fehlende Anschlußfähigkeit der Norm an nationale Bestimmungen zu etablieren.

Was die von uns identifizierten Mechanismen der Regeldurchsetzung angeht, so handelt es sich hier um teilweise *funktional äquivalente* kausale Pfade. Eine hohe Legitimität der internationalen Normen bzw. deren rechtliche Internalisierung im nationalen System vermag zum Beispiel unzureichende Sanktionierungsmechanismen zu kompensieren (und umgekehrt). In Abwesenheit gesellschaftlicher Reformkoalitionen, deren Machtressourcen durch die internationale Norm gestärkt werden, können Normunternehmer über geschickte soziale Konstruktionen diskursive Überzeugungsprozesse einleiten, die zur Regelbefolgung führen.

Die Mechanismen der Regeldurchsetzung können sich aber auch wechselseitig *verstärken*. Wenn eine internationale Institution hohe Legitimität genießt, lassen sich weitreichende Überwachungs- und Sanktionsmechanismen politisch und gesellschaftlich eher durchsetzen. Umgekehrt gilt, daß der Druck internationaler Sanktionen oder allein schon die Drohung damit die

Bereitschaft von Regierungen erhöhen kann, sich auf diskursive Argumentationsprozeße über das Maß der Regelbefolgung einzulassen. Innerhalb der gesellschaftlichen Umfelder können „Norm-Unternehmer" durch Überzeugungsprozesse dazu beitragen, gesellschaftliche Mehrheiten zugunsten der internationalen Norm zu bilden.

Allerdings ist es auch möglich, daß sich die hier beschriebenen Mechanismen wechselseitig *behindern*. Wie die amerikanische Sanktionspolitik gegenüber dem Irak über einen Zeitraum von mehr als zehn Jahren gezeigt hat, führen harte Maßnahmen gegen Regelverletzungen nicht unbedingt zur Einhaltung der Normen, wenn diese von den Adressaten als illegitim wahrgenommen werden. Im Gegenteil, die Sanktionen verstärken noch die perzipierte Illegitimität der Norm und verhindern geradezu, daß sich Reformkoalitionen und Normunternehmer herausbilden, die zugunsten der internationalen Regeln mobilisieren.

Schließlich ist darauf hinzuweisen, daß die nachhaltige Befolgung unbequemer internationaler Regeln wahrscheinlich nur über deren Internalisierung in Sozialisationsprozessen zu erreichen ist. Da die Mechanismen, die auf instrumenteller Rationalität beruhen, die Interessen der Akteuren nicht verändern, werden unbequeme Regeln entsprechend nur so lange befolgt, wie die Sanktionen bei Vertragsverletzung aufrechterhalten werden oder solange die Reformkoalitionen von den Regeln profitieren. Sozialisation über Lern- und Überzeugungsprozeße, die zu rechtlicher und sozialer Internalisierung führen, verändert hingegen Interessen und Identitäten der Akteure, so daß positive oder negative Anreize zur Regeleinhaltung zunehmend unnötig werden.

3. Empirische Illustrationen: Umweltpolitik in Europa und internationale Menschenrechte

Wir können an dieser Stelle die von uns entwickelten Hypothesen nicht einer systematischen empirischen Überprüfung unterziehen. Wir beschränken uns deshalb darauf, mit Hilfe empirischer Beispiele aus dem Bereich der europäischen Umweltpolitik und den internationalen Menschenrechten die Plausibilität unserer Hypothesen zu illustrieren. Die Fallauswahl ergibt sich aus den unterschiedlichen Graden der Legalisierung und Legitimität der entsprechenden Normen und Institutionen. Während sowohl europäische Umwelt- als auch internationale Menschenrechtsnormen Formen des Rechts jenseits des Nationalstaates bilden, so unterscheiden sie sich hinsichtlich ihres Rechtscharakters doch erheblich. Zwar gehören Menschenrechtsregime zu den internationalen Abkommen, deren Legalisierung im Sinne der Präzision der Normen und Regeln sowie der Überwachungs- und Sanktionierungsmechanismen (Abbott et al. 2000) mit am weitesten fortgeschritten ist. Anders als internationales Recht genießt europäisches (Umwelt)-Recht jedoch Vorrang vor nationalem Recht und ist in vielen Fällen unmittelbar anwendbar. Selbst völkerrechtlich verbindliche Menschenrechtsnormen bedürfen hingegen der Umsetzung und Internalisierung in das nationale Recht. Auch die Regelungsdichte ist in der europäischen Umweltpolitik ungleich höher als im Falle internationaler Menschenrechtsnormen. Zwar decken die verschiedenen internationalen Menschenrechtskonventionen den Bereich der politischen und bürgerlichen sowie der wirtschaftlichen und sozialen Rechte weitgehend ab. Die über 220 europäischen Rechtsakte enthalten jedoch sehr viel spezifischere und umfassendere Regelungen der verschiedenen Umweltmedien. Darüber hinaus verfügt die EU über ein ausdifferenziertes, der Kontrolle der Mitgliedsstaaten weitgehend entzogenes Sanktionssystem, das dem Europäischen Gerichtshof die Möglichkeit einräumt, beachtliche Geldbußen zu verhängen.

Schließlich unterscheiden sich europäische Umwelt- und internationale Menschenrechtsnormen hinsichtlich ihrer Legitimität. Einerseits haben sowohl Menschenrechts- als auch Umweltnormen konstitutiven Charakter für moderne rechtsstaatliche Demokratien. Liberale Demokratien sind über die Achtung der Menschenrechte definiert; in zunehmenden Maße stellt die Einhaltung der Menschenrechte ein Indikator dafür dar, ob Staaten zu den geachteten Mitgliedern der internationalen Gemeinschaft gehören. Was die Erhaltung der Umwelt angeht, so hat Umweltschutz in vielen Demokratien des Westens Verfassungsrang. Andererseits genießen europäische Umweltregelungen als Teil des Europarechts einen höheren Grad an Normanerkennung und damit Legitimität als die internationalen Menschenrechte. Während sich EU-Mitgliedstaaten häufig um die beste Problemlösungsphilosophie in der Umweltpolitik streiten, erkennen sie die Geltung europäischer Umweltnormen als Teil des EU-Rechtssystems von vorneherein an. Demgegenüber erfolgt Normanerkennung der internationalen Menschenrechte durch die Staaten keinesfalls automatisch, da sie die entsprechenden internationalen Abkommen jeweils unterzeichnen, ratifizieren und sich den Überprüfungs- und Sanktionierungsmechanismen unterwerfen müssen. Die Phase der Normanerkennung muß daher bei der Um- und Durchsetzung von internationalen Menschenrechtsnormen in nationales Recht gesondert untersucht werden, wohingegen sie im EU-Umweltrecht praktisch gegeben ist.

Im folgenden werden wir die insgesamt acht Hypothesen für die beiden Bereiche diskutieren. Der Vergleich soll zeigen, inwiefern die unterschiedlichen Charakteristika der beiden Politikfelder die Wirkungsweise rationalistischer bzw. konstruktivistischer *compliance*-Mechanismen begünstigen.

3.1 Wenn sich Mitgliedstaaten nicht an europäische Umweltnormen halten[3]

3.1.1 Ausgangspunkt: Unbequeme Regeln

Die Normbildung in der europäischen Umweltpolitik läßt sich als ein „regulativer Wettbewerb" zwischen hoch regulierten Mitgliedstaaten begreifen, die versuchen, ihre anspruchsvollen Umweltstandards auf der europäischen Ebene zu harmonisieren, um dem transnationalen Charakter vieler Umweltprobleme gerecht zu werden und Wettbewerbsnachteile für ihre Industrien zu vermeiden (Héritier 1996; Héritier et al. 1994). Da die Länder mit hohen Umweltstandards unterschiedliche Regulierungstraditionen haben, konkurrieren sie darum, ihren eigenen Regulierungsansatz zu europäisieren, um Anpassungskosten zu minimieren. Dieser regulative Wettbewerb führt nicht nur zu erheblichen Umsetzungskosten für umweltpolitische „Nachzügler", die ihre Regulierungsstrukturen an die hohen Anforderungen der EU anpassen müssen. Selbst höher regulierte Länder sehen sich zu kostspieligen Anpassungen genötigt, wenn sie sich nicht auf europäischer Ebene mit ihrem Regulierungsansatz durchsetzen. So setzte sich Deutschland in den 80er Jahren bei der europäischen Luftreinhaltepolitik mit seinem dem Stand der Technik verpflichteten Emissionsansatz weitgehend durch. Großbritannien hatte hingegen das Nachsehen. Die britische Industrie mußte deshalb nicht nur in teure Umwelttechnologien (z.B. Filteranlagen, einige davon „made in Germany") investieren. Die britische Verwaltung war gezwungen, ihren qualitätsorientierten Ansatz, der auf der Abwägung von ökologischem Nutzen und ökonomischen Kosten umweltpolitischer Maßnahmen beruhte, in der Luftreinhaltepolitik aufzugeben. Das Beispiel zeigt, daß Normen, die nicht anschlußfähig sind an nationale Regulierungstraditionen, umfangreiche materielle und immaterielle Kosten mit sich bringen können. Die Umweltinformationsrichtlinie von 1990 stieß hingegen in vielen Mitgliedstaaten auf massiven Widerstand, obwohl ihre Umsetzung und Anwendung nur begrenzte Kosten verursachte. Die Richtlinie verpflichtet Behörden zur Herausgabe von Umweltinformationen, die sie nur unter bestimmten Bedingungen verweigern können. Obwohl der befürchtete administrative Aufwand weitgehend ausblieb, haben viele Verwaltungen versucht, die Anwendung der Regeln z.B. durch hohe Bearbeitungsgebühren zu umgehen (Hallo 1996). Transparenz und offener Zugang zu Informationen sind mit der Verwaltungstradition vieler Länder, nach der die im Besitz der Behörden befindlichen Informationen grundsätzlich geheim sind, nur schwer vereinbar. In diesem Fall ging es also weniger um Kosten als um die fehlende Anschlußfähigkeit der Norm.

---

3 Zum folgenden vgl. ausführlich Börzel 2000 und Börzel i.E.

3.1.2 Grad der Legalisierung und Sanktionen

Wenn es nach den über 15.000 aktenkundigen Vertragsverletzungen geht, welche die Kommission in den letzten 30 Jahren gegen die Mitgliedstaaten eingeleitet hat, wirkt sich der Spezifikationsgrad einer Regel entscheidend auf deren Einhaltung aus. Über 90% aller Verfahren beziehen sich auf die Verletzung von Richtlinien, die im wesentlichen Rahmen- und Zielvorgaben enthalten und erst von den Mitgliedstaaten ins nationale Recht umgesetzt werden müssen. Verordnungen hingegen, die relativ spezifische Vorgaben enthalten und unmittelbar anwendbar sind, machen nur einen geringen Prozentsatz aus (etwa 3%).[4] Dies ist um so bemerkenswerter, als es ungefähr dreimal so viele Verordnungen wie Richtlinien im Gemeinschaftsrecht gibt. Im Bereich der Umweltpolitik reguliert die EU fast ausschließlich über Richtlinien, die oft recht vage Formulierungen enthalten. Daraus ergeben sich für die Mitgliedstaaten nicht nur Unsicherheiten hinsichtlich der Regelanforderungen. Sie haben erheblichen Spielraum bei der Umsetzung, den sie nicht selten nutzen, um unbequeme Regelungen zu umgehen. So erlaubt die Umweltinformationsrichtlinie den Mitgliedstaaten, eine „angemessene" Bearbeitungsgebühr für die Bereitstellung von Information zu erheben. Was jedoch als „angemessen" anzusehen ist, wird von der Richtlinie nicht spezifiziert, so daß deutsche Behörden z.B. den Stundenlohn eines leitenden Verwaltungsangestellten bei ihrer Gebührenberechnung zugrunde gelegt und für einige Aktenkopien über 100 Mark verlangt haben. Im Rahmen des Vertragsverletzungsverfahrens nach Art. 226 EG-Vertrag lassen sich sowohl Regelanforderungen klären als auch absichtliche Regelverstöße unterbinden. Dabei ist nur in wenigen Fällen ein Urteil des Europäischen Gerichtshofes von Nöten. Über zwei Drittel aller von der Kommission vorgebrachten Regelverletzungen werden in informellen Verhandlungen mit den nationalen Regierungen beigelegt. Die Aussicht auf ein EuGH-Verfahren fördert allerdings die Bereitschaft der Mitgliedstaaten, sich auf solche Vermittlungsprozesse einzulassen.

3.1.3 Management-Hypothese

Der regulative Wettbewerb in der europäischen Umweltpolitik führt zu erheblichen Kosten bei der Regelbefolgung, insbesondere in den Ländern mit niedrigen Umweltstandards, deren Handlungskapazitäten gewöhnlich auch schwächer ausgebildet sind als die der Umweltpioniere. Die Umsetzung der Abwasserrichtlinie hat in Spanien z.B. Investitionen von mehreren Hundert-

4 Die Informationen zu den Verletzungen europäischer Normen und Regeln stammen aus einer Datenbank, die unter der Leitung von Tanja Börzel z.Zt. am Europäischen Hochschulinstitut erstellt wird und sämtliche Vertragsverletzungen umfasst, welche die Kommission in den 30 letzten Jahren offiziell gegen die Mitgliedstaaten eingeleitet hat. Vgl. Börzel 2001. Siehe auch http://www.iue.it/rsc/rsc_tools.

Millionen Mark notwendig gemacht, weil nur etwa 40% der Kommunen über Kläranlagen verfügen, welche die Anforderungen der Richtlinie erfüllen. Um den umweltpolitischen Nachzüglern bei der Bewältigung der Anpassungskosten zu helfen, stellt die Europäische Union besondere Finanzmittel bereit. So sind 50% der Gelder aus dem Kohäsionsfond für die Umsetzung von Umweltprogrammen bestimmt. Außerdem gibt es verschiedene EU-Programme (MEDSPA, ENVIREG oder LIFE) sowie günstige Kredite der Europäischen Investitionsbank oder der Europäischen Bank für Wiederaufbau und Entwicklung, die finanzielle Hilfestellung leisten. Neben der Bereitstellung finanzieller Ressourcen fördern europäische Institutionen auch den Austausch von Informationen und technischer Expertise. Über die Umweltausschüsse der Versammlung der Regionen Europas und des Ausschusses der Regionen haben z.B. deutsche Abfallkataloge ihren Weg in einige Mittelmeerregionen gefunden, als diese nach Vorlagen für die Umsetzung europäischer Abfallrichtlinien suchten.

3.1.4 Liberal-institutionenzentrierte Hypothese

Die nationalen Regierungen verweisen gerne auf innenpolitische Vetospieler (Regionen, Gewerkschaften, Interessengruppen), wenn sie sich vor der Kommission für Verstöße gegen das Gemeinschaftsrecht rechtfertigen müssen. Die Verteilung der aktenkundigen Vertragsverletzungsverfahren läßt jedoch keinen Zusammenhang zwischen der politischen Autonomie staatlicher Akteure und dem offiziellen Regelbefolgungsgrad eines Landes erkennen. Die politischen Systeme von Portugal und Griechenland sind traditionell staatsdominiert und weisen eine vergleichsweise niedrige Zahl institutioneller Vetospieler auf. Trotzdem gehören sie zu den Staaten mit den meisten Vertragsverletzungsverfahren. Umgekehrt verfügen die Regierungen der Niederlande und Deutschlands aufgrund korporatistischer Strukturen, zu denen im Falle Deutschlands noch eine föderalistische Staatsgliederung hinzukommt, über weitaus weniger Handlungsautonomie, sehen sich aber einer geringeren Zahl an Vertragsverletzungsverfahren gegenüber.

Ein Problem dieser institutionenzentrierten Perspektive ist allerdings, daß sie die Rolle faktischer Vetospieler vernachlässigt, die zwar nicht über institutionelle Blockademöglichkeiten verfügen, aber trotzdem einen erheblichen Einfluß auf den Politikprozeß ausüben können. Dies zeigt sich z.B. bei der Umsetzung der europäischen Umweltpolitik in Frankreich, wo weder mächtige Regionen noch korporatistisch verfaßte Interessengruppen formal den Prozeß behindern können. Die informelle Verwaltungspraxis einer flexiblen und mit den Betroffenen ausgehandelten Anwendung strikter nationaler Standards auf der lokalen Ebene bildet nicht nur ein Gegengewicht zum zentralisierten politischen Entscheidungsprozeß (Héritier et al. 1994: 144-147), er hat Frankreich zahlreiche Vertragsverletzungsverfahren eingehandelt, z.B. im Bereich der Umweltverträglichkeitsprüfung.

Abbildung 2: Durchschnittliche Zahl der begründeten Stellungnamen pro Jahr im Umweltbereich für die einzelnen Mitgliedsstaaten 1971-1999

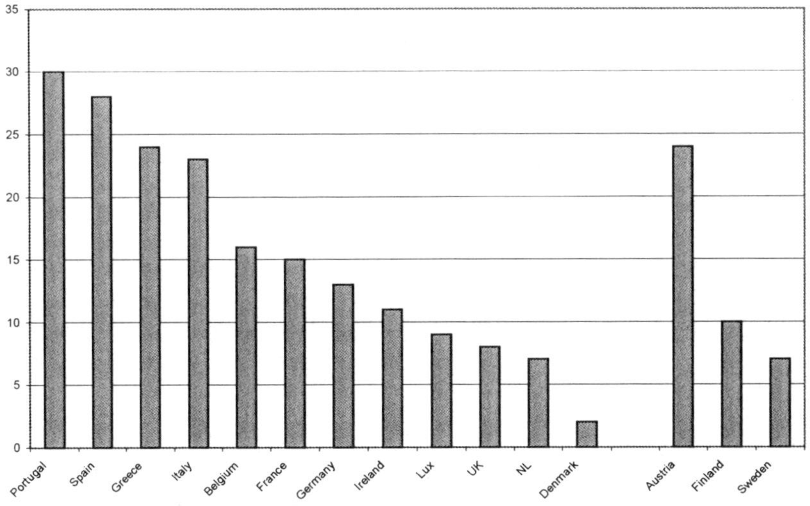

Quelle: Datenbank zur Einhaltung von Gemeinschaftsrecht, Europäisches Hochschulinstitut, Robert Schuman Centre

3.1.5 Liberal-akteurszentrierte Hypothese

In der europäischen Umweltpolitik lassen sich zahlreiche Beispiele finden, wo eine Richtlinie zu einer Machtumverteilung in den Mitgliedstaaten geführt hat – sowohl zugunsten einer reformfreudigen Regierung als auch zugunsten gesellschaftlicher Reformkoalitionen. So gibt es im Bundesumweltministerium durchaus Kräfte, die integrative und partizipative, also mit der deutschen Regulierungstradition nur schwer vereinbare Politikinstrumente wie die Umweltverträglichkeitsprüfung (UVP) oder das integrierte Genehmigungsverfahren für Industrieanlagen (IVU) unterstützen, weil sie darin eine Möglichkeit sehen, das deutsche Umweltrecht zu modernisieren. Sie haben die Formulierung dieser Richtlinien auf europäischer Ebene zumindest informell unterstützt und versucht, innenpolitische Gegner (Vollzugsbehörden, Industrieverbände) mit einer bereits verabschiedeten Richtlinie, die ins nationale Recht umgesetzt werden muß, vor vollendete Tatsachen zu stellen. Diese Strategie der Selbstbindung, um innenpolitische Reformwiderstände zu brechen, ist allerdings nur bedingt aufgegangen. Die vollständige Umsetzung der UVP-Richtlinie von 1985 dauerte mehrere Jahre und bedurfte zweier Verfahren vor dem Europäischen Gerichtshof, die auf Beschwerden von Umweltgruppen zurückgingen. Die Umsetzung der IVU-Richtlinie von 1996 sowie der 1997 novellierten UVP-Richtlinie sollte durch ein Umweltgesetzbuch erfolgen, das die stark sektoralisierte Gesetzgebung zu den einzelnen Umweltmedien zusammenfassen und integrieren würde. Der von einer Expertenkommission 1998 vorgelegte Entwurf ist jedoch am breiten Widerstand aus den Ländern, Kommunen und der Industrie gescheitert. Deutschland droht jetzt ein Vertragsverletzungsverfahren wegen Nichtumsetzung der Richtlinien. Innenpolitische Reformkräfte erfahren eine weitere Stärkung durch die Überwachungs- und Sanktionsmechanismen der EU. Aufgrund ihrer begrenzten Ressourcen ist die Kommission nicht in der Lage, die Einhaltung des Gemeinschaftsrechts lückenlos zu überwachen. Sie ist bei der Aufdeckung von Regelverstößen auf die Beschwerden von Bürgern und Unternehmen angewiesen. Dies gibt gesellschaftlichen Reformkoalitionen ein wirksames Mittel an die Hand, um Druck sowohl auf ihre Regierung als auch auf Reformgegner auszuüben, sich den Anpassungskosten unbequemer Regeln zu stellen. Der vereinte Druck von „unten“ – durch die politische Mobilisierung von Umweltgruppen – und „oben“ – durch die (von den Umweltgruppen alarmierte) Kommission hat sich bei der Durchsetzung unbequemer Normen wie der Umweltinformationsrichtlinie als recht wirksam erwiesen. Die umfassende Partizipation gesellschaftlicher Akteure zumindest bei der Umsetzung europäischer Umweltpolitik ist seit Anfang der 90er Jahre erklärtes Ziel der Kommission (Commission of the European Communities 1991). Verfahrensregelungen wie die UVP oder die Umweltinformationsrichtlinie, die den Bürgern Informations- und Mitwirkungsrechte z.B. bei Genehmigungsverfahren einräumen, sollen zu einer verbesserten Überwachung und Durchsetzung von (EU-) Umweltstandards führen. In Spanien, wo Umweltgruppen und Bürgerinitiativen traditionell über wenig politischen Einfluß verfügen, haben diese neuen Partizipationsrechte tatsächlich zu einer Stärkung gesellschaftlicher Kräfte in der Umweltpolitik geführt, z.B. wenn es um Genehmigungsverfahren von Bau- und Industrievorhaben geht.

3.1.6 Verfahrenslegitimität

Die fehlende Einbeziehung innenpolitischer Akteure, die für die Einhaltung europäischer Normen und Regeln entscheidend sind, in den Normenbildungsprozeß kann zu schwerwiegenden Problemen bei der Umsetzung führen. Dies gilt nicht nur für die Zielgruppen einer Regel, sondern auch für ihre Adressaten. Der weitgehende Ausschluß der Fachverwaltungen und Vollzugsbehörden aus dem europäischen Entscheidungsprozeß zur Umweltverträglichkeitsrichtlinie oder zur Umweltinformationsrichtlinie hat den Reformkräften im Bundesumweltministerium zwar ermöglicht, die Richtlinien im Rat auf den Weg zu bringen. Im Umsetzungsprozeß sind die beiden Richtlinien aber auf massiven Widerstand getroffen, da sie an die deutsche Verwaltungstradition kaum anschlußfähig sind (siehe oben). Angesichts der Führungsrolle, die Deutschland lange Zeit in der Umweltpolitik innehatte und nach Ansicht vieler Beamten immer noch innehat, erfahren europäische Regelungen, die mit dem deutschen Regulierungsansatz nicht vereinbar sind, wenig Akzeptanz. Dabei führen Verwaltungsbeamte nicht nur die vergleichsweise hohe Problemlösungsfähigkeit deutscher Umweltpolitik ins Feld, sondern verweisen auch auf die Kohärenz des deutschen Rechtssystems, die durch die Übernahme „regulierungsfremder“ Elemente wie der medienübergreifenden Evaluierung gefährdet werde.

3.1.7 Institutionelle Legitimität

An der mangelnden Folgebereitschaft bei „unbequemen“ EU-Umweltnormen ändert auch die Tatsache nichts, daß die EU im allgemeinen hohe Legitimität in der deutschen Verwaltung genießt. Weder die Notwendigkeit europäischer Umweltgesetze noch ihr Geltungsvorrang im nationalen Recht wird in Frage gestellt. Es geht vielmehr um bestimmte Regelungen, die als mit den historisch gewachsenen deutschen Regulierungsstrukturen und Verwaltungstraditionen nicht vereinbar gelten. Nicht zuletzt deshalb fordern die deutschen Länder eine strikte Anwendung des Subsidiaritätsprinzips, das die Rolle der EU auf die Setzung umweltpolitische Vorgaben reduzieren soll und den Mitgliedsstaaten größtmöglichen Spielraum bei der Umsetzung läßt. Die Verteilung der Vertragsverletzungsverfahren deutet ebenfalls daraufhin, daß kein monokausaler Zusammenhang zwischen der allgemeinen Unterstützung für die EU einerseits und der Einhaltung ihrer Umweltgesetze in den Mitgliedsstaaten besteht. Die größten Umweltsündern (Italien, Belgien, Griechenland) gehören zu den europafreundlichsten Ländern, während die Dänen als umweltpolitische Musterknaben gleichzeitig zu den größten Europaskeptikern zählen. Das umweltpolitische Selbstverständnis in den Mitgliedstaaten und damit die Legitimität, die Umweltnormen als solche genießen, scheinen von größerer Relevanz für das Maß der Normeinhaltung zu sein. Einerseits läßt sich Deutschland ungern von der EU sagen, wie effektive Umweltregulierung gemacht wird. Andererseits ist es nur schwer mit dem deutschen Anspruch vereinbar, eine umweltpolitische Führungsrolle in Europa zu spielen, wenn Deutschland mehr Verfahren beim Europäischen Gerichtshof wegen Verletzungen von EU-Umweltrecht anhängig hat, als umweltpolitische Nachzügler wie Spanien oder Portugal. Gleichzeitig erweisen sich europäische Ressourcentransfers als wichtiger Faktor, der nicht nur Handlungskapazitäten nationaler Regierungen, sondern auch die Akzeptanz europäischer Normen und Regeln befördert. Die Bereitschaft zur Internalisierung neuer Problemlösungsansätze in der Umweltpolitik steigt, wenn sich die damit verbundenen Kosten reduzieren. Solange in Spanien, Portugal oder Griechenland der Industrie keine Investitionshilfe beim Erwerb umweltfreundlicher Technologien geleistet wird, überrascht es kaum, daß diese Länder den „Stand der Technik" beim Emissionsschutz als „typisch nordisches Konzept" ablehnen, das für den Süden nicht taugt.

3.1.8 Rechtliche Internalisierung

Auf die Partizipation gesellschaftlicher Akteure in der europäischen Umweltpolitik als Faktor, der die Normeinhaltung befördert, wurde bereits im Zusammenhang mit der liberal-akteurszentrierten Hypothese hingewiesen. Um den Druck zu erhöhen, schlagen Bürger und Umweltgruppen häufig den Rechtsweg ein, wenn sich nationale Behörden z.B. weigern, die partizipativen Instrumente der europäischen Umweltpolitik zur Anwendung zu bringen (Knill/Lenschow 2000). Die Mobilisierung gesellschaftlicher Kräfte trägt so entscheidend zur rechtlichen Internalisierung europäischer Umweltnormen bei. Bei der Klärung ihres Bedeutungsgehalts und Geltungsbereichs spielen nicht nur nationale Gerichte eine wichtige Rolle, sondern auch der Europäische Gerichtshof, der von der Kommission aufgrund von Beschwerden nationaler Umweltgruppen oder Bürger(initiativen) bzw. von nationalen Gerichten im Rahmen des Vorlageverfahrens nach Art. 234 (ex-Art. 177) EG-Vertrag angerufen wird. Die Bereitschaft nationaler Gerichte, einen Rechtsdiskurs über europäische Umweltnormen zu führen, variiert allerdings beträchtlich, sowohl zwischen den Mitgliedsstaaten als auch zwischen den verschiedenen Gerichten innerhalb eines Mitgliedsstaates (Conant 2001). Auch mündet der Rechtsdiskurs nicht notwendigerweise in die Normeinhaltung. So haben deutsche Verwaltungsgerichte in ihrer Rechtsprechung die restriktive Auslegung und Anwendung der europäischen Umweltverträglichkeitsprüfungsrichtlinie durch die deutschen Behörden gestützt.

3.1.9 Soziale Internalisierung

Während gesellschaftliche Akteure die Kosten der Normeinhaltung bzw. Nichtbefolgung maßgeblich beeinflussen können, indem sie – oft gemeinsam mit der Kommission – Druck auf die Adressaten und Zielgruppen europäischer Umweltregelungen ausüben, treten sie als „Normunternehmer" und Sozialisationsagenten, die soziale Lern- und Überzeugungsprozesse anstoßen, weniger in Erscheinung. Der technisch-rechtliche Charakter von Umweltregelungen macht es Umweltgruppen oft schwer, politische Entscheidungsträger und Umweltverwaltungen in einen öffentlichen Diskurs über die Legitimität der integrierten Vermeidung und Überwachung von Umweltverschmutzung oder des Umwelt-Audit und Management Systems zu verwickeln. Solche Auseinandersetzungen finden vorwiegend in wissenschaftlichen Foren wie juristischen und umweltpolitischen Fachzeitschriften oder Fachkongressen statt. Die Rolle von „Normunternehmern“ und ihr Einfluß auf die Einhaltung europäischen Umweltrechts ist bisher allerdings kaum systematisch untersucht worden.

Die empirischen Beispiele aus der europäischen Umweltpolitik illustrieren die Plausiblität der aus rationalistischen und konstruktivistischen Ansätzen zur Institutionenwirkung abgeleiteten Hypothesen. Dabei zeigt sich, daß sich die verschiedenen Hypothesen keinesfalls gegenseitig ausschließen, sondern in unterschiedlichen Beziehungen zueinander stehen können. So mögen europäische Umweltnormen reformfreudige Regierungen gegenüber innenpolitischen Vetospielern stärken; gleichzeitig kann die fehlende Einbeziehung potentieller Reformgegner in den Entscheidungsprozeß die Akzeptanz europäischer Normen auf der nationalen Ebene erheblich beeinträchtigen. *Compliance*-Mechanismen können sich aber auch wechselseitig verstärken, wenn z.B. die Moblisierung gesellschaftlicher Kräfte nicht nur zu externen Sanktionen führen, sondern auch zu gerichtlichen Auseinandersetzungen, die zur rechtliche Internalisierung einer Norm führen. Und der Aufbau von Handlungskapazitäten durch Ressourcentransfers vermag die Akzeptanz unbequemer Regeln zu fördern.

3.2 Internationale Menschenrechte: Norminternalisierung und transnationale Netzwerke

3.2.1 Menschenrechte als „unbequeme Normen“

Im folgenden berichten wir von den Ergebnissen eines Forschungsprojektes, das die Durchsetzung von Freiheits- und Persönlichkeitsrechten (u.a. Folterverbot) in elf Ländern des Südens (Afrika, Asien, Lateinamerika) sowie im früheren kommunistischen Osteuropa untersucht hat (Risse et al. 1999, i.E.). In allen elf Ländern wurden grundlegende Menschenrechte systematisch verletzt; bei unseren Untersuchungen ging es darum, die Bedingungen herauszufinden, unter denen es zu einer Verbesserung der Menschenrechtssituation kommt. Dazu wurde ein Fünf-Phasen „Spiralmodell“ entwickelt, das mit der systematischen Mißachtung der Menschenrechte und dem Leugnen der Gültigkeit internationaler Normen in diesem Bereich beginnt. Im Unterschied zur europäischen Umweltpolitik ist in diesem Fall die Normgeltung selbst zunächst umstritten. Daß die in den diversen Menschenrechtskonventionen verankerten Normen für repressive Regime unbequem sind, ergibt sich dabei aus der Natur der Sache. Erst in der Phase taktischer Konzessionen, in der die Regime unter zunehmenden Druck seitens ihrer internationalen Umwelt und der innenpolitischen Opposition geraten, beginnen repressive Regierungen, sich allmählich auf die Sprache der Menschenrechte einzulassen. Von Normanerkennung kann allerdings erst dann gesprochen werden, wenn Regierungen die entsprechenden internationalen Menschenrechtsabkommen ratifizieren und sich ihren Überwachungsmechanismen unterwerfen, die Normen in nationales Recht umsetzen und ihren öffentlichen Diskurs im Sinne der Menschenrechte verändern. Auch hier zeigt sich, daß es unter Umständen ein weiter Weg ist von der Normanerkennung zur dauerhaften Einhaltung der wichtigsten Menschenrechte (vgl. dazu auch Liese 2001).

3.2.2 Grad der Legalisierung und Sanktionen

Im Menschenrechtsbereich läßt sich die Legalisierungshypothese kaum bestätigen. Gerade die Freiheits- und Persönlichkeitsrechte gehören im Unterschied etwa zu sozialen und ökonomischen Rechten zu den Menschenrechten, die in den verschiedenen internationalen Abkommen am genauesten und am detailliertesten spezifiziert sind. Das gilt auch für die Überwachungs- und Kontrollverfahren. Trotzdem wird in mehr als 100 Ländern der Erde nach wie vor gefoltert, wie sich aus jedem Jahresbericht von Amnesty International entnehmen läßt. Eine genauere Überprüfung der Legalisierungshypothese in bezug auf Menschenrechte in Lateinamerika erbrachte ebenfalls einen negativen Befund (Lutz/Sikkink 2000). Für die von uns untersuchten Länder gilt außerdem, daß die meisten zunächst gar nicht Vertragspartner der entsprechenden internationalen Abkommen waren.

Was positive Anreize oder negative Sanktionen angeht, so ergibt sich ein widersprüchlicher Befund. Materielle Sanktionen der internationalen Staatengemeinschaft gegen menschenrechtsverletzende Staaten werden zwar zunehmend und konsistent verhängt, wie eine quantitativ-vergleichende Untersuchung der Sanktionspolitiken der USA und der EU für die neunziger Jahre bestätigen konnte (Hazelzet 2001). Ihre Wirkungen hängen aber entscheidend von Randbedingungen ab, näherhin dem Ausmaß der sozialen Mobilisierung im Innern der menschenrechtsverletzenden Staaten. Wenn die gesellschaftliche Opposition gegen die repressiven Regime nur schwach entwickelt ist, dann bleiben internationale Sanktionen oft wirkungslos, selbst wenn sie über Jahre hinweg verhängt werden. Wirtschaftliche Sanktionen allein sind selten geeignet, den Menschenrechten zum Durchbruch zu verhelfen, wie zahlreiche Studien immer wieder bestätigt haben (Drezner 1999, 2000; Elliott 1998; Hufbauer et al. 1990). Die Beispiele Irak, Syrien oder Libyen sprechen hier für sich. Schlimmstenfalls benutzen Diktaturen internationale Sanktionen sogar zur Stärkung ihrer innenpolitischen Machtposition; es kommt zu einer nationalistischen Gegenreaktion.

Umgekehrt gilt jedoch, daß das Anprangern menschenrechtsverletzender Regierungen vor der internationalen Öffentlichkeit selbst einer (ideellen) Sanktion ähnelt, insofern den meisten Regimen ihr Image in der Welt nicht gleichgültig ist. Nur wenige Regierungen lassen sich gern zu Schurkenstaaten erklären, zumal dieser Status meist mit handfesten materiellen Kosten verbunden ist. Zugleich können auch materielle Sanktionen durchaus positive

Wirkungen zeigen, wenn sie von einer bereits voll mobilisierten Opposition dazu genutzt werden können, das Regime weiter unter Druck zu setzen. Dies war zum Beispiel in Kenia und Indonesien Anfang der neunziger Jahre der Fall (vgl. Jetschke 2000; Schmitz 1999). In diesen Fällen gelang es der gesellschaftlichen Opposition, international isolierte Regierungen zu Konzessionen zugunsten der Menschenrechte zu bewegen.

3.2.3 Management-Hypothese

Im Menschenrechtsbereich spielt die politisch-administrative Handlungskapazität der betroffenen Staaten zunächst keine Rolle. Schließlich geht es hier nicht um ungewollte Regelverletzungen, sondern um beabsichtigte Normverletzungen zur Herrschaftssicherung der repressiven Regime. Erst in späteren Phasen der Menschenrechtsdurchsetzung kommen die Vorgaben des „managed compliance"-Ansatzes zum Tragen, beim Übergang von der Normanerkennung zur Normeinhaltung. Vor allem in den Ländern des Südens, in der die Durchsetzung der Menschenrechte mit einem Machtwechsel verbunden war, dauerte es einige Zeit, bis die neuen liberalen Eliten ihre Machtbasis konsolidiert und die Kontrolle über den Staatsapparat übernommen hatten. Dabei kam es zu Menschenrechtsverletzungen seitens der Sicherheitskräfte, obwohl die Regierung sich den internationalen Normen verpflichtet hatte. Gleichzeitig fehlen vielen der ärmsten Länder der Erde (beispielsweise Uganda, vgl. Schmitz 1999) die Handlungskapazitäten, um die Polizei und das Militär in Richtung auf menschenrechtskonformes Verhalten auszubilden und die entsprechenden Verhaltensänderungen zu trainieren. In vielen Ländern boten Amnesty International und andere NGOs Hilfestellungen, um die entsprechenden staatlichen Handlungskapazitäten aufzubauen. Schließlich ist auf das zunehmende Problem der Menschenrechtsverletzungen durch nichtstaatliche oder para-staatliche Akteure (Guerillas, paramilitärische Kräfte, marodierende Banden etc.) hinzuweisen, das vor allem jene Länder des Südens betrifft, in denen staatliche Strukturen nur noch rudimentär vorhanden sind.

3.2.4 Liberal-institutionenzentrierte Hypothese

Diese Annahme ist für den Menschenrechtsbereich zu falsifizieren. Es geht bei der Durchsetzung der Menschenrechte gerade nicht darum, die staatliche Autonomie gegenüber den gesellschaftlichen Umfeldern zu stärken. Im Gegenteil, Normeinhaltung bedeutet hier die Kontrolle und Einhegung staatlicher Herrschaft.

3.2.5 Liberal-akteurszentrierte Hypothese

Der in dieser Hypothese angedeutete Wirkungszusammenhang erweist sich im Menschenrechtsbereich als höchst aussagekräftig. In allen von uns untersuchten Ländern war internationaler Druck auf menschenrechtsverletzende Staaten allein nicht ausreichend zur Beförderung der Normeinhaltung. Ohne soziale Mobilisierung „von unten“, also in den gesellschaftlichen Umfeldern der betroffenen Staaten, kam es nicht zu einer dauerhaften Verbesserung der Menschenrechtssituation. Eine der wichtigsten Wirkungen der internationalen Menschenrechtsnormen einerseits und der Arbeit transnationaler Menschenrechtsnetzwerke aus (I)NGOs, internationalen Organisationen und einzelnen – zumeist westlichen – Staatenvertretern andererseits (dazu Keck/Sikkink 1998) besteht darin, die gesellschaftliche Opposition gegen repressive Regime zu stärken. Menschenrechte und die Aktivitäten der transnationalen Netzwerke verändern also tendenziell die innenpolitischen Kräfteverhältnisse zugunsten der liberalen Opposition gegen autoritäre Regime.

In den Phasen der ungebrochenen Repression und des Leugnens internationaler Menschenrechtsnormen durch die Regierungen sind es vor allem die transnationalen Netzwerke, die Informationen über die Lage im Land verbreiten und die internationale Öffentlichkeit mobilisieren. Je mehr Regierungen sich gezwungen fühlen, taktische Konzessionen im Menschenrechtsbereich zu machen und je mehr sie die Kontrolle über den Menschenrechtsdiskurs verlieren, desto größer wird der Handlungsspielraum der innergesellschaftlichen Opposition. Gleichzeitig wächst ihre Vernetzung mit den transnational operierende Gruppen, die ihr zum einen materielle und informationelle Ressourcen zur Verfügung stellen und sie zum anderen über die Aufmerksamkeit der Weltöffentlichkeit vor der Repression schützen. Die entscheidende Wirkung taktischer Konzessionen besteht also nicht in erster Linie in einer dauerhaften Verbesserung der Menschenrechtssituation, sondern in der Mobilisierung im Innern des repressiven Staates. Viele Staatsführungen beginnen in dieser Phase einen Prozeß der kontrollierten Liberalisierung, in deren Verlauf sich die herrschenden Eliten häufig über das Ausmaß der nötigen Reformen zerstreiten (O'Donnell/Schmitter 1986, 15-21).

Der hier angedeutete Wirkungszusammenhang läßt sich allerdings nicht ausschließlich auf der „rationalistischen“ Seite der zugrundeliegenden Handlungslogiken (vgl. Abbildung 1) verorten. Erstens geht es um das Zusammenspiel zwischen transnationalen „Normunternehmern“ (s.u. ausführlich) und Oppositionsgruppen in den gesellschaftlichen Umfeldern der repressiven Staaten. Zweitens geht die Stärkung der innenpolitischen Opposition im allgemeinen einher mit einer Sozialisation in internationale Menschenrechtsnormen und damit einer Präferenzänderung der gesellschaftlichen Gruppen. Der Fall Indonesien belegt, daß die Einigung der Opposition auf den Menschenrechtsdiskurs eine notwendige Voraussetzung für innenpolitischen Wandel darstellt (Jetschke 2000). Internationale Menschenrechtsnormen stellen Oppositionsgruppen im Innern der Länder nicht nur ideelle Ressourcen zur Durchsetzung ihrer Interessen zur Verfügung, sie wirken auf deren Präferenzen und Identitäten selbst ein.

3.2.6 Verfahrenslegitimität

Die Annahme, daß die Einbeziehung der Regelzielgruppe in das Verfahren der Normbildung die Bereitschaft zur Normeinhaltung erhöht, ist für den Bereich der Menschenrechte entweder nicht anwendbar oder sogar fragwürdig. Die meisten der hier untersuchten repressiven Regime waren nicht an den Verhandlungen über die entsprechenden Menschenrechtskonventionen beteiligt, sondern traten erst später den Abkommen bei. Generell gilt, daß die meisten internationalen Menschenrechtsabkommen von denjenigen staatlichen und nicht-staatlichen Akteuren gefördert und verhandelt wurden, die die entsprechenden Normen bereits innerstaatlich implementiert hatten und internationalisieren wollten. Lediglich Moravcsik argumentiert, daß das europäische Menschenrechtsregime vor allem aufgrund der Initiative von sich demokratisierenden Staaten im Sinne einer Selbst-Bindung an internationale Normen zustandekam (Moravcsik 2000). Dies könnte die Hypothese zur Verfahrenslegitimität stützen. Allerdings zeigt eine Untersuchung von demokratischen Ländern (Großbritannien und Israel), denen ein Verstoß gegen das Folterverbot vorgeworfen wurde, daß auch die Beteiligung an den Vertragsverhandlungen – in diesem Fall der Anti-Folterkonvention – keine automatische Normeinhaltung garantiert (Liese 2001).

3.2.7 Institutionelle Legitimität

Die Annahme, daß die Normeinhaltung zunimmt, wenn die Regeln zu einer für die Staatenwelt konstitutiven internationalen Institution gehören, kann für den Menschenrechtsbereich bestätigt werden. In der Tat gehören die grundlegenden Menschenrechte heute zu einem Bereich internationaler Normen mit außerordentlich hoher institutioneller Legitimität. Wer heute ein anerkanntes Mitglied der internationalen Staatengemeinschaft sein will, muß dem Menschenrechtsregime beigetreten sein und sich an die Normen halten. Insofern sind die Menschenrechte zunehmend konstitutiv für die Weltgesellschaft; die dementsprechende Einschränkung nationaler Souveränitätsrechte ist kaum noch umstritten.

Für den Prozeß von der Normanerkennung zur Normeinhaltung hat das die konkrete Folge, daß es zu einer Beschleunigung der Menschenrechtsdurchsetzung in den Fällen kommt, in denen die sonstigen Bedingungen für die dauerhafte Implementation der Menschenrechte gegeben sind (vor allem transnationale und innergesellschaftliche Mobilisierung). Dauerte es in den

Fällen Südafrikas, Indonesiens und Chiles noch Jahrzehnte von der Phase der Repression bis zur Durchsetzung der Menschenrechte, so hat sich dieser Prozeß in den neunziger Jahren in vielen Fällen erheblich beschleunigt – ein Beweis für die inzwischen hohe institutionelle Legitimität der Menschenrechtsnormen.

3.2.8 Rechtliche Internalisierung

Rechtliche Internalisierung ist in der Tat eine notwendige, wenn auch nicht hinreichende Bedingung für die dauerhafte Einhaltung der Menschenrechte. Ohne Rechtsstaatlichkeit keine dauerhafte Verwirklichung der Menschenrechte! In allen von uns untersuchten Fällen war die Ratifizierung internationaler Menschenrechtsabkommen (als Indikator für die Normanerkennung) nur dann mit einer Verbesserung der Menschenrechtssituation verbunden, wenn ihr die konkrete Umsetzung in nationales Recht folgte. Dabei ging es weniger um die Aufnahme eines Grundrechtekatalogs in die nationale Verfassung. Vielmehr erwies sich die Einrichtung unabhängiger nationaler Instanzen im Menschenrechtsbereich mit der Möglichkeit zur Individualbeschwerde – sei es über die Institutionalisierung einer Ombudsperson, sei es über die Einsetzung nationaler Menschenrechtskommissionen – als unabdingbare Voraussetzung einer späteren nachhaltigen Verbesserung der Regeleinhaltung. Rechtliche Internalisierung im Sinne der Einklagbarkeit der Menschenrechte vor unabhängigen nationalen Instanzen einerseits und einer Veränderung des innenpolitischen Diskurses andererseits war eine der wichtigsten Bedingungen für eine spätere nachhaltige Regelbefolgung.

3.2.9 Soziale Internalisierung über transnationale „Norm-Unternehmer“

Untersuchungen bestätigen die herausragende Bedeutung transnationaler Menschenrechtsnetzwerke aus individuellen und kollektiven Akteuren, die verbunden sind durch gemeinsame Werte, einen gemeinsamen Diskurs und den engen Austausch von Informationen und anderen Ressourcen (Keck/Sikkink 1998). Solche Netzwerke vereinigen verschiedene Gruppen sozialer Akteure (politische Stiftungen, Kirchen, Gewerkschaften, Medien etc.), die Aktionen initiieren, anderweitig schwer verfügbare Informationen liefern und staatliche Akteure dazu drängen, ihre Menschenrechtspraxis zu rechtfertigen. Einheimische und internationale Nichtregierungsorganisationen (NGOs) bilden das dauerhafte Rückgrat dieser Netzwerke.

Im Prozeß der Menschenrechtsdurchsetzung wirken transnationale Netzwerke als Sozialisationsagenten. Erstens sammeln und veröffentlichen Amnesty International, Human Rights Watch und andere NGOs Informationen über Menschenrechtsverletzungen in aller Welt und stellen sie der Weltöffentlichkeit, nationalen Regierungen sowie internationalen Organisationen zur Verfügung. Transnationale Netzwerke mobilisieren die internationale Öffentlichkeit, westliche Regierungen und Geberländer sowie internationale Organisationen, Menschenrechtsverletzungen in Ländern des Südens nicht tatenlos hinzunehmen. Die Sozialisationswirkung bezieht sich darauf, daß westliche Öffentlichkeiten und liberale Demokratien an ihre eigene Identitäten erinnert und aufgefordert werden, ihren (Menschenrechts-) Worten Taten, beispielsweise durch eine prinzipiengeleitete Außenpolitik folgen zu lassen. Mangels materieller Ressourcen vertrauen transnationale Netzwerke hier auf die Kraft des besseren Arguments, auf die Überzeugungskraft des moralischen Protests gepaart mit Sachwissen und Expertise.

Zweitens wenden sich transnationale Menschenrechtsnetzwerke direkt an die repressiven Regime und verwickeln sie in eine öffentliche Auseinandersetzung, zunächst über die Normanerkennung, dann über die Normeinhaltung. Zu Beginn der Auseinandersetzung tendieren menschenrechtsverletzende Regierungen dazu, die Legitimität der internationalen Normen selbst abzulehnen, zumeist mit dem Verweis auf die nationale Souveränität. Unter wachsendem Druck der (internationalen) Öffentlichkeit und in Reaktion auf zunehmende internationale politische und wirtschaftliche Sanktionen kommt es später zu taktischen Konzessionen, zu denen auch die – zunächst rein verbale – Anerkennung internationaler Menschenrechtsnormen gehören. Die Auseinandersetzung zwischen transnationalen Netzwerken und Regierungen verändert sich nun zunehmend von einem Streit über die Legitimität der Normen zu einer Kontroverse über deren praktische Einhaltung. Die Argumente werden immer legalistischer und konkreter, gleichzeitig nehmen sich beide Seiten immer stärker als gleichberechtigte Teilnehmer am Diskurs wahr. Mit anderen Worten, die argumentative Auseinandersetzung zwischen NGOs einerseits und normverletzenden Regierungen andererseits verändert sich im Laufe der Zeit von Polemik und wechselseitiger Beschimpfung zu einem durchaus ernsthaftem Dialog über die Einhaltung der Menschenrechte. Dabei folgt dieser Dialog im Laufe der Zeit mehr und mehr den Regeln verständigungsorientierten Handelns, das Verhalten beider Seiten ähnelt einem Prozeß „argumentativer Selbstverstrickung“ (vgl. Risse 1999; Risse et al. i.E.).

Der Kommunikationsprozeß entspricht dem oben beschriebenen rhetorischen Handeln vor Gericht, wobei die transnationalen Netzwerke die Rolle der Ankläger spielen und die normverletzenden Regierungen sich verteidigen. Weil beide Seiten eine internationale und zunehmend auch innenpolitische Öffentlichkeit überzeugen müssen und weil die „Urteile“ dieser Öffentlichkeiten mit realen Kosten (z.B. internationalen Sanktionen oder innenpolitischer Machtverlust) verbunden sind, setzen sich paradoxerweise die Regeln verständigungsorientierten Handelns durch. Zugleich haben die kommunikativen Auseinandersetzungen um die Regeleinhaltung konkrete Folgen für das

Verhalten der Beteiligten, entweder im Sinne der schrittweisen Verbesserung der Menschenrechtssituation oder als Machtverlust bzw. Regimewechsel im Falle fortwährenden Regelverstoßes.

Damit zeigt auch das Beispiel der internationalen Menschenrechte, daß sich die oben beschriebenen Mechanismen der Regeldurchsetzung, die aus rationalistischer und aus konstruktivistischer Perspektive thematisiert werden, gegenseitig ergänzen und wechselseitig aufeinander beziehen. Insgesamt dominiert allerdings die vor allem von der konstruktivistischen Perspektive thematisierte Sozialisationsdynamik, was mit dem besonderen Charakter der Menschenrechte als konstitutiv für moderne Staatlichkeit zusammenhängt. Den Ausgangspunkt bilden internationale Normen mit hoher institutioneller Legitimität, die von transnational operierenden Norm-Unternehmern dazu benutzt werden, Regelverletzungen repressiver Regime vor einer internationalen Öffentlichkeit anzuprangern. Diese Norm-Unternehmer operieren zunächst durchaus strategisch, und die Reaktion der normverletzenden Regierungen folgt ebenfalls einer rationalistischen Handlungslogik. Die internationalen Normen sowie der Druck der Weltgesellschaft führt gleichzeitig zu einer Umverteilung ideeller und materieller Ressourcen zugunsten gesellschaftlicher Oppositionsgruppen gegen die repressiven Eliten. Nach der (verbalen) Normanerkennung durch die menschenrechtsverletzenden Regierungen und in der Phase taktischer Konzessionen setzen schließlich die verschiedenen Internalisierungsmechanismen ein; argumentative Kommunikation wird immer wichtiger. Schließlich kommt es zur Normeinhaltung über die rechtliche Internalisierung und die Institutionalisierung standardisierter Verfahren des Menschenrechtsschutzes.

4. Schlußbemerkungen und Forschungsdesiderate

Die beiden Fallstudien sollten verdeutlichen, daß die von uns aus der Literatur abgeleiteten und auf zwei (meta-) theoretische Perspektiven zurückgeführten kausalen Mechanismen der Regeldurchsetzung in so unterschiedlichen Politikbereichen wie dem EU-Umweltrecht einerseits und der internationalen Menschenrechtspolitik andererseits wirksam werden. Die Ergebnisse sind in Abbildung 4 zusammengefaßt, wobei hier allerdings noch einmal der illustrative Charakter der Fallstudien zu betonen ist. Es ging uns um einen Plausibilitäts-, nicht um einen Hypothesentest.

Dabei ergibt sich, daß die Wirkungsmechanismen, die im Fall des europäischen Umweltrechts dominieren, im Fall der internationalen Menschenrechte eher unwichtig zu sein scheinen, und umgekehrt. Bei den Menschenrechten spielt danach der „konstruktivistische" Kausalpfad eine herausragende Rolle, im europäischen Umweltrecht dagegen der „rationalistische".

Lediglich die liberal-akteurszentrierte These, wonach internationale Normen zu einer Umverteilung von materiellen und ideellen Ressourcen zugunsten gesellschaftlicher Reformkoalitionen führen, konnte in beiden Fällen als sehr wichtig bestätigt werden.

Abbildung 4: Die Relevanz rationalistischer und konstruktivistischer Wirkungsmechanismen der Normeinhaltung

	Europäische Umweltpolitik	*Internationale Menschenrechte*
1) „Rationalistische" Mechanismen		
a) Legalisierung:		
- Detailliertheit der Normen	Sehr wichtig	Unwichtig
- materielle/ideelle Sanktionen	Bedingt wichtig	Bedingt wichtig
b) Management-Hypothese	Wichtig	Unwichtig
c) Liberal-institutionenzentrierte Hypothese	Wichtig wenn *de facto* Vetospieler berücksichtigt werden	Falsifiziert
d) Liberal-akteurszentrierte Hypothese	Sehr wichtig	Sehr wichtig
2) „Konstruktivistische" Mechanismen		
a) Verfahrenslegitimität	Wichtig	Unwichtig
b) Institutionelle Legitimität	Falsifiziert	Wichtig
c) Rechtliche Internalisierung	Bedingt wichtig	Sehr wichtig
d) Soziale Internalisierung	Unwichtig	Sehr wichtig

Dieses unterschiedliche Bild dürfte allerdings im wesentlichen mit der Fallauswahl zusammenhängen. Bei der Durchsetzung grundlegender Menschenrechten in autoritären Regimen geht es um konstitutive Normen, um die grundlegende Veränderung von Staatlichkeit und staatlicher Identität sowie die allmähliche Verwirklichung von Rechtsstaatlichkeit als einer Vorbedingung von Regeleinhaltung (sei es national oder international). Insofern ist es kein Wunder, daß hier rechtlichen und sozialen Internalisierungsprozessen eine herausragende Bedeutung zukommt, weil nur sie – im Unterschied zu den „rationalistischen" Mechanismen – in der Lage sind, die erforderlichen Präferenz- und Identitätsveränderungen zu bewirken. Das europäische Gemeinschaftsrecht hingegen trifft auf stabile liberale Demokratien, in denen Rechtsstaatlichkeit und die Legitimität rechtsstaatlicher Verfahren nicht (mehr) in Frage stehen bzw. zu den Hintergrundbedingungen der Regeldurchsetzung gehören. Die rechtliche Internalisierung des Gemeinschaftsrechts ist zudem weit fortgeschritten. Im EU-Umweltrecht geht es daher vor allem um die Einhaltung regulativer Normen, obwohl auch hier der „misfit" mit nationalem Recht zum Teil konstitutiv begründet ist, etwa aufgrund unterschiedlicher Regulierungsstile oder Verwaltungstraditionen (vgl. dazu auch Knill/ Lenschow 2001).

Vor diesem Hintergrund ist es nicht allzu erstaunlich, daß vor allem die von der rationalistischen Perspektive thematisierten Mechanismen der Regeldurchsetzung im EU-Umweltrecht zu dominieren scheinen. Wenn die Legitimität der entsprechenden Normen nicht (mehr) umstritten ist, dann muß die Varianz bei der Normeinhaltung in erster Linie mit den unterschiedlichen Nutzenkalkülen der Akteure erklärt werden, so daß den von der rationalistischen Perspektive thematisierten Kausalpfaden Priorität zukommt. Im Menschenrechtsbereich dagegen geht es bei den hier untersuchten Fällen um die schrittweise Durchsetzung einer neuen „Logik der Angemessenheit". Dementsprechend gewinnen Sozialisationsdynamiken eine größere Erklärungskraft.

Eine weitere Differenz der beiden Politikbereiche kommt hinzu. Im europäischen Umweltrecht fallen Regeladressaten und -zielgruppen häufig auseinander, insofern die Verhaltensänderungen von privaten Akteuren zu erbringen sind. Dementsprechend kommt es hier häufig zu ungewollten Regelverstößen, die wiederum eher von der Management-Perspektive der *compliance*-Forschung thematisiert werden. Auch das völlig unterschiedliche Abschneiden der liberal-institutionenzentrierten Hypothese, wonach die Regelbefolgung mit größerer Autonomie der Regierungen gegenüber ihren gesellschaftlichen Umfeldern zunimmt, läßt sich so erklären. Im Menschenrechtsbereich hingegen geht es vor allem um gewollte Normenverletzungen, weil Regeladressaten und -zielgruppen die gleichen Akteure, nämlich nationale Regierungen und ihre Organe sind, zumindest in den hier untersuchten Fällen. Außerdem zielen Menschenrechte auf die Einhegung und Kontrolle staatlicher Herrschaft ab, nicht auf die Vergrößerung staatlicher Autonomie.

Internationale Menschenrechte und europäisches Umweltrecht stellen daher höchst unterschiedliche Fälle für die Erforschung der Normeinhaltung dar. Umso erstaunlicher sind zwei Ergebnisse, die für beide Politikbereiche gelten. Erstens spielen in beiden Politikbereichen rein materielle Sanktionen nur eine geringe Rolle bei der Regeldurchsetzung, und auch nur dann, wenn sie in andere Mechanismen eingebettet sind. Ökonomische und militärische Sanktionen gegen Schurkenstaaten sind notorisch ungeeignet, den Menschenrechten zum Durchbruch zu verhelfen. Und im EU-Umweltrecht sind Drohungen mit Strafzahlungen von untergeordneter Bedeutung für die Regeldurchsetzung. Soweit die Regelverletzungen in beiden Fällen überhaupt einen Preis haben, handelt es sich in erster Linie um immaterielle, nämlich politische, rechtliche und symbolische Kosten. Diese Kosten ergeben sich für die Akteure aber erst dann, wenn die Legitimität der Regeln und der Verfahren ihrer Durchsetzung selbst nicht in Frage stehen. Im Falle der EU läßt sich anders nicht erklären, warum die meisten Regierungen spätestens dann die Regeln einhalten, wenn ihnen ein Verfahren vor dem EuGH droht, der erst seit 1997 die Möglichkeit hat, Geldbußen für die Nichteinhaltung seiner Urteile zu verhängen. Im Bereich der Menschenrechte sind es vor allem die symbolischen Kosten internationaler Isolation, die in vielen Fällen zu taktischen Konzessionen durch autoritäre Regime führen.

Zweitens zeigt sich in beiden Fällen die überragende Bedeutung gesellschaftlicher Reformkoalitionen bei der Regeleinhaltung. Dabei läßt sich oft empirisch nicht unterscheiden, ob die Durchsetzungkraft dieser Reformkoalitionen über den rationalistischen Kausalpfad der Ressourcenumverteilung verläuft oder über den konstruktivistischen Mechanismus der strategischen Konstruktionen und argumentativen Überzeugung. Dies genauer zu untersuchen, erscheint uns als ein wichtiges Desiderat für die zukünftige Forschung. Ein weiteres Desiderat besteht in der präziseren Beschreibung der argumentativen Kommunikationsprozeße, die für die Normdurchsetzung von herausragender Bedeutung zu sein scheinen.

Literatur

Abbott, Kenneth W./O. Keohane, Robert/Moravcsik, Andrew/Slaughter, Anne-Marie/Snidal, Duncan 2000: The Concept of Legalization, in: International Organization 54, S. 401-419.

Abbott, Kenneth W./Snidal, Duncan 2000: Hard and Soft Law in International Governance, in: International Organization 54, S. 421-456.

Alter, Karen J. 2000: The European Union's Legal System and Domestic Policy: Spillover or Backlash?, in: International Organization 54, S. 489-518.

Börzel, Tanja A. 2000: Why There Is No Southern Problem. On Environmental Leaders and Laggards in the European Union, in: Journal of European Public Policy 7, S. 141-162.

Börzel, Tanja A. 2001: Non-Compliance in the European Union. Pathology or Statistical Artifact?, in: Journal of European Public Policy 8, S. 803-824.

Börzel, Tanja A. i.E.: On Environmental Leaders and Laggards in the European Union. Why There is (Not) a Southern Problem, London.

Breitmeier, Helmut/Wolf, Klaus-Dieter 1995: Analysing Regime Consequences. Conceptual Outlines and Environmental Explorations, in: Rittberger, Volker/Mayer, Peter (Hrsg.): Regime Theory and International Relations, Oxford, S. 339-360.

Bull, Hedley 1977: The Anarchical Society. A Study of Order in World Politics, New York.

Burley, Anne-Marie/Mattli, Walter 1993: Europe before the Court: A Political Theory of Legal Integration, in: International Organization 47, S. 41-77.

Chayes, Abram/Handler Chayes, Antonia/B. Mitchell, Ronald 1998: Managing Compliance: A Comparative Perspective, in: Brown Weiss, Edith/Jacobsen, Harold K. (Hrsg.): Engaging Countries: Strengthening Compliance with International Environmental Accords, Cambridge, S. 39-62.

Chayes, Abram/Chayes Handler, Antonia 1993: On Compliance, in: International Organization 47, S. 175-205.

Chayes, Abram/Chayes Handler, Antonia 1995: The New Sovereignty. Compliance with International Regulatory Agreements, Cambridge.

Checkel, Jeffrey T. 1997: International Norms and Domestic Politics: Bridging the Rationalist-Constructivist Divide, in: European Journal of International Relations 3, S. 473-495.

Checkel, Jeffrey T. 1999: International Institutions and Socialization. Working Paper 5. Oslo: ARENA, University of Oslo, February.

Conant, Lisa J. 2001: Europeanization and the Courts: Variable Patterns of Adaptation among National Judiciaries, in: Green Cowles, Maria/Caporaso, James A./Risse, Thomas (Hrsg.): Transforming Europe. Europeanization and Domestic Change, Ithaca, S. 97-115.

Commission of the European Communities 1991: Monitoring of the Application by Member States of Environment Directives. Annex C to the Eighth Annual Report to the European Parliament on the Application of Community Law. Official Journal of the European Communities C 338 vom 31.12.1991.

Cortell, Andrew P./Davis, James W. Jr. 2000: Understanding the Domestic Impact of International Norms: A Research Agenda, in: International Studies Review 2, S. 65-87.

Cowles, Maria Green/Caporaso, James/Risse, Thomas (Hrsg.) 2001: Transforming Europe: Europeanization and Domestic Change, Ithaca.

Downs, George W./Rocke, David M./Barsoom, Peter N. 1996: Is the Good News About Compliance Good News About Cooperation?, in: International Organization 50, S. 379-406.

Drezner, Daniel W. 1999: The Sanctions Paradox: Economic Statecraft and International Relations, Cambridge.

Drezner, Daniel W. 2000: Bargaining, Enforcement, and Multilateral Sanctions: When Is Cooperation Counterproductive?, in: International Organization 54, S. 73-102.

Dworkin, Ronald 1986: Law's Empire, Cambridge.

Elliott, Kimberly Ann 1998: The Sanctions Glass. Half Full or Completely Empty?, in: International Security 23: 1, S. 50-65.

Evans, Peter B./Jacobson, Harold K./Putnam, Robert D. (Hrsg.) 1993: Double-Edged Diplomacy. International Bargaining and Domestic Politics, Berkeley.

Finnemore, Martha 1996: National Interests in International Society, Ithaca.

Finnemore, Martha/Sikkink, Kathryn 1998: International Norm Dynamics and Political Change, in: International Organization 52, S. 887-917.

Forschungsgruppe Menschenrechte 1998: Internationale Menschenrechtsnormen, transnationale Netzwerke und politischer Wandel in den Ländern des Südens, in: Zeitschrift für Internationale Beziehungen 5, S. 5-41.

Franck, Thomas M. 1990: The Power of Legitimacy Among Nations, Oxford.

Franck, Thomas M. 1995: Fairness in International Law and Institutions, Oxford.

Gehring, Thomas 1994: Der Beitrag von Institutionen zur Förderung der internationalen Zusammenarbeit, in: Zeitschrift für Internationale Beziehungen 1, S. 211-242.

Goldstein, Judith 1996: International Law and Domestic Institutions: Reconciling North American „Unfair" Trade Laws, in: International Organization 50, S. 541-564.

Haas, Peter M. 1998: Compliance With EU Directives: Insights from International Relations and Comparative Politics, in: Journal of European Public Policy 5, S. 17-37.

Habermas, Jürgen 1981: Theorie des kommunikativen Handelns, Frankfurt.

Habermas, Jürgen 1992: Faktizität und Geltung. Beiträge zur Diskurstheorie des Rechts und des demokratischen Rechtsstaats, Frankfurt.

Hallo, Ralph 1996: Directive 90/313/EEC on the Freedom of Access to Information on the Environment: Its Implementation and Implications, in: ders. (Hrsg.): Access to Environmental Information in Europe. The Implementation and Implications of Directive 90/313/EEC, London etc., S. 1-26.

Haverland, Markus 1999: National Autonomy, European Integration, and the Politics of Packaging Waste, Amsterdam.

Hazelzet, Hadewych 2001: Carrots or Sticks? EU and US Sanctions in Reaction to Human Rights Violations. PhD. dissertation, Florence: European University Institute.

Héritier, Adrienne 1996: The accommodation of diversity in European policy-making, in: Journal of European Public Policy 3, S. 149-76.

Héritier, Adrienne/Mingers, Susanne/Knill, Christoph/Becka, Martina 1994: Die Veränderung von Staatlichkeit in Europa. Ein regulativer Wettbewerb: Deutschland, Großbritannien und Frankreich in der Europäischen Union, Opladen.

Hufbauer, Gary Clyde/Schott, Jeffrey J./Elliott, Kimberly Ann 1990: Economic Sanctions Reconsidered: History and Current Policy, Washington.

Hurd, Ian 1999: Legitimacy and Authority in International Politics, in: International Organization 53, S. 379-408.

Hurrell, Andrew 1993: International Society and the Study of Regimes. A Reflective Approach, in: Rittberger, Volker (Hrsg.): Regime Theory and International Relations, Oxford, S. 49-72.

Jacobson, Harold K./Brown Weiss, Edith 1995: Improving Compliance with International Environmental Accords, in: Global Governance 1, S. 119-149.

Jänicke, Martin/Weidner, Helmut (Hrsg.) 1997: National Environmental Policies. A Comparative Study of Capacity-Building, Berlin etc.

Jetschke, Anja 1999: Linking the Unlinkable? International Norms and Nationalism in Indonesia and the Philippines, in: Risse, Thomas/Ropp, Stephen C./Sikkink, Kathryn (Hrsg.): The Power of Human Rights. International Norms and Domestic Change, Cambridge, S. 134-171.

Jetschke, Anja 2000: International Norms, Transnational Human Rights Networks, and Domestic Political Change in Indonesia and the Philippines. PhD. dissertation, Florence: European University Institute.

Joerges, Christian/Neyer, Jürgen 1997: Transforming Strategic Interaction into Deliberative Problem-solving: European Comitology in the Foodstuffs Sector, in: Journal of European Public Policy 4, S. 609-625.

Katzenstein, Peter J. (Hrsg.) 1978: Between Power and Plenty: Foreign Economic Policies of Advanced Industrial States, Madison.

Katzenstein, Peter J. 1984: Corporatism and Change, Ithaca.

Keck, Margaret/Kathryn Sikkink 1998: Activists Beyond Borders: Advocacy Networks in International Politics, Ithaca.

Keck, Otto 1995: Rationales kommunikatives Handeln in den internationalen Beziehungen. Ist eine Verbindung von Rational-Choice-Theorie und Habermas' Theorie des kommunikativen Handelns möglich?, in: Zeitschrift für Internationale Beziehungen 2, S. 5-48.

Keith, Linda Camp 1999: The United Nations International Covenant on Civil and Political Rights: Does It Make a Difference in Human Rights Behavior?, in: Journal of Peace Research 36, S. 95-118.

Keohane, Robert O. 1984: After Hegemony. Cooperation and Discord in the World Political Economy, Princeton.

Knill, Christoph/Lenschow, Andrea 2000: Do New Brooms Really Sweep Cleaner? The Implementation of New Instruments in EU Environmental Policy, in: Knill, Christoph/Lenschow, Andrea (Hrsg.): Implementing EU Environmental Policy: New Directions and Old Problems, Manchester, S. 251-286.

Knill, Christoph/Lenschow, Andrea 2001: Adjusting to EU Environmental Policy: Change and Persistence of Domestic Administrations, in: Green Cowles, Maria/Caporaso, James A./Risse, Thomas (Hrsg.): Transforming Europe. Europeanization and Domestic Change, Ithaca, S. 116-136.

Koh, Harold Hongju 1997: Why Do Nations Obey International Law?, in: The Yale Law Journal 106, S. 2599-2659.

Kohler-Koch, Beate 1993: Die Welt regieren ohne Weltregierung, in: Böhret, Carl/ Wewer, Göttrik (Hrsg.): Regieren im 21. Jahrhundert – Zwischen Globalisierung und Regionalisierung. Festgabe für Hans-Hermann Hartwich zum 65. Geburtstag, Opladen, S. 109-141.

Kohler-Koch, Beate 1994: Changing Patterns of Interest Intermediation in the European Union, in: Government and Opposition 29, S. 166-180.

Kohler-Koch, Beate 1996: The Strength of Weakness. The Transformation of Governance in the EU, in: Gustavsson, Sverker/Lewin, Leif (Hrsg.): The Future of the Nation State. Essays on Cultural Pluralism and Political Integration, Stockholm, S. 169-210.

Kohler-Koch, Beate 1998a: Europäisierung der Regionen: Institutioneller Wandel als sozialer Prozeß, in: dies.: Interaktive Politik in Europa. Regionen im Netzwerk der Integration, Opladen, S. 13-31.

Kohler-Koch, Beate: 1998b: Interaktive Politik in Europa. Regionen im Netzwerk der Integration, Opladen.

Kohler-Koch, Beate (Hrsg.) 1998c: Regieren in entgrenzten Räumen, PVS-Sonderheft 29, Opladen.

Kohler-Koch, Beate/Eising, Rainer (Hrsg.) 1999: The Transformation of Governance in the European Union, London.

Kratochwil, Friedrich 1989: Rules, Norms, and Decisions, Cambridge.

Legro, Jeff W. 1996: Culture and Preferences in the International Cooperation Two-Step, in: Americal Political Science Review 90, S. 118-137.

Levy, Marc A/Keohane, Robert O./Haas, Peter M. 1993: Improving the Effectiveness of International Environmental Institutions, in: Haas, Peter M./ Keohane, Robert O./Levy, Marc A. (Hrsg.): Institutions for the Earth: Sources of Effective International Environmental Protection, Cambridge, S. 397-426.

Liese, Andrea 2001: Staaten am Pranger. Zur Wirkung internationaler Regime auf die innerstaatliche Menschenrechtspolitik. Dissertation, Universität Bremen.

Lutz, Ellen L./Sikkink, Kathryn 2000: International Human Rights Law and Practice in Latin America, in: International Organization 54, S. 633-659.

Marauhn, Thilo 1996: Towards a Procedural Law of Compliance Control in International Environmental Relations, in: Zeitschrift für ausländisches öffentliches Recht und Völkerrecht 56, S. 686-731.

March, James G./Olsen, Johan P. 1989: Rediscovering Institutions, New York.

March, James G./Olsen, Johan P. 1998: The Institutional Dynamics of International Political Orders, in: International Organization 52, S. 943-969.

Meyer, John/Rowan, Brian 1991: Institutionalized Organizations: Formal Structures in Myth and Ceremony, in: DiMaggio, Paul J./Powell, Walter (Hrsg.): The New Institutionalism in Organizational Analysis, Chicago, S. 41-62.

Meyer, John W./Boli, John/Thomas, George 1987: Ontology and Rationalization in the Western Cultural Account, in: Thomas, George et al. (Hrsg.): Institutional Structure: Constituting State, Society, and the Individual, Newbury Park, S. 12-37.

Mills, Geofrey/Rockoff, Hugh 1987: Compliance with Price Controls in the United States and the United Kingdom during World War II, in: Journal of Economic History 47, S. 197-213.

Milner, Helen V. 1988: Resisting Protectionism: Global Industries and the Politics of International Trade, Princeton.

Mitchell, Ronald B. 1994a: Intentional Oil Pollution at Sea. Environmental Policy and Treaty Compliance, Cambridge.

Mitchell, Ronald B. 1994b: Regime Design Matters: Intentional Oil Pollution and Treaty Compliance, in: International Organization 48, S. 425-458.

Mitchell, Ronald B. 1996: Compliance Theory: An Overview, in: Cameron, James/Werksman, Jacob/Roderick, Peter (Hrsg.): Improving Compliance with International Environmental Law, London, S. 3-28.

Moravcsik, Andrew 1997: Warum die Europäische Union die Exekutive stärkt: Innenpolitik und internationale Kooperation, in: Wolf, Klaus Dieter (Hrsg.): Projekt Europa im Übergang? Staat und Demokratie in der Europäischen Union, Baden-Baden, S. 211-269.

Moravcsik, Andrew 2000: The Origins of Human Rights Regimes: Democratic Delegation in Postwar Europe, in: International Organization 54, S. 217-252.

Müller, Harald 1994: Internationale Beziehungen als kommunikatives Handeln. Zur Kritik der utilitaristischen Handlungstheorien, in: Zeitschrift für Internationale Beziehungen 1, S. 15-44.

Odell, John S. i.E.: Bounded Rationality and the World Political Economy, in: Andrews, David/ Henning, Randall/Pauly, Louis (Hrsg.): Organizing the World Economy. Essays in Honor of Benjamin J. Cohen.

O'Donnell, Guillermo/Schmitter, Philippe C. 1986: Transitions from Authoritarian Rule. Tentative Conclusions about Uncertain Democracies, Baltimore.

Onuf, Nicholas 1989: World of Our Making: Rules and Rule in Social Theory and International Relations, Columbus.

Ponce-Nava, Diana 1995: Capacity Building in Environmental Law and Sustainable Development, in: Lang, Winfried (Hrsg.): Sustainable Development and International Law, London, S. 131-136.

Putnam, Robert 1988. Diplomacy and Domestic Politics. The Logic of Two-Level Games, in: International Organization 42, S. 427-460.

Raustiala, Kal/Slaughter, Anne-Marie 2002: Considering Compliance, in: Carlsnaes, Walter/Simmons, Beth/Risse, Thomas (Hrsg.): Handbook of International Relations, London etc.

Raustiala, Kal 1997: Domestic Institutions and International Regulatory Cooperation. Comparative Responses to the Convention of Biological Diversity, in: World Politics 49, S. 482-509.

Risse, Thomas 1999: International Norms and Domestic Change: Arguing and Communicative Behavior in the Human Rights Area, in: Politics and Society 27, S. 526-556.

Risse, Thomas 2000: "Let's Argue!" Communicative Action in International Relations, in: International Organization 54, S. 1-39.

Risse, Thomas i.E.: Rationalism, Constructivism, and the Study of International Institutions, in: Katznelson, Ira/Milner, Helen V. (Hrsg.): An Emerging Synthesis? In Political Science as Discipline? Reconsidering Power, Choice, and the State at Century's End.

Risse, Thomas/Jetschke, Anja/Schmitz, Hans-Peter i.E.: Die Macht der Menschenrechte. Internationale Normen, kommunikative Prozeße und politischer Wandel in den Ländern des Südens, Baden-Baden

Risse, Thomas/Ropp, Stephen C./ Sikkink, Kathryn (Hrsg.) 1999: The Power of Human Rights: International Norms and Domestic Change, Cambridge.

Rogowski, Ronald 1989: Commerce and Coalitions: How Trade Affects Domestic Political Alignments, Princeton.

Sandholtz, Wayne 1996: Membership Matters: Limits of the Functional Approach to European Institutions, in: Journal of Common Market Studies 34, S. 403-429.

Scharpf, Fritz W. 1997: Games Real Actors Play. Actor-Centered Institutionalism in Policy Research, Boulder.

Schimmelfennig, Frank 1997: Rhetorisches Handeln in der internationalen Politik, in: Zeitschrift für internationale Beziehungen 4, S. 219-254.

Schimmelfennig, Frank 2001: The Community Trap: Liberal Norms, Rhetorical Action, and the Eastern Enlargement of the European Union, in: International Organization 55, S. 81-122.

Schmidt, Vivien A. 1996: From State to Market? The Transformation of French Business and Government, Cambridge.

Schmitz, Hans Peter 1999: Transnational Activism and Political Change in Kenya and Uganda, in: Risse, Thomas/Ropp, Stephen C./ Sikkink, Kathryn (Hrsg.): The Power of Human Rights: International Norms and Domestic Change, Cambridge, S. 39-77.

Simmons, Beth A./Martin, Lisa 2002: International Organisations, Institutions, and Governance, in: Carlsnaes, Walter/Risse, Thomas/Simmons, Beth (Hrsg.): Handbook of International Relations, London etc.

Simon, Herbert A. 1982: Models of Bounded Rationality. Volume 1: Economic Analysis and Public Policy. Volume 2: Behavioral Economics and Business Organization, Cambridge.

Simon, Herbert A. 1997: Models of Bounded Rationality. Volume 3 Empirically Grounded Economic Reason, Cambridge.

Slaughter, Anne-Marie 1995: International Law in a World of Liberal States, in: European Journal of International Law 6, S. 504-538.

Snyder, Francis 1993: The Effectiveness of European Community Law. Institutions, Processes, Tools and Techniques, in: Modern Law Review 56, S. 19-54.
Stone, Sweet/Brunell, Thomas L./Brunell, Alec 1998: Constructing a Supranational Constitution: Dispute Resolution and Governance in the European Community, in: American Political Science Review 92, S. 63-81.
Tsebelis, George 1995: Decision Making in Political Systems. Veto Players in Presidentialism, Parliamentarism, Multi- cameralism and Multipartism, in: British Journal of Political Science 25, S. 289-325.
Ulbert, Cornelia 1997: Die Konstruktion von Umwelt. Der Einfluss von Ideen, Institutionen und Kultur auf (inter-)nationale Klimapolitik in den USA und der Bundesrepublik, Baden-Baden.
Underdal, Arild 1998: Explaining Compliance and Defection: Three Models, in: European Journal of International Relations 4, S. 5-30.
Victor, David G./Raustiala, Kal/Skolnikoff, Eugene B. (Hrsg.) 1998: The Implementation and Effectiveness of International Environmental Commitments, Cambridge.
Wendt, Alexander 1999: Social Theory of International Politics, Cambridge.
Young, Oran R. 1979: Compliance and Public Authority: A Theory with International Applications, Baltimore.
Zangl, Bernhard/Zürn, Michael 1996: Argumentatives Handeln bei internationalen Verhandlungen. Moderate Anmerkungen zur post-realistischen Debatte in: Zeitschrift für Internationale Beziehungen 3, S. 341-366.
Zürn, Michael 1997: „Positives Regieren" jenseits des Nationalstaates, in: Zeitschrift für Internationale Beziehungen 4, S. 41-68.
Zürn, Michael/ Joerges, Christian 1999: The Study of Compliance – A Framework. Manuscript, Bremen-Florenz.

Klaus Dieter Wolf

Zivilgesellschaftliche Selbstregulierung: ein Ausweg aus dem Dilemma des internationalen Regierens? [1]

1. Ausgangspunkt und Zielsetzung

Zwischenstaatliche Kooperation scheint für eine effektivere Bearbeitung grenzüberschreitender Herausforderungen an politische Steuerung unerläßlich zu sein. Sie entzieht aber immer mehr politische Entscheidungen der Kontrollierbarkeit durch die Gesellschaft und führt so zu einer Entdemokratisierung des Regierens. In einer auf das Theorem der „Neuen Staatsräson" zugespitzten Auseinandersetzung mit diesem Phänomen habe ich zu demonstrieren versucht, daß sich Regierungen auch deshalb durch gegenseitige Selbstbindungen Fesseln anlegen, weil sie staatliche Autonomiespielräume gegenüber der eigenen Gesellschaft behaupten wollen.[2] Vor dem Hintergrund dieses Befundes könnte eine zumindest partielle Entstaatlichung des Regierens jenseits des Staates eine Option zur Redemokratisierung von „international governance" darstellen. Ziel dieses Beitrags ist es, das Potential dieser Entstaatlichungsoption, d.h. der Stärkung des Gewichts zivilgesellschaftlicher Beiträge zur politischen Steuerung jenseits des Staates, als eine mögliche Antwort auf die Legitimitätsprobleme des internationalen Regierens auszuloten.

Sollte sich durch eine stärkere Mitwirkung zivilgesellschaftlicher Akteure nicht nur das mit der Internationalisierung des Regierens verbundene Demokratieproblem, sondern möglicherweise sogar das viel beschworene Dilemma zwischen Effektivität und Partizipation (siehe dazu etwa Dahl 1994) entdramatisieren lassen? Damit diese Option nicht von vorneherein als gänzlich realitätsfremd erscheint, werde ich zunächst einige aus meiner Sicht gute

---

1 Für ihre wie stets wertvollen Kommentierungen möchte ich mich bei meinen Kolleginnen und Kollegen am Institut für Politikwissenschaft bedanken, insbesondere bei Heidrun Abromeit, Helmut Breitmeier, Frank Schimmelfennig, Rainer Schmalz-Bruns und Ruth Zimmerling. Mein Dank gilt außerdem Michèle Knodt und Markus Jachtenfuchs für die hilfreichen Anmerkungen zu der ersten Manuskriptfassung.

2 Siehe Wolf (2000). Erste Vorüberlegungen (Wolf 1999) dazu entstanden im Zusammenhang mit dem von Beate Kohler-Koch herausgegebenen Band *The Transformation of Governance in the European Union* (Kohler-Koch/Eising 1999). Der in diesen beiden Veröffentlichungen in unterschiedlicher Ausführlichkeit ausgebreitete Grundgedanke besteht darin, die Verlagerung von politischen Entscheidungen in den intergouvernementalen Raum als eine strategische Nutzung der Bedingungen von Mehrebenenpolitik durch staatliche Regierungen zu betrachten, die versuchen, sich durch gegenseitige Selbstbindungen autonome Handlungsspielräume gegenüber ihren jeweiligen gesellschaftlichen Umfeldern zu verschaffen.

Gründe für die Annahme darlegen, daß die Perspektive einer zumindest partiellen Entstaatlichung des internationalen Regierens durchaus Realitätsgehalt hat.[3] Das zu diesem Zweck in Abschnitt 2 entfaltete Analogieargument besagt, daß in das internationale Regieren neue Muster öffentlich-privater politischer Steuerung Einzug halten werden, weil auch dieser Raum über kurz oder lang von jenem Prozeß der politischen Modernisierung erfaßt werden wird, der – unter dem Eindruck des *Staatsversagens* – innerhalb der entwickelten Industriestaaten längst zur Ablösung einer rein hoheitlichen, verordnenden Staatlichkeit durch eine verhandelnde oder, mit anderen Worten, zur Herausbildung des *kooperativen Staates* geführt hat. Politische Modernisierung setzt dabei zwar den Staat immer noch voraus, allerdings reihen sich seine Beiträge zur politischen Steuerung in einen Rahmen veränderter Aufgaben- und Rollenverteilung zwischen privaten und öffentlichen Akteuren ein. Auf das Regieren jenseits des Staates übertragen würde eine solche Modernisierung gleichwohl zumindest in zweifacher Hinsicht Züge von „Entstaatlichung“ tragen: zum einen im Sinne der Staatsentlastung, d.h. Staaten beschränken sich zunehmend auf die Wahrnehmung solcher Funktionen, die nur sie erfüllen können; zum anderen im Sinne der Herausbildung von neuen Mustern politischer Steuerung, d.h. von Formen der Kooperation zwischen öffentlichen und privaten Akteuren, die an die Stelle rein hoheitlicher Steuerung „von oben“ treten.[4]

Aber ist deren genauere Betrachtung überhaupt der Mühe wert? Selbst wenn es plausible Hinweise darauf geben sollte, daß die Erwartung einer Entstaatlichung des internationalen Regierens im Sinne eines wachsenden Anteils von Steuerungsbeiträgen zivilgesellschaftlicher Akteure nicht gänzlich unrealistisch ist, fragt es sich natürlich, ob es denn ebenso plausibel ist anzunehmen, daß ein in diesem Sinne „entstaatlichtes“, also von einer stärkeren Partizipation zivilgesellschaftlicher Akteure geprägtes internationales Regieren dessen Legitimität erhöht? Auf einer rein konzeptionellen Ebene liegt die Antwort auf der Hand: die Effektivität politischer Steuerung wird durch das Zusammenlegen von öffentlichen und privaten Problemlösungsressourcen erhöht und gleichzeitig verbessern sich die gesellschaftlichen Partizipationsmöglichkeiten. Aber ebenso plausibel ist es anzunehmen, daß nicht alle Formen von „private-public partnerships“ diese essentiellen normativen

3 In einem jüngst erschienenen Sammelband (siehe Brühl u.a. 2001: 18, 38) wird die „Privatisierung der Weltpolitik“ in den verschiedensten Bereichen durch transnationale Unternehmen und nichtstaatliche Organisationen als ein bereits gesicherter, in seinen Implikationen jedoch erst ansatzweise überschaubarer Tatbestand dargestellt.

4 „Entstaatlichtes“ internationales Regieren wird sich dementsprechend nur im Extremfall - wenn überhaupt - als Regieren *ohne* Staatlichkeitsbezug darstellen. Um eine völlige Entstaatlichung geht es auch überhaupt nicht. Die Rede von der Entstaatlichung soll vielmehr auf bisher nicht ausgeschöpfte Entstaatlichungsspielräume aufmerksam machen, die auf einem Kontinuum zwischen rein intergouvernementaler Kooperation und vollständiger zivilgesellschaftlicher Selbstorganisation angesiedelt sein können und in einer Vielfalt von Interaktionsmustern ihren Ausdruck finden.

Anforderungen an die Effektivität politischer Steuerung in gleicher Weise erfüllen werden. Zudem ist zu vermuten, daß es politische Steuerungsanforderungen gibt, die grundsätzlich von nichtstaatlichen Akteuren nicht erfolgreich wahrgenommen werden können, bei denen also der Rückgriff auf Staatlichkeit unverzichtbar bleibt.

Um dem *Zusammenhang zwischen Entstaatlichung und Legitimität des Regierens* systematisch nachgehen zu können, müssen in einem nächsten Schritt diese beiden Größen meßbar gemacht werden. Dies versuche ich in den Abschnitten 3 und 4. Zur Bestimmung des *Entstaatlichungsgrades* bestimmter Formen staatlich-nichtstaatlicher politischer Steuerung werden in Abschnitt 3 als Maßstäbe die Breite („scope") und die Tiefe („level") der von zivilgesellschaftlichen Akteuren wahrgenommenen Funktionen herangezogen. Diese Unterscheidung soll sowohl hinsichtlich des Umfangs (Wie viele Steuerungsfunktionen werden von nichtstaatlichen Akteuren wahrgenommen?) als auch hinsichtlich des Gewichts (Wie bedeutsam sind diese Steuerungsbeiträge?) Aufschluß über den Grad der Entstaatlichung geben.

Um die Implikationen der so ermittelten Entstaatlichung für die Legitimität des Regierens jenseits des Staates zu erfassen, sollen im vierten Abschnitt Anforderungen an die Legitimität politischer Steuerungsbeiträge und -ansprüche formuliert werden, mit deren Hilfe sich allen denkbaren politischen Steuerungsmustern auf einem Kontinuum zwischen rein zwischenstaatlicher Steuerung und rein zivilgesellschaftlicher Selbstregulierung ein bestimmter Legitimitätsgrad zuschreiben läßt. Dabei wird unter der Leitfrage „Does it work" zunächst die Funktionserfüllung (Output-Legitimation) betrachtet (Abschnitt 4.1), bei der wiederum zwischen sachbereichs*spezifischer* Steuerungseffektivität auf der einen und der Erfüllung übergreifend-allgemeiner Leistungsanforderungen auf der anderen Seite unterschieden werden soll, denen sich auch Staatlichkeit traditionell gegenüber gestellt sieht und an deren Erfüllung sie sich messen lassen muß. Die Legitimität politischer Steuerung ist jedoch allein mit der Beantwortung der Frage, ob sie funktioniert, nur unvollständig zu bestimmen. Die Legitimität zivilgesellschaftlicher Regulierungsansprüche muß sich darüber hinaus auch an gerade für sie möglicherweise sehr viel schwieriger erfüllbaren Input-Anforderungen messen lassen. Dazu werde ich in Abschnitt 4.2 verschiedene Quellen von Input-Legitimität unterscheiden, aus denen sich ein zivilgesellschaftlicher Regulierungsanspruch speisen könnte. In Abschnitt 4.3 werden Legitimitätsanforderungen an den politischen Steuerungs*prozeß* thematisiert, an dem zivilgesellschaftliche Akteure beteiligt sind.

In Abschnitt 5 sollen diese konzeptionellen Vorarbeiten einem Realitätstest unterzogen werden, der nicht nur die Brauchbarkeit der entwickelten Kategorien verdeutlichen soll, sondern auch erste empirische Hinweise darüber erbringen soll, inwieweit die zuvor angestellten Vermutungen über mögliche Grenzen, die die unterschiedlichen Legitimitätsanforderungen einer Entstaatlichung des Regierens jenseits des Staates setzen, zutreffen. Zu diesem Zweck werden verschiedene Verhaltenskodizes („Codes of Conduct") näher betrachtet, die als Beispiele grenzüberschreitender sektoraler Regulierung zwischen zivilgesellschaftlichen und wirtschaftlichen Akteuren deshalb von besonderem Interesse sind, weil sich in ihnen eine sehr weitgehende Entstaatlichung des Regierens ausdrückt. Es werden Steuerungsfunktionen von nichtstaatlichen Akteuren beansprucht bzw. wahrgenommen, die dem Kernbereich staatlicher Steuerungsfunktionen zuzurechnen sind. Es geht also um „harte Fälle" für die Suche nach den Grenzen von Entstaatlichung.

2. Entstaatlichung des internationalen Regierens als politische Modernisierung: die Analogie zum Staatsversagen und zum kooperativen Staat

Warum sollte überhaupt von der Erwartung einer zukünftig stärkeren Beteiligung zivilgesellschaftlicher Akteure an der grenzüberschreitenden politischen Steuerung ausgegangen werden? Im folgenden werde ich dazu ein Analogieargument skizzieren, mit dem die Möglichkeit von Entstaatlichung, aber auch deren Grenzen deutlich gemacht werden sollen. Das als „international governance" bezeichnete Projekt der Auslagerung von nationalstaatlichen Steuerungsfunktionen in den intergouvernementalen Raum ist von mehreren Seiten in die Kritik geraten. Sowohl die Fähigkeit (und Bereitschaft) zur Mobilisierung der nötigen Problemlösungsressourcen als auch die demokratische Legitimität eines rein zwischenstaatlichen Regierens werden in Zweifel gezogen. Die Diskussion über mögliche Alternativen bezieht ihren Realitätsbezug aus der Annahme, daß es sich dabei lediglich um eine Durchgangsstation auf dem gerade erst beschrittenen Weg zu einer effektiven politischen Steuerung von sich zunehmend denationalisierenden gesellschaftlichen und wirtschaftlichen Prozessen handelt. Darüber hinaus weisende Überlegungen könnten zum einen auf eine Hierarchisierung des bisher weitgehend horizontal (d.h. intergouvernemental) organisierten politischen Systems der Staatenwelt setzen. Otfried Höffe (1999, 2000) oder Rainer Schmalz-Bruns (1999) propagieren in dieser Entwicklungsperspektive die Herausbildung von Globalstaatlichkeit, um die Unzulänglichkeiten des bestehenden Systems miteinander kooperierender Nationalstaaten zu überwinden.[5] Zum anderen könnte aber auch gerade die Gegenrichtung eingeschlagen werden, nämlich die Verbesse-

5 Während Schmalz-Bruns die Stärkung hoheitlicher Steuerung durch eine „globale Minimalstaatlichkeit" propagiert, visiert Höffe „Weltrepublik" und „Weltdemokratie" (Höffe 2000: 14) an. Der Fairneß halber sei angemerkt, daß auch Höffe (2000: 14) es für „töricht" hält, allein auf einen „Etatismus" zu setzen, „der alle Aufgaben staatsförmig bewältigen will".

rung der bestehenden horizontalen Steuerungsmuster durch eine Stärkung der Rolle zivilgesellschaftlicher Akteure im Rahmen dezentralisierter „public-private policy networks“. Auf diesem Weg soll politische Steuerung im Raum jenseits des Staates nicht nur leistungsfähiger gemacht, sondern auch an gesellschaftliche Partizipation zurück gebunden werden.[6]

Für die Bevorzugung der zweiten Perspektive sprechen verschiedene Gründe. Empirisch läßt sich darauf verweisen, daß die Weltrepublik nach wie vor eine Utopie darstellt, die in bestehenden Strukturen des internationalen Regierens kaum Referenzpunkte vorweisen kann. Normativ und empirisch ist dem Konzept globaler Staatlichkeit entgegenzuhalten, daß es den Prozeß der politischen Modernisierung (siehe Jänicke 1993) im Inneren zumindest der entwickelten Industriestaaten ignoriert und das Staatsversagen mitsamt seiner von Scharpf bereits 1991 auf die griffige Formel von der „Enthierarchisierung der Beziehungsmuster zwischen Staat und Gesellschaft“ gebrachten Konsequenzen nicht zur Kenntnis nimmt. In diesem neuen Beziehungsgefüge strebt der Staat nicht mehr unbedingt danach, alles durch hoheitliche Steuerung selbst zu regulieren, sondern konzentriert sich darauf, die Regeln für die Selbstregulierung zu setzen und diese Selbstregulierung zu überwachen.

Innerhalb von Staaten hat mit dem Entstehen korporativer Akteure und deren Einbindung in den politischen Prozeß eine gesellschaftliche Modernisierung stattgefunden, eine Veränderung politischer Entscheidungsstrukturen im Zuge der Entwicklung funktionaler Subsysteme. „Policy“-Netzwerke sind entstanden, „weil auf der einen Seite gesellschaftliche Akteure eine Beteiligung am politischen Prozeß anstreben, während umgekehrt eine Zusammenarbeit mit ihnen für den Staat die Möglichkeit eröffnet, sich Informationen zu beschaffen; darüber hinaus kann dadurch auch die Akzeptanz bestimmter politischer Entscheidungen erhöht werden“ (Mayntz 1993: 41). Mit zentralen Kategorien wie funktionale Differenzierung, Netzwerke, Verhandlungssysteme, Regieren in Mehrebenensystemen oder kooperativer Staat verweist die Forschung über *„politische Steuerung“* und *„Staatlichkeit im Wandel“* darauf, daß das Regieren innerhalb von Staaten die traditionellen hierarchischen staatlichen Institutionen immer häufiger umgeht und stattdessen auf sektorale Verhandlungssysteme und die auf Kompromiß oder Konsens ausgerichteten Interaktionsformen des Verhandelns und Argumentierens setzt.

Das Propagieren der globalstaatlichen Variante von „mehr Staat“ scheint diese Erkenntnisse über den Wandel politischer Steuerung nur sehr unzureichend zu rezipieren. Nimmt man sie aber ernst, führt dies zwingend zu einem Plädoyer für transnationale „Public Policy“-Netzwerke, wenn sich das Staatsversagen – im Sinne allein hoheitlicher Steuerung – nicht auf der Ebene

---

6 Siehe dazu auch die Diskussion unterschiedlicher Modellvorstellungen zur „politischen Steuerung in einer globalisierten Welt“ bei Kohler-Koch/Knodt (1999) und die Diskussion ordnungspolitischer Vorstellungen bei Hellmann/Knodt/Kohler-Koch (2000).

des zwischenstaatlichen Regierens wiederholen soll. Wenn es zutrifft, daß der tiefgreifende Wandel, den politische Steuerung innerstaatlich erfahren hat, auf das Unvermögen der traditionellen politischen Institutionen und Steuerungsmodi zurückzuführen ist, den an sie gerichteten Steuerungsanforderungen gerecht zu werden, dann ist zu fragen, warum das Auslaufmodell des vertikal-hierarchischen Regierens auf der Ebene oberhalb des Staates reproduziert und wie es unter der Annahme einer „Vernetzungswelt" (Kohler-Koch/Knodt 1999: 247-249) noch als zukunftsweisend verkauft werden soll.

Aus einer problemlösungsorientierten Perspektive muß die intergouvernementale politische Steuerung als ein verhältnismäßig anachronistischer Wurmfortsatz staatlicher Allmächtigkeitsvorstellungen erscheinen. Alles spricht indes dafür, daß die gleichen Gründe, die den Staat im Inneren zu einer stärkeren Kooperation mit gesellschaftlichen Akteuren veranlaßt haben, ihn auch bei seinen Versuchen, in den internationalen Raum auszuweichen, um Handlungsfähigkeit zurück zu gewinnen, wieder einholen werden. In diesem Raum steht ein analoger Prozeß der politischen Modernisierung noch aus, während die Symptome des Staatenversagens auch dort durchaus vielgestaltige Realität sind. Wo die traditionellen politischen Institutionen der Staaten versagen, weil von ihnen entweder keine ausreichend sicheren Kalkulationsgrundlagen mehr geschaffen werden können, oder weil die staatlichen Regierungen nicht in der Lage (oder nicht Willens) sind, grenzüberschreitende Wirtschaftstätigkeiten effektiv zu regulieren, wird zunehmend Politik am Staat vorbei gemacht. Problemlösungen werden privatisiert, und zivilgesellschaftliche Akteure treten selbst und unmittelbar an Unternehmen heran, um mit diesen die Beachtung sozial- oder umweltverträglicher Produktionsstandards auszuhandeln (siehe dazu ausführlicher Abschnitt 5 weiter unten). Private Akteure – zivilgesellschaftliche wie auch privatwirtschaftliche – beginnen auf diese Weise, die Regelung ihrer grenzüberschreitenden Beziehungen selbst zu organisieren, sie sind „increasingly engaged in authoritative decision-making that was previously the prerogative of sovereign states" (Cutler/Haufler/Porter 1999b; ähnlich auch Hummel 2001: 25).

3. Umfang und Gewicht zivilgesellschaftlicher Funktionsübernahme als Maßstab von Entstaatlichung

Um die Implikationen dieses als Entstaatlichung auftretenden Trends zur Modernisierung des Regierens jenseits des Staates für die Legitimität politischer Steuerung ausloten zu können, müssen die Variablen „Entstaatlichung" und „Legitimität" operationalisierbar gemacht werden. Ich werde mich in diesem Abschnitt zuerst der Bestimmung von unterschiedlichen Graden der

Entstaatlichung zuwenden. Staat, Privatwirtschaft und Zivilgesellschaft können zwischen den beiden Extrempolen einer rein intergouvernementalen Regulierung auf der einen und einer vollständigen privaten Selbstregulierung auf der anderen Seite in einer Vielzahl denkbarer Konstellationen aufeinander bezogen sein. Glücklicherweise besteht nicht die Notwendigkeit, auf der Suche nach solchen Interaktionsmustern bei Null zu beginnen. Zum einen stellt die bereits angesprochene Debatte über politische Steuerung, auch wenn sie sich primär mit dem Wandel innerstaatlicher politischer Steuerungsmuster befaßt, auch für unsere Zwecke nützliche Kategorienangebote bereit. Zum anderen erweist sich die Literatur über „private international authority" als hilfreich, wenn es darum geht, Entstaatlichungsgrade sowohl anhand des *Umfangs* der von zivilgesellschaftlichen Akteuren wahrgenommenen Steuerungsfunktionen als auch anhand von deren qualitativem *Gewicht* voneinander zu unterscheiden. Der Beitrag privater Akteure zum Regieren jenseits des Staates wurde bereits in den achtziger Jahren von Virginia Haufler (Haufler 1993) in die Diskussion über internationale Regime eingeführt, die bis zu diesem Zeitpunkt weitgehend staatenzentriert gewesen war. Zuletzt haben A. Claire Cutler, Virginia Haufler und Tony Porter in einem von ihnen herausgegebenen Sammelband (1999a) wesentlich zur Weiterentwicklung des Konzepts der „private international authority" beigetragen.

Es ist durchaus bemerkenswert, daß sich Haufler (1993) und Cutler/Haufler/Porter (1999a) bei der Diskussion unterschiedlicher Muster von „private-public networks" ganz auf privatwirtschaftliche Akteure konzentrieren und im eigentlichen Sinne „gesellschaftliche Regime" (Kohler-Koch/Knodt 1999: 248) außen vor lassen. Dies wird damit begründet, daß „the literature on global civil society tends to implicitly underestimate the qualitative difference between the power and influence of corporations and other nongovernmental organizations (NGOs)" (Cutler/Haufler/Porter 1999b: 17). Eine weit verbreitete Vorstellung aufgreifend, derzufolge NGOs zu schwach seien „to have a serious impact on world affairs" (Haufler 1993: 96), gesteht Haufler allein Unternehmen die Fähigkeit zu einer unabhängigen Selbstregulierung zu, während „the difference in goals and resources makes it unlikely that PVOs [private voluntary organizations, i.e. NGOs] would establish an independent private regime" (Haufler 1993: 100). Diese Akteure seien statt dessen auf die Beeinflussung der intergouvernementalen Steuerung angewiesen: „Either they will be used as instruments of state policy, or they will 'use' states to implement their own goals" (Haufler 1993: 106). Diese Reduktion von Entstaatlichung auf Kommerzialisierung verstellt nicht nur den Blick für Entstaatlichungsspielräume durch eine Stärkung der Zivilgesellschaft im Spannungsfeld zwischen Staatenwelt, Wirtschaftswelt und Gesellschaftswelt, sondern auch für die spezifischen zivilgesellschaftlichen Ressourcen, mit denen durchaus wirksame Steuerungsaktivitäten entfaltet werden können.

Nach diesen Vorbemerkungen möchte ich mich zuerst den Kriterien zur Bestimmung des quantitativen, d.h. auf den *Umfang* der von zivilgesellschaftlichen Akteuren übernommenen Steuerungsfunktionen bezogenen, Entstaatlichungsgrades zuwenden. Entstaatlichung könnte diesem Maßstab zufolge daran gemessen werden, wie viele der im folgenden aus den beiden genannten Literatursträngen zusammengetragenen Anforderungen an die Steuerungsleistung von Politik von zivilgesellschaftlichen Akteuren erfüllt werden (Übersicht 1). Dabei werden nicht nur Funktionen berücksichtigt, die sich auf die sachbereichsspezifische Regulierung im engeren Sinne beziehen, sondern auch solche, die übergreifender Natur sind.

Übersicht 1: Umfang potentieller Beiträge zivilgesellschaftlicher Akteure zum grenzüberschreitenden Regieren („scope")

Sachbereichsspezifische Leistungen	Übergreifende Leistungen
(a) Problemidentifikation	(e) Beitrag zur Gemeinwohlorientierung der politischen Steuerung
(b) Beisteuerung problemlösungsrelevanter Ressourcen Bereitstellung von Informationen Herstellung von Unterstützung Senkung von Transaktionskosten	(f) Beitrag zur Herstellung und Bewahrung des konstitutionellen Rahmens für das eigene Wirken (g) Vermeidung von negativen Externalitäten
(c) Normsetzung Normentwicklung verbindliche Regelsetzung	(h) Beschaffung von Akzeptanz und Legitimität für das politische System insgesamt
(d) Regeldurchsetzung Überwachung der Regeleinhaltung durch Monitoring Sanktionierung von Regelverstößen	

Allerdings reicht der Umfang zivilgesellschaftlich erbrachter Steuerungsleistungen zur Bestimmung des Grades von Entstaatlichung allein nicht aus. Er sagt nämlich noch wenig über die *Qualität* von Entstaatlichung aus bzw. darüber, welches Autonomiegewicht privater Regulierungstätigkeit zukommt. So wäre die Entstaatlichungsbilanz wenig eindrucksvoll, wenn lediglich beratende oder operative Funktionen, noch dazu abhängig von einem staatlich erteilten Auftrag, von nichtstaatlichen Akteuren wahrgenommen würden, während Entscheidungskompetenzen, und dabei insbesondere solche, bei denen es um die Kompetenzzuteilung selbst geht, in staatlicher Hand verbleiben würden. Selbst wenn zivilgesellschaftliche Akteure verbindliche Entscheidungen treffen könnten, bliebe der sich in der Verlagerung von bestimmten Funktionen von öffentlichen Instanzen auf private ausdrückende Entstaatlichungsgrad immer auch davon abhängig, wie dauerhaft und rechtsverbindlich solche Kompetenzen erworben worden sind und ob sie wieder aberkannt werden können. Das faktische Vermögen des Staates, Aufträge zu erteilen, Kompetenzen auf Dauer oder auf Zeit zu gewähren und auch wieder zu entziehen, würde die Autonomie zivilgesellschaftlicher Beiträge zum Regieren jenseits des Staates eher in Frage stellen als untermauern.

Auch die sich innerhalb von Staaten vollziehende Horizontalisierung politischer Steuerung erfolgt immer noch unter der Regie eines staatlichen Gesetz*gebers*, der über die Kompetenzdelegation und über die Spielregeln befindet, nach denen privaten Akteuren entsprechende Räume gewährt werden. Für Scharpf (1991: 629) verdanken viele außerstaatliche Verhandlungssysteme „schon ihre Entstehung, die Zusammensetzung ihrer Mitgliedschaft und ihre Verfahrensordnung staatlicher Intervention". Haufler (1993: 94-97) unterscheidet in diesem Zusammenhang zwei Konstellationen, in denen staatliche und nichtstaatliche Akteure interagieren können: Zum einen können Staaten ein internationales Regime auf der Basis von Normen und Praktiken nichtstaatlicher Akteure errichten und letztere bei der Implementation instrumentalisieren; der Staat dominiert also in diesem Fall die zivilgesellschaftlichen Akteure, der Entstaatlichungsgrad wäre dementsprechend gering. Zum anderen können aber auch nichtstaatliche Akteure Normen generieren und sogar ein effektives Überwachungssystem zu deren Einhaltung etablieren. Ein sich weitestgehend selbst regulierendes privates Regime wäre demnach eines, „in which co-operation among private actors is institutionalized, and in which states do not participate in formulating the principles, norms, rules, or procedures which govern the regime members' behaviour" (Haufler 1993: 100). Damit eröffnet sich ein breites Spektrum von Interaktionsmustern, von rein zivilgesellschaftlichen Regimen bis hin zu allen möglichen Formen von "public-private partnerships" mit unterschiedlichen Abstufungen staatlicher Zurückhaltung bzw. Dominanz.

Die qualitative Dimension von Entstaatlichung, d.h. der Grad der Autonomie zivilgesellschaftlicher Steuerungsaktivitäten, hängt von der *Rolle* ab, die der *Staat* im Rahmen einer bestimmten Arbeitsteilung mit privaten Akteuren für sich beansprucht bzw. einnimmt. Für den innerstaatlichen Bereich haben Knill und Lehmkuhl (2000: 13-17) vier Interaktionsmuster zwischen privaten und öffentlichen Akteuren idealtypisch unterschieden, bei denen der Autonomiegrad zivilgesellschaftlicher Steuerungsbeiträge mit der Verteilung problemlösungsrelevanter Ressourcen zwischen diesen und dem Staat einhergeht. Der Autonomiegrad privater Beiträge zur politischen Steuerung ist gering, wenn sie in Konstellation mit einem „hierarchischen" Staat erfolgen. In diesem Fall wird die private Problemlösungsfähigkeit als begrenzt angenommen, während der problemlösungsstarke Staat die bereitzustellenden öffentlichen Güter bestimmt und zur Verfügung stellt. Größer ist die Autonomie in der Konstellation mit dem „kooperativen" Staat. Hier halten sich die jeweiligen Problemlösungsressourcen die Waage und der Rahmen für die Selbstregulierung wird kooperativ festlegt. Die Autonomie steigt weiter in der Konstellation mit dem „komplementären" Staat, der zwar problemlösungsschwach, aber immerhin hilfsbereit ist (indem er etwa Monitoring-Ressourcen bereitstellt), wenn es darum geht, privaten Akteuren bei der Bereitstellung öffentlicher Güter unter die Arme zu greifen. Am größten ist die Autonomie privater politischer Steuerung beim vierten und letzten Typ, bei dem der „intervenierende" Staat selbst über keine nennenswerte Problemlösungsfähigkeit verfügt und sich nur noch punktuell mit bestimmten Regulierungsanforderungen „störend" einmischt. Diese vier innerstaatlichen Interaktionskonstellationen lassen sich leicht auf die Ebene des grenzüberschreitenden Regierens übertragen und können zur Bestimmung der qualitativen Dimension von Entstaatlichung beitragen.

Übersicht 2 faßt die unterschiedlichen Maßstäbe für die Bestimmung des Autonomiegewichts privater Steuerungsbeiträge zusammen. Die Qualität von Entstaatlichung kann sich dabei sowohl im Gewicht der wahrgenommenen Funktionen, in der Verteilung der Ressourcen zwischen staatlichen und zivilgesellschaftlichen Akteuren als auch in der Art des Kompetenzerwerbs ausdrücken.

Übersicht 2: Qualität (Autonomiegewicht) potentieller Beiträge zivilgesellschaftlicher Akteure zum grenzüberschreitenden Regieren

Funktionen	Autonomiegewicht
konstituierende Funktionen (ordnungspolitische „meta governance")	hoch
Entscheidungsfunktionen	hoch
operative Funktionen innerhalb staatlich dominierter governance Strukturen	gering
Beratungsfunktionen	gering
Funktionswahrnehmung im Rahmen eines Interaktionsmusters vom Typ	
hierarchisch	gering
kooperativ	hoch
komplementär	hoch
intervenierend	hoch
Beitrag im Rahmen von	
Auftragserteilung	gering
auf Dauer gewährter Kompetenz	hoch
auf Zeit gewährter Kompetenz	mittel
ohne Kompetenzübertragung durch Staaten	hoch

4. Normative Anforderungen an die Legitimität entstaatlichten Regierens

Im folgenden Abschnitt wird es um die Operationalisierung des Legitimitätsgrades politischer Steuerungsmuster jenseits des Staates gehen, an denen zivilgesellschaftliche Akteure beteiligt sind. Dazu sollen drei Kriterienkataloge vorgeschlagen werden. Der erste betrifft Anforderungen an die Output-Legitimität politischer Steuerung (Abschnitt 4.1). Mit dem zweiten Kriterienkatalog soll die Input-Legitimität privater Steuerungsansprüche ermittelt werden (Abschnitt 4.2). Dabei wird es um „Autorität" und „Autorisierung" als mögliche Legitimationsquellen gehen. Der dritte Kriterienkatalog (Abschnitt 4.3) befaßt sich mit Anforderungen an die Qualität von Prozessen politischer Steuerung, an denen zivilgesellschaftliche Akteure beteiligt sind.

4.1 Does It Work?" – Leistungsanforderungen, die an effektives Regieren zu stellen sind (Output-Legitimität)

Zu den Leistungsanforderungen, an denen sich die Output-Legitimität politischer Steuerung unter zivilgesellschaftlicher Beteiligung messen lassen muß, zählt sowohl die Steuerungseffektivität und -effizienz im Hinblick auf sachbereichsspezifische Zielsetzungen als auch die Fähigkeit, darüber hinausgehende allgemeine Funktionen erfolgreich wahrzunehmen. Ein diesen beiden Kriterien folgender Anforderungskatalog ist bereits weiter oben (Übersicht 1) zusammengestellt worden. Zweifel an der Steuerungskompetenz nichtstaatlicher Akteure könnten mit Blick auf das voraussichtliche Scheitern bei der Wahrnehmung vor allem derjenigen Aufgaben angebracht sein, die über die Identifikation von Problemen, das Beisteuern problemlösungsrelevanter Ressourcen wie Information und Legitimation und die Mitwirkung an der Normentwicklung hinausgehen. Zu vermuten ist, daß vor allem die folgenden Steuerungsanforderungen die Leistungsgrenzen zivilgesellschaftlicher Akteure mehr oder weniger deutlich überschreiten werden:

- Verbindliche Regelsetzung
- Überwachung der Regeleinhaltung (z.B. durch effektives Monitoring) und Sanktionierung von Regelverstößen
- Vermeidung von negativen Externalitäten
- Schaffung und Garantie des konstitutionellen Rahmens für das eigene Wirken
- Gemeinwohlorientierung der politischen Steuerung.

Bevor ich die kritische Einschätzung der Fähigkeit privater Akteure, diesen Leistungsanforderungen zu genügen, am Beispiel des Zustandekommens und der Wirksamkeit einiger privater „Codes of Conduct" einer ersten empirischen Prüfung unterziehen möchte, sollen diese Anforderungen allerdings selbst noch einmal qualifiziert werden.

Die Fähigkeit privater Akteure, Regelbefolgung wirksam sicherzustellen, wird häufig mit dem Argument in Frage gestellt, sie würden nicht auf das dafür zwingend benötigte Gewaltmonopol zurückgreifen können, das allein den nationalstaatlichen Regierungen zur Verfügung steht. Dieser Einwand vergißt, daß auch letztere auf die Nutzung dieser Ressource beim zwischenstaatlichen Regieren verzichten müssen, ja daß es in Abwesenheit einer zentralen, autorisierten Erzwingungsinstanz für überhaupt keinen Akteur die Möglichkeit gibt, auf dem Weg hoheitlicher Steuerung für Regelbefolgung zu sorgen. Dieses Manko ließe sich in der Tat nur durch die Übertragung des Gewaltmonopols auf eine Weltregierung beseitigen, nicht jedoch im Rahmen von „governance *without* government". Kein Staat ist autorisiert, im internationalen Raum auf legitime Weise diejenigen Erzwingungsinstrumente zu gebrauchen, zu deren Nutzung jeder Staat intern autorisiert ist. In dieser Hinsicht sind sich öffentliche und private Akteure im internationalen Raum sehr viel ähnlicher als im Inneren des Staates.

Wenn dies aber zutrifft, wie läßt sich dann der beachtlich hohe Grad an Regeleinhaltung in den zwischenstaatlichen Beziehungen überhaupt erklären? Erzwingung durch Androhung oder Einsatz von (dort nicht autorisierter) Gewalt kann sicher einen Teil davon erklären. Bindungswirkung und Folgebereitschaft gehen aber vor allem von der verpflichtenden Kraft der Normen selbst oder von der Nutzenerwartung aus, die Regelungsadressaten mit der Regelbefolgung verbinden. All diese Einflußfaktoren stehen grundsätzlich auch zivilgesellschaftlichen Akteuren zur Verfügung, um nachhaltig Verhaltensänderungen zu bewirken, wenn auch in einem anderen Gewichtungsverhältnis als den Staaten. Auch sie können in dem Maß für Regeleinhaltung sorgen, in dem sie die genannten, von Überzeugung bis Erzwingung reichenden Mittel einzusetzen in der Lage sind. Sie können Regierungen bzw. Unternehmen mit normativen oder utilitaristischen Argumenten überzeugen, moralischen Druck ausüben, die öffentliche Meinung mobilisieren oder Marktgesetze instrumentalisieren.[7] Das bedeutet aber auch, daß die Effektivität des Einsatzes dieser strategischen Optionen nicht abstrakt, sondern nur bezogen auf die spezifischen Schwächen und Verwundbarkeiten ihrer Adressaten beurteilt werden kann. So dürften Regierungen gegenüber dem Entzug öffentlicher Zustimmung und dem Reputationsverlust bei potentiellen Wählern besonders empfindlich sein. Analog kann auf Unternehmen über deren potentielle Kunden Druck ausgeübt werden, der sich vom Anprangern und Beschämen bis zu Konsumentenboykotten ganz unterschiedlicher Mittel bedienen kann. In jedem Fall dürften die Erfolgsaussichten mit dem öffentlichen Mobilisierungspotential eines Gegenstandes steigen.

Das eigentliche Monitoring der Regeleinhaltung durch zivilgesellschaftliche Akteure dürfte sich als eine weitaus schwierigere Aufgabe erweisen. Unabhängige private Inspektionssysteme arbeiten in vielen Bereichen sehr erfolgreich, häufig sind sie sogar wirksamer als die staatlichen, vor allem dann, wenn der Staat schwach oder gar nicht ernsthaft daran interessiert ist, konsequent zu überwachen. Hier besteht das Haupthindernis für private Ak-

---

7 Auf die Bedeutung des Zusammenhangs zwischen Markt und normativer Bindung im Kontext gesellschaftlicher Regimebildung verweisen auch Kohler-Koch/Knodt (1999: 249).

teure darin, sich überhaupt erst einmal Zugang zu verschaffen. Gerade in einem wirtschaftsliberalen Kontext haben NGOs keine Handhabe, sich in die inneren Angelegenheiten privatwirtschaftlicher Unternehmen einzumischen. Wenn sie nicht von der Regierung dazu beauftragt werden, stellt das Eintreten in Verhandlungs- und Überzeugungsprozesse mit den Unternehmen selbst den einzigen Weg dar, um von diesen als unabhängige Überwachungsagenturen akzeptiert zu werden. Je häufiger dies gelingt, desto stärker werden aber auch die nur begrenzt vorhandenen Ressourcen in Anspruch genommen. Je flächendeckender sie also erfolgreich sein wollen, desto größere Probleme werden auf die zivilgesellschaftlichen Akteure zukommen.

Noch schwieriger gestaltet sich die Auseinandersetzung mit dem Argument, daß zivilgesellschaftliche Steuerungsbeiträge zwar sektoral durchaus effektiv und erfolgreich sein können, aber weder mit sektorübergreifenden Folgewirkungen umgehen, noch dort erfolgreich sein können, wo sie mit ihren eigenen Voraussetzungen konfrontiert ist, nämlich dem Schutz der Integrität des zivilgesellschaftlich genutzten Raumes vor einer Instrumentalisierung durch mächtige und eigeninteressierte staatliche oder nichtstaatliche Akteure. Effektive Machtregulierung durch die Zuteilung institutioneller Handlungsressourcen (Héritier 1993: 16) zur Sicherung von formaler Gleichheit und damit zum Schutz der Schwachen (dazu auch Wesel 1999: 57), unverzichtbare Voraussetzungen für zivilgesellschaftliche Selbstorganisation also, scheinen zwingend auf die Existenz einer sanktionsbewehrten schützenden Ordnungsmacht angewiesen zu sein - „Privatisierung bedarf eines öffentlichen Rahmens“ (Hummel 2001: 26).

Wie steht es schließlich mit der Gemeinwohlorientierung? Weder gibt es einen Grund anzunehmen, daß enthierarchisierte Formen der politischen Steuerung automatisch bei der sachbereichsspezifischen Problemlösung leistungsfähiger sind noch, daß sie sich ohne weiteres am Gemeinwohl etwa im Sinne der Umwelt- oder Sozialverträglichkeit orientieren. Die unter Beteiligung von privaten Akteuren in Netzwerken ablaufenden Verhandlungen können ebenso an dem eigenen Nutzen der daran Beteiligten orientiert sein wie auch einer optimalen Aufgabenerfüllung im allgemeinen Interesse dienen.[8] Allerdings lassen sich durchaus einige Voraussetzungen benennen, deren Vorliegen eine Problemlösungs- und Gemeinwohlorientierung begünstigen könnten (vgl. dazu auch Mayntz 1993: 51): (a) es müssen ausreichend viele Akteure beteiligt sein, die sich für eine effektive Problemlösung verantwortlich und dem Gemeinwohl verpflichtet fühlen, sich also mit der jeweiligen Aufgabe identifizieren, statt Partikularinteressen zu vertreten; (b) es muß Öffentlichkeit bestehen, damit das tatsächliche Verhalten an dieser Selbst-

8 In diesem Sinne weist auch Haufler (1993: 99-105) Kartellen, Oligopolen und privatwirtschaftlichen Regimen als Erscheinungsformen privater Steuerung ganz unterschiedliche Ausrichtungen zu, die von der Sicherung von Profit und Marktanteilen bis zur Herstellung von Kollektivgütern reichen.

verpflichtung jederzeit gemessen und Partikularinteressen vertretende Akteure als solche identifiziert werden können; (c) es muß ein Erfolgshonorar in Aussicht stehen, wenn diese Ziele erreicht werden (wie z.B. ein Reputationsgewinn).

4.2 Input-Anforderungen an die Rechtmäßigkeit zivilgesellschaftlicher Regulierungsansprüche: Autorisierung und Autorität als Quellen der Legitimität

Machtausübung gilt herkömmlicherweise dann als legitim, wenn sie durch rechtlich dazu autorisierte Instanzen erfolgt. Dieser Legitimationszusammenhang findet in der Anerkennung des Monopolanspruchs der staatlichen Machtausübung als der einzig legitimen Anwendung von physischer Gewalt seinen Niederschlag. Die Vorstellung von „private authority" würde einen Widerspruch in sich darstellen, wenn man einem Verständnis von „authority" folgte, das davon ausgeht, daß „social life is impossible in the absence of the authority of the state" und daß private Akteure grundsätzlich nicht berechtigt seien, allgemein verbindliche Verhaltensvorschriften zu machen („not entitled to prescribe behavior" [Friedman 1990: 58, 79]). Eine Autorisierung privater Regulierungsansprüche könnte demzufolge allenfalls auf dem Wege der expliziten Kompetenzdelegation durch den allein mit der Kompetenz-Kompetenz ausgestatteten Staat erfolgen. Private Regulierungstätigkeit würde durch eine solche formale Autorisierung zwar die nötige Input-Legitimität erhalten, aber zugleich – zu einer Variante öffentlich-rechtlichen Regierens degradiert, deren Entscheidungen die gleiche Rechtsverbindlichkeit beanspruchen könnte wie die unmittelbar staatlichen selbst – auch ihren spezifisch „privaten" Charakter einbüßen. Mit anderen Worten: Dieses Verständnis läßt keinen Raum für die Vorstellung einer im eigentlichen Sinne privaten „Autorität". In ähnlicher Weise wird, wie Cutler, Haufler und Porter zeigen, häufig auch die Autorität (im Sinne von Input-Legitimität) des Handelns privater Akteure im internationalen Raum vom Staat abhängig gemacht: „The private sector actors must be empowered either explicitly or implicitly, by governments and international organizations with the right to make decisions for others" (Cutler/Haufler/Porter 1999b: 19).

Allerdings ist es aus zwei Gründen mehr als problematisch, den Legitimitätsanspruch nichtstaatlicher („privater") Regulierung an eine staatliche („öffentliche") Kompetenzdelegation zu binden, sobald wir den internationalen Raum betreten: Zum einen verwischen sich dort die Grenzlinien zwischen „privat" und „öffentlich", und zum anderen kann aus einer formalen Autorisierung durch eine intergouvernemental vereinbarte Kompetenzdelegation grundsätzlich nicht die gleiche Legitimität erwachsen wie durch den Staat im innerstaatlichen Raum.[9] Wie weiter oben bereits festgestellt wurde, findet politische Steuerung im Raum jenseits des Staates unabhängig davon, welche Typen von Akteuren daran beteiligt sind, immer in Abwesenheit von Regierungsinstitutionen statt. Es existiert keine *internationale* öffentliche Instanz mit dem anerkannten Anspruch, legitime Trägerin von Kompetenz-Kompetenz und Inhaberin eines legitimen Gewaltmonopols zu sein. Einmal mehr erweisen sich öffentliche und private Akteure in diesem Raum als überraschend ähnliche Einheiten.

Aber sollten nicht intergouvernementale Einrichtungen diese Funktion der Autorisierung privater Beiträge zur politischen Steuerung jenseits des Staates übernehmen? Wenn das Ziel einer solchen zweistufigen Delegation darin bestehen soll, privaten Akteuren Input-Legitimation zu verschaffen, muß die Antwort auf diese Frage nein lauten. In dem Maß, in dem es sich bei intergouvernementalen Entscheidungsmechanismen und Selbstbindungen auch um strategische Instrumente nationalstaatlicher Regierungen handelt, die Autonomie des Regierungshandelns vor gesellschaftlichen Mitwirkungsmöglichkeiten zu schützen, müssen diese Mechanismen ihrerseits erhebliche Input-Legitimationsdefizite aufweisen. Mit dem Erwerb von „Autorität" auf dem Wege intergouvernementaler Vereinbarungen würde deren eigenes Demokratiedefizit nur auf die den privaten Akteuren auf diese Weise eingeräumten Regulierungskompetenzen übergehen.

Wollte man also die Autorität des Handelns privater Akteure allein *formal* davon ableiten, daß sie ihre Legitimierung durch einen seinerseits de jure zur Autorisierung legitimierten Akteur (z.B. den Staat oder – unter Legitimitätseinbußen – eine internationale Organisation) erhalten, dann müßte sich die Qualität einer solchen Autorisierung danach bemessen, ob sie ihrerseits aus demokratisch legitimierten Entscheidungsverfahren hervorgeht. Aus einer formalen Autorisierung durch eine intergouvernemental vereinbarte Kompetenzdelegation kann genau aus diesem Grund grundsätzlich keine hohe Legitimität erwachsen. Deren Qualität kann nie höher sein als die demokratische Qualität der Entscheidungsverfahren, von denen sie abgeleitet ist. Um dieses konzeptionelle Hindernis zu überwinden, muß auf Quellen für Input-Legitimität zurückgegriffen werden, die nicht an eine formale staatliche oder zwischenstaatliche Delegation von Kompetenzen gebunden sind.

In der Tat stehen Quellen zur Verfügung, aus denen sich Legitimität auch dann schöpfen läßt, wenn die verbürgten Autorisierungsquellen (formale Kompetenzübertragung) nicht verfügbar oder von zweifelhafter Qualität sind. Um diese Quellen zu erschließen, muß zwischen Input-Legitimität durch *formale* (zwischen-)staatliche *Autorisierung* auf der einen Seite und aufgrund

9 Deshalb lassen sich Feststellungen wie die von Cutler und anderen zitierte, denen zufolge „political authority by definition cannot be 'private', it must be public" (Cutler/Haufler/Porter 1999b: 18), nicht einfach auf die internationale Ebene übertragen.

inhaltlich begründeter Autorität auf der anderen Seite unterschieden werden.[10] Über inhaltliche Autorität verfügt ein Akteur unabhängig von jeder formalen Autorisierung (oder eben auch nicht). Sie kann seinem Anspruch, politische Steuerungsleistungen beizutragen, Input-Legitimität verleihen. Sie beruht auf der glaubhaft gemachten Verpflichtung gegenüber allgemein anerkannten Normen, auf der Berufung auf das Gemeinwohl oder auf der Anerkennung fachlicher Expertise und Regelungskompetenz.[11] Diese Faktoren müssen als die eigentlichen Stützpfeiler der Input-Legitimität zivilgesellschaftlicher Regulierungsansprüche gelten. Die Anerkennung einer fachlichen oder einer moralischen Autorität entfaltet sich primär diskursiv und allenfalls sekundär durch Erzwingung.[12] Sie gilt der Integrität von Akteuren sowie der Angemessenheit und Zustimmungswürdigkeit der von ihnen verfolgten Ziele.

Die Qualität der auf diese Art von Autorität gestützten Input-Legitimität zivilgesellschaftlicher Regulierungsansprüche hängt von der Beantwortung der folgenden Fragen ab: Liegt eine Berufung auf allgemeine Normen oder auf das Gemeinwohl vor? Ist diese konsistent mit dem Verhalten? Wie wird die Gemeinwohlorientierung begründet? Wird der Anspruch auf Sachkompetenz anerkannt? In der folgenden Übersicht 3 werden die verschiedenen möglichen Quellen von „private authority“ zusammengefaßt und den jeweiligen Ausprägungsformen bestimmte Legitimitätsgrade zugewiesen.

---

10 Siehe dazu auch Cutler/Haufler/Porter (1999b: 18) und Friedman (1990: 77-80). Angesichts der schon weiter oben getroffenen Feststellung, daß es sich bei der formalen Autorisierung durch zwischenstaatliche Einrichtungen um keine besonders starke Quelle von Input-Legitimität handelt und im Raum jenseits des Staates die Grenzziehungen zwischen „privat“ und „öffentlich“ ohnehin undeutlicher ausfallen, kommt als eine weitere Quelle der Input-Legitimität zivilgesellschaftlicher Regulierungsansprüche auch die „Autorisierung“ und Kontrolle durch die Regelungsunterworfenen selbst (z.B. Unternehmen) in Betracht.

11 Selbstverständlich können diese Quellen die Legitimität sowohl privater als auch öffentlicher Regulierungsansprüche stärken. Die Gesamt-Input-Legitimität politischer Steuerung hängt davon ab, in welchem Umfang alle daran beteiligten Akteure die unterschiedlichen Quellen ausschöpfen können.

12 So weisen auch Cutler, Haufler und Porter (1999c: 259) darauf hin, daß diese Art der inhaltlichen Autorität (die auch treffend mit „being an authority“ umschrieben werden kann, siehe dazu ausführlicher Friedman 1990: 77-80) „operates through a sense of obligation rather than coercion“.

Übersicht 3: Input-Legitimität

Quelle der Autorität	Qualität der Legitimation
formale Autorisierung („entitlement", „being in authority")	staatlich: grundsätzlich hoch,
durch Kompetenzdelegation rechtlich autorisierter Organe erworbene Selbstregulierungskompetenz (de jure)	zwischenstaatlich: grundsätzlich gering aufgrund des Legitimitätsdefizits intergouvernementaler Entscheidungsverfahren
legitimiert nur in dem Maß, wie die Kompetenz-Kompetenz ihrerseits legitim ist;	
(a) explizite und gesetzlich verankerte Autorisierung	
(aa) auf Dauer übertragen	staatlich: hoch/zwischenstaatlich: gering
(ab) befristet übertragen	hoch/gering
(b) implizit abgeleitet (Staat verzichtet auf Verbot)	mittel/gering
(c) ex post Anerkennung durch autorisierungsfähige Instanz	mittel/gering
(d) „Autorisierung" durch Regelungsunterworfene	mittel
(e) „Selbstautorisierung" (de facto Kompetenzanmaßung)	gering
inhaltliche Autorität (fachlich oder moralisch, „being an authority"; nicht an staatliche Autorisierung gekoppelt)	
(a) Berufung auf anerkannte vorstaatliche Normen und Rechte	hoch
(b) Berufung auf anerkanntes Gemeinwohl	hoch
(c) Berufung auf eine Selbstauslegung des Gemeinwohls	mittel
(d) Berufung auf Sachkompetenz	
(da) mit anerkannter Gemeinwohlorientierung	hoch
(db) ohne diese	gering

4.3 Prozedurale Legitimitätsanforderungen

Im letzten Abschnitt wurde festgestellt, daß sich die Input-Legitimität zivilgesellschaftlicher Beiträge zur politischen Steuerung jenseits des Staates nur sehr begrenzt auf Verfahren der formalen Autorisierung stützen kann. Dieses Verständnis von *Input*-Legitimität stimmt – nicht ganz zufällig – nicht mit der liberalen Auffassung von *demokratischer* Legitimität überein. Aber obwohl sich das auf den Territorialstaat gemünzte Modell der liberalen Mehrheitsdemokratie nicht als Folie für die Demokratisierung des Regierens jenseits des Staates eignet (siehe dazu auch Wolf 2001), gibt es doch einige weitere Anforderungen an die Hand, ohne deren Erfüllung auch die Input-Legitimität politischer Steuerung im internationalen Raum nicht ausreichend bestimmt werden kann. Diese umfassen insbesondere prozedurale Kriterien wie die Responsivität und Verläßlichkeit des politischen Handelns (Wie kann sichergestellt werden, daß der politische Prozeß gesellschaftliche Anforderungen aufgreift?), Verantwortlichkeit gegenüber Auftraggebern und Adressaten sowie die Zurechenbarkeit von Entscheidungen (Wie können die verantwortlichen Akteure identifiziert und z.B. im Falle ihres Versagens zur

Rechenschaft gezogen werden?). Die Probleme, diesen Anforderungen gerecht zu werden, sind im innerstaatlichen Raum groß genug. Sie wachsen aber noch beträchtlich im Hinblick auf das Regieren jenseits des Staates, das in einem unentrinnbaren Konflikt mit dem Kongruenz- und Symmetriepostulat des demokratischen Regierens steht, weil Entscheidungen (etwa von NGOs initiiert) sich häufig auf Adressaten (zum Beispiel Unternehmen) richten, die an der Regelsetzung nicht beteiligt sind (siehe Held 1991: 160). Solche prozeduralen Defizite schmälern allerdings nicht nur die Input-Legitimität privater Akteure. Private und öffentliche Beiträge zur politischen Steuerung jenseits des Staates verletzen die Kongruenzbedingung gleichermaßen, wenn sich ihre Regulierungstätigkeit auf Dritte richtet. Gleichwohl läßt sich die Legitimität des grenzüberschreitenden Regierens durch institutionelle Vorkehrungen verbessern, die zumindest die Transparenz, die Qualität deliberativer Verfahren, Zurechenbarkeit und Verantwortlichkeit erhöhen.

Mit diesen Einschränkungen, die sich auf private wie öffentliche Regulierungstätigkeit gleichermaßen beziehen, gibt es allerdings keinen Anlaß anzunehmen, daß zivilgesellschaftliche Akteure den genannten Anforderungen an die demokratische Legitimität ihres Handelns nicht entsprechen können sollten. Unter bestimmten Voraussetzungen, die auch davon abhängen, ob sich ihre Autorität auf eine formale Kompetenzübertragung durch zwischenstaatliche Vereinbarungen oder die Anerkennung der Steuerungsadressaten stützt (in beiden Fällen also auf *Autorisierung*), oder ob Regulierungsansprüche von einer normativen oder fachlichen *Autorität* abgeleitet werden, können sie auf ganz unterschiedliche Weise für ihre Aktivitäten zur Rechenschaft gezogen werden. Gewählten Politikern durchaus ähnlich, die im innerstaatlichen Kontext einer Mehrheitsdemokratie abgewählt werden können, können auch private Akteure für ihre Beiträge zur politischen Steuerung jenseits des Staates zur Rechenschaft gezogen werden: Die formale Kompetenzübertragung kann rückgängig gemacht werden, es kann rechtlich gegen sie vorgegangen werden, sie können ihre moralische oder fachliche Glaubwürdigkeit und mit ihrer Integrität auch die öffentliche Anerkennung einbüßen, auf die sich ihre Autorität stützt. Auf der anderen Seite ist allerdings zu vermuten, daß die Verläßlichkeit privater Regulierungstätigkeit durch deren Freiwilligkeit notorisch gering sein dürfte. Nur öffentliche Akteure können in die Pflicht genommen werden oder private Akteure ggf. in die Pflicht nehmen, sich einem bestimmten Regelungsproblem anzunehmen.

Übersicht 4: Prozedurale Legitimität

Prozedurale Anforderungen	Legitimität von Verfahren
Transparenz: Öffentlichkeit vorhanden/nicht vorhanden	hoch/gering
deliberative Qualität: Arguing, Bargaining, Druckausübung	hoch/mittel/gering
Responsivität und Verläßlichkeit: Inpflichtnahme möglich/Freiwilligkeit	hoch/gering
Verantwortlichkeit und Zurechenbarkeit: Möglichkeit, Verantwortung zuzuschreiben und bei Versagen zur Rechenschaft ziehen zu können, besteht/besteht nicht	hoch/gering
Kongruenz liegt vor/liegt nicht vor	hoch/gering

5. Verhaltenskodizes über sozialverträgliche Produktionsmethoden: Legitimität und Entstaatlichung politischer Steuerung in der Praxis

Um die Grenzen privater Selbstregulierung auszuloten, sollten empirische Beobachtungen in entsprechenden Grenzbereichen aufgesucht werden. Das bedeutet im vorliegenden Fall, daß das Verhältnis zwischen Legitimität und Entstaatlichung des grenzüberschreitenden Regierens besonders aufschlußreich dort zutage treten dürfte, wo Entstaatlichung möglichst weitgehend vorliegt und sich Grenzerfahrungen über die damit einhergehenden Legitimitätskosten oder -gewinne machen lassen. Unter Verwendung der in den vorangegangenen Abschnitten entwickelten Maßstäbe für Entstaatlichung und Legitimität sollen im folgenden einige Verhaltenskodizes als Beispiele für „gesellschaftliche Regime" betrachtet werden, in denen zivilgesellschaftliche und privatwirtschaftliche Akteure weitgehend autonom grenzüberschreitende politische Steuerungsleistungen zu erbringen versuchen. Solche Verhaltenskodizes gibt es mittlerweile in vielen Bereichen. Sie können hier nur sehr selektiv und skizzenhaft aufgegriffen werden. Ich werde mich im folgenden auf die Bemühungen der „Rugmark"-Foundation um die Beseitigung von Kinderarbeit in der Dritten Welt und die Kampagne für Saubere Kleidung („Clean Clothes Campaign") konzentrieren. Beide Fälle sollen als Beispiele sehr weitgehender privater Selbstregulierung quasi auf der „Überholspur" Eindrücke über die Grenzen zivilgesellschaftlicher Selbstorganisation bei der Übernahme von staatlichen Kernfunktionen vermitteln. Die jeweils zugrunde liegende Problemlage kann als eine „Zuständigkeitslücke" bezeichnet werden, die sich aus dem Unterlaufen staatlicher Sozial- und häufig auch Umweltstandards im Zuge der wirtschaftlichen Entgrenzung ergeben hat: „TNK können sich ... über nationale und regionale Kontrollmechanismen hinwegsetzen, ohne im internationalen Rahmen auf bindende Regelwerke zu stoßen" (Braun 2001: 262). Das Ergebnis sind Verletzungen von elementaren Arbeitnehmerrechten in Niedriglohnsektoren im Zuge einer weltweiten Vergabe von Produktionsaufträgen, hier vor allem bei den Zulieferern der Bekleidungsindustrie oder im Teppichsektor.

Regulierungsinitiativen, die zu Verhaltenskodizes, Zertifizierungssystemen und zur Vergabe von Qualitätssiegeln geführt haben, gibt es in zahllosen Branchen.[13] So einigten sich 1999 Blumenimporteure, Floristen, Menschenrechtsorganisationen und Gewerkschaften auf ein „Flower Label Programm", in dem Gewerkschaftsfreiheit, existenzsichernde Löhne, ein Verbot der Kinderarbeit und der Verzicht auf Pestizide zwischen Importeuren und Produzenten in Blumenexportländern vertraglich vereinbart worden sind.[14] Die Kontrolle sozial- und umweltverträglicher Produktion wird im Auftrag von NGOs wie *Brot für die Welt* oder *terre des hommes* vorgenommen. Während es sich bei dieser grenzüberschreitenden Regulierung um das Ergebnis völlig entstaatlichter „governance" handelt, sind Umweltkodizes etwa in der Tourismusindustrie häufig aus gemeinsamen Regulierungsbemühungen von NGOs, internationalen Organisationen wie der UNESCO oder der WTO sowie von staatlichen Institutionen hervorgegangen.[15] Auch rein privaten Verhaltenskodizes können sehr unterschiedliche Akteurskonstellationen zugrunde liegen. Während bei den nun ausführlicher zu betrachtenden Beispielen nicht nur die Initiative, sondern auch die Hauptverantwortung für das Funktionieren von zivilgesellschaftlichen Akteuren übernommen wurde, handelt es sich in vielen anderen Fällen um Projekte, mit denen Unternehmen zwar auf den von zivilgesellschaftlichen Akteuren erzeugten Öffentlichkeitsdruck reagieren, aber ein daraus hervorgehender Verhaltenskodex von ihnen als eine rein *unternehmensinterne* Angelegenheit betrachtet wird. Dieser weitverbreitete Typ privater Selbstregulierung ist zwar aufgrund seines besonders hohen Entstaatlichungsgrades ebenfalls von Interesse, er wird aber hier deswegen nicht weiter berücksichtigt, weil er grundlegenden Anforderungen, vor allem an die prozedurale Legitimität (Transparenz, Möglichkeit der Inpflichtnahme, Überwachung, Aufdeckung und Sanktionierbarkeit von Regelungsversagen), voraussichtlich in weit geringerem Maß genügen dürfte, als dies bei einer Mitwirkung zivilgesellschaftlicher Akteure zu erwarten ist.

---

13 Zu deren Entstehungsbedingungen und Ausprägungsformen siehe van Liemt (2000: 167-192).

14 Siehe dazu ausführlicher unter www.oneworldweb.de/tdh/presse/blumenlabel.html (Zugriff 15.05.01).

15 Siehe dazu UNEP (1995) sowie www.insula.org/tourism/pagina_n9.htm (Zugriff 25.05.01).

5.1 Die Verhinderung von Kinderarbeit im Teppichsektor durch „Rugmark": Selbstregulierung durch Verhaltenskodizes und Zertifizierungssysteme

Am Beispiel der grenzüberschreitenden zivilgesellschaftlichen Regulierungstätigkeit von „Rugmark" zur Eliminierung von Kinderarbeit in der Dritten Welt[16] läßt sich besonders gut illustrieren, wo mögliche Grenzen der Entstaatlichung politischer Steuerung liegen, wo am ehesten Defizite bei der Legitimität auftreten und zur Erfüllung welcher Funktionen auf Staatlichkeit zurückgegriffen werden muß. Dieser Initiative liegt das offenkundige Versagen der Regierungen in den Produktions-, Export- und Importländern zugrunde, menschenrechtliche Normen, die auch als Sozialklauseln in das ILO-Basisabkommen zur Abschaffung der Kinderarbeit (Konvention 138) Eingang gefunden haben, in nationales Recht umzusetzen bzw., wo vorhanden, nationales Recht auch durchzusetzen. Ein funktionierendes staatliches Inspektionssystem, das sicherstellen könnte, daß gegen das Verbot der Kinderarbeit nicht verstoßen wird, gibt es nicht. Die Selbstregulierungsaktivitäten nehmen dieses Staatsversagen zum Anlaß, um unter Berufung auf grundlegende Normen und deren internationale Kodifizierung für deren Einhaltung zu sorgen. Die Rugmark Foundation hat in Deutschland, Indien, Nepal, Pakistan, Kanada und den USA die Regulierung von Unternehmenstätigkeiten selbst in die Hand genommen. Die wirtschaftlichen Regelungsadressaten haben sich darauf eingelassen und sich mit den zivilgesellschaftlichen „Störenfrieden" ohne Anrufung des Staates auf direktem Wege auf einen Verhaltenskodex verständigt, um einen kommerziell schädlichen Reputationsverlust und Konsumentenboykott zu vermeiden.

In der „Rugmark"-Initiative haben sich zahlreiche NGOs mit Teppichproduzenten und -importeuren zusammengeschlossen. Das Ziel besteht darin, Produzenten und Importeure dazu zu veranlassen, Teppiche ohne Kinderarbeit herzustellen und zu vermarkten, und statt dessen erwachsene Arbeiter mit gesetzlichen Mindestlöhnen zu beschäftigen. Im Rahmen von freiwilligen Verhaltenskodizes werden rechtlich verbindliche Richtlinien für die Teppichproduktion vereinbart. Lizenznehmer von „Rugmark" sind die Teppichexporteure, die sich verpflichten, ihre Knüpfstühle registrieren und die Einhaltung der Richtlinien durch unangekündigte und unabhängige Inspektionen überwachen zu lassen. Werden an diesen Stühlen Kinderarbeiter vorgefunden, droht dem Teppichexporteur der Lizenzentzug, d.h. seine Ware wird vom Importeur nicht mehr abgenommen. Die finanziellen Beiträge der Tep-

16 Informationen und Daten zu den Aktivitäten von „Rugmark" finden sich in der umfangreichen Selbstbeschreibung der Initiative im Internet (www.rugmark.org) sowie bei Betz (2000). Knüpfteppiche werden zum größten Teil in Indien, Pakistan und Nepal hergestellt. Im indischen Teppichknüpfgürtel sind ein Viertel der Teppichknüpfer (nach ILO-Angaben etwa 350 000) Kinder in Schuldknechtschaft gewesen, die von ihren mittellosen Eltern an Teppichproduzenten verkauft wurden.

pichimporteure, die dafür das „Rugmark“-Gütesiegel auf den von ihnen vertriebenen Teppichen verwenden dürfen, dienen auch der Unterstützung von Rehabilitationszentren für ehemalige teppichknüpfende Kinder und Einkommen schaffender Maßnahmen für deren Familien zum Ausgleich des Verdienstausfalls.[17]

Entstaatlichungsgrad

Nicht nur die große Breite des Spektrums der von „Rugmark“ wahrgenommenen Regulierungsfunktionen, sondern vor allem deren Gewicht weisen den skizzierten Fall als Beispiel für eine sehr weitgehende Entstaatlichung aus, auch wenn mit staatlichen Institutionen und internationalen Organisationen (UNICEF) durchaus kooperiert wird. Es werden sowohl operative als auch konstituierende Funktionen in weitgehender Unabhängigkeit gegenüber einem schwachen, nicht interventionsfähigen (oder -willigen) Staat im Herstellungsland bzw. einem desinteressierten Staat im Importland wahrgenommen. Beachtlich ist dabei insbesondere, daß gerade solche Leistungen erbracht werden, die man traditionell dem Kernbereich staatlicher Zuständigkeit zuordnen würde, also nicht nur Problemidentifikation und Normsetzung, sondern auch Maßnahmen, die der Regeleinhaltung dienen und die bis zur eigenständigen Wahrnehmung von polizeilichen Überwachungs- und Sanktionierungsfunktionen reichen. Gleichwohl sollte nicht vergessen werden, daß Staaten zumindest insoweit beteiligt sind, als sie in der ILO zusammen mit den dort zugelassenen gesellschaftlichen Akteuren (Arbeitnehmer- und Arbeitgebervertretern) an der Entwicklung der normativen Bezugspunkte mitgewirkt haben, die auch als Quellen für die Input-Legitimität des zivilgesellschaftlichen Regulierungsanspruchs in Anspruch genommen werden.

Legitimitätsgrad

Die in der Rugmark-Initiative zusammengeschlossenen privaten Akteure habe sich selbst dazu autorisiert, allgemein anerkannte menschen- bzw. arbeitsrechtliche Normen im konkreten Fall anzuwenden und umzusetzen. Die Input-Legitimität der Initiative stützt sich demzufolge vor allem anderen auf die Anerkennung einer moralischen Autorität auf der Grundlage der zur Rechtfertigung geltend gemachten ethischen Normen. Diese Normen sind in diesem Fall unstrittig, was sich darin ausdrückt, daß sich die Aktivitäten von Rugmark auch im Einklang mit staatlichen Gesetzen (hier dem indischen „Child Labour Act“ von 1986) und im Rahmen der ILO unter Mitwirkung von Arbeitnehmer- und Arbeitgebervertretern vereinbarten Selbstverpflich-

---

17 Nach Angaben von „Rugmark“ (www.rugmark.org/press/press082896.html) sind etwa 30% der deutschen Teppichimporte aus Indien in dieses Zertifizierungssystem einbezogen. Dazu ausführlicher www.rugmark.org/certify/index.html.

tungen befinden. Von diesen Normen leitet sich auch die Gemeinwohlorientierung der Initiative ab. Eine zweite Legitimitätsquelle besteht in der Anerkennung der Regelungskompetenz durch die Betroffenen. Diese Anerkennung mag, und damit ist die Frage der deliberativen Qualität des ihr zugrunde liegenden „Überzeugungsprozesses" angesprochen, zum Teil das Resultat argumentativer Prozesse sein. Ihre Wirksamkeit beruht angesichts der vorhandenen Transparenz jedoch neben der Erzeugung eines sozialen Gewissens mindestens ebenso sehr auf der Drohung, den Regelungsadressaten einen Reputationsverlust bei der internationalen Öffentlichkeit zuzufügen und über Boykottaufrufe Verbraucherdruck zu erzeugen.

Die *sachbereichsspezifischen* Erfolge bei der Problembearbeitung erscheinen absolut betrachtet lediglich als Tropfen auf einen heißen Stein. Zwar erhielten in Indien bis Oktober 1998 über eine Million Teppiche das Rugmark-Siegel, haben 199 Importeure die Rugmark-Lizenz und gelten an 19.509 Knüpfstühlen die Rugmark-Standards, dennoch sind 90% der über 180 000 Teppichknüpfstühle im indischen Teppichgürtel nicht registriert, und selbst die registrierten können von den wenigen Inspektoren in großen Intervallen von über einem Jahr nur unzureichend kontrolliert werden.[18] Kritisiert werden außerdem die unzureichenden Kompensationsmöglichkeiten für das entfallende Arbeitsentgelt der Kinder.

Gemessen an dem praktisch vollständigen Versagen des Staates kann allerdings von einem durchaus bemerkenswerten Erfolg gesprochen werden, zumal die Selbstregulierungsbemühungen in diesem Sektor in einen Zusammenhang gestellt werden müssen mit einer Vielzahl langfristig angelegter und dezentral organisatorisch miteinander vernetzter („ethisches Netzwerk") Öko- und Fair Trade-Aktivitäten,[19] die ein Umdenken bei vielen Unternehmen und die Herausbildung (oder doch zumindest das Zur-Schau-Stellen) eines sozialen Gewissens hervorgerufen haben, an denen deren Verhalten künftig gemessen werden kann. Zivilgesellschaftliche Regulierung ist hier zwar nicht flächendeckend, aber durchaus *punktuell* erfolgreich, in jedem Fall erfolgreicher als (das zum Teil nicht einmal vorhandene) staatliche Handeln. Die Situation der Teppichknüpfer hat sich nach allgemein geteilter Einschätzung (siehe etwa Betz 2000: 26 oder van Liemt 2000: 188f) allein durch das Wirken von Rugmark und durch den dieses Wirken begleitenden zivilgesellschaftlichen Öffentlichkeitsdruck verbessert. Diese Aktivitäten haben zwischenzeitlich auch zu einer Verschärfung der Rechtsdurchsetzung durch den indischen Staat geführt.

Auf der anderen Seite wird die Erfolgsbilanz dadurch getrübt, daß von einer Nachhaltigkeit des Erreichten aufgrund der unverändert schlechten Rand-

---

18 In Indien verfügte Rugmark 2000 über 17 Inspektoren, die unangemeldet Vor-Ort-Stichproben bei den numerierten Knüpfstühlen vornahmen.

19 Einen Überblick über produkt- und themenbezogene Selbsthilfeaktivitäten gibt Fair Trade (1999: 110).

bedingungen (z.B. fehlende Beschäftigungsalternativen) nicht gesprochen werden kann und die zivilgesellschaftlichen Akteure keine Kontrolle über die durch ihren Erfolg ausgelösten Folgeprobleme haben, wie etwa das Ausweichen der Kinderarbeit in andere Sektoren. Was die Erfüllung *allgemeiner* Leistungsanforderungen an legitimes Regieren angeht, läßt sich also festhalten, daß von einer Gemeinwohlorientierung im Rahmen eines sich über Öffentlichkeit selbst regulierenden Systems durchaus gesprochen werden kann, hingegen nur begrenzte Möglichkeiten zur Kontrolle negativer Externalitäten – hier etwa durch die Kompensation von Einnahmeausfällen der Familien – zu bestehen scheinen.[20] Sowohl für die Erhaltung der Voraussetzungen für das eigene Wirken als auch für dessen nachhaltigen Erfolg sind die zivilgesellschaftlichen Akteure auf staatliche oder zwischenstaatliche Kooperation bzw. Vorleistungen (z.B. in Form der ILO-Konventionen) angewiesen. Schließlich ist die Rugmark-Initiative als freiwillig zu charakterisieren. Da dies auch die Mitwirkung der Regelungsadressaten betrifft, wird zwar die Kongruenzbedingung erfüllt, aber es besteht weder die Möglichkeit zur Inpflichtnahme, noch die, die privaten Akteure für von ihnen mitverursachte Folgeschäden zur Rechenschaft zu ziehen und aufkommen zu lassen.

5.2 Die Kampagne für Saubere Kleidung („Clean Clothes Campaign"): Verhaltenskodex und Zertifizierungssystem für die Bekleidungsindustrie

Die zivilgesellschaftlichen Initiativen zur Verbesserung der Beschäftigungs- und Arbeitsbedingungen in den weltweit verteilten Produktionsstätten der Bekleidungsindustrie reagieren ebenfalls auf die drastische Kluft zwischen international vereinbarten arbeits- und sozialrechtlichen Standards auf der einen und nichtsdestotrotz fortbestehenden, zum Teil ausbeuterischen und menschenunwürdigen Arbeitsbedingungen auf der anderen Seite. Die Adressaten der zivilgesellschaftlichen Bemühungen, diese Kluft durch die Vereinbarung eigener Sozialklauseln zu überwinden, sind Textil-, Sportartikel- und Bekleidungsunternehmen, aber auch große Handelsfirmen und Versandhäuser. Sie werden als Verursacher und Mitverantwortliche für Produktionsbedingungen angesehen, die von Verstößen gegen grundlegende Arbeits- und Menschenrechte gekennzeichnet sind, sowohl in Fabriken, etwa solchen, die in von der nationalen Sozial- und Arbeitsgesetzgebung befreiten Freihandelszonen errichtet werden, als auch bei Zulieferern oder bei den über Unteraufträge in das System eingebundenen Nähwerkstätten. Auch in diesem Sektor geht den zivilgesellschaftlichen Regulierungsinitiativen ein Versagen der nationalstaatlichen Regierungen voraus, die ILO-Bestimmungen nicht in

20 Allerdings ist zu fragen, inwieweit die Übernahme von sozial- und bildungspolitischen Funktionen in einem Land überhaupt noch zum Zuständigkeitsbereich eines grenzüberschreitenden privaten Regimes gezählt werden kann.

nationale Gesetze umsetzen oder unwürdige Arbeitsbedingungen aus Gründen der Standortsicherung dulden.

Ein Großteil der zivilgesellschaftlichen Regulierungsbemühungen macht sich an den Arbeitsbedingungen in den berüchtigten „Sweatshops“ im Bekleidungssektor fest, in denen unter einem sich verschärfenden Wettbewerbsdruck Produkte für zahlreiche Markenunternehmen gefertigt werden. Die Liste der Probleme ist lang: Bezahlung unterhalb des Existenzminimums, überlange Arbeitszeiten ohne Überstundenvergütung, inhumane und gefährliche Arbeitsplätze, systematische Willkürhandlungen oder sexuelle Belästigungen gegenüber Beschäftigten, Organisationsverbot. Die zivilgesellschaftlichen Aktivitäten im Rahmen der „Anti Sweatshop Kampagne“ sind vielfältig.[21] Wie im Teppichsektor stellt der Versuch, Produzenten vor ihren potentiellen Kunden öffentlich bloßzustellen und zur Demonstration ihres guten sozialen Gewissens zu zwingen, den Ausgangspunkt dar. Die auf diese Weise unter Druck gesetzten Unternehmen werden dann aufgefordert, sich zur Einhaltung von arbeitsrechtlichen Mindeststandards zu verpflichten und ein unabhängiges Monitoring-System zuzulassen.

Mit über 159 Mitgliedsorganisationen ist die „Clean Clothes Campaign“ die weitaus wichtigste internationale Kampagne, die die weltweit tätigen Großunternehmen der Bekleidungsbranche an die Einhaltung sozialer Mindestbedingungen – auch durch deren Lieferanten und Vertragspartner – zu binden versucht. Die in ihrer eigenen Sozialcharta für den Handel mit Kleidung („CCC-Kodex“), die sich an entsprechende Bestimmungen der ILO anlehnt, zusammengestellten Forderungen umfassen als Kernpunkte die Freiwilligkeit der Beschäftigung, das Diskriminierungsverbot, das Verbot der Kinderarbeit, Vereinigungsfreiheit und Tarifhoheit sowie Existenz sichernde Mindestlöhne. Die Einhaltung des Kodex ist durch eine Stiftung sicherzustellen, in der Unternehmen, Industrieverbände, Gewerkschaften und NGOs vertreten sind (siehe Fair Trade 1999: 65). Unternehmen, die den Sozialkodex unterzeichnen und dessen Umsetzung auch durch ihre Lieferanten auf die vorgeschriebene Weise kontrollieren lassen, werden zertifiziert.

Die amerikanische NGO *Co-op America*[22] betreibt ein „Corporate Responsibility“-Programm (siehe dazu www.coopamerica.org/sweatshops/ssladder.htm), das auch ein Unternehmens-Ranking umfaßt, mit dem die Kaufentscheidungen der Verbraucher beeinflußt und den unter die Lupe genommenen Unterneh-

21 Ausführliche Beschreibungen finden sich in Varley (1998: 59-82, 401-427), wo allein 46 Verhaltenskodizes vergleichend analysiert werden, sowie in Blanpain (2000: 297-386), wo 39 private Codes of Conduct zusammengestellt sind.

22 Co-op America ist eine 1982 gegründete amerikanische Nichtregierungsorganisation, die das Ziel verfolgt, über eine unmittelbare Instrumentalisierung des Marktes auf eine Verbesserung der Sozial- und Umweltverträglichkeit von Unternehmenstätigkeiten hinzuwirken. Adressaten der verschiedenen Programme sind sowohl Verbraucher (Aufklärung darüber „how to vote with their dollars“) als auch Unternehmen (siehe www.coopamerica.org/ccafaq.htm [Zugriff 22.03.00]).

men ein Anreiz gegeben wird „to become socially and environmentally responsible". Unternehmen sollen durch Überzeugungsarbeit und den Druck der Käufer dazu bewegt werden, für bessere Arbeitsbedingungen in ihren ausländischen Zulieferbetrieben zu sorgen. Das Erreichen der oberen Stufen der „Ladder of Labor Responsibility" führt nur über die Zustimmung zu einem Verhaltenskodex über Arbeitnehmerrechte in Verbindung mit einer Selbstverpflichtung darauf, dessen Einhaltung auch durch unabhängige Instanzen überwachen zu lassen. Als ein in den USA wichtiges, aber nicht unumstrittenes Referenzmodell dafür gilt der Verhaltenskodex-Prototyp der „White House Apparel Industry Partnership" (siehe Varley 1998: 11-14, 470-75), der 1997 von einer durch den amerikanischen Präsidenten Clinton zuvor ins Leben gerufenen und vom Department of Labor koordinierten Allianz von Nichtregierungsorganisationen und Unternehmen der Bekleidungsindustrie ausgearbeitet wurde.

Die Kaufhausgruppe Gap nimmt eine Vorreiterrolle als umwelt- und sozialbewußtes Unternehmen ein. Sie verfügt über einen eigenen Verhaltenskodex („Code of Vendor Conduct") und ein eigenes globales Monitoring System („Vendor Compliance Officers"), bei dem in über 50 Ländern zunehmend auch auf unabhängige Monitoren zurückgegriffen wird.[23] Zuliefererfirmen müssen sich zuerst einer Eingangsevaluation unterziehen und sich, wenn sie diese bestehen, vertraglich zur Einhaltung des Verhaltenskodex verpflichten.

Entstaatlichungsgrad

Im Unterschied zu der – mit Ausnahme der Bezugnahme auf ILO-Richtlinien – ziemlich weitgehenden Dominanz zivilgesellschaftlicher Steuerungsaktivitäten von „Rugmark" fällt am Beispiel der Anti-Sweatshop-Kampagne zweierlei auf: zum einen eine Vielzahl von ohne staatliche Mitwirkung operierenden, aber auch rein unternehmensinternen „privaten Regimen"; zum anderen das Modell der amerikanischen „Apparel Industry Partnership", das ein horizontales Steuerungsmuster unter etwa gleichgewichtigem Einschluß öffentlicher, privatwirtschaftlicher und zivilgesellschaftlicher Akteure – wiederum nach dem Muster der ILO – verkörpert, wobei die Rolle der Clinton-Administration der des kooperativen Staates entspricht.

---

23 Siehe dazu ausführlicher Varley (1998: 281-307). Auf seiner Internet-Selbstdarstellung legt das Unternehmen großen Wert darauf, daß „unlike most retailers, Gap Inc. has a global network of employees who are dedicated full time to monitoring factory compliance ... We forbid forced labor and child labor in factories that produce our clothing, and we focus our compliance efforts on factory work environments and the fair treatment of workers. Our monitors generally visit factories at least once every three months, and conduct random, unannounced inspections as well" (siehe www.gapinc.com/community/sourcing/stopping_sweatshops.htm [Zugriff 16.03.00] und www.gapinc.com/community/sourcing/global_manufacturing.htm [Zugriff 16.03.00] sowie Kaufman/Gonzalez 2001).

Ansonsten entsprechen Umfang und Gewicht der von privaten Akteuren wahrgenommenen Steuerungsleistungen dem bereits für den Teppichsektor festgestellten hohen Entstaatlichungsgrad. Im Verhältnis zu zwischenstaatlichen Regulierungsbemühungen ist wiederum bemerkenswert, daß die zivilgesellschaftlichen Initiativen gerade dort anknüpfen, wo die ILO oder – noch gravierender – die WTO versagen. Dabei handelt es sich bezeichnenderweise, neben etwa der Bereitstellung von Information, um Leistungen wie „Enforcement“ und „Monitoring“, für deren effektive Erfüllung Staatlichkeit als Voraussetzung reklamiert wird. Die beteiligten internationalen Organisationen scheinen in diesem Interaktionsgefüge eher die Rolle schwacher komplementärer öffentlicher Akteure wahrzunehmen, wobei die Zusammensetzung der ILO die in diesem Raum undeutliche Grenzziehung zwischen privaten und öffentlichen Akteuren unterstreicht.

Legitimitätsgrad

Auch die Einschätzung der Leistungsfähigkeit der grenzüberschreitenden zivilgesellschaftlichen Steuerungsbemühungen im Bekleidungssektor entspricht weitgehend der von „Rugmark“. Insbesondere hinsichtlich der sachbereichsspezifischen Steuerungserfolge hat die Privatwirtschaft als Regelungsadressat gegenüber zivilgesellschaftlichem Druck deutlich Wirkung gezeigt. Marktgesetze und Konsumentenmacht geschickt instrumentalisierend, haben öffentliche Anschuldigungen, Boykottaufrufe, aber auch öffentliche Anerkennung, dazu geführt, daß die auf ihr Image bedachten Unternehmen umzudenken beginnen oder sich doch zumindest genötigt sehen, ein reines soziales Gewissen zu dokumentieren.[24] Vor dem Hintergrund drohender Umsatzeinbußen ist es zwar fast flächendeckend zu Selbstverpflichtungen gekommen, aber bei deren Umsetzung (unabhängiges Monitoring) werden ohne Druck von außen vorzugsweise „weiche“ Optionen gewählt. Auch das Hauptproblem ist dem von „Rugmark“ vergleichbar: Selbst dort, wo ein Verhaltenskodex unter Mitwirkung des staatlichen „Mediators“ zustande gekommen ist, setzt er auf „corporate voluntarism“, d.h. auf den Appell an Unternehmen, sich anzuschließen.[25] Dieses Problem der Freiwilligkeit – und damit zugleich der Verwässerung gemeinsam auszuhandelnder Vereinbarungen im Zuge der Konsenssuche – unterscheidet sich jedoch nicht grundlegend

24 Wie tief dieses Interesse in die „Corporate Identity“ der verschiedenen Unternehmen eingegangen ist, läßt sich etwa daran ablesen, wie prominent der Platz ist, den sie dem Image-Faktor „soziale Verantwortung“ unter Rubriken wie „Human Rights“ (Reebok) oder „Responsibility“ (Nike) in den Selbstdarstellungen auf ihren Webseiten einräumen.

25 Ein Unternehmen könnte sich aus folgenden Gründen dazu entschließen: Entweder es riskiert zusätzliche Kosten aus normativer Überzeugung oder es verspricht sich einen wirtschaftlichen Vorteil. Selbst ein Vorzeigeunternehmen wie Gap äußert sich unsicher darüber, inwieweit die Sozial- und Umweltverträglichkeit der Produktion das Verbraucherverhalten überhaupt beeinflußt (vgl. Kaufman/Gonzalez 2001: 69).

von dem, dem auch die Regulierungsbemühungen der ILO selbst gegenüber stehen, deren einschlägige Konventionen (a) nur für Staaten gelten, die sie ratifiziert haben, und (b) nur über geringe Durchsetzungs- und keine Sanktionsinstrumente verfügen: „Ultimately, the ILO is an instrument that relies on good will and cooperation" (Varley 1998: 34).

Auch hinsichtlich der Input-Legitimität können im wesentlichen die gleichen Feststellungen wie im Fall von „Rugmark" getroffen werden. Zum einen können dieselben Legitimitätsquellen (Berufung auf allgemein anerkannte, gemeinwohlorientierte Normen) zur Autorisierung des zivilgesellschaftlichen Steuerungsanspruchs geltend gemacht werden; zum anderen werden überall dort, wo es zur Vernetzung öffentlich-privatwirtschaftlich-zivilgesellschaftlicher Steuerungsaktivitäten kommt, darüber hinaus noch zusätzliche Quellen ausgeschöpft, die allerdings mit Einbußen sowohl des Selbstregulierungsgrades als auch der Regulierungsschärfe verbunden sind. Die Kongruenzbedingung wird durch die frühzeitige Einbindung der Regelungsadressaten erfüllt, die Transparenz wird erhöht und es verbessern sich die Möglichkeiten der Inpflichtnahme und damit die Regulierungszuverlässigkeit, soweit dies im Rahmen von Freiwilligkeit möglich ist.

6. Schlußbemerkungen

Was läßt sich aus diesen ersten explorativen Beobachtungen lernen? Die herangezogenen Fälle zivilgesellschaftlich initiierter „Codes of Conduct" vermitteln sowohl Einsichten über das Funktionieren bereits vorfindbarer Formen mehr oder weniger entstaatlichter grenzüberschreitender politischer Steuerung als auch über deren Implikationen für das Legitimitätspotential grenzüberschreitenden Regierens. Dabei zeigt sich zum einen, daß die zivilgesellschaftliche Selbstregulierung in Form von Verhaltenskodizes durchaus überraschende „Einbrüche" in vermeintlich dem Staat vorbehaltene Kompetenzgefilde vorweisen kann. (Dabei sind Entstaatlichungsspielräume deutlich geworden, deren Ausschöpfen durchaus mit einem Legitimitätszuwachs des Regierens jenseits des Staates verbunden sein könnte.) Zum anderen wurden aber auch erwartete Grenzen in Gestalt offenkundig systematisch auftretender Funktionsdefizite privater Selbstregulierung erkennbar.

Ist damit nicht zumindest die Option einer rein zivilgesellschaftlichen Regulierung bereits dementiert? Bleibt nicht auch die „ethische Ökonomie" auf „zentrale politische Instanzen und auf unabhängige Kontrollinstitutionen angewiesen" (Hummel 2001: 45)? In der Tat dürfte Staatlichkeit vor allem in den folgenden Funktionsbereichen zur Optimierung der Legitimität von politischer Steuerung unter zivilgesellschaftlicher Beteiligung kaum zu ersetzen sein:

- bei der Garantie des konstitutionell-rechtlichen Rahmens für Selbstregulierungsaktivitäten. Ohne bestimmte ermöglichende öffentliche Vorleistungen oder Unterlassungen (Nicht-Intervention) können sich zivilgesellschaftliche Akteure weder organisieren noch entfalten. Allerdings zeigt sich, daß zivilgesellschaftlichen Akteuren Regulierungsspielräume, die ihnen einmal gewährt worden sind und die sie erfolgreich nutzen, aufgrund ihrer spezifischen Input-Legitimität später nicht so einfach wieder entzogen werden können. D.h., garantierende „Ordnungspolitik" wäre vor allem dort gefragt, wo solche Spielräume noch nicht bestehen bzw. besonders geschützt werden müssen;
- bei der Bereitstellung von Problembearbeitungsressourcen (z.B. ausgebildetem Personal und finanziellen Mitteln für ein effektives Monitoring) dürfte gerade der Erfolg den zivilgesellschaftlichen Akteuren auch ihre Grenzen aufzeigen. Hier ist Hummel (2001: 42f) zuzustimmen, daß sie sich mit jedem Versuch, die Professionalität staatlicher Überwachungsorgane oder die Effizienz privatwirtschaftlicher Unternehmen zu erreichen, ein Stück weit von den Quellen ihrer Input-Legitimation (vor allem ihrer Unabhängigkeit und nicht-kommerziellen Ausrichtung) entfernen;
- schließlich bei der Vermeidung von negativen Externalitäten, wie vor allem das „Rugmark"-Beispiel zeigen konnte. In dem Maß, in dem sektorale „gesellschaftliche Regime" Auswirkungen haben, deren Bearbeitung in der Zuständigkeit anderer Arenen liegt, besteht ein Vernetzungs- und Koordinationsbedarf, der die Einbindung aller beteiligten Akteure, im betrachteten Fall auch die staatlicher Akteure, erforderlich machen würde.

So ließe sich am Ende dieses Beitrags immerhin vorläufig festhalten, daß selbst unter der Annahme, daß sich auch die Entstaatlichung des Regierens im Schatten staatlich zu erbringender Vorleistungen und Garantien vollziehen muß, einige der dem Staat herkömmlicherweise zugeschriebenen Regelungsfunktionen durchaus von zivilgesellschaftlichen Akteuren wahrgenommen werden können (bzw. könnten). Um im Bild zu bleiben, könnten sich die Staaten beim grenzüberschreitenden Regieren durchaus stärker auf die Rolle von *Schirmherren* zurückziehen, die komplementäre und primär konstituierende Tätigkeiten ausüben. Während Höffe (2000: 14) solche „helfenden (subsidiären) und ergänzenden (komplementären)" Aufgaben vor allem in einer Weltrepublik, einem „Weltbundesstaat" als Vermittlungs- und Schlichtungsinstanz, aufgehoben sieht, scheinen die aufgezählten „Restfunktionen" auf eine solche Hierarchisierung des politischen Systems der Weltgesellschaft in Gestalt einer „weltweiten Rechts- und Staatsordnung" nicht angewiesen zu sein. Dem Modell der ILO sollte dabei gerade in konzeptioneller Hinsicht noch mehr Aufmerksamkeit geschenkt werden. Es bietet sich als ein

Vorreiter der eingangs postulierten politischen Modernisierung im Sinne einer grenzüberschreitenden Enthierarchisierung der Beziehungen zwischen staatlichen, privatwirtschaftlichen und zivilgesellschaftlichen Akteuren unter den Vorzeichen der hier formulierten Legitimitätsanforderungen weit eher an, als etwa die zuletzt vom Generalsekretär der Vereinten Nationen, Kofi Annan, mit dem Globalpakt („Gobal Compact")-Projekt angestrebte Partnerschaft zwischen UNO und der Wirtschaft.[26] Allerdings wird es erst eine Ausweitung der noch sehr punktuellen empirischen Beobachtungen erlauben, sich qualifizierter mit der Frage auseinanderzusetzen, ob die verbleibenden Anforderungen an eine flankierende Staatlichkeit (a) hier zutreffend ausgedeutet worden sind, ob sie (b) globalstaatlicher Strukturen bedürfen, oder ob hoheitliche Steuerung (c) in einer vernetzten Welt durch horizontale Steuerungsmuster erfolgreich ersetzt werden kann, die „funktional definiert und bereichsspezifisch variabel" sind (Kohler-Koch/Knodt 1999: 247) und in die Staaten, privatwirtschaftliche Unternehmen und zivilgesellschaftliche Akteure als Kooperationspartner mit spezifischen Funktionen eingebunden sind.

Literatur

(aus dem Internet herangezogene Quellen sind hier nicht noch einmal gesondert aufgelistet)

Abbott, Kenneth W./Snidal, Duncan 2000: Hard and Soft Law in International Governance, in: International Organization 54, S. 421-456.

Betz, Joachim 2000: Kinderarbeit in Entwicklungsländern. Das Beispiel indischer Teppichsektor, in: Aus Politik und Zeitgeschichte B 17-18/2000, S. 21-29.

Blanpain, Roger (Hrsg.) 2000: Multinational Enterprises and the Social Challenge of the XXIst Century. The ILO Declaration on Fundamental Principles at Work. Public and Private Corporate Codes of Conduct, The Hague/London/Boston.

Braun, Rainer 2001: Konzerne als Beschützer der Menschenrechte? Zur Bedeutung von Verhaltenskodizes, in: Brühl u.a. 2001, S. 257-280.

Brühl, Tanja/Debiel, Tobias/Hamm, Brigitte/Hummel, Hartwig/Martens, Jens (Hrsg.) 2001: Die Privatisierung der Weltpolitik. Entstaatlichung und Kommerzialisierung im Globalisierungsprozess, Bonn.

Cutler, A. Claire/Haufler, Virginia/Porter, Tony (Hrsg.) 1999a: Private Authority and International Affairs, New York.

Cutler, A. Claire/Haufler, Virginia/Porter, Tony 1999b: Private Authority and International Affairs, in: Cutler/Haufler/Porter 1999a, S. 3-28.

Cutler, A. Claire/Haufler, Virginia/Porter, Tony 1999c: The Contours and Significance of Private Authority in International Affairs, in: Cutler/Haufler/Porter 1999a, S. 333-376.

Dahl, Robert A. 1994: A Democratic Dilemma: System Effectiveness versus Citizen Particiption, in: Political Science Quarterly 109, S. 23-34.

---

26 Dazu etwa Paul (2001) sowie www.globalcompact.org.

Fair Trade (Verein zur Förderung von Gerechtigkeit im Welthandel) (Hrsg.) 1999: Im Zeichen der Nachhaltigkeit. Verknüpfung von Öko- und Fair-Trade-Initiativen, Wuppertal.

Friedman, R.B. 1990: On the Concept of Authority in Political Philosophy, in: Raz, Joseph (Hrsg.): Authority, New York, S. 56-91.

Haufler, Virginia 1993: Crossing the Boundary between Public and Private: International Regimes and Non-State Actors, in: Rittberger, Volker (Hrsg.): Regime Theory and International Relations, Oxford, S. 94-111.

Held, David 1991: Democracy, the Nation-State and the Global System, in: Economy and Society 20, S. 138-172.

Hellmann, Birgit/Knodt, Michèle/Kohler-Koch, Beate 2000: Globalisierung und Integration: Strategievorstellungen deutscher Parlamentarier, Mannheimer Zentrum für Europäische Sozialforschung, Arbeitspapier 31, Mannheim.

Héritier, Adrienne 1993: Policy-Analyse. Elemente der Kritik und Perspektiven der Neuorientierung, in: dies. (Hrsg.): Policy-Analyse. Kritik und Neuorientierung. Politische Vierteljahresschrift. Sonderheft 24, Opladen, S. 9-36.

Höffe, Otfried 1999: Demokratie im Zeitalter der Globalisierung, München.

Höffe, Otfried 2000: Nationalstaaten im Zeitalter der Globalisierung, in: FAZ 170, 25. Juli 2000, S. 14.

Hummel, Hartwig 2001: Die Privatisierung der Weltpolitik. Tendenzen, Spielräume und Alternativen, in: Brühl u.a. 2001, S. 22-56.

Jänicke, Martin 1993: Vom Staatsversagen zur politischen Modernisierung? Ein System aus Verlegenheitslösungen sucht seine Form, in: Böhret, Carl/Wewer, Göttrik (Hrsg.): Regieren im 21. Jahrhundert – Zwischen Globalisierung und Regionalisierung, Opladen, S. 63-78.

Kaufman, Leslie/Gonzales, David 2001: Labor Standards Clash With Global Reality, in: New York Times (www.nytimes.com/2001/04/24/world/24SWEA.html).

Knill, Christopher/Lehmkuhl, Dirk 2000: Private Actors and the State: Internationalization and Changing Patterns of Governance, Bonn (unv. Ms., Juni 2000).

Kohler-Koch, Beate/Eising, Rainer (Hrsg.) 1999: The Transformation of Governance in the European Union, London.

Kohler-Koch, Beate/Knodt, Michèle 1999: Konzepte der politischen Steuerung in einer globalisierten Welt, in: Steger, Ulrich (Hrsg.): Facetten der Globalisierung. Ökonomische, soziale und politische Aspekte, Berlin u.a., S. 235-256.

van Liemt, Gijsbert 2000: Codes of Conduct and International Subcontracting: A ‚Private' Road towards Ensuring Minimum Labour Standards in Export Industries, in: Blanpain 2000, S. 167-192.

Mayntz, Renate 1993: Policy-Netzwerke und die Logik von Verhandlungssystemen, in: Héritier, Adrienne (Hrsg.): Policy-Analyse. Kritik und Neuorientierung. Politische Vierteljahresschrift. Sonderheft 24, Opladen, S. 39-57.

Paul, James A. 2001: Der Weg zum *Global Compact*. Zur Annäherung von UNO und multilateralen Unternehmen, in: Brühl u.a. 2001, S. 104-129.

Scharpf, Fritz W. 1991: Die Handlungsfähigkeit des Staates am Ende des zwanzigsten Jahrhunderts, in: Politische Vierteljahresschrift 32, S. 621-34.

Schmalz-Bruns, Rainer 1999: Deliberativer Supranationalismus. Demokratisches Regieren jenseits des Nationalstaats, in: Zeitschrift für Internationale Beziehungen 6, S. 185-244.

UNEP 1995: Environmental Codes of Conduct for Tourism. UNEP Technical Report No. 29, New York.

Varley, Pamela (Hrsg.) 1998: The Sweatshop Quandary. Corporate Responsibility on the Global Frontier, Washington, DC.

Wesel, Uwe 1999: Wenn der Staat verhandelt, in: Die Zeit 47, 18. November 1999, S. 57.

Wolf, Klaus Dieter 1999: Defending State Autonomy: Intergovernmental Governance in the European Union, in: Kohler-Koch, Beate/Eising, Rainer (Hrsg.): The Transformation of Governance in the European Union, London, S. 231-248.

Wolf, Klaus Dieter 2000: Die Neue Staatsräson. Zwischenstaatliche Kooperation als Demokratieproblem in der Weltgesellschaft, Baden-Baden.

Wolf, Klaus Dieter 2001: Contextualizing Normative Standards for Legitimate Governance Beyond the State, in: Grote, Jürgen R./Gbikpi, Bernard (Hrsg.): Participatory Governance. Political and Societal Implications, Opladen.

Michael Zürn

Zu den Merkmalen postnationaler Politik

An Analysen zur Globalisierung der Wirtschaft und zur Internationalisierung der Politik mangelt es nicht. Im Ergebnis unterminieren diese Analysen die tradierte, national kodierte Vorstellung von Politik. Ein Mangel besteht hingegen an Studien, die sich konstruktiv mit den theoretisch-konzeptionellen Implikationen für die Politikwissenschaft auseinandersetzen. Beate Kohler-Koch leistet einen wichtigen Beitrag zur Disziplin, indem sie seit vielen Jahren gezielt und impulsgebend immer wieder zur Füllung dieser Lücke beiträgt. In diesem Beitrag möchte ich diesem Geiste folgen und einige grundsätzliche Überlegungen, die in den Arbeiten von Beate Kohler-Koch entwickelt worden sind, weitertreiben und auf den scheinbar denationalisierungsresistenten Bereich der Sicherheitspolitik übertragen.

In diesem Beitrag werden drei Ebenen der Charakterisierung von Politik in der postnationalen Konstellation getrennt betrachtet. Der Beitrag konstatiert in einem ersten Schritt einen Übergang vom historischen Kontext der nationalen zum neuen Kontext der postnationalen Konstellation und argumentiert, daß dementsprechend auch der in der Politikwissenschaft nach wie vor dominante methodologische Nationalismus überwunden werden muß. Es gibt gute Gründe anzunehmen, daß der derzeitige Wandel im historischen Kontext ähnlich grundlegend ist wie der Übergang von der Feudalordnung zum System der territorial definierten Nationalstaaten. Die neue, sich abzeichnende postnationale Konstellation gilt es daher in den Grundzügen nachzuzeichnen und begrifflich in Kontrast zum Kontext der nationalen Konstellation zu erfassen. Vor diesem Hintergrund sollen in einem zweiten Schritt die konstitutiven Merkmale der sich abzeichnenden postnationalen Konstellation wiederum im Unterschied zu den konstitutiven Merkmalen der nationalen Konstellation herausgestellt werden. In einem dritten Schritt möchte ich schließlich einige Hypothesen über beobachtbare politische Prozesse und Verhaltensweisen in der postnationalen Konstellation zur Diskussion stellen. Dabei soll der (rein illustrative) empirische Bezugspunkt der Bereich der Sicherheitspolitik und die Frage nach Krieg und Frieden sein. Die Logik dieser drei Schritte in diesem Beitrag entspricht einer Vorgehensweise, die guter Theoriebildung – wie wir sie aus der nationalen Konstellation kennen – nachgebildet ist. Einer Beschreibung grundlegenden Wandels mit der Herausbildung eines neuen historischen Kontextes (entspricht der Beschreibung der Rahmenbedingungen, wie beispielsweise die Herausbildung des westfälischen Staatensystems) folgt die Darlegung der konzeptionellen Grundlagen bzw. konstitutiven Merkmale zur theoretischen Durchdringung der neuen Konstellation (Organisationsprinzipien, Akteure und Motivationen). Auf dieser Grundlage erfolgt dann schließlich die Formulierung von überprüfbaren Hypothesen über politische Prozesse und Entwicklungen (Wenn-Dann Aussagen). Freilich können die folgenden Seiten bestenfalls eine Skizze für einen solchen Versuch über die Politik in der postnationalen Konstellation sein.

1. Grundzüge der nationalen Konstellation

Das Regieren zielt heute im wesentlichen auf vier Ziele, die sich in demokratischen Wohlfahrtsstaaten in historischer Abfolge herausgebildet haben: auf den inneren und äußeren Frieden sowie die Eindämmung von kollektiven Risiken (Sicherheit), auf die Durchsetzung und institutionelle Absicherung der Rechtssicherheit (Recht), auf die Sicherung von Entscheidungsverfahren, welche die Partizipation der Betroffenen einer politischen Entscheidung ermöglicht (Partizipation) und auf eine für alle Seiten akzeptable Balance von wirtschaftlicher Effizienz und Verteilungsgerechtigkeit (soziale Wohlfahrt). Die vier genannten Ziele sind „normative Güter", da sie in unserem Kulturraum von den meisten Menschen als wertvoll und wünschenswert angesehen werden; sie sind gleichzeitig – „funktionale Güter", da die dauerhafte Nichterreichung eines oder mehrerer dieser Ziele die Krise der Politik anzeigen würde.

Im demokratischen Rechts- und Wohlfahrtsstaat konnten diese Ziele des Regierens in historisch bisher einmaliger Weise erreicht werden, so daß die Zeit zu Ende der 60er und zu Beginn der 70er Jahre heute gerne als ein glücklicher historischer Augenblick gesehen wird. Dieser Augenblick ist in engster Weise mit der Blütezeit der nationalen Konstellation verbunden. Die Ziele des Regierens wurden in dieser nationalen Konstellation durch mächtige Nationalstaaten erbracht, die selbst Teil einer Gesellschaft – der Staatengesellschaft (Bull 1977) – waren. Der Begriff der nationalen Konstellation (vgl. Habermas 1998) ist treffend, weil die drei zentralen Dimension der Staatlichkeit in dieser historischen Phase in einer politischen Organisation, eben dem Nationalstaat, zusammenliefen.

1.1 Anerkennung

Die normative Grundlage moderner Staatlichkeit ist das Prinzip der *Souveränität*, „die oberste legale Autorität des Staates, innerhalb eines bestimmten Territoriums Recht zu setzen und durchzusetzen und, als Konsequenz davon, die Unabhängigkeit von der Autorität anderer Staaten sowie die Gleichstellung mit ihnen im internationalen Recht“ (Morgenthau 1967: 305). Historisch betrachtet war es mithin die externe Anerkennung als völkerrechtliches Subjekt durch andere Staaten, die eine politische Organisation *letztlich* zum Staat machte. Die Zuerkennung von Souveränität bringt also einen Status zum Ausdruck: die Ernennung zum Mitglied in der internationalen Staatengesellschaft und damit verbunden ein Nichtinterventionssrecht.

Diese externe Anerkennung wurde erst später durch eine *interne* Anerkennung ergänzt. Mit dem Aufstieg von nationalen Kulturen und der damit verbundenen Konstruktion von politischen Gemeinschaften entwickelte sich das Prinzip des Nationalismus, wonach eine Nation sich politisch in einem Staat zu organisieren hat (Gellner 1991). Halb gewollt, halb ungewollt führte das absolutistische Regieren neben der Konsolidierung innerer und äußerer Sicherheit auch zu einer nationalen Identität und machte somit den Territorial- zum Nationalstaat. Zusätzlich zu den landesweiten Vereinheitlichungen und der Entwicklung überregionaler Kommunikationsmittel wurde die Bildung zentralisiert, so daß die Nationalkultur die lokale Kultur zunächst ergänzte und bald dominierte. Mit anderen Worten: Der Territorialstaat schaffte die infrastrukturellen, die kulturellen und die politischen Grundlagen für die Bildung von Nationen. Nicht die Nationen sind es gewesen, die die Staaten hervorbrachten, sondern umgekehrt entwickelten sich Nationen aus den (frühen) Staaten heraus. Gleichwohl sind die Staaten heute vom Vorhandensein einer politischen Gemeinschaft, die sich politisch organisieren möchte, abhängig.

1.2 Ressourcen

Die Anerkennung von politischen Organisationen als souveräne Nationalstaaten war schon immer voraussetzungsreich. Ohne eine materielle Ressourcenbasis hätten sich die Staaten niemals durchsetzen können. Die Anerkennung als Staat hängt im Prinzip davon ab, daß er in der Lage ist, seine Souveränität nach innen und nach außen zu verteidigen. Zentral in diesem Zusammenhang ist zum einen der Prozess der Gewaltmonopolisierung, der parallel mit der Herausbildung von Territorialstaaten verlief. Zum anderen bildet die Fähigkeit, Steuern und Abgaben einzutreiben, die wichtigste Ressourcengrundlage des Staates

1.3 Politikformulierung

Die dritte Dimension moderner Staatlichkeit besteht schließlich in der Realisierung der genannten Ziele des Regierens durch die Formulierung zielführender Politiken. Insofern sind die Ziele des Regierens moderner Staatlichkeit nicht extern, sie bilden einen integralen Bestandteil davon. Die Fähigkeit durch geeignete Maßnahmen und Interventionen gemeinwohlorientierte Leistungen bereitzustellen, war nämlich eine zentrale Voraussetzung für die Etablierung eines Systems souveräner Staaten. Der Staat setzte sich gegenüber alternativen politischen Organisationsformen – wie Imperien, Stadtstaaten und Städteverbindungen – durch, weil er sich bei der Erfüllung bestimmter Aufgaben als überlegen erwies.

Die drei Dimensionen von Staatlichkeit sind zwar analytisch unterscheidbar, bilden aber gleichzeitig eine Konstellation oder Konfiguration, da die drei Dimensionen enge Wirkungsbeziehungen zueinander aufweisen.

2. Grundzüge der postnationalen Konstellation

Es deutet nun vieles darauf hin, daß die nationale Konstellation einem epochalen Wandel unterliegt. Die drei Dimensionen der Staatlichkeit scheinen zunehmend weniger auf der Ebene des Nationalstaates zusammenzulaufen. Ein zweiter Blick auf die drei Dimensionen der Staatlichkeit legt dies nahe.

2.1 Politikformulierung

Internationale Institutionen beinhalten Normen, Regeln und Entscheidungsprozeduren, mit denen die Politiken unterschiedlicher Staaten harmonisiert und koordiniert werden. Ohne internationale Institutionen wie das internationale Ozonregime, das Welthandelsregime oder den VN-Sicherheitsrat wären die Probleme des Regierens in einer denationalisierten Welt kaum zu bewältigen. In der Tat ist die Anzahl und die Bedeutung solcher internationaler Institutionen in den letzten zwei Dekaden rapide angewachsen. In vielen Sachbereichen verlief das Wachstum internationaler Institutionen – also die politische Denationalisierung – mehr oder weniger parallel zur gesellschaftlichen Denationalisierung (vgl. Beisheim et al. 1999; Held et al. 1999). So wuchs beispielsweise die Anzahl multilateraler Abkommen, die bei den Vereinten Nationen hinterlegt worden sind und häufig die Grundlage solcher internationaler Institutionen darstellen, zwischen 1960 und heute um 300 Prozent. Dieses Wachstum internationaler Institutionen wird durch eine Zunahme von transnationalen Nichtregierungsorganisationen, die auf den Foren, die durch die neuen Institutionen geschaffen werden, eine bedeutende Rolle zu spielen beginnen. Organisationen wie Greenpeace oder Amnesty International sind sowohl bei der internationalen Normentwicklung als auch bei der Überwachung der Regeleinhaltung längst bedeutsame Akteure.

Man mag nun einwenden, daß derartige Formen der internationalen Kooperation schon in der nationalen Konstellation bekannt und üblich waren. Seit Mitte des 19. Jahrhunderts sind internationale Organisationen geschaffen worden, um Interdependenzprobleme besser in den Griff zu bekommen und um die Ziele des Regierens besser verwirklichen zu können. Manche sehen sogar das Wiener Mächtekonzert mit dem Dirigenten Fürst von Metternich als ein erstes internationales Regime im Sicherheitsbereich. Insofern stelle die Schaffung multilateraler Institutionen zur Koordinierung nationalstaatlicher Politiken kaum eine Anomalie für die nationale Konstellation dar. Ein derartiger Einwand übersieht jedoch einige grundlegende Veränderungen.

Zum einen ist bereits die schiere Anzahl und Wachstumsgeschwindigkeit dieser internationalen Institutionen eine Herausforderung für die nationale Konstellation. So steigt die Anzahl von Regelungen, die auf der internationalen Ebene formuliert werden, deutlich schneller an als nationale Regelungen. Dementsprechend sind heute beispielsweise bereits gut die Hälfte aller Akte, die von der französischen Nationalversammlung verabschiedet werden, außerhalb des politischen Systems Frankreichs formuliert worden.

Zum anderen veränderte sich gerade in den letzten zwei Jahrzehnten der Charakter solcher internationaler Institutionen zwar still und leise, aber doch mit weitreichenden Auswirkungen. Traditionelle internationale Institutionen beinhalten Vorschriften für staatliche Verhaltensweisen. Beispielsweise verpflichteten sich Staaten in internationalen Vereinbarungen darauf, bestimmte Rüstungsmaßnahmen nicht zu ergreifen (Rüstungskontrollabkommen) oder bestimmte Zölle (Wirtschaftsabkommen) nicht zu erheben. Bei den heutigen Abkommen haben sich jedoch sowohl die Adressaten als auch die Art der Verpflichtung verändert: Die *letztlichen* Regelungsadressanten sind zunehmend gesellschaftliche Akteure (im Gegensatz zu Staaten) und diese müssen zunehmend etwas tun (im Gegensatz zu unterlassen), wenn beispielsweise eine internationale Umweltvereinbarung eine Reduktion der Schadstoffemissionen von 30 Prozent vorsieht. Eine Rüstungskontrollmaßnahme erfordert ausschließlich staatliche Aktivitäten und es ist im Allgemeinen vergleichsweise einfach, neue Waffensysteme *nicht* zu entwickeln. Demgegenüber muß der Staat gesellschaftliche Akteure wie die Autofahrer und Industrieunternehmen zu Veränderungen ihres Verhaltens bewegen, wenn die CO_2-Emissionen substantiell gesenkt werden sollen. Im Gegensatz zu den meisten Unterlassungsverpflichtungen kann man beim Versuch, die CO_2-Emissionen zu senken, scheitern, und zwar selbst dann wenn man guten Willens ist. Es bedarf nämlich erheblicher finanzieller, administrativer und technologischer Kapazitäten, um die Verpflichtung erfüllen zu können. Darüber hinaus haben heutige internationale Regelungen eine ganz andere Eingriffstiefe. Während beispielsweise im Handelsbereich lange Zeit primär an der Grenze auftretende *Schnittstellenprobleme* wie etwa Zollregelungen durch internationale Institutionen geregelt worden sind, geraten nun zunehmend sog. *behind the border issues* (Kahler 1995) wie etwa Subventions- oder Produktsicherheitsregelungen in das Blickfeld.

Mit dieser Veränderung in Quantität und Qualität internationaler Institutionen verbinden sich Probleme bei der Umsetzung der Abkommen. Zum einen führt die hohe Anzahl von internationalen Regelungen, die in sektoralen Politiknetzwerken ausgehandelt und ausformuliert werden, zu *Normkollisionen*. Manche Vorschrift, die im Kontext eines internationalen Umweltregimes entwickelt worden ist, gerät in Konflikt mit Normen des internationalen Handelsregimes. Beispielsweise widerspricht die vom internationalen Ozonregime geforderte Diskriminierung von FCKW-haltigen Produkten eigentlich dem Diskriminierungsverbot des WTO-Regimes. Zudem können internationale Vorgaben im Widerspruch zu herrschenden nationalen Rechtslagen stehen. Die internationale Liberalisierung des Handels und des Dienstleistungsverkehrs erfordert die Veränderung von nationalen Gesetzen, deren Fortbestand manchmal aus guten Gründen (wie z.B. Verbraucherschutz oder Arbeitsplatzsicherheit) politisch erwünscht ist. Mehr noch: Die Institutionalisierung von Menschenrechten auf der internationalen Ebene hat die Veränderung von divergierenden nationalen Praktiken oft sogar zum Ziel. In dem Maße wie nun derartige Normkollisionen auftreten, bedarf es Instrumente zur Koordinierung der widersprechenden Regelungen.

Zum anderen führt die veränderte Qualität der internationalen Vereinbarungen zu intensivierten *Überwachungsproblemen*. Die Verpflichtung, an der Grenze die Zölle für bestimmte Waren nicht zu erhöhen, ist in vielerlei Hinsicht denkbar einfach zu überwachen – die Firmen, die die Zölle zu entrichten haben, würden eine regelwidrige Zollerhöhung recht schnell bemerken. Die Verpflichtung hingegen, die CO_2-Emissionen um 30 Prozent zu senken, hat ein anderes Kaliber: Wer prüft wie nach, ob die CO_2-Emissionen sinken und falls nicht, ob dies das Resultat bösen Willens oder mangelnder Kapazitäten ist. Zur Überwachung werden also Instanzen notwendig, die eine verstärkte Kontrolle innergesellschaftlicher Prozesse impliziert.

Angesichts dieser Probleme – Normkollisionen und hoher Überwachungsbedarf – bei der Gestaltung und Umsetzung neuer internationaler Normen und Regeln kann es nicht überraschen, daß die gute alte internationale Diplomatie längst um weitere institutionelle Aspekte des Regierens jenseits des Nationalstaates ergänzt worden ist. In Kurzform: Die Fortentwicklung internationaler Institutionen führt zu zunehmenden Normkollisionen und einem gestiegenen Überwachungsbedarf. Normkollisionen und gestiegener Überwachungsbedarf fördert wiederum die Supranationalisierung und Transnationalisierung von vormals rein intergovernmentalen Institutionen. Damit werden die Anomalien für die nationale Konstellation weiter akzentuiert (vgl. Grande/Risse 2000).

Supranationale Institutionen entwickeln Normen und Regeln, die gegenüber der nationalen Gesetzgebung als vorrangig anerkannt werden – beispielsweise sticht Europarecht deutsches Recht – und beschäftigen Bedienstete, die eine relativ hohe Unabhängigkeit von den entsendenden nationalen Regierungen haben. Supranationale Institutionen waren zunächst lange Zeit auf die Europäische Union beschränkt, und damit auf den Raum, der am dichtesten jenseits des Nationalstaates verregelt ist. Im Bereich der internationalen Handelspolitik und partiell auch der internationalen Menschenrechtspolitik haben inzwischen die dort agierenden Institutionen zu einem gewissen Maß gleichfalls einen supranationalen Charakter angenommen. Ein Trend zur Supranationalisierung scheint sich also zum einen vor allem dort zu entwickeln, wo internationale Institutionen so dicht sind, daß Regelungskollisionen mit anderen internationalen oder nationalen Institutionen auftreten. Dann bedarf es einer unabhängigen Schiedsgerichtsbarkeit, die überhalb des Nationalstaates angesiedelt ist. Zum anderen wächst die Bedeutung unabhängiger supranationaler Institutionen je mehr Bereiche und Probleme geregelt werden, die eher als behind-the-border-issues denn als Schnittstellenprobleme angesehen werden können. Je schwieriger die Regeleinhaltung und Regelüberwachung wird, desto wichtiger werden supranationale Agenturen, die sich dieser Aufgaben annehmen.

Gleichzeitig wächst die Bedeutung transnationaler Akteure bei der Überwachung der Regelungen und der legitimatorischen Absicherung von Entscheidungen durch internationale Gerichtshöfe. Dies führt zur Transnationalisierung internationaler Institutionen. Das Ausmaß der Verletzungen von internationalen Menschenrechtsabkommen bliebe ohne die Arbeit von Amnesty International viel mehr im Dunkeln. Der Word Wildlife Fund (WWF) achtet sorgsam darauf, daß die getroffenen internationalen Umweltabkommen auch national umgesetzt werden. Derartige transnationale Nichregierungsorganisationen helfen mithin bei der Überwachung internationaler Regelungen. Gleichzeitig sind sie jeweils Teil von verschiedenen sektoralen Fachöffentlichkeiten, die auf eine konsistente Regelanwendung in verschiedenen Problemfeldern achten.

Kurz und gut: Jenseits von und überhalb des Nationalstaates hat sich ein dichtes Geflecht von Regelungen und Organisationen entwickelt, das internationale Foren zum vorrangigen Platz für die Formulierung von Politiken macht, die den *Zielen des Regierens* dienen. Die Politikformulierungsdimension der Staatlichkeit scheint sich also von der nationalen auf die internationale Ebene, sei es im Rahmen von Großregionen wie Europa oder im Rahmen quasi-globaler Institutionen wie die WTO oder die UN-Menschenrechtskommissionen zu verlagern. Je dichter und eingriffstiefer das Netz internationaler Institutionen wird, desto stärker werden die internationalen Foren des Regierens um supranationale und transnationale Elemente ergänzt.

2.2 Ressourcendimension

Aus den konstatierten Veränderungen in der nationalstaatlichen Fähigkeit zu regieren sollte man das Ende des Nationalstaates weder vorschnell ableiten, noch sollte man es sich wünschen. Erstens handelt es sich beim Verlust der Effektivität nationalstaatlicher Politiken nicht um einen absoluten Prozeß, sondern um eine relative Gewichtsverschiebung. Es gibt nach wie vor Sachbereiche, in denen die gesellschaftliche und die politische Denationalisierung *keinen* signifikanten Einfluß auf die Effektivität nationalstaatlicher Politiken hat. Es ist zum zweiten nicht zu erkennen, daß sich die Ziele des Regierens *ohne* den Nationalstaat besser erreichen lassen. Eine sinkende Leistungsfähigkeit einer Institution erweist sich aber nur dann als Vorzeichen ihres Absterbens, wenn konkurrierende Institutionen in Sicht sind, die eine bessere Funktionserfüllung versprechen und die veraltete Institution ablösen können. Kaum vorstellbar, daß der Terrorismus, das Organisierte Verbrechen, die Risiken globaler Umweltschädigungen oder die sozialen Ungleichheiten ohne Hilfe der Nationalstaaten ausgeräumt werden. Der Nationalstaat bzw. Territorialstaat ist notwendig, um die Politiken umzusetzen, die jenseits des Nationalstaates formuliert worden sind. Von zentraler Bedeutung sind dabei seine Ressourcen, die er wie seinen Augapfel zu hüten scheint. So ist es genau der Bereich der Steuerharmonisierung, der im Bereich der EU die größten Schwierigkeiten verursacht. V.a. aber scheinen die Staaten keinerlei Bereitschaft zu zeigen, die Steuerhebungskompetenz an internationale oder supranationale Institutionen abzugeben. Auch der Aktivismus des UN-Sicherheitsrates zu Beginn der 90er Jahre konnte nicht darüber hinweg täuschen, daß alle Interventionen, ob in Form des *peacekeeping* oder in Form des *peaceenforcement*, von der Bereitschaft kleiner Nationalstaaten wie Schweden (im Falle von *peacekeeping)* oder Großmächten wie die USA (im Falle von *peaceenforcement)* abhängt, militärische Ressourcen zur Verfügung zu stellen.

2.3 Anerkennung

Gleichzeitig – und das wird in der gegenwärtigen Diskussion häufig übersehen – verändern sich auch die Bedingungen, unter denen die äußere Anerkennung als Staat erfolgt. Traditionell erlangte man die Anerkennung des Selbstbestimmungsrechtes einmal und unterlag danach keiner substantiellen äußeren Kontrolle mehr. Aber auch hier zeichnet sich ein grundlegender Wandel ab, auf den der Völkerrechtler Thomas M. Franck (1992: 50) frühzeitig aufmerksam gemacht hat: „Wir erleben einen Zeitenwechsel des internationalen Rechts, als dessen Resultat die Legitimität jeder Regierung eines Tages definitiv anhand internationaler Regeln und Prozesse gemessen wird.“ So setzt die internationale Anerkennung eines Staates zunehmend dessen Anerkennung der individuellen bürgerlichen Freiheitsrechte voraus. Falls systematisch und massiv Menschenrechte in großem Umfang verletzt werden, kann die Empörung, die sich in den nationalen und in Ansätzen auch in der medialen Weltöffentlichkeit zeigt, Staaten dazu bringen das Nichtinterventionsprinzip zu mißachten und unter Umständen mit Gewalt in sog. innergesellschaftlichen Angelegenheiten intervenieren. Außerdem können Menschenrechtsverletzungen inzwischen von den betroffenen Individuen selbst beim Europäischen Gerichtshof und unter bestimmten Auflagen auch bei der VN-Menschenrechtskommission eingeklagt werden. Weiterhin deutet die zunehmende Einsetzung von Beobachtern bei kritischen nationalen Wahlen auf einen Trend zu bestimmten „kritischen Wahlen" als globales Ereignis (Rosenau 1997: 259) hin. Zunehmend wird unter dem Label von *good governance* sogar über Evaluationen nationaler Politiken im Wirtschafts- und Umweltbereich durch internationale und supranationale Institutionen nachgedacht. Statt einer einmaligen und unbefristeten internationalen Anerkennung von Staaten zeichnet sich also eine *permanente Legitimationskontrolle* für Staaten ab.

Hinzu kommt, daß die Instanzen, welche die Kontrollen vornehmen und somit die Gütesiegel für legitime Staatswesen zuteilen, eben nicht mehr nur andere Staaten, sondern zunehmend auch nichtstaatliche transnationale Akteure und internationale Institutionen mit supranationalem Charakter sind. Zu solchen nichtstaatlichen Organisationen gehören beispielsweise Greenpeace im Umweltbereich oder Amnesty International im Bereich der Menschenrechte (NGOs), aber auch privatwirtschaftliche *credit rating agencies* wie Moody's oder Poor's, privatwirtschaftliche Medien wie CNN und supranationale Institutionen wie der IWF, der Europäische Gerichtshof u.a.. Die „Verurteilung" eines Staates durch derartige „autoritätszuweisende" Organisationen (AZOs) bringt Staaten deshalb in Schwierigkeiten, weil sie Auswirkungen auf die Verhaltensweisen von transnational agierenden Individuen und Gruppen hat. Die Kritik von Greenpeace oder Amnesty International kann zu Konsumentenboykotten führen, die durch Moody's oder Poor's oder dem IWF zur Investorenflucht, die Klage über massive Menschenrechtsverletzungen in den Medien gar zu einer gewaltsamen Interventionen von multilateralen Organisationen. Damit unterliegen die Nationalstaaten externen Legitimationskontrollen durch nichtstaatliche oder supranationale Akteure, welche die Vorstellung der Souveränität unterlaufen. Die Ressource, durch die derartige AZOs Folgebereitschaft erlangen, ist im wesentlichen ihre Glaubwürdigkeit. Nur die AZOs, die allgemein als Quelle zuverlässiger und hochwertiger Informationen gelten, können nämlich dauerhaft Folgebereitschaft erlangen.

Im Zeitalter der Denationalisierung driften also die bisher im Nationalstaat eng miteinander verflochtenen Dimensionen der Staatlichkeit auseinander. Während die Staaten ihre Ressourcen bewahren und hüten können, wandert die Politikformulierung zur Erreichung der Ziele des Regierens zunehmend auf die internationale Ebene ab, wobei diese ihren rein intergovernmentalen Charakter verliert und selbst einer Supranationalisierungs- und Transnationalisierungstendenz unterliegt. Zudem wandeln sich die Bedingungen, unter den politische Organisationen Autorität zuerkannt bekommen und die Subjekte, die diese Anerkennung vornehmen: Die Bedingungen der Autoritätszuweisung ähneln einem permanenten TÜV für Staaten statt einer einmaligen Anerkennung auf Ewigkeit, und die Subjekte, die den TÜV vornehmen, sind zunehmend trans- und supranationale Akteure statt der internationalen Staatengesellschaft. Zugespitzt formuliert könnte man sagen, daß sich die Art und Weise der Zuweisung von Kompetenz-Kompetenz verändert, es ändert sich in dieser dritten Dimension also die Kompetenz-Kompetenz-Kompetenz. Im Ergebnis läßt sich also die These wagen, daß in der postnationalen Konstellation die Dimensionen der Staatlichkeit sich ausdifferenzieren und nicht mehr in einer politischen Organisation – dem Nationalstaat – zusammenlaufen. Postnationale Staatlichkeit ist in diesem Sinne ausfransende Staatlichkeit.

3. Merkmale postnationaler Politik

Mit der nationalen Konstellation haben sich in der Politikwissenschaft theoretisch-konzeptionelle Perspektiven verbunden, die meist auf einem methodologischen Nationalismus beruhten. Angesichts des historischen Kontextes der nationalen Konstellation erwies sich der methodologische Nationalismus als eine plausible und nützliche Konzeptualisierung zur Analyse von Politik. Der *methodologische Nationalismus* als idealtypische Prämisse sieht Staaten und deren Regierungen als die Grundeinheiten der politikwissenschaftlichen Analyse. Er geht davon aus, daß die Menschheit natürlich in eine begrenzte Anzahl von Nationen zerfällt, die sich nach innen als Nationalstaat organisieren und nach außen von anderen Nationalstaaten abgrenzen. Er geht weiterhin davon aus, daß der die Abgrenzung nach Außen und der Wettbewerb zwischen den Nationalstaaten die grundlegendste Kategorie politischer Organisation darstellt. Der methodologische Nationalismus unterscheidet sich vom *normativen Nationalismus,* wonach jeder Nation das Recht zukommt, sich in ihrer kulturellen Besonderheit selbst zu bestimmen. Der methodologische Nationalismus setzt diesen normativen Anspruch als sozialontologisch gegeben voraus und ernennt ihn gleichzeitig zur wichtigsten Konflikt- und Organisationslinie des Politischen. Diese doppelte Prämisse strukturiert die empirischen Beobachtungen wie es sich beispielsweise bei den statistischen Messeinheiten zeigt, die fast immer national aufgeschlüsselt und von den statistischen Ämtern mit großem Ressourcenaufwand fortgeschrieben wird.

Im Kontext einer postnationalen Konstellation droht der methodologische Nationalismus konzeptionell hinderlich zu werden. Er blendet aufgrund konzeptioneller Vorentscheidungen systematisch wichtige Sachverhalte aus und sperrt sich der empirischen Widerlegung (vgl. hierzu Zürn 2001).

Eine Theorie der Politik in der postnationalen Konstellation muß also die „Selektivität erprobter Perspektiven" (Mayntz 2001) abbauen und bedarf einer Rekonzeptualisierung politischer Prozesse, die eine Ablösung vom Denken in nationalstaatlichen Kategorien ermöglicht. Daß Politik in der postnationalen Konstellation sich aus dem Zusammenspiel verschiedener Ebenen ergibt und damit die Trennung von Innen und Außen, von nationaler und internationaler Politik nicht mehr aufrechterhalten werden kann, gibt dabei zunächst nur eine Charakterisierung des historischen Kontextes ab. In einem zweiten Schritt muß eine solche Konzeptualisierung aber auch die konstitutiven Merkmale der Politik in der postnationalen Konstellation herausarbeiten und zu einem theoretischen Modell zusammenfügen, um im Ergebnis zu verallgemeinerungsfähigen Aussagen zu gelangen. Dabei zeigt sich, daß einige dieser Merkmale sich sowohl von der nationalen als auch von der internationalen Politik in der nationalen Konstellation unterscheidet.

3.1 Konstitutive Merkmale

(1) Das *Organisationsprinzip* der postnationalen Politik ist geprägt durch die Abwesenheit einer übergeordneten Zentralinstanz, die in der Lage wäre, in gewaltbegabter Weise Normen und Regeln gegenüber den zentralen Akteuren der postnationalen Konstellation durchzusetzen. In dieser Hinsicht ähnelt die postnationale Konstellation der internationalen Politik in der nationalen Konstellation. Mit der Abwesenheit einer übergeordneten Zentralinstanz ist aber nicht wie in der traditionellen Vorstellung von internationaler Politik die formale Gleichheit der Akteure in einem anarchischen Umfeld verbunden. Im Gegenteil: *Funktionale Differenzierung*, d.h. die Zuweisung unterschiedlicher Aufgaben an unterschiedliche Akteure, und Elemente *funktional begrenzter Autorität* kennzeichnen postnationale Politik. So haben transnationale Nichtregierungsorganisationen deutlich andere Funktionen als etwa Nationalstaaten. *Amnesty International* beispielsweise identifizierte und verifizierte drastische Menschenrechtsverletzungen in Bosnien, die Staaten hingegen stellten die Ressourcen bereit, um mit einer militärischen Intervention gegen die Barbarei einzuschreiten. Und den supranationalen Organisationen, die im Kontext von breit anerkannten internationalen Regimen entstehen, wie beispielsweise der internationale Strafgerichtshof, wird eine funktionale begrenzte Autorität zugewiesen.

(2) Die politischen Subjekte, die *Akteure* der postnationalen Konstellation sind korporative Akteure in hochorganisierten und hochspezialisierten Sub-

systemen und endgültig keine individuellen Bürgerinnen und Bürger mehr. Während die nationale Politik noch durch die regulative Idee von autonomen Personen als Repräsentanten des Volkes getragen wurde, ist Politik in der postnationalen Konstellation grundsätzlich assoziativ vermittelt. In diesem Punkt ähnelt postnationale Politik der internationalen Politik in der nationalen Konstellation.

Allerdings lassen sich wie von der Innenpolitik in der nationalen Konstellation gewohnt unterschiedliche Typen von politischen Organisationen unterscheiden: Staaten sind territoriale Interessenorganisationen, die zudem die Aufgabe haben, ihre Ressourcen bei der Politikumsetzung einzusetzen. Transnationale Interessenassoziationen sind sektorale Interessenorganisationen, die zudem eine agendasetzende Funktion bei der Politkformulierung und eine Überwachungsfunktion bei der Politikumsetzung haben. Supranationale Organisationen sind dafür verantwortlich, den dritten, unabhängigen Standpunkt im politischen Prozess zu verkörpern; sie bekommen daher funktional begrenzte Autoritäten zuerkannt. Zudem spielt das Individuum insofern auch jenseits des Nationalstaates nach wie vor eine gewisse Rolle als es in ausgewählten Feldern ein rechtliches Subjekt darstellt.

(3) Die *Motivation* der Akteure zur Teilnahme an postnationalen Politikprozessen unterscheidet sich gleichfalls von sowohl der Innen- als auch der internationalen Politik in der nationalen Konstellation. Im Gegensatz zum Idealtyp einer nationalen Gemeinschaft ist es nicht die Bereitschaft, die gemeinsame Suche nach dem kollektiv Guten und die gemeinsame Identität zu gestalten, die politische Partizipation motiviert. Im Gegensatz zur internationalen Politik kann jedoch auch kaum davon gesprochen werden, daß der Kampf ums Überleben in einem Hobbesschen Urzustand zum politischen Handeln (mit allen Mitteln) treibt. Im Vordergrund steht vielmehr ein gemeinsames Interesse an der Problemlösung. Mitglieder im Politikformulierungsprozeß teilen die Vorstellung eines „upgrading the common interest" (Eising/Kohler-Koch 1999). Diese Motivationslage führt dazu, daß weder transnationale Debatten über die richtige Politik noch der Kampf ums Überleben Politik der in der postnationalen Konstellation angemessen charakterisiert. Vielmehr gerät postnationale Politik zu einer permanenten ideen- und interessegeleiteten Auseinandersetzung über das Regieren jenseits des Nationalstaates.

Mit der Benennung des Organisationsprinzips, der zentralen Akteure und deren Motivationslagen sind einige Prämissen formuliert, die zusammen mit der Charakterisierung der postnationalen Konstellation als einer mit auseinanderlaufenden Dimensionen der Staatlichkeit den Modellrahmen abgeben, innerhalb dessen postnationale Politik analysiert werden kann. Politik in der postnationalen Konstellation könnte vor dem Hintergrund idealtypisch als

„Mehrebenennetzwerkregieren" (Kohler-Koch 1999) oder als komplexes Weltregieren bezeichnet werden (Zürn 1998).

3.2 Aussagen zu zentralen Variablen

Die Bereitstellung eines konzeptionellen Rahmens, bestehend aus der Charakterisierung des historischen Kontextes als postnationale Konstellation und der Benennung einiger konstitutiver Merkmale postnationaler Politik, ermöglicht eine empirisch gehaltvolle Analyse von Politikprozessen und -ergebnissen, die den Käfig des methodologischen Nationalismus verläßt. Auf der Grundlage von empirischen Analysen, die konzeptionell den methodologischen Nationalismus überwinden, können dann auch verallgemeinerungsfähige Hypothesen über Politik in der postnationalen Konstellation generiert und getestet werden. Im folgenden sollen im dritten Schritt einige Hypothesen zu zentralen Aspekten von Politik jenseits des Nationalstaates benannt werden, die sich vor dem Hintergrund unserer eigenen Arbeit als Angebote formulieren lassen.

Im Ergebnis sollten keine Aussagen mit universellem Verallgemeinerungsanspruch erwartet werden. Gerade die postnationale Konstellation mit den genannten konstitutiven Merkmalen zeichnet sich im Detail durch enorme Varianzen aus. So ist zu berücksichtigen, daß die postnationale Konstellation sich zum einen längst noch nicht komplett durchgesetzt hat und es zum anderen gerade innerhalb der postnationalen Konstellation eine Vielzahl unterschiedlicher Unterkontexte gibt.

- Je nach *Region* ist der Prozeß der Überwindung der nationalen Konstellation unterschiedlich weit fortgeschritten. Vieles von dem was bisher ausgeführt worden ist, erscheint wohl mit Blick auf die OECD-Welt recht plausibel, kaum jedoch darüber hinaus.
- Politische Prozesse unterscheiden sich zweitens, je nachdem welcher *Politik*modus vorherrscht. In der postnationalen Konstellation können nach Scharpf (2000) zumindest vier Politikmodi unterschieden werden: Gegenseitige Adjustierung nationaler Politik, die Harmonisierung nationaler Politiken, der supranationale Politikmodus und der Modus des *joint-decision-making*. Konkrete Hypothesen über Politikprozesse und -ergebnisse müssen diesen Differenzen Rechnung tragen.
- Politische Prozesse differieren schließlich drittens auch mit Blick auf das jeweils betrachtete Politikfeld. In vielerlei Hinsicht scheint die Handelspolitik dem Modell der postnationalen Konstellation besser zu entsprechen als die Sicherheitspolitik.

Obgleich also Vorsicht geboten ist und letztendlich stark verallgemeinernde Aussagen nicht zu erwarten sind, möchte ich als Ausgangspunkt abschließend einige Hypothesen zu Politikprozessen und -ergebnissen zur Diskussion stellen, die den räumlichen Kontext der OECD-Welt überschreiten und noch nicht nach unterschiedlichen Politikmodi differenzieren. Die Hypothesen beziehen sich zudem primär auf den Bereich der Sicherheitspolitik, um eine Beschränkung auf besonders internationalisierte Problemfelder zu vermeiden. Damit soll angezeigt werden, daß die Auflösung der nationalen Konstellation mehr zu sein scheint als eine Schönwettererscheinung in einem besonders internationalisierten Problemfeld, sondern sie auch und gerade die Grundfragen nach Krieg und Frieden berührt. Die in der vorliegenden Skizze sehr allgemein gehaltenen Aussagen dürften somit im Laufe der Zeit weiterer Differenzierungen unterliegen.

(1) Macht und Herrschaft: Aus der Prämisse hinsichtlich der Motivationen zentraler Akteure postnationaler Politik folgt unmittelbar, daß das Anwendungsgebiet von Macht sich gegenüber der internationalen Politik in der nationalen Konstellation verändert. Macht – verstanden als die Fähigkeit, die eigenen Positionen gegenüber Widerstand durchzusetzen – wird kaum noch als Mittel zur Eroberung und Sicherung von Territorium eingesetzt. Vielmehr erlangt Macht als Mittel der Durchsetzung eigener Interessen bei der Politikformulierung auf der internationalen Ebene und bei der Möglichkeit, sich internationalen Anforderungen zu entziehen, die größte Relevanz. Die militärische Macht der USA kann und wird kaum zur Aquirierung neuen Territoriums eingesetzt werden. Selbst wenn die amerikanische Regierung die Entscheidung trifft, militärisch zu agieren, dann geschieht das primär zum Zwecke der Durchsetzung internationaler Prinzipien, deren Verwirklichung im eigenen Interesse liegt. Das zeigen die Interventionen in Bosnien und im Kosovo überdeutlich. Die Eroberung bzw. Sicherung von Territorium und materiellen Ressourcen spielt nur noch eine untergeordnete Rolle. Im Falle der Bekämpfung des Territoriums wird sie sogar unmöglich. Selbst im zweiten Golfkrieg, der kein typischer Ausdruck der postnationalen Politik war, kann die Intervention der westlichen Alliierten kaum nur mit Blick auf den Ölpreis und ohne Rekurs auf die dahinterliegenden Weltordnungsvorstellungen verstanden werden. *Generell gilt gleichwohl, daß die veränderte Bedeutung von Macht zur Folge hat, daß militärische Machtressourcen in der postnationalen Konstellation gegenüber anderen, weicheren Einflußressourcen relativ an Bedeutung verlieren.* Diese Hypothese könnte getestet werden, indem die Entwicklung nationalstaatlicher Militärausgaben relativ zu den Ausgaben zur Erlangung von Einfluß jenseits des Nationalstaates gemessen werden.

Nicht nur die Grammatik der Macht, auch die Grammatik der Herrschaft verändert sich in der postnationalen Konstellation. Welche neuen Formen der

Herrschaft, auch der gewaltgestützten Herrschaft, bilden sich heraus? Der ausschließliche Blick auf die Problemlösungsfähigkeit und die Legitimation neuer Governance-Formen jenseits des Nationalstaates hat den herrschaftskritischen Blick auf diese Entwicklungen verstellt. In jedem Falle wird auch bei der Beantwortung dieser Frage das analytische Instrumentarium, das dem methodologischen Nationalismus verpflichtet ist, kritisch beäugt werden müssen (Beck 2000). Max Weber hat Herrschaft, also den institutionalisierten Spezialfall der Macht, zur zentralen Kategorie der Analyse sozialen Handelns gemacht. Damit eröffnete er eine bis heute lohnenswerte analytische Perspektive. Weber hat seinen Herrschaftsbegriff aber gleichzeitig an eine territoriale Sozialontologie gebunden, indem die formale Gewaltverfügung „für ein Gebiet“ als *letzte Quelle* der Herrschaft angesehen wird. Davon müssen wir uns lösen, wenn neue Ressourcen wie privilegiertes Wissen oder gerade auch die Nicht-Intervention zu Quellen der Herrschaft werden. Ulrich Beck (2000) führt dafür den Begriff der „translegalen Herrschaft“ ein. Zwei Hypothesen erscheinen in diesem Zusammenhang besonders interessant. *So könnte zum einen geprüft werden, ob die implizite oder explizite Drohung des Abzugs von Ressourcen (insbes. der Verweis auf die exit-option des Kapitals) in der postnationalen Konstellation häufiger und erfolgreicher als Mittel der Einflußnahme eingesetzt wird als die Drohung der materiellen Intervention (Beck 2000).* In ähnlicher Weise ließe sich fragen*: Wird die privilegierte Position von exekutiven Entscheidungsträgern als Mittler zwischen den Ebenen der Staatlichkeit zur Immunisierung von Herrschaftspositionen gegenüber gesellschaftlichen Anforderungen eingesetzt (Wolf 2000)*?

(2) *Gesellschaftliche Interessen:* In der nationalen Konstellation konnte die Expansions- und Interventionspolitik der Nationalstaaten in vielen Fällen leicht als Ausdruck der innenpolitischen Durchsetzung von Partikularinteressen gelten. Insbesondere die Expansionspolitik der europäischen Großmächte in der zweiten Hälfte des 19. Jahrhunderts etablierte in diesem Sinne das Primat der Innenpolitik. Demnach waren es unheilige innenpolitische Allianzen, die die großen Nationen zur imperialen Expansion und letztlich in den Krieg trieben. Die nationale Mobilisierung zur Durchführung von Kriegen gelang den Nutznießern in der politischen Elite durch die Manipulation mittels einfacher Floskeln, die auf kategorialen Trennungen von Innen und Außen aufbauten. Die Sicherung der Interessen von Roggen und Eisen wurde so zur Angelegenheit der Nation, die sich einen Platz an der Sonne sichern mußte (vgl. Snyder 1991).

Im Zeitalter der gesellschaftlichen und politischen Denationalisierung gelingt die Mobilisierung entlang nationaler Konfliktlinien kaum mehr durch den puren Appell an die nationalen Emotionen. Wer den Einsatz von militärischen Mitteln in der postnationalen Politik fordert, muß heute gute Argumente dafür haben, daß die Anwendung von Gewalt als letztes Mittel notwendig ist, um das Gemeinwohl zu fördern. Dabei kann das Gemeinwohl kaum mehr ausschließlich national definiert werden, es hat sich gleichfalls partiell denationalisiert. Alle Einsätze des westlichen Militärs in den 90er Jahren waren demnach durch eine öffentliche Auseinandersetzung begleitet, in denen der Diskurs über das Pro und Kontra militärischer Mittel sich nicht auf einen Streit über das Nationalinteresse reduzieren ließ. *Die Hypothese lautet demnach, daß in der postnationalen Konstellation der Einsatz von Gewalt als Mittel der Politik eine Angelegenheit von „majoritarian politics" unter Bezug auf transnationale Argumente geworden ist und nicht mehr bloß als Resultat von nationaler „clientelist" oder „interest group politics" zu deuten ist.*

Interessen werden nicht nur grenzüberschreitend definiert, sie organisieren sich auch zunehmend am Nationalstaat vorbei. Parallel zur Verlagerung der Politikformulierung auf die internationale Ebene transnationalisiert sich auch die Interessenorganisation. Dies führt im Prozeß der postnationalen Politikformulierung zu neuartigen cleavages zwischen den politischen Akteuren. Die Auseinandersetzung über die angemessene Ebene der Politikformulierung ergänzt vorhandene Konfliktlinien, womit die tendenziell dyadischen traditionellen Konfliktlinien der nationalen Politik sich rekonfigurieren und sich in ein größeres, triadisches Ganzes einfügen. Das gilt auch für sicherheitsnahe Felder der postnationalen Politik. In dem Maße wie beispielsweise die Klimapolitik – als eine Umweltveränderung mit Auswirkungen, die potentiell die territoriale Unversehrtheit von Nationalstaaten angreift – auf die internationale Ebene verlagert, erfolgt auch die Interessenorganisation zunehmend in einem denationalisierten Maßstab. Gleichzeitig wird die traditionelle, dyadische Auseinandersetzung zwischen Links und Rechts, also zwischen Forderungen nach interventionistischen Eingriffen in Marktprozesse und Positionen, die auf die Stärkung der Marktkräfte setzen, um den Aspekt der angemessenen Kompetenzverteilung zwischen den Ebenen ergänzt. Der damit verbundene Konflikt produziert wiederum neue Akteurskonstellationen, die nicht durch die traditionellen Konfliktlinien der nationalen Konstellation erfaßt werden (Zürn et al. 2000).

(3) *Internationale Institutionen*: Internationale Institutionen sind die vorrangige Antwort auf die Denationalisierung der Problemlagen. Noch nie war die Zahl der internationalen Institutionen so groß wie heute und noch nie griffen internationale Institutionen so tief in gesellschaftliche Transaktionen ein wie heute. Gut die Hälfte aller politisch als relevant wahrgenommenen Problemlagen werden heute also durch Politiken bearbeitet, die auf der internationalen Ebene formuliert worden sind. Es lassen sich auf der Grundlage des Modells über die postnationale Politik die folgenden Hypothesen über die Entstehung und die Wirkung von internationalen Institutionen formulieren:

- *Auf der Ebene jenseits des Nationalstaates dominiert ein Entscheidungsmodus, der eher dem Prinzip des Konsens als dem Prinzip der Mehrheitsregel folgt und damit „arguing" und „bargaining" gegenüber Abstimmungsverfahren bevorzugt.* Politikprozesse in der EU können hierfür als gutes Beispiel dienen (vgl. Kohler-Koch/Eising 1999).
- Gleichzeitig genügt es nicht, wenn internationale Institutionen infolge eines Aushandelungsprozesses zwischen staatlichen Repräsentanten zustandekommen. Entsprechende intergovernmentale Interessenkonstellationen sind zwar auch in der postnationalen Konstellation eine Voraussetzung für das Zustandekommen internationaler Institutionen, sie sind aber nicht mehr hinreichend. *Effektive internationale Institutionen sind aber – so die Hypothese – zunehmend davon abhängig, daß sie das Spannungsverhältnis von transnationaler Legitimation und nationaler Ressourcenbereitstellung auffangen können.* Anders formuliert: Erfolgreiche internationale Institutionen werden in der postnationalen Konstellation nicht mehr am Leitbild des „exekutiven Multilaterialismus" – der typisch für die Zeit nach dem Zweiten Weltkrieg war – orientiert sein können, sie müssen sich vielmehr am Leitbild eines gesellschaftlich gestützten Multilateralismus orientieren. Falls der Wandel von einem exekutiven zu einem gesellschaftlich gestützten Multilateralismus nicht erfolgt, besteht die Gefahr, daß die Fortentwicklung internationaler Institutionen auf ähnliche Widerstände stößt, wie das WTO-Treffen in Seattle, die Nizza-Konferenz in der EU, das G-7 Treffen in Genua oder auch die Ratifikation von Rüstungskontrollverträgen im amerikanischen Senat.
- Mit dieser Entwicklung verbindet sich ein intensiviertes Nachdenken über Demokratie jenseits des Nationalstaates. Demokratie jenseits des Nationalstaates wird sich nicht einfach als die vom Nationalstaat gekannte parlamentarische Demokratie reproduzieren lassen. Das originäre Demokratieprinzip – alle diejenigen, die von einer Entscheidung betroffen sind, sollten die Möglichkeit der Mitwirkung an der Entscheidung haben – ist offen für vielerlei verschiedene institutionelle Umsetzungen (vgl. z.B. Schmalz-Bruns 1999). *Jedenfalls – so die Hypothese – wird die postnationale Konstellation auch durch Debatten über die institutionelle Umsetzung von Demokratie jenseits des Nationalstaates gekennzeichnet sein.*
- Wo eine hohe Verdichtung internationaler Institutionen und eine enge Verflechtung zwischen internationalen, transnationalen und nationalen Institutionen vorliegt – wie zumeist in der OECD-Welt – sinkt die Kriegswahrscheinlichkeit rapide. Wo verläßlich Institutionen zur Bearbeitung der Problem- und Konfliktlagen fehlen – wie im wesentlichen außerhalb der OECD-Welt – scheitert Staatlichkeit und es kommt zu bürgerkriegsähnlichen Zuständen. *Es läßt sich also die Hypothese formulieren, daß in der postnationalen Konstellation zwischenstaatliche Kriege die Ausnahme*

bleiben und kriegerische Auseinandersetzungen meist in Form von Bürgerkriegen und Einmischung von Außen in Bürgerkriege außerhalb der OECD-Welt stattfinden. In dem Maße wie „kleine" Bürgerkriege statt Großmachtkriege dominieren, werden zudem konstitutive Prinzipen der nationalen Konstellation nicht mehr ausreichend reproduziert und daher in der Folge weiter unterminiert (vgl. Daase 2000).

(4) *Ideen*: Der Sozialkonstruktivismus in den Internationalen Beziehungen hat überzeugend herausgearbeitet, daß Ideen und Konstruktionen über internationale Politik gerade auch in der nationalen Konstellation wirkungsmächtig waren (Wendt 1999). In der postnationalen Konstellation erweitert sich das Set an Ideen, das bedeutsam für das Verständnis von Politik jenseits des Nationalstaates wird. So sind nicht mehr nur Ideen und Bilder über andere Akteure als Gegner oder als Alliierter wichtig, vielmehr erlangen insbesondere auch Ideen über konstitutionelle Ordnungsprinzipien der postnationalen Politik Bedeutung (Jachtenfuchs et. al 1998). *Demensprechend wächst die Bedeutung von transnationalen epistemischen Gemeinschaften in dem Maße, wie sich Problemlagen und Politikformulierungsprozesse denationalisieren.* Die Entscheidung, eine Anti-Minenkonvention zu verabschieden, läßt sich nur aufgrund des Einflusses einer starken transnationalen Wissensgemeinschaft verstehen, die vergleichsweise gut abgestimmt agiert hat.

Die Rolle von Ideen erlangt an einer anderen Stelle gleichfalls zentrale Bedeutung. Sowohl solche Politiken, die grenzüberschreitend soziale Wohlfahrt zum Ziel haben als auch Politiken, die Menschenrechte in anderen Ländern verteidigen, können dauerhaft nur vor dem Hintergrund grenzüberschreitender Solidaritätspotentiale entstehen. *Dementsprechend läßt sich vermuten, daß mit der Generierung grenzüberschreitender Solidaritätspotentiale auch internationale Politiken wirksam werden, die einige wenige grundlegende universale Menschenrechte bzw. transnationale Bürgerrechte befördern.*

4. Schluß

Ob die hier vorgetragene Charakterisierung postnationaler Politik sich als nützlich auf dem langen Weg zu einer Theorie der Politik in der postnationalen Konstellation erweist, bleibt abzuwarten. In jedem Falle handelt es sich bestenfalls um einen kleinen Schritt dahin. Es fehlt nach wie vor ein zusammenhängendes Bild, eine Vorstellung von der Architektur postnationaler Politik. Jedenfalls bleiben „brückenbildende" Arbeiten, die die Kluft zwischen theoretischer und empirischer Forschung, zwischen der Analyse nationaler und der Analyse internationaler Politik, zwischen normativen und empirisch-analytischen Fragen und zwischen unterschiedlichen theoretischen Ansätzen zu überwinden versuchen, von zentraler Bedeutung. Ohne diese Brücken bleibt das Ziel unerreichbar. Daß wir hoffnungsfroh gemeinsam an diesem Ziel arbeiten können, ist nicht zuletzt das Verdienst der zu Ehrenden.

5. Literatur

Beck, Ulrich 2000: Translegale Herrschaft. Kapitalstrategien, Staatsstrategien, advokatorische Strategien sozialer Bewegungen, masch. Ms., München.

Beisheim, Marianne/Dreher, Sabine/Walter, Gregor/Zangl, Bernhard/Zürn, Michael 1999: Im Zeitalter der Globalisierung? Thesen und Daten zur gesellschaftlichen und politischen Denationalisierung, Baden-Baden.

Bull, Hedley 1977: The Anarchical Society. A Study of Order in World Politics, Basingstoke/London.

Daase, Christopher 1999: Kleine Kriege – Große Wirkung. Wie unkonventionelle Kriegführung die internationale Politik verändert, Baden-Baden.

Eising, Rainer/Kohler-Koch, Beate 1999: Governance in the European Union. A Comparative Assessment, in: Kohler-Koch, Beate/Eising, Rainer (Hg.): The Transformation of Governance in the European Union, London, S. 266-284.

Franck, Thomas M. 1992: The Emerging Right to Democratic Governance, in: American Journal of International Law 86, S. 46-91.

Gellner, Ernest 1991: Nationalismus und Moderne, Berlin.

Genschel, Philipp 2001: Steuerharmonisierung und Steuerwettbewerb in Europa: Die Steuerpolitik der Europäischen Union, Frankfurt/New York.

Grande, Edgar/Risse, Thomas 2000: Bridging the Gap. Konzeptionelle Anforderungen an die politikwissenschaftliche Analyse von Globalisierungsprozessen, in: Zeitschrift für internationale Beziehungen 7, S. 235-266.

Habermas, Jürgen 1998: Die postnationale Konstellation. Politische Essays, Frankfurt.

Held, David/McGrew, Anthony/Goldblatt, David/Perraton, Jonathan 1999: Global Transformations. Politics, Economics and Culture, Cambridge.

Jachtenfuchs, Markus/Diez, Thomas/Jung, Sabine 1998: Which Europe? Conflicting Models of a Legitimate European Political Order, in: European Journal of International Relations 4, S. 409-445.

Kahler, Miles 1995: International Institutions and the Political Economy of Integration, Washington D.C.

Kohler-Koch, Beate 1999: The Evolution and Transformation of European Governance, in: Kohler-Koch, Beate/Eising, Rainer (Hg.): The Transformation of Governance in the European Union, London, S. 14-35.

Mayntz, Renate 2001: Politikwissenschaft in einer entgrenzten Welt, in: Christine Landfried (Hrsg.) 2001: Politik in einer entgrenzten Welt, Opladen, i.E.

Morgenthau, Hans J. 1967: Politics among Nations. The Struggle for Power and Peace, New York, 4. Auflage.

Rosenau, James N. 1997: Along the Domestic-Foreign Frontier. Exploring Governance in a Turbulent World, Cambridge.

Schmalz-Bruns, Rainer 1999: Deliberativer Supranationalismus: Demokratisches Regieren jenseits des Nationalstaats, in: Zeitschrift für Internationale Beziehungen 6, S. 185-244.

Snyder, Jack L. 1991: Myths of Empire: Domestic Politics and International Ambition, Ithaca, N.Y.

Scharpf, Fritz W. 2000: Notes Toward a Theory of Multi Level Governing in Europe, MPIFG Discussion Paper 00/5, Cologne.

Wendt, Alexander 1999: Social Theory of International Politics, Cambridge.

Wolf, Klaus Dieter 2000: Die Neue Staatsräson. Zwischenstaatliche Kooperation als Demokratieproblem in der Weltgesellschaft, Baden-Baden.

Zürn, Michael 1998: Regieren jenseits des Nationalstaates. Denationalisierung und Globalisierung als Chance, Frankfurt.

Zürn, Michael 2001: Politik in der postnationalen Konstellation. Über das Elend des methodologischen Nationalismus, in: Christine Landfried (Hrsg.) 2001: Politik in einer entgrenzten Welt, Opladen, i.E.

Zürn, Michael/Walter, Gregor/Dreher, Sabine/Beisheim, Marianne 2000: Postnationale Politk? Über den politischen Umgang mit den Denationalisierungs-Herausforderungen Internet, Klimawandel und Migration, in: Zeitschrift für Internationale Beziehungen 7, S. 297-329.

Alberta M. Sbragia

Building Markets and Comparative Regionalism: Governance Beyond the Nation-State

1. Introduction

Regionalism has become a new and striking feature of the international system in the past decade. Although the European Union is the oldest (and most successful) experiment in economic regionalism, other important regionalist initiatives have been launched in North America (NAFTA), South America (MERCOSUR), and Asia (APEC and ASEAN/AFTA). In Andrew Gamble's words, "The emerging economic geography is regional rather than global, and a distinctive aspect of the emerging world order is the creation or consolidation of regionalist projects" (Gamble 2001: 24). Such projects have become characteristic of the post-Cold War era, and their growth is clearly linked both to the end of the Cold War and changes in American policy. The end of the Cold War was particularly significant for developing countries used to receiving favors from one of the Cold War antagonists. In the new era, "neither aid, nor trade, nor security are assured" so that economic regionalism can be viewed as providing a new framework within which to operate (Fawcett 1995: 22). American policy, for its part, became less focused on a multi-lateral international economic order and began viewing regionalism as a component of its own foreign policy (Wyatt-Walter 1995: 77).

While the term "regionalism" can refer to either economic or political dynamics, economic regionalization typically refers to "the outcome of ... 'natural economic forces'" while economic regionalism is "a conscious policy of states or sub-state regions to coordinate activities and arrangements in a greater region" (Wyatt-Walter 1995: 77). Regionalism is a "political process" and thus inevitably raises questions of governance (Mansfield/Milner 1999: 591). While economic regionalization presents challenges to governance within the nation-state, having to do with the loss of effective as opposed to de jure sovereignty, the emergence of economic regionalism raises new issues of governance at the regional level. How is the coordination of activities carried out at the regional level? What models of governance are emerging as economic regionalism spreads and becomes more sophisticated?

Governance at the regional level is now an inescapable feature of the international political economy, and its common characteristics, its variations, and its underpinnings offer fertile ground for students interested in understanding how public and private power are becoming entangled in new ways. This paper represents a very preliminary comparative overview of how regional arrangements are addressing the state-market relationship in both economic and institutional terms. It examines, albeit in a very sketchy fashion, the Asia Pacific Economic Cooperation forum (APEC), the ASEAN Free Trade Area (AFTA), the North American Free Trade Agreement (NAFTA), the Southern Common Market (MERCOSUR) and the European Union (EU).

For students of EU governance, analyzing the European Union within the context of comparative regionalism is useful in illuminating features of European governance, which are often unacknowledged. The study of regionalism in a comparative framework is also helpful in thinking about how governance beyond the nation-state is developing outside of Europe. Is the European Union a harbinger of an emerging model of governance with a global reach? Or is economic integration pursued à la EU – that is, through supranationality – going to be as distinctive as was the European Westphalian State for the several centuries in which other forms of territorial authority (such as empires and city-states) competed with the Westphalian model?

2. Comparative regionalism and models of governance

Although the literature on the European Union – founded as the first major post-World War II project concerned with economic integration – is now vast, much less attention has been given to other examples of economic regionalism. Although some analysts view "new regionalism" as potentially "an alternative to hegemonic stability within a globalized context" (Joffe 2001: xiv), very little explicitly comparative work has been carried out across the various economic regionalisms, which have emerged (for an exception, see Telò 2001; Mattli 1999). Yet such a comparative perspective is useful both for students of European integration as well as for students of Latin American and Asian politics. The former tend to analyze the EU from the inside, often forgetting that it is not the only regional organization (in fact it has at times been in a state of competition with EFTA, the "other" European regionalist initiative)[1] and the latter tend to focus on the political dynamics of one country (Brazil, Japan, China, Indonesia) while ignoring the impact of the regional system which it inhabits upon its foreign and domestic policies, politics, and political economy. Europeanists in the field of political science

1 Thomas Pedersen points out that "France and the United Kingdom were in competition for the leadership of Western Europe and used all sorts of institutional devices as weapons in that struggle. For many years, EC-EFTA relations were a function of the Franco-British relationship, in a sense the continuation of Franco-British rivalry by other means" (Pedersen 1994: 23).

tend to forget that the EU is one system of regional governance now inhabiting a regionalizing world while Latin Americanists, Asianists, and Americanists tend to overlook the regional system(s) in which various countries operate. For Europeanists, the geographic and institutional boundaries of the EU shape research, while national boundaries shape the research questions of scholars focusing on other areas of the world. Both groups tend to ignore the larger regional environment in which their objects of study operate.

Scholarship therefore, not surprisingly, has proceeded with relatively little comparison across regional systems. Economists have posed cross-regional questions, but they have not been interested in the analysis of governance. Political scientists, for their part, have studied governance within the European Union but have not systematically compared models of governance across regional arrangements or tried to explain variations in such governance structures (for an exception, see Mattli 1999). Thus, while the EU (implicitly or explicitly) has been compared to a traditional nation-state, it has (with few exceptions) not been compared to other regional organizations such as NAFTA, MERCOSUR, ASEAN/AFTA, or APEC. And the latter four regionalisms have not often been compared with each other.

EU scholars interested in governance have tended to conceptualize the EU as a collection of member-states and supranational institutions rather than as the core of an ever expanding system of regional governance in which the EU plays a pivotal role. Work on the EU has tended to view it as the regional project within Europe rather than viewing the European regional project as one involving the EU at its core as a dominant actor and including non-member states. The scholarship on the EU, for its part, has focused on how the EU should be characterized (the main candidates being a "partial polity", a system of "multi-level governance" or a state-dominated system) and on the shape of its governance structure (Sbragia; Hooghe and Marks; Moravcsik; Kohler-Koch), but it has not conceptualized the EU as the core of a regional system which it dominates. Scholars have defined governance within the EU as related to its own institutional structure and the public and private actors operating in its member-states, but they have not thought about the intersection between the EU's economic reach and its ability de facto to govern those states, which are not formally members.

Peter Leslie, in a recent insightful article, has called EU scholars to task for being so exclusively preoccupied with the internal dynamics of the EU rather than conceptualizing it as the core of an ever-expanding regional system. Leslie argues that

> "There has thus emerged in Europe a new form of community among national societies. It is a community defined by its political and social values, and, by its economic reach, incorporating an ill-defined territory with fuzzy edges ... [Under the treaties of association], the EU quite overtly sets the rules for economic exchange within the

European regional system, requiring adherence to large parts of the acquis communautaire. Consequently, to a significant degree, the EU controls patterns of economic organization within states that have become heavily dependent upon it ... The regional system is inherently fuzzy-edged, if it is defined (as I have done) as the area falling within the gravitational pull of the EU's economy. As the EU strengthens economically and grows territorially, the boundaries of the regional system too push outwards, though they remain indistinct" (Leslie 2000: 213, 220, 232).

Thinking about the EU as the core of a regionalist project, which extends beyond the fifteen member-states helps illuminate similarities and differences among the regionalist projects considered in this paper.[2] In any case, it should be remembered that the comparative study of regionalism is in its infancy. This paper should be viewed as an invitation to engage in such comparative analysis and to initiate a dialogue among students of economic regionalism in diverse areas of the world.

2.1 Two Models of Economic Integration

Within national systems, the cross-national variation in the relationship between the market and the state is one of the most enduring topics in comparative politics. At the regional level the relationship between public authority and market forces also varies. While the causes of such variation are beyond the scope of this essay, the outcome of such variation represents one of the significant features of all regionalisms.

In thinking comparatively – i.e. cross-regionally – about the relationship between public and private power at the regional level, between the state and the market – we are confronted with the issue of the relationship between the developed and the developing world. That issue shapes the nature of economic regionalism outside of Europe and has strong implications for the governance of international institutions, which include both rich and poor countries. As Haggard (1995: 1) points out, "The developing countries have historically viewed closer economic and political integration with the advanced industrial states with ambivalence if not outright skepticism." The assumptions, which are implicit in the literature about the European Union, became glaringly apparent when analysis moves to regionalism in other parts of the world. Of the five regional institutions examined here, two have only devel-

2 Leslie characterizes the EU as a "compound polity" which he describes as "entities that are relatively highly institutionalized; significant decisions of authoritative character are made at different levels, by central and non-central governments; and boundaries – internal and external – are clearly demarcated." Leslie argues that "Federations are the most obvious form of compound polity, but the category stretches from regionalized (but still 'unitary') states all the way to confederal, supranational, or suprastatal entities. According to this conceptualization, the EU, like several of its member states is a compound polity; its boundaries fall along the line surrounding the EU-15" (Leslie 2000: 217).

oping countries as members (ASEAN and MERCOSUR) and two include both developing and developed countries (NAFTA and APEC).

The European Union is unique in that all its current members are rich by global standards. It therefore has not had to address the economic tensions, which strain regionalisms confronted with the kinds of macroeconomic crises experienced by Asian countries in 1997 or Argentina in 2001. Regionalisms outside of Europe are subject to a degree of economic vulnerability unknown within the EU. Consequently, the challenges of governance in the kind of economic environment enjoyed by the European Union are a far different matter from the challenges of governance in, for example, MERCOSUR. Governance and markets can be analyzed separately in the European Union; it is much more difficult to do so when analyzing the regionalisms of the rest of the world.

In fact, a focus on comparative regionalism makes explicit the structural economic conditions, which underpin the institutional success of the European Union. Institutional success is not divorced from economic success. Regional institutions, which include developing countries, must respond to economic crises unknown to the EU's institutions. In a similar vein, the political pressure which can be exerted by the US, the IMF, and the World Bank are far more powerful *vis à vis* the developing world than they are in relation to the EU (Milner/Keohane 1996: 257). Milner and Keohane have argued that "Like anarchy, exposure to the international capitalist economy has become a fact that individual states confront and can only ignore or seek to change by paying such high costs that no state can afford it" (Milner/Keohane 1996: 257). The same can be said for regional organizations. Yet it is clear that regional groupings are not equally vulnerable to that exposure. Those groups, which include developing countries, are more vulnerable to external economic and political pressures than is the EU with its exclusive membership list. The shape of governance across regional arrangements is constrained by that simple fact.

Historical legacies also matter in shaping the contours of governance at the regional level. While the Franco-German relationship is typically viewed in historical terms by EU analysts, such analysts do not usually view the process of European integration through the prism of empire. Viewed in comparative perspective, however, one of the striking features of the current EU is that its members were colonizers, not the colonized. The legacy of colonialism, especially in Southeast Asia, is significant in determining the parameters of regional governance. In particular, the acceptability of legalization, of binding commitments, at the regional level is linked in complex ways to the experience of developing countries during the period of colonization (Kahler 2000). The current members of the EU have had a different historical experience with the "rule of law" than have many developing countries with a colonial past, a factor, which underpins the extraordinary degree of legalization found in the European Union.

2.2 "Market-building" vs. "Market-Correcting"

At the national level, public authority can be used to "build markets" and/or to "correct markets." While studies of the national welfare state have traditionally addressed issues of "market correction", the notion of market building is less familiar (partially because the politics of constructing the welfare state have drawn far more attention from political scientists than have the politics of market construction). Yet, as Michelle Egan argues, "the relationship between governments and markets cannot be understood without recognizing that a market is not organized by itself, but always operates within a political and legal framework that provides the rules of the game" (Egan 2001: 2). The rules of the game can be used to encourage the construction of markets as well as to channel or correct them. Although there is overlap between the two functions, regulation (such as anti-trust), designed to make markets more efficient, is part of the market-building process. Regulation, which seeks to minimize the cost of the externalities of market functioning, to regulate labor markets, or to redistribute the wealth created by the market would fall under the rubric of "market correction". Market-builders are primarily concerned with enhancing efficiency while market correctors concern themselves with questions of equity, redistribution, and accountability.

Much of the current debate over the "decline of the state" focuses on the erosion of the "market correction" function of the state. I have argued elsewhere that the state's "market building" activities have actually increased, leading not to the decline of public authority but to its redistribution among institutions. Democratic polities find it much easier to carry out market building when it is insulated from broader political processes, which are inevitably affected by political actors or coalitions concerned with issues other than those of efficiency. While it is true that national polities engage in both the building and correction of markets, they tend to assign responsibilities for market-building activities to non-majoritarian institutions relatively insulated from the influence of societal actors. For example, non-majoritarian institutions such as central banks have gained authority as market-builders while the traditional majoritarian institutions, such as parliaments, have lost some of their clout as state intervention to correct market activities becomes more problematic (Sbragia 2000; Majone 1996).

We find the same dichotomy between market building and market correction at the regional level. Regional arrangements, however, make it far easier to focus on the building rather than the correction of markets because their very *cause d'être*, their constitutive design, is to create new trans-border markets which previously were blocked by the national boundaries which have been drawn around territorially-defined economies. Economic regionalism is, above all, about the construction of new cross-border markets.

While at the national level, we typically find both the building and the correction of markets, (with different institutions acting as focal points for each perspective); at the regional level we find greater opportunities for compartmentalization. The typical construction of regional projects by treaties rather than by constitutions allows the segmentation and compartmentalization of state-market relations (Sbragia 1992). It is easier to focus exclusively on market-building at the regional level than it is at the national level.

Building new cross-border markets is not easy - precisely because the building of markets defined by national boundaries was so thorough going and so pervasive in the past. In the case of North America, for example, the Canada-US Free Trade Agreement (which preceded NAFTA) overturned over a century of conscious Canadian policy. In Paul Krugman's words, Canada was able to become an industrialized nation rather than "part of the North American periphery to the already coalescing US manufacturing belt" because it drew its national/territorial boundaries tightly around its economy:

> "What happened instead ... was a deliberate policy of delinking from the U.S. economy. In 1878 Canada introduced the so-called National Policy, which had two main elements: a tariff wall that in effect forced the Canadian agricultural sector to turn to domestic producers rather than established U.S. suppliers, and a national railway that in effect subsidized East-West traffic in opposition to the natural North-South direction" (Krugman 1991: 90-91).

In Europe, imperial preferences "globalized" the boundaries of the French, British, and Dutch economies in such a way that imperial market protection rather than trans-imperial market building was undertaken. Imperial protection was so extensive that, in the inter-war period, Dutch planes flying to Holland's Asian colonies across Indian airspace controlled by the British were restricted by "imperial cabotage"[3].

European empires built markets within their own boundaries, but the creation of cross-imperial markets was discouraged rather than encouraged.

Regional arrangements seem particularly suited for the single-minded pursuit of market building across national borders. If the Westphalian state was historically designed for the centralization of coercive force, regional arrangements seem well suited for the building of transnational markets. Such arrangements can, for example, temporally control the creation of markets, as negotiators typically specify the exact date when specific product markets will be liberalized and include very detailed exemptions to such liberaliza-

---

3 Personal conversation with Martin Staniland, University of Pittsburgh.

tion. It can be a far more controlled process than is the process of passing legislation within polities themselves.

The building of new cross-border markets depends on policies promoting "negative integration". In this model, public authority is used to dismantle barriers to cross-border trade, investment, and other economic activities. Negative integration views the liberation of markets from their national straitjackets as the primary goal, whereas responses to the externalities or damaging consequences of such market activity are not addressed at the regional level. Cross-border economic activity is regionalized whereas the responses to the externalities of such activity are nationalized. The asymmetry of such a path is likely to privilege market forces due to the phenomenon of economic and regulatory competition among the units engaged in cross-border trade and investment.

Negative integration can be either "shallow" or "deep". Shallow integration, in Haggard's words, involves "the relaxation of border restrictions on trade and investment and the granting of national treatment for products and firms. As shallow integration has proceeded, however, numerous "behind-the-border" policies – policies once deemed wholly domestic – have become the subject of international negotiations; the coordination of these policies constitutes deep integration" (Haggard 1995: 2). Europe is an example of a particularly "deep" form of integration. Because the "process extends well beyond the coordination of national policies to the development of regional political institutions and policies" (Haggard 1995: 2). While markets are liberated from national constraints, new constraints are imposed from the regional level.

Such constraints can take the form of economic regulation – i.e. reregulation (or regulatory reform as it is often called) – adopted at the regional level. Much of that type of regulation actually enhances efficiency and thus, while an example of positive integration, can accurately be viewed as contributing to market-building. The kind of positive integration that is of most interest to us here is that which incorporates market-correcting policies. This type of integration addresses the consequences of market activity.

In market-correcting positive integration, the possibility of adopting policies designed to "correct" the market is incorporated into the integrative bargain. Constraints take the form of measures in the fields of environmental protection, public health, occupational safety, or consumer protection. Social regulation, as the latter type of regulation is known, is typically thought of as central to positive integration. So are measures which redistribute income from the wealthy to the less wealthy, or which provide social services to the less well off segments of the population. Positive integration, therefore, refers to measures that in the national context refer to the welfare state very broadly defined.

Fritz Scharpf views the conflict over "market-correcting positive integration" as the political fault line in the European Union:

"While all measures of negative integration should probably be classified as being market-making, measures of positive integration may be either market-making ... or market-correcting ... This ... distinction marks the front line of ideological conflict between anti-interventionist (e.g. neoliberal) and interventionist (e.g. social-democratic or Keynesian) theorists, political parties, and interest groups. From an anti-interventionist point of view, positive integration is acceptable only in so far as it serves market-making purposes ... From an interventionist perspective, by contrast, negative integration should be considered problematical unless it is accompanied by the creation of political capacities for market-correcting positive integration" (Scharpf 1999: 46).

2.3 Regionalism and "Market Building"

Regional arrangements established to foster trade are in the business of "market building". Market correction does not fit easily into that agenda. Positive integration is not even discussed in most forms of regionalism. The kind of social movements and mobilization that often accompany market correction at the national level are particularly difficult to construct transnationally. Differences of culture, language, economic development, and historical memories all serve to dampen the ability of social movements to force policies, which correct markets.

In fact it is only within the European Union that we do find considerable degrees of positive integration. Critics within the EU argue that positive integration is by far the junior partner within the EU, with negative integration being the dominant goal. This critique is founded on an implicit or explicit comparison with the European nation-state with its well developed welfare state. However, if one compares the EU with other regional arrangements, the degree of positive integration within the EU is striking.

Interestingly, the EU began to adopt legislation (by unanimity) in, for example, occupational health and safety very soon after the EEC was established (Majone 1993, 1994). In the field of agriculture, a welfare state was established very soon as well (Rieger 2000). In other words, although the EEC was established to create a common market and to permit cross-border trade to flourish, it also participated in some "market correction" at a very young age.

Such "market correction" is simply not visible in any of the other four regional arrangements considered here. The Canadian-US Free Trade Agreement adapted in 1988, Asian Pacific Economic Cooperation (APEC) formed in 1989, MERCOSUR founded in 1991, the 1994 North American Free Trade Agreement (NAFTA), and the ASEAN Free Trade Agreement (AFTA) which was adopted in 1992 all are situated very firmly on the "negative integration" side of the seesaw. Although MERCOSUR, like the EEC, is designed as a customs union (currently in the making), it has not moved toward positive integration.

The governance of the market, therefore, which is found in the economic regionalisms discussed here, is that of lifting barriers, of removing restrictions to trade. The EU is clearly a striking exception in this regard. While the EU is concerned above all with constructing and maintaining a single market, and in that sense is primarily concerned with negative integration, market-building is not its exclusive focus. Its efforts toward (deep) negative integration is counterbalanced by a striking range of policy interventions designed to give economic aid to poor regions within the Union and to protect the environment, workers in the workplace, as well as, increasingly, consumers. It has not created a EU welfare state: it is not active in the area of labor relations nor does it redistribute wealth from wealthy individuals to poor ones (its redistribution is based on territorial wealth rather than individual well-being). While it protects farmers from the vagaries of the world market, it does not directly provide social services to the socially excluded nor does it fund very many such services. "Social exclusion" is addressed by national governments rather than by the EU itself. Nonetheless, it is important to note that, in comparative perspective, its depth of engagement with "market correcting" activities render it unique in the universe of regional organizations.

In all the regional arrangements considered here, "negative" integration holds center stage.[4] For MERCOSUR, AFTA, APEC, and NAFTA proceeding toward positive integration would require a transformation of the entire enterprise. For the EU, however, negative integration is balanced with a considerable effort toward positive integration (although not in the area of social policy or industrial relations). While the EU incorporates both market building and market correction, the other regionalisms considered here are primarily market builders in the economic arena. While the EU privileges market building over market correction if compared to a traditional member-state, it gives an extraordinary weight to market correction if compared to its regional counterparts. However, it is clear that, leaving European integration aside, regional governance of the market is concerned with market-building. In essence, public authority in the last decade of the twentieth century began,

---

4 "Deep" negative integration is difficult for developing countries and thus the regional arrangements which include developing countries (Mercosur, AFTA, APEC, and NAFTA) do not find it easy to move toward an agenda which deepens (market-building) integration. Haggard argues that in the developing world, "most of the reform efforts have centered on policy areas that are not related to the deep integration agenda: balance of payments, macroeconomic policy, and exchange rate adjustments; 'shallow' integration efforts such as trade reform; or domestic policy changes such as privatization or the removal of subsidies and price controls that may have international repercussions but do not seem to be the result of international policy coordination" (Haggard 1995: 5-6).

in many parts of the world, to reverse the "nationalization" of economic activity, which had accompanied the establishment of the Westphalian state across the globe in the nineteenth and twentieth century.

3. Institutionalization

One of the key aspects of governance at the regional level has to do with the kind of institutionalization, which the member states have agreed upon. Institutionalization includes many facets, but here we simply provide an overview of the organizational and administrative structure, which has been developed at the regional level.

The EU is by far the most institutionalized, so much, that it is tempting to compare the other regional groupings with the EU. That would be a mistake. The EU's more advanced stage of institutionalization is perhaps not surprising, given the economic homogeneity of the member-states, their level of economic development and ability to withstand external economic shocks, and their historic dominant role in the international system of the 19th and 20th century. Viewed from the vantage point of the developing world, if the rich (ex-imperial) European states are not able to institutionalize regional governance, the chances of such institutionalization happening elsewhere are truly minimal. That is not to minimize the success of the European Union – for it is truly noteworthy. It is merely to point out that the challenges facing any form of regional governance which incorporates the developing world – involving member economies at a far lower level of development than that found in Europe and states which in many cases still confront the legacy of colonialism – are extraordinarily difficult.

Institutionalization crystallizes those challenges, such that it not surprisingly lags behind the creation of cross-border markets. The building of markets, difficult as that is, is less difficult than the creation of regional institutions, which inevitably will institutionalize, and therefore privilege, selected political, administrative, and legal cultures. The institutions of regional organizations are actually more akin to "congealed histories" than to Riker's "congealed tastes". It is at least partially for that reason that the institutionalization of economic regionalisms is so difficult outside of the EU.

3.1 Level of Institutional Development

The EU is alone in aspiring to a "political union" and in having an institutional structure independent from the member-states.[5] None of the others

5 As of 2001, the European Union has 15 member-states: France, Germany, Italy, Belgium, Luxembourg, the Netherlands which founded the group in 1958, the United Kingdom, Ireland and Denmark which joi-

have an institutional framework, which includes even one of the institutions, which make up the Union's complex policy-making machinery. There is no counterpart to the European Parliament, the Commission, the European Court of Justice, the regional Council of Ministers capable of adopting binding legislation, which supersedes national law, or the European Council. Although the Council of Ministers is viewed by Europeans as an "intergovernmental" body, it is still very much a Community institution, operating within the Union's complex policy-making process (Hayes-Renshaw/Wallace 1997). The European Union is so institutionalized that it has been termed a "partial polity" (Sbragia 1992). Supranationality makes the European Union unique. Having said that, however, the other regional groupings examined here do vary in their degree of institutionalization, and the variations are significant.

None of the four groupings have a significant corps of independent international civil servants. Secretariats are tiny, and officials in those secretariats are often seconded from national ministries. The kind of influence wielded by Commission officials is unknown. Nonetheless, the nature of institutionalization at the level of the secretariat does vary and in some cases has increased over time. Similarly, while none of the groups have any equivalent of the European Court of Justice, they do vary in terms of the dispute resolution mechanisms they have accepted. Finally, some are much more organizationally developed than others in the sense of having an extensive network of working groups, which bring national officials together as well as scheduling institutionalized meetings among political leaders.

3.1.1 APEC

The Asian-Pacific Economic Cooperation forum (APEC)[6], founded in 1989 is clearly the least institutionalized of the five groups examined. APEC is by far the loosest of the regional groupings considered here. Crucially, the United States is a key member. An example of "open regionalism", it is the only grouping, which has agreed that "any trade concessions that APEC economies made would be extended on a non-discriminatory basis to other members of the WTO" (Ravenhill 1999: 266). Thus, it does not discriminate against non-members. All decisions are taken by consensus, no schedule for the dismantling of tariff and non-tariff barriers has been adopted, some coun-

---

ned in 1973, Greece which was admitted in 1981, Spain and Portugal which acceded in 1986, and Sweden, Finland, and Austria which became members in 1995.

6 APEC was founded by the then six members of the South-East Asian Nations (ASEAN) – Indonesia, Singapore, Brunei, Malaysia, the Philippines, and Thailand – plus Australia (who was the initiator of the idea of an Asia-Pacific grouping), Japan, New Zealand, South Korea, Canada and the United States. The People's Republic of China, Hong Kong and Taiwan joined in 1991, Mexico and Papua New Guinea in 1993, Chile in 1994, and Peru, Russia and Vietnam officially became members in 1998.

tries argue that the trade liberalization deadline of 2020 for the less developed APEC economies is merely indicative, sectoral negotiations for earlier liberalization are completely voluntary, and discussions about investment have been relatively few (Ravenhill 1999; Dutta 2000). Given the lack of binding commitments, dispute resolution mechanisms are not needed (Kahler 2000: 558).

APEC is "resolutely resistant to legalization in all of its dimensions", and therefore binding commitments similar to those found in, say NAFTA or the EU, are nearly unknown (Kahler 2000: 567). As Langhammer points out, APEC "leaves it to member states to announce liberalization programmes unilaterally and implement them in accordance with their domestic rules" (Langhammer 1999: 7).

Although the organization is clearly committed to economic dialogue, its other missions are still being contested. In general, the rich members hope that APEC will lead to market and investment liberalization while the poor members are more interested in economic and technical cooperation (eco-tech) between developing and developed countries. Although the Western members of APEC are promoting further institutionalization, and hope such institutionalization will encourage the liberalization of both trade and investment, Yoshimatsu concludes that "the Asian members are cautious about rapid institutionalization, and stress the promotion of economic and technical cooperation parallel to trade and investment liberalization" (Yoshimatsu 2000: 6).

By contrast, APEC's commitment to economic dialogue (as opposed to liberalization) is carried out in a number of ways, which indicate a degree of institutionalization. Finance ministers and heads of central banks, for example, meet annually (Dutta 2000). The first summit, hosted by the United States, was held in 1993 and an annual summit is now held. A secretariat was established in Singapore in 1993, and in 2001 included 23 civil servants, which were seconded by the members. The Secretariat works with various working groups in an attempt to arrive at consensus. Three committees have been established, one sub-committee, and 11 working groups carry out most of the grouping's work in preparation for the ministerial meetings. The Chair of APEC rotates annually, and the state holding the Chair hosts the annual meeting of foreign and economic ministers. Every alternate ministerial meeting is held in an ASEAN economy, reflecting the influence that ASEAN has within the organization. Ministers from a wide variety of sectors have also met. The APEC Business Advisory Council includes business representatives from each member.

While APEC is an acknowledged regional arrangement, it is actually less institutionalized than is the EU understood as a regional system incorporating the applicant countries. The latter is characterized by highly structured relationships between the applicant countries and Brussels while the relationship among the APEC members is a far looser one.

3.1.2 ASEAN

The Association of Southeast Asian Nations (ASEAN) was established in 1967 without a formal treaty[7], but over time it has experienced significant institutionalization. ASEAN has a particularly strong focus on its relations with China, Japan, and the Republic of Korea ("ASEAN plus three"). Most ASEAN members are also participants in APEC. Although the original mission of ASEAN had to do with political and regional security and cooperation (more specifically non-interference in each other's internal affairs), in 1992 the decision was taken to construct an ASEAN Free Trade Area (AFTA).

Institutionally, decision-making within ASEAN takes place within the Meeting of the ASEAN Heads of State and Government, which meets formally every three years. Informal summits are held in between, while foreign ministers meet annually. Ministers in a variety of sectors also meet (including the AFTA Council) with 29 committees of senior officials and 122 technical working groups providing the administrative support for the ministerial meetings. Senior Officials Meetings now address a wide variety of issues, including environmental protection and drug trafficking. Furthermore, as Miles Kahler argues, when each foreign ministry created a national secretariat specifically "responsible for ASEAN-related activities at the national level," it strengthened a tendency to "move from intergovernmental to transgovernmental collaboration" (Kahler 2000: 553).

ASEAN governments and associations also cooperate through specialized agencies such as the ASEAN Earthquake Information Centre, ASEAN Timber Technology Center, the ASEAN University Network, ASEAN Ports Associations, and the ASEAN-Chambers of Commerce and Industry. Nongovernmental associations are formally affiliated with ASEAN – in November 1999, the number had climbed to fifty-three. In the area of external relations, ASEAN has developed committees, which are composed of heads of diplomatic missions to many major countries.

The decision to move to form the ASEAN Free Trade Area led to a strengthening of ASEAN as an organization. The ASEAN Heads of Government now meet on a regular (three-year) basis and the role of the ASEAN secretariat (located in Jakarta) has been strengthened. The secretariat was doubled in the post-AFTA period – although the fact that the enlarged secretariat had only thirty-one officials indicated how reluctant the members were

7 Indonesia, Malaysia, Philippines, Singapore, and Thailand were ASEAN's original founders. It has since expanded to include Brunei Darussalam (1984), Vietnam (1995), Laos and Myanmar (1997) and Cambodia (1999)

to create a separate bureaucracy. Nonetheless, the Secretary General is accorded ministerial status, has a five-year tenure, and the secretariat staff are not seconded from national ministries. Eliassen and Monsen argue that AFTA and the European Free Trade Area (EFTA) have important similarities (Eliassen/Monsen 2001: 123).

Furthermore, the previously rigid insistence on unanimity in all activities began to erode. The Senior Economic Officials could now operate with "flexible consensus". Perhaps most dramatically, a dispute resolution mechanism was adopted in 1996 for the first time, and the fact that it involved the use of majority voting, again a first, marked a milestone (Kahler 2000: 554, 566).

3.1.3 MERCOSUR

Founded in 1991, the Southern Cone Market[8] is similar to the European Union (and different from APEC, ASEAN, and NAFTA) in that it is committed to a customs union. However, whereas the EU negotiates as a unitary actor within the WTO (the Commission being the negotiator), the members of MERCOSUR are represented individually. In a similar vein, Argentina and Brazil have separately approached the Andean countries and Mexico about possible trade agreements. An Administrative Secretariat was established in Montevideo in 1997, but MERCOSUR's members are very careful to constrain the Secretariat's power. In fact, this group, despite its commitment to a customs union, is completely intergovernmental, even though its smaller members would prefer to move in a supranational direction. The presidential summits, meeting twice a year, are the key for decision-making. Albuquerque argues that this "inter-presidential" permanent negotiation model favors high decision-making flexibility and low levels of implementation. The decision-makers are said to be less concerned with implementation and the bureaucracy is believed to be committed to the policies adopted (Albuquerque/Guilhon 2000: 7).

Governance has been challenged by the Argentinean crisis of 2001, which was exacerbated by Argentina's pegging its peso to a (strong) dollar while Brazil's currency, devalued in 1999, was losing 40% of its value.

Although Brazil had consistently opposed creating a disputes-settlement body, while Argentina had wanted a permanent institution, a compromise was reached in 2000. While each trade dispute within MERCOSUR had been judged by an ad hoc arbitration panel, Brazil agreed to the establishment of a roster of judges who could serve for an extended period of time. The difficulty, which MERCOSUR has had in adopting an institutionalized disputes

8 MERCOSUR has four members – Brazil, Argentina, Paraguay, and Uruguay. Chile (in 1996) and Bolivia (in 1997) became associate members. It was formed by the Treaty of Asuncion in November 1991.

settlement mechanism reflects the extraordinary sensitivity toward any loss of sovereignty on the part of Brazil.

MERCOSUR has numerous intergovernmental bodies concerned with implementing the agreements it has adopted. A six-month rotating presidency oversees the Summit Meetings of Presidents, meetings of ministers and ambassadors, and the activities of Technical Committees, Working Groups and Ad Hoc Groups each of which focuses on particular policy areas. The latter bodies are staffed by diplomats and civil servants and operate through consensus. Nonetheless, as Vasconcelos argues, "in Europe, the France-Germany axis is part of a system of multiple and shifting alliances; in MERCOSUR, the Brazil-Argentine axis is the unchanging core" (Vasconcelos 2001: 141). The degree of institutionalization enjoyed by MERCOSUR is far less than its international presence would suggest (and far less than the importance the EU gives to it). MERCOSUR's rather tenuous state as an institutionalized regional organization was perhaps best symbolized by the fact that at the celebration of its tenth anniversary, held at the Secretariat office in Montevideo on March 26, 2001, not even Uruguay's President bothered to show up (Economist, March 31, 2001).

3.1.4 NAFTA

The North American Free Trade Agreement (NAFTA)[9], established in 1994, is characterized by very precise binding commitments, dispute resolution mechanisms, and at least twenty-five trilateral committees and working groups, which oversee the implementation of the actual agreement. Cabinet level representatives meet at least once a year. The number of agencies involved in the Agreement's implementation is large because the policy domains covered by the Agreement are very varied. That agreement "is among the most highly detailed international trade agreements ever negotiated between governments. It comprises twenty-two chapters setting forth specific obligations on trade in goods, services, financial services, investment, intellectual property rights, technical barriers to trade, sanitary and phytosanitary measures, safeguards measures, and dispute settlement" (Abbot 2000: 524). It is over a thousand pages long while the AFTA agreement is fifteen (Kahler 2000). Its commitments are very precise and binding, but there is absolutely no provision for supplementary legislation à la EU. The Agreement was written so as to prevent any development of central or supranational institutions, which might infringe sovereignty while simultaneously ensuring that the three NAFTA members comply with the commitments agreed to. Dispute

9 The North America Free Trade Area came into force in 1994. It followed the establishment of the Canada-US Free Trade Area (CUSFTA) in 1989. It has three members: Canada, the United States, and Mexico.

settlement procedures allow neutral arbitrators to resolve disputes but, again, the decisions of such arbiters cannot change national law (Abbott 2000: 539). While NAFTA's institutions are clearly designed to simply implement the provisions of the Agreement, those provisions are in fact so detailed that, when coupled with its dispute resolution system, they can be viewed as the key to NAFTA's institutionalization. NAFTA is in content more than a traditional free trade agreement, but its institutional structure blocks any development, which might threaten the national sovereignty of any of its three members.

4. Market building and international governance

Regional arrangements vary more in their ability to evolve institutionally than they do in their ability to adapt their market-building activities. Trade liberalization is accelerated far more easily than institutions are strengthened. Institutions designed to govern markets are far more sensitive than are the markets themselves – even when such institutions would pursue market-building rather than market-correction. Markets are privileged at least partially because it is assumed that private rather than public actors will feel their impact. Institutions, by contrast, are thought to impinge directly on the power of public authority at the national level.

Thus, institutionalization and liberalization do not travel at the same speed. Liberalization affects market sectors whereas institutionalization can potentially transform the offices of the negotiators themselves. While the argument is made that liberalization will lead to greater prosperity, the argument for institutionalization is a far more difficult one. Although institutionalization will clearly have benefits, its costs are clear to political elites. Such costs will be both diffuse and concentrated, whereas the costs of market liberalization are (only) concentrated.

The calculus of how to construct the regional governance of new cross-border markets includes, for regional groupings other than the EU, the dilemma of how to change markets without changing national configurations of power. Public and private authorities have historically been entangled in the evolution of the European (and American) nation-state and its economy, but regionalism presents the possible option of decoupling the two. Regional arrangements may allow the compartmentalization of the governance of the (transnational) market and the governance of the (national) polity. Central institutions of power predate the national market economy, and their resilience is amply illustrated by their ability to maintain themselves relatively untouched even when transforming markets. Outside of Europe, changing the national economy through regionalism is far more attractive as a project of national governance than is changing the institutions of the "sovereign" state.

The fact that the EU has not decoupled or compartmentalized public and private power, but has rather entangled them in new ways does not necessarily mean that the rest of the world will follow soon if at all. Regionalism with supranationality is one answer to the old question of how the market and the state should relate to one another, but it is not an answer, which may be accepted anywhere else. Supranationality at the regional level, therefore, may come to identify Europe, to set it apart, just as did for so long the concept of the "sovereign" state symbolized by the Treaty of Westphalia. When the rest of the world came to accept the centrality of the Westphalian state, its originator began to experiment with a new model of governance. Supranationality, therefore, may be the antithesis of the compartmentalization of politics and economics, but an antithesis, which will remain distinctively European.

5. References

Abbott, Frederick M. 2000: NAFTA and the Legalization of World Politics: A Case Study, in: International Organization 54, pp. 519-547.

Albuquerque, Jos/Guilhon, Augusto 2000: Integration, Democratization and External Influence, Paper prepared for the workshop "Dollars, Democracy and Trade: External Influences on Economic Integration in the Americas," The Pacific Council on International Policy, Los Angeles.

Dutta, M. 2000: The Euro Revolution and the European Union: Monetary and Economic Cooperation in the Asia-Pacific Region, in: Journal of Asian Economics, 11: 1, pp. 65-88.

Egan, Michelle P. 2001: Constructing a European Market: Standards, Regulation, and Governance, Oxford.

Eliassen, Kjell A./Borve Monsen, Catherine 2001: Comparison of European and Southeast Asian Integration, in: Telò, Mario (ed.): European Union and New Regionalism: Regional Actors and Global Governance in a Post-Hegemonic Era, Aldershot, pp. 111-134.

Fawcett, Louise 1995: Regionalism in Historical Perspective, in: Fawcett, Louise/ Hurrell, Andrew (eds.): Regionalism in World Politics: Regional Organization and International Order, Oxford, pp. 9-36.

Gamble, Andrew 2001: Regional Blocs, World Order and the New Medievalism, in: Telò, Mario (ed.): European Union and New Regionalism: Regional Actors and Global Governance in a Post-Hegemonic Era, Aldershot, pp. 21-38.

Haggard, Stephan 1995: Developing Nations and the Politics of Global Integration, Washington.

Hayes-Renshaw, Fiona/Wallace, Helen 1997: The Council of Ministers, Basingstoke.

Hooghe, Lisbet/Marks, Gary 2001: Multi-Level Governance and European Integration. Oxford.

Joffe, George Howard 2001: Preface: Regionalism. A New Paradigm?, in: Telò, Mario (ed.): European Union and New Regionalism. Regional Actors and Global Governance in a Post-Hegemonic Era, Aldershot.

Kahler, Miles 2000: Legalization as Strategy: The Asia-Pacific Case, in: International Organization 54, pp. 549-572.

Kohler-Koch, Beate/Eising, Rainer (eds.) 1999: The Transformation of Governance in the European Union, London.

Krugman, Paul 1991: Geography and Trade, Cambridge.

Langhammer, Rolf J. 1999: Regional Integration APEC Style, in: ASEAN Economic Bulletin 16: 1, pp. 1-17.

Leslie, Peter 2000: The European Regional System: A Case of Unstable Equilibrium?, in: Journal of European Integration 22, pp. 211-235.

Majone, Giandomenico 1993: The European Community between Social Policy and Social Regulation, in: Journal of Common Market Studies 31, pp. 153-170.

Majone, Giandomenico 1994: The Rise of the Regulatory State in Europe, in: West European Politics 17: 3, pp. 77-102.

Majone, Giandomenico 1996: Temporal Consistency and Policy Credibility: Why Democracies Need Non-Majoritarian Institutions. EUI Working Paper RSC No. 96/57, Florence: Robert Schuman Centre, European University Institute.

Mansfield, Edward D./Milner, Helen V. 1999: The New Wave of Regionalism, in: International Organization 53, pp. 589-627.

Moravcsik, Andrew 1998: The Choice for Europe: Social Purpose and State Power from Messina to Maastricht, Ithaca.

Mattli, Walter 1999: The Logic of Regional Integration: Europe and Beyond, Cambridge.

Milner, Helen V./Keohane, Robert O. 1996: Internationalization and Domestic Politics: A Conclusion, in: Keohane, Robert O./Milner, Helen V. (eds.): Internationalization and Domestic Politics, Cambridge, pp. 243-258.

Pedersen, Thomas 1994: European Union and the EFTA Countries: Enlargement and Integration, London.

Ravenhill, John 1999: The Asia-Pacific, in: Hocking, Brian/McGuire, Steven (eds.): Trade Politics: International, Domestic and Regional Perspectives, London.

Rieger, Elmar 2000: The Common Agricultural Policy, in: Wallace, Helen/Wallace, William (eds.): Policy-Making in the European Union, Fourth Edition, Oxford, pp. 179-210.

Sbragia, Alberta M. 2000: Governance, the State, and the Market: What is Going on?, in: Governance 13, pp. 243-250.

Sbragia, Alberta M. (ed.) 1992: Euro-Politics: Institutions and Policy-Making in the "New" European Community, Washington.

Scharpf, Fritz 1999: Governing in Europe: Effective and Democratic?, Oxford.

Telò, Mario (ed.) 2001: European Union and New Regionalism: Regional Actors and Global Governance in a Post-Hegemonic Era, Aldershot.

Vasconcelos, A. 2001: European Union and MERCOSUR?, in: Telò, Mario (ed.): European Union and New Regionalism. Regional Actors and Global Governance in a Post-Hegemonic Era, Aldershot, pp. 135-152.

Wyatt-Walter, Andrew 1995: Regionalism, Globalization, and World Economic Order, in: Fawcett, Louise/Hurrell, Andrew (eds.): Regionalism in World Politics: Regional Organization and International Order, Oxford, pp. 74-121.

Yoshimatsu, Hidetaka 2000: State-Market Relations in East Asia and Institution-Building in the Asia-Pacific, in: East Asia: An International Quarterly 18: 1, pp. 5-33.

Helen Wallace

Experiments in European Governance

1. Introduction[1]

The European Union (EU) is currently characterised by:

(1) a substantially reconfigured policy agenda from that which predominated a decade ago;
(2) the emergence of new policy methodologies, the robustness of which is under test;
(3) a self-critical process to reappraise European governance in a more general sense, in terms of EU policy effectiveness and democratic acceptability; and
(4) a new round of discussions about the constitutional shape of the EU.

How significant are these developments? Do they suggest that the politics of the EU are changing – a bit? – quite a bit? or a great deal? On the one hand, it might be argued that the developments outlined here are simply incremental adjustments in response to the evolving contexts of policies and contingencies of political behaviour – i.e. no big changes to the model, and no new paradigm. On the other hand, it might be suggested that systemic changes are underway in the underlying politics of EU integration, because some mixture of the changed context and varied political behaviour is generating a different model, built around a different paradigm.

At first sight it seems easier to demonstrate the former proposition than the latter. No new approach or tool kit would be needed. Each of us can stick with whichever approach to understanding the politics of European integration we already prefer and utilize the most appropriate tool kit at our disposal. We can indeed go further and accept that we still have under-exploited opportunities to import into the study of European integration analytical or theoretical approaches from elsewhere in 'mainstream' political analysis. After all, one of the important advances in recent studies of European integration is that the field has begun to be treated less as *sui generis* and more as

1 This article draws heavily on Wallace (2001), the introduction to a special issue of the *Journal of Common Market Studies*, November 2001. The shared text is reproduced here with the kind permission of Blackwell Publishers.

'normal politics' – 'politics like any other' – or for the liberal intergovernmentalists – international politics like any other. Those who sit squarely in either camp – comparative politics or international relations – have good grounds for feeling at ease with developments in the EU.

To demonstrate that there has been a fundamental change in the character of European integration, or that we need to analyse it in a different way, is a much tougher assignment. It requires careful exposition of the ingredients of change and a painstaking dissection of what their characteristics and consequences might be. One increasingly common alternative is to construe European integration – or perhaps Europeanisation – as in essence a sub-set of globalisation. This avoids the *sui generis* problem, although it entails a further unwrapping of the concept of globalisation. Such an approach has the advantage of not needing to define political behaviour within the EU as that much different from other forms of political behaviour – either within states or across state boundaries – caught between more local and more global impulses.

A more difficult alternative would be to try to show that some new form of *sui generis* politics is emerging, a challenge to explanation comparable to that faced by the early theorists of political integration. Some of the constructivist debate veers in this direction, asserting that the discursive and/or the ideational dimensions to European integration might be moving its politics in a novel direction (Christiansen *et al.* 2001). Ernest Haas (2001) comes part way to meet the constructivists in his stimulating essay on 'soft rationality', the possible meeting point between social constructivism and neofunctionalism.

A different and more sober alternative would be to argue that there is a trend towards a reversion from pooled policy-making back to a state-dominated model, in which a 'repatriation' of politics was underway. On this reading the EU might have been 'supranational', but is reverting to 'intergovernmentalism'. Indeed there is a case for arguing that all of us ought to have this image of 'unravelled integration' in our minds as the case that we have to disprove. After all, the next Intergovernmental Conference (IGC), scheduled for 2004, has on its agenda two possible mechanisms of repatriation: a stronger role for national parliaments; and a clearer demarcation of policy competences between the member states (and sub-national authorities, especially in Germany) and the EU institutions. Both of these mechanisms would tend to constrain rather than to empower the EU system of governance.

A different approach from any of these would be to be more agnostic and to focus at the 'meso' level. Thus we could argue that EU political integration consists of not one, but several models of politics and policy formation. Elements of the old model(s) may survive and indeed evolve, while newer and distinctive variants might grow alongside the older model(s). These newer variants might persist as parallel forms of political behaviour, but they might – perhaps – emerge as more powerful than the older variants, depending on a variety of factors and time. Indeed it can be argued that there is something intrinsic to the EU process that makes it experimental in character (Laffan *et al.* 2000). The advantages of travelling along this 'third way' are, on the one hand, its deliberate agnosticism and, on the other hand, the invitation to examine rather closely and empirically the evidence for new variants. Here we might note, with hindsight, the way in which *post hoc* the academic community (and indeed the practitioner community) came to acknowledge the emergence of the EU regulatory model in the wake of the development of the single European market. The *post hoc* point is especially pertinent, since it is of course difficult to observe – and to underpin with firm evidence – systemic change as it takes place.

There are two intellectual challenges here: one to ask big questions about the fundamentals of European political integration; and the other to take an experimental approach of trying to identify changes in process. In what follows we outline elements of the second approach, in the hope that our answers might help us to address the first challenge. The analysis draws on research currently being conducted under the British Economic and Social Research Council's research programme – *One Europe or Several? The Dynamics of Change in Europe*. In particular it draws on a collection of articles by researchers in this programme for a special issue of the *Journal of Common Market Studies* on 'The Changing Politics of the European Union'.

Four important 'experiments' are currently under way in EU policy and politics: the creation of the economic and monetary union (EMU); the development of 'new economy' processes of 'soft policy coordination'; the development of justice and home affairs (JHA); and the inclusion of an explicit defence and military dimension to the common foreign and security policy (CFSP). Three of these, all except EMU, are included in the *JCMS* collection and in the *One Europe? Programme*, and features of EMU are covered in the *One Europe?* project led by Iain Begg.[2]

2. Some Background Factors

There are a number of reasons why we might expect the changes to the politics of the EU to be of more than passing significance. On three dimensions – political, economic and societal – factors of change can be discerned.

Politically the EU has over the past decade faced the impacts of 'post-cold-war' dislocation. Although the origins of the European Community (EC)

2 For details of the *One Europe? Programme* see the website at <www.one-europe.ac.uk>.

model of integration lay in the post-second-world-war settlement in western Europe, the parallel intrusion of the cold war poured political cement into the 'construction' of the EC. The question, which follows, is whether or not the foundations are weakened by the removal of the ideological contrast between two adversarial political systems.

At least in the sphere of European security we can observe a radically reconfigured political context. No longer is there an armed confrontation between two parts of Europe, organised for western Europe mainly through Nato. Instead there has been a decade of war in south-eastern Europe and in some parts of further eastern Europe, wars which have embroiled west Europeans – through both Nato and the EU – in efforts at 'peace-making' and peace-keeping.

In addition the alterations to the political geography of Europe have resulted in the emergence of a unified Germany, the Berlin Republic – a much larger Germany both than its precursor Bonn Republic and than other current member countries in the EU. At least potentially, perhaps actually, this might be expected to make a difference to the relationships between the current member states, and also to frame the developing relationships with central and eastern Europe. This is the subject of a *One Europe?* project led by Charlie Jeffery and Adrian Hyde-Price (Hyde-Price/Jeffery 2001).

And then there is EU enlargement, a process that already directly involves thirteen candidate countries in central, eastern and southern Europe, with more aspirant countries waiting in the wings. On the one hand, the EU faces the doubling of its membership over the coming decade, an unparalleled quantitative change. On the other hand, the candidates include countries with a range of different political profiles from those of the current members, a testing qualitative shift. Many of the *One Europe?* projects look at the dynamics of change in central and eastern Europe.

Economically the establishment of an economic and monetary union (EMU) looks like a huge step in economic integration for the countries involved. Alignment on a single currency, subject to agreed shared criteria, is the centre piece of EMU, but may not be the whole story. The sustainability of the criteria in countries with some distinctive conditions is one challenge – vide the disagreement between Ireland and the European Commission in early 2001. The plausibility and appropriateness of an accompanying alignment of macroeconomic, fiscal and budgetary policies remain to be tested.

One response is the Lisbon/Stockholm agenda of measures to address the needs of the 'new European e-economy'. Here the policy discussion is partly built on assumptions related to the familiar mantra of 'globalisation'. It is also connected to the observation that the (west) European economy is decreasingly driven by what happens in conventional industrial or agricultural production and increasingly shaped by what happens in capital markets, the service sector, and the skill-based needs of the 'knowledge economy'. Policy developments to address the demands of the new economy are being developed so far mainly through benchmarking techniques and targets. Several *One Europe?* projects look at aspects of these developments.

It is a commonplace that the European economy is characterised by disparities and divergence, in spite of the pressures for certain forms of convergence. The disparities divide richer from poorer regions, richer from poorer income groups, and stronger from weaker sectors of the economy. This is so in EU Europe, and even more pronounced if one looks across the continent-wide European economy. Thus there is a kind of tussle between factors of convergence and factors of divergence. What seems, however, to be an additional complication is that, as the 'new economy' develops, so further forms of divergence and differentiation emerge – within as well as between countries. Economic divergence becomes even more of an issue set against the prospect of a significantly enlarged EU, including countries that are not only poorer than the 'old' membership, but also going through a very rapid experience of sharp economic change.

Then there is the additional complication of economic globalisation. To the extent that this is a grounded economic phenomenon (and however one precisely characterises it) the implication is that globalisation diminishes the room for distinct European policy responses. It also diminishes the utility of political borders (whether around countries or around the EU as a whole) as a means of insulating the EU economy from the impacts of globalisation. We should, however, be aware that these patterns may be exaggerated; as Hay (2000) cogently argues, significant differences continue to mark individual country responses to – and manipulations of – globalisation.

Societally western Europe is moving away from the variants of welfare states that were a defining feature of post-second-world war societies. Social models are shifting to reliance on new combinations of publicly and privately provided welfare, in which market-based definitions and delivery mechanisms play an increasing part (Leibfried/Pierson 2000).[3] The post-communist countries of central and eastern Europe are inventing their own social models in the wake of a quite different tradition of collective provision. To the extent that the west European integration model was embedded in a welfare state model, the erosion of the latter might be expected to have important impacts on the former.

Economic developments are also producing societal impacts as the patterns of employment also change. The organisation of employment is altering by sector perhaps rather than by country, as can be seen in the emerging rearrangements of employer-employee bargaining.[4] Individual expectations of

3 The *One Europe?* project led by Colin Hay addresses many of these issues.
4 This is the subject of the *One Europe?* project led by Paul Marginson.

employment have to adjust and the shift towards greater 'flexibility' in labour markets has become one of the prevailing policy orthodoxies.

Yet – paradoxically perhaps – the 'demographic deficit' has also become a core challenge across Europe and well beyond the current borders of the EU. This deficit has two serious features: the 'greying' of the population; and the skills deficit in the labour market. Across western Europe and especially in southern Europe overall fertility levels are now very low, a phenomenon which is also pronounced in central and eastern Europe. In eastern Europe – and more the further east one goes – the high mortality and ill-health rates aggravate the demographic deficit. Meanwhile employers in western and in central and eastern Europe cannot find all the workers they need with the appropriate skills. In this context there is a curious interplay between societal reservations about the impacts of immigration, evident in the almost neurosis about reinforcing border controls, and the need to recruit from other lands the new workers needed for the new economy.

Overall therefore several of what were thought to be core facilitators of EU integration have either eroded or altered in character. We might then enquire along two lines. First, we might ask whether the glue that the initial background conditions used to provide for integration has been replaced by the routinisation of EU politics. Secondly, we might ask whether the new policy challenges now provide successor background conditions as replacement drivers for integration, perhaps with a different configuration for EU politics. This chapter focuses on the second question rather than the first, although the *JCMS* special issue contains several articles that focus rather on the first question, and on the considerable evidence of the routinisation of EU politics and what Laura Cram (2001a, 2001b) describes as 'banal Europeanism'.

3. Laboratories for New Regimes

Alongside the day-to-day experiences of politics within the EU, we can, however, observe an extraordinary proliferation of new policy regimes emerging. There may once have been a single main and predominant EU policy model, but nowadays the EU is fast becoming marked by variations between – perhaps competition between – different models and approaches. This article takes one of these new models – economic and monetary union (EMU) – as a given of the new EU, albeit a model with consequences that can as yet not be fully specified. In addition to EMU, itself a venture that reaches to the heart of economic policy-making in the member states, we can observe three other new policy regimes in embryo. All of these are explored in the *JCMS* collection. One of these flanks EMU with soft policy cooperation through the 'open method of coordination' (Hodson/Maher 2001). The other two strike at other areas of high sensitivity in terms of traditional state politics, namely in justice and home affairs (Monar 2001) and in foreign, security and defence policy (Howorth 2001).

For each of these regimes it is too early to reach definitive judgement on the emerging patterns of politics and policy. In terms of policy substance we can see plenty of evidence of ambitions and aspirations, but as yet rather little that is solid in terms of 'deliverables'. Indeed many of the instruments chosen for developing policy in all three areas are explicitly 'soft' – recommendations, declarations and communications. By definition such instruments do not lend themselves to easy identification of substantive outputs, but are rather geared at behavioural changes of attitude and behaviour – implicit convergence rather than explicit, coordination rather than common templates. Such outcomes are very much harder for the social scientist to assess than the 'hard' legislative and judicial outputs that characterise the traditional Community model (Falkner 2002). In the areas of JHA and CFSP/CESDP[5] attention is beginning to turn to possible 'hard' outputs, directives to deal with asylum and immigration procedures, for example, or solid commitments of troops and equipment to the European Rapid Reaction Force. But it will be at least two or three years before we can discern how far these proposals can deliver on intention and shift the locus of policy delivery from the national to the collective European arena.

Here then are three experimental processes: the open method of coordination; the justice and home affairs regime; and the plans for an EU defence capability. Each is still located in a political laboratory, and each is on test against both the more traditional forms of EU politics and against the policy demands and events that have prompted their emergence. At face value these experiments are paradoxical and surprising. Each of the three issue areas touches core political concerns of the state, hence not easy candidates for collective EU regimes. Yet, at least at the level of political rhetoric, all three have been highlighted for priority attention through the collective fora of the EU. Hence we need to establish some criteria for assessing the substance of what is emerging. What follows is an attempt to do this.

Index of activity. One preliminary criterion might be the extent to which these new processes are being inserted on the EU agenda. At face value together they seem to be occupying a staggering amount of the political attention of EU politicians and top policy-makers within the collective fora of the EU. One European Council session a year is in principle devoted to pursuing the Lisbon-Stockholm process, built around the 'open method of coordination'. The General Affairs Council (ministers of foreign affairs) now spends

5 See the the *One Europe?* website for relevant briefing notes and working papers.

most of its monthly or so meetings dealing with CFSP and CESDP, to the (serious) neglect of general EU policy coordination, and a Council of Defence Ministers is in prospect. On some estimates somewhere between 30% and 40% of the paper passing through the Council of the EU deals with the burgeoning JHA agenda. On a crude quantitative criterion, activism and activity thus characterise each of these experiments. At a minimum this represents a displacement or diversion of attention from other EU issues. But perhaps there is more to it, perhaps the activism represents a significant phase of policy-shaping. We should recall here that central bankers and senior finance officials over many years developed a shared deliberative forum, long before the EMU project acquired operational plausibility (Russell 1975).

Key actors. The three areas of experiment all involve members of the core executives of the member governments as their primary participants. Prime ministers' offices are crucially involved in most member states, laying out the guidelines on which their other colleagues are becoming involved. Especially in the fields of CESDP and JHA those colleagues are drawn from parts of the member governments that were previously pretty much disconnected from EU politics. Defence ministries and military personnel had a different set of fora for European deliberations, essentially for most of them through Nato and the Western European Union. The EU is a new game for them, with the interesting consequence, for example, that a joint military staff – officers in uniform – now is present in the Justus Lipsius seat of the EU Council in Brussels. Similarly home offices, ministries of the interior and of justice have become extensively involved in a plethora of EU committees and working groups, internationalising parts of the member governments that had previously been predominantly domestically focused. Such prior European experience as these ministries shared was until recently, through much looser international fora such as the Council of Europe, though nonetheless a useful testing ground for cooperation (Monar 2001).

Not surprisingly, therefore, these newly involved domestic actors bring to their EU fora quite different habits, routines and assumptions from those that are to be found in traditional areas of EU policy development. Alongside this phenomenon we can also observe that the European Commission has as yet a relatively light involvement in each of these three areas. The details vary across the three areas. In the case of the 'open method of coordination' there is some scope for the Commission to play a catalytic and enabling role, different in character from the entrepreneurship that has been present in other areas (c.f. Scharpf, in this volume). In the area of CESDP the scope for Commission involvement is heavily circumscribed, with in some ways the more interesting discussion being around the issue of how far the new EU process should involve direct collaboration with the secretariat and operational resources of Nato. In the field of JHA there is a more mixed picture, the Commission being actively involved in developing some parts of the agenda and at a distance from other parts.

Absent actors. As yet the rest of the EU institutional system is hardly engaged in any of these three new areas of policy. The European Parliament has only the weakest of roles of debate and light consultation. The European Courts have no clear authority and there are few footholds for new jurisprudence to be established. In the absence of legislative instruments or collective resourcing neither of these institutions has much scope for influence. To the extent that the CFSP and CEDSP might draw on EU budget lines – a hotly contested issue –, there may be some scope for the EP to gain a bit of leverage on what happens. To the extent that the JHA regime involves legal commitments, there is a toehold for the judicial system, but this too is a contested domain.

Significantly also the shift of location of policy discussion to broadly the EU arena also takes these policy issues further away from national political channels of debate. Thus national parliaments seem to be little involved, and indeed it might be argued that this distancing from domestic debate is one of the reasons for core executives to welcome the use of the EU arena. This dimension has been an issue in some member states; thus, for example, Dutch parliamentarians have complained about the field of JHA slipping away from national parliamentary accountability. Similarly these three areas of policy are not easily accessible to other socio-economic or socio-political actors and to nonexecutive influences, again in contrast to the traditional Community process.

Here, however, we should strike a warning note or two. Even in the more traditional areas of EU policy activity, where the regular institutional array operates, the presence of robust access points for socio-economic and socio-political actors to the policy process does not necessarily provide an extensive political engagement with a transnational political process. Thus Cram (2001b) stresses the importance of the 'national filters' and 'banal routines' through which the European process is understood, while Warleigh (2001) argues that the European terrain is inhabited by activists from non-governmental organisations (NGOs), leaving their membership often unaware of this. There are thus additional complications here to the issues of legitimacy, which currently pervade the debate on the EU (Lord 2001).

A couple of further qualifications should be noted here. One is the role played by business in pressing EU policy-makers to adopt the benchmarking techniques that are one of the underpinnings of the open method of coordination (Sissons/Marginson 2001a). A showcase presentation was made to the Commission by the European Roundtable of Industrialists in 1995, designed to explain its potential utility as an instrument of European public policy (Richardson 2000). The second comment needed is that around the area of

JHA we can observe activism on the part of NGOs, especially those concerned with the human rights' dimension to asylum, immigration and so forth. How far activism also breeds influence is an issue that awaits careful empirical testing.

Process characteristics. Each of these three areas is experimenting with different policy methodologies and techniques. The open method of coordination is predicated on forms of comparative method – benchmarking, targets and scorecards, policy audit, potential policy transfers. To express this in institutional shorthand, a kind of OECD technique is being imported into the EU arena. Elements of this methodology are also to be found in the JHA area, where forms of peer review and mutual inspection are being developed both among the existing EU membership and engaging the candidate countries. We should note here that experts on the subject stress that this is a process that is itself about process, that is to say a technique which aims to improve national processes of policy-making and especially policy application through the examination of alternative ways and means. This approach is thus a deliberate alternative to uniform templates, taking account of both objective and subjective differences of situation and of practice or culture in individual member states. Hence we can also see efforts being made to adopt the principle of mutual recognition of national regimes dealing with aspects of JHA.

A different version of this applies in the sphere of CESDP. Here there is a hard set of objectives in the form of the Helsinki 'headline goals' and the plans for the European Rapid Reaction Force (ERRF). The key principle of action here is to achieve operational complementarity by joint planning and persuasion. The ERRF has little chance of either existing or being effective without tight-knit joint planning, shared doctrines, common routines, and sustained funding commitments for equipment and personnel. The delivery routes depend on national actions in the governments and military forces of the member states, but national actions premise on mutual trust and pooled information. Here we can see the new EU methodology borrowing from long-established Nato techniques.

Across the three areas we can observe reliance on both soft instruments and soft institutions. As has already been commented, there is little present in any of the areas that involves hard rules, though in JHA there are proposals for hard rules. Instruments are soft, partly in order to develop persuasive cooperation, but also because – it appears – soft instruments seem to follow a logic of appropriateness by fitting the functions that are addressed. To the extent that hard instruments emerge, these are intended to be at the country level rather than the European, as national (or local) policy-makers alter their national regimes (Sisson/Marginson 2001b). Institutions and procedures are also soft, based more on a consortium model than on a collegiate model, hence the reluctance of many member governments to tie themselves down to carefully prescribed procedures in advance of testing more informally developed ways of doing business. To the extent that there are hard institutions in place the pattern seems to be emerging of opting for function-specific and functionally delimited agencies: Europol, Eurojust, the Schengen Information System; the new planning and analysis unit for CFSP, the new military staff and so forth.

Delegation. Because the experimental policy regimes being developed in these areas look so different from traditional Community methods, they are often described in shorthand as 'intergovernmental'. This label risks freezing the analysis into both a particular intellectual debate and a particular contest between political camps, if the label 'intergovernmental' is intended as a direct contrast with 'supranational'. It also suggests that the methodologies of coordination and consortia are second-best to common policies, and that 'soft' instruments and institutions are weak alternatives to hard rules and binding commitments.

Elsewhere I have used the clumsy phrase 'intensive transgovernmentalism' to suggest that the process is more than 'inter'-governmental and that it has a vigour and intensity that seem significant, or potentially so (Wallace 2000). It is important to be clear about what is meant here. In the policy areas addressed in this chapter it is new subjects that are being brought within the orbit of EU cooperation, rather than the 'renationalisation' of policies that had previously been delegated to a strong form of hard or supranational policy cooperation. What is interesting is the novel character of partial policy delegation for subjects where either complete national autonomy seems untenable or where other international fora seem inappropriate. Instead EU governments, acting collectively, seem to be creating alternative means of committed cooperation on politically sensitive subjects. Interestingly – and perhaps very importantly – these alternative means escape the 'normal' constitutional discussions about the EU, with their typical emphases on decision rules in the Council, the powers of the Commission, the roles of parliaments and the reach of the European legal system. In return the member governments retain – or appear to retain – the sovereignty and autonomy, which are crucial for their legitimacy, especially on sensitive subjects where public action requires strong democratic backing.[6]

To put it another way – in each of the three experimental areas covered here forms of delegation are being made from the member governments to the EU arena, but only partial delegations. Governments are so far mostly relying on each other to act as mutually supporting agents, rather than handing over policy-shaping powers to an independent institution, although more extensive delegation is being made of some technical and operational tasks. It

6 I am very grateful to Markus Jachtenfuchs for his suggestions about how to make this point explicit.

remains to be seen how far these versions of partial delegation deliver on stated goals and ambitions. If they deliver, than partial delegation may continue to be the preferred approach. Failure to deliver could go either way in terms of its impact, either by generating pressure for more complete delegation, or by retracting the partial delegation.

In so far as these are experiments in regime-building which fall outside the traditional institutional processes, the iteration of IGCs seems to have little connection to the way that they operate. Formal reforms to rules and procedures seem more likely to be relevant if, and only if, the new regimes generate pressures for harder instruments and harder institutions. On the other hand, the discussion of informal adjustments to the EU processes and institutions that are addressed both in work for the White Paper on European Governance and by 'non-treaty reform' are highly pertinent to the conditions that affect the durability and effectiveness of partial delegation.

Two possible evolutionary logics seem conceivable in the areas on which this chapter comments, and different logics may apply to different cases.[7] One is a 'transitional logic' and the other is an 'alternative' logic.

The transitional logic would be that partial delegation and soft methods are used experimentally (whether consciously or not) by EU member governments in order to test the ground for more extensive delegation and for harder rule-making or more common programmes. There are plenty of earlier precedents for this in the history of EU integration. There were parallel processes of loose cooperation operating in the 1970s in a variety of policy areas, as Wallace, Wallace and Webb (1977) pointed out, in examples that included monetary policy and foreign policy cooperation, just as there was experimentation with new ways to consolidate the single market already in the 1970s (Dashwood 1977). Proponents of this view might add the example of Schengen as a regime first tested outside the EC/EU framework (as it had been for many years in the Benelux), and only much later 'communitarised'. According to this logic the experimentation is designed to be not only transitional but transitory, as and when sufficient trust is built and experience accumulated to shift to a stronger regime, however long that might take – in the case of EMU it took twenty years to reach the decision to commit to a strong regime, while in the case of foreign and defence policy the firm decision has not yet been explicitly taken.

The alternative logic holds that these new experiments do not belong to the notion of historical progression, which colours so much of the commentary on the EU. Instead a new variant form of policy cooperation may be emerging, which seems to leave the formal locus of political responsibility and legitimacy with the member states. This methodology invents informal

7 I am also grateful to Markus Jachtenfuchs for pushing the elucidation of this point.

instruments and soft tools which have the potential advantages, first, of flexible adaptation that avoid the rigidities of the traditional 'Community method' and, second, of a differently constructed version of subsidiarity. If this turned out to be a sustainable methodology, it could also provide a form of 'incremental constitutionalism', without the contested bargaining of intergovernmental conferences and attendant national ratification hurdles.

One further point can be added. The informality of these experiments, albeit in areas of 'high policy' (CFSP, CESDP and JHA) or areas that touch domestic economic governance and national electoral credibility (the employment and economic subjects addressed by the open method of coordination) makes them paradoxically easier to extend to the candidate countries, both pre- and post-accession. Open coordination as a methodology is well suited to the needs of the central and east European countries and their quest for effective economic performance. The soft methodologies raise fewer hurdles to participation by the candidates and eventual new members than the very hard character of the *acquis communautaire* in more established and more formalised EU policy areas. The informality of procedures also makes it potentially easier to resolve pragmatically which countries should be most involved in which subjects and on which occasions.

4. The balance sheet

In the long-established policy areas and institutional processes of the EU, the main line of change is towards a more routinised pattern of politics, and a pattern in which EU developments are subject to domestication within national processes and to familiar channels of political management. In the newer areas of policy interesting experiments are under way using methodologies that contrast with more traditional EU regimes, although the outputs remain to be tested. In both categories the adaptations of behaviour and the outcomes of policy need to be read against significant and persistent diversity between member states.

Perhaps surprisingly these newer regimes seem to lend themselves more easily to 'managing' enlargement than the more traditional regimes. The open method of coordination is in a way tailor-made for including the reforming countries of central and eastern Europe, predicated as it is on peer review and policy transfer. The core policy substance of JHA is about how to manage a pan-Europe of porous borders, in which the iron curtain of communism no longer polices the EU's eastern boundaries. Similarly the quest for CFSP and CESDP directly touches the security needs of pan-Europe, and the efforts to strengthen collective military capabilities would be improved by the close involvement of the candidate countries.

It is striking that these new regimes fall mostly outside the conventional agenda of institutional reform as framed so far by IGCs. Precisely because they operate as yet alongside, rather than within, the classical institutional interplay the standard agenda items so far laid out for the IGC 2004 take little account of these new regimes. To be sure the Treaty of Amsterdam did incorporate the JHA regime and the Schengen agreements, but without establishing an unambiguous Community method and with an array of exceptionalist protocols. It was notable that the Treaty of Nice did not include a clear institutional pathway for developing the new defence arrangements. Hence it will be interesting to see whether or not the debate on the so-called 'future of Europe', launched by the Nice European Council in December 2000, stretches to include consideration of how to anchor these new regimes.

More broadly, it is clearly premature to reach a firm view on the character of these various experiments in European governance. Indeed it is also hard to state a length of time for their evolution after which one might judge what the underlying logics are. Nonetheless the essence of what has been argued in this chapter is that there is sufficient evidence of alternative policy methodologies in the making to cast doubt on much of the conventional wisdom of EU scholarship which takes the 'Community method' and the 'first pillar' as 'normal' and leaves the rest to the technicians and the marginal debate. This is not at all to argue that everything connected to these experimental areas is new. Quite the contrary – many familiar techniques can be observed at the micro level in terms of institutional processes and procedures and in terms of the behaviours and strategies of the actors involved. However, at the macro level the impacts of these experiments could turn out to be very different from more traditional EU patterns, not least as regards the big political questions concerning democracy and legitimacy, or the familiar processes of partisan politics.[8]

5. References

Christiansen, Thomas/Jørgensen, Knud Erik/Wiener, Antje 2001: The Social Construction of Europe, London.

Cram, Laura 2001a: Imagining the Union: a case of banal Europeanism, in: Wallace, Helen (ed.): Interlocking Dimensions of European Integration, London.

Cram, Laura 2001b: Governance 'to Go': Domestic Actors, Institutions and the Boundaries of the Possible, in: Journal of Common Market Studies, pp. 595-618.

Dashwood, Allen D. 1977: Hastening Slowly: the Communities' Path Towards Harmonization, in: Wallace et al. 1977.

8 Hix (2001) argues strongly from a close examination of recent roll-call behaviour in the European Parliament that the emerging cleavages are focused around the left/right programmatic choices familiar from national politics in western Europe.

Falkner, Gerda 2002: Wohlfahrtsstaat und Integration aus Sicht des historischen Institutionialismus: Zwischen Gestaltungslücke und integrativen Kooperationseffekten, to appear in: Jachtenfuchs, Markus/Kohler-Koch, Beate (eds.): Europäische Integration, Opladen (in press).
Haas, Ernst B. 2001: Does Constructivism Subsume Neo-functionalism?, in: Christiansen et al.
Hay, Colin 2000: Contemporary capitalism, Globalisation, Regionalisation and the Persistence of National Variation, in: Review of International Studies 26, pp. 509-31.
Hix, Simon 2001: Legislative Behaviour and Party Competition in European Parliament: An Application of Nominate to the EU, in: Journal of Common Market Studies, pp. 663-688.
Hodson, Dermot/Maher, Imelda 2001: The Open Method as a New Mode of Governance: The Case of Soft Economic Policy Co-ordination, in: Journal of Common Market Studies, pp. 719-746.
Howorth, Jolyon 2001: European Defence and the Changing Politics of the European Union: Hanging Together or Hanging Separately?, in: Journal of Common Market Studies, pp. 765-789.
Hyde-Price, Adrian/Jeffery, Charlie 2001: Germany in the European Union: Constructing Normality, in: Journal of Common Market Studies, pp. 689-717.
Laffan, Brigid/O'Donnell, Rory/Smith, Michael 2000: Europe's Experimental Union: Rethinking European Integration, London.
Leibfried, Stephan/Pierson, Paul 2000: Social Policy: Left to Courts and Markets, in: Wallace, Helen/Wallace, William (eds.): Policy-Making in the European Union, 4th ed., Oxford, pp. 267-292.
Lord, Chrisopher 2001: Assessing Democracy in a Contested Polity, in: Journal of Common Market Studies, pp. 641-661.
Monar, Jörg 2001: The Dynamics of Justice and Home Affairs: Laboratories, Driving Factors and Costs, in: Journal of Common Market Studies, pp. 747-764.
Richardson, Keith 2000: Big Business and the European Agenda, in: Working Papers in Contemporary European Studies, Falmer.
Russell, R. W. 1975: L'Engrenage, Collegial Style, and the Crisis Syndrome: Lessons from Monetary Policy in the European Community, in: Journal of Common Market Studies, pp. 61-86.
Sissons, K./Marginson, P. 2001a: Benchmarking and the "Europeanisation" of Social and Employment Policy, One Europe or Several? Briefing Note 3/01, Falmer.
Sissons, Keith/Marginson, Paul 2001b: "Soft Regulation" – Travesty of the Real Thing or New Dimension, One Europe or Several? Working Paper, Falmer.
Wallace, Helen 2000: The Institutional setting: Five Variations on a Theme, in: Wallace, Helen/Wallace, William (eds.): Policy-Making in the European Union, 4th ed., Oxford, pp. 1-38.
Wallace, Helen 2001: The Changing Politics of the EU: an Overview, in: Journal of Common Market Studies, pp. 581-594.
Wallace, Helen/Wallace, William/Webb, Carole 1977: Policy-Making in the European Communities, Chichester.
Warleigh, Alex 2001: "Europeanizing" Civil Society: NGOs as Agents of Political Socialization in the European Union, in: Journal of Common Market Studies, pp. 619-639.

Fritz W. Scharpf

European Governance: Common Concerns vs. The Challenge of Diversity[1]

The Commission's White Paper on European Governance (COM (2001) 428) is as remarkable for what it says as for what it does not say. In combination, the emphases and the omissions seem to reflect a vision that is defined by the institutional self-interest of the Commission and its opposition to Member States and, at the same time, by a remarkable lack of concern about the real challenges confronting the Union and its Member States. I realize that this may appear to be an unfair judgement since the authors sought to avoid issues requiring amendments of the Treaty that might come on the agenda of the next Intergovernmental Conference (or Constitutional Convention). But even if recommendations were to be limited to changes permissible under the Treaty, they still could have been developed in the context of an unconstrained analysis of the challenges the Union must face.

1. The Emphasis

The essential elements of the analysis and the recommendations emphasized in the White Paper can be summarized in a few simple propositions:

- On the whole, European integration is a great success.
- If nevertheless many Europeans "feel alienated from the Union's work" and if the turnout of elections to the European Parliament is decreasing, then this reflects a perception of European policy as being either ineffective or excessively detailed and intrusive.
- Much of this is a problem of either poor public relations or intentional misrepresentation: "Where the Union does act effectively, it rarely gets proper credit for its actions" and "Brussels is too easily blamed by Member States for difficult decisions that they themselves have agreed upon, or even requested."
- To the extent that real difficulties do exist, they can be overcome if the Union is able and willing to "revitalize the Community method" according to which "everyone should concentrate on their core tasks: the Com-

1 Helpful suggestions by Gerda Falkner are gratefully acknowledged.

mission initiates and executes policy; the Council and the European Parliament decide on legislation and budgets ... and the European Parliament controls the execution of the budget and of the Union's policies" (p. 29).

Compared to present practices, this would require the following changes:

- Council and Parliament should limit their involvement in "primary" European legislation to the definition of "essential elements ... leaving the executive" [i.e., the Commission] "to fill in the technical detail via implementing 'secondary' rules" (p. 20) without being bothered by national representatives in management or regulatory "Comitology" procedures (p. 31).
- The Commission on its part would then promote "openness" and transparency by providing more (online) information about all stages of European decision processes; it would promote "participation" by extending its efforts to involve and consult subnational and local governments, "civil society" and "network-led initiatives" in preparing its legislative initiatives; and it would promote "effectiveness" by collaborating more closely with affected industries, local and regional governments and "civil society" in the implementation of European legislation, and by prosecuting more vigorously national governments that are accused of violating European law.
- There is of course more in the text, and much of it is quite reasonable, but this thumbnail sketch seems to capture the essential understanding of the institutional *problématique* and of the strategic vision promoted by the authors of the White Paper. Their significance, however, becomes clear only in relation to the issues, which are not discussed at all in the White Paper.

2. The Omissions

I leave out the problems, which indeed could only be dealt with through intergovernmental negotiations – including those associated with the more effective coordination of foreign policy and the creation and deployment of a substantial rapid deployment force of EU member states, perhaps under conditions of "closer cooperation". I will also exclude those third-pillar problems for which Member States have not yet granted a significant role to the Commission. But that still leaves a wide range of problems that could have been, but were not, considered.

Among them are the difficulties caused by the European Monetary Union. The Irish conflict (which may also have played a role in the referendum on the Nice Treaty) has highlighted the fundamental problems of one-size-fits-all interest rates set by the ECB – which turn out to be much too low for the high-growth Irish economy and much too high for low-growth Germany. It would have been interesting to read how the Commission sees its role in facilitating fiscal-policy coordination under conditions of economic diversity. Should there be effective sanctions against Ireland? Or should each EMU Member State be allowed to struggle on its own with the consequences of a common monetary policy that does not fit the national economy – even if that has external effects on average Euro rates of inflation?

But interesting as these questions may be, they are overshadowed by the omission of the problems of Eastern enlargement. Here, my concern is not with the necessary changes of EU decision-making structures (that were messed up, rather than resolved, at Nice) or with the determination and allocation of financial burdens, which, again, can only be handled by intergovernmental bargaining. It is with the Commission's role in imposing the *acquis* on new Member States that had no voice in its definition and whose economic and social conditions differ fundamentally from those of the Member States from whose self-interested bargains these rules had emerged. If they are enforced with all the legalistic determination of which the Commission and the Court are capable, the fragile economies of new Member States will be destroyed just as the East German economy was destroyed when the acquis of the West German legal order was imposed and enforced without modification. How this consequence could be avoided without triggering domino effects throughout the EU legal system is a question that ought to cause sleepless nights to some people in Brussels – but not, apparently, to the authors of the White Paper.

But, then, the White Paper is generally not interested in discussing the substantive problems confronting the EU and its Member States at the present time – and that is an omission with serious consequences for its definition of governance problems, and even more so for the effectiveness and legitimacy of their proposed resolution. To put the matter most simply in game-theoretic terms: For the resolution of pure coordination problems, all modes of governance are effective and legitimate; for zero-sum conflicts, by contrast, only hierarchical authority can ensure a peaceful resolution, and it can do so only if it is supported by very strong legitimacy beliefs among the parties involved in the conflict. By failing to address the substantive challenges facing the EU, the White Paper comes to underestimate the difficulty of the problems that need to be faced and to overestimate the legitimating power of the governance procedures that are proposed.

3. The Asymmetric Political Economy of European Integration

The White Paper rightly celebrates the success of European economic integration – which far exceeds the degree of integration achieved in the international economy that is provoking the present commotion about "globalization". It does not seem to realize, however, that with the completion of the Internal Market and with the creation of the Monetary Union, the nature of problems on the European agenda has changed radically. Economic integration and market liberalization have greatly reduced the capacity of national governments to influence the course of their national economies. At the same time, the legal constraints of "negative integration" and European competition law and the ensuing economic pressures of regulatory and tax competition have drastically reduced the range of economically feasible and legally permissible policy instruments with which Member States could pursue non-economic political purposes or deal with politically salient social or environmental problems. At the national level, therefore, the perceived impotence of governments in the face of urgent demands and manifest crises weakens their political support and must eventually undermine the political legitimacy of Member States. Under these circumstances, it was inevitable that national actors have increasingly come to demand European solutions to the "spill-over" problems created by European economic integration. As it turns out, however, these demands are largely frustrated by a basic asymmetry between market-creating and market-correcting policies at the European level.

Market integration, though never completely conflict-free, was a shared goal that by and large could be realized through Europe-wide and uniform rules of negative integration, liberalization and harmonization. Many of these policies could be imposed unilaterally by the Commission and the Court in their roles as "guardians of the Treaty" and enforcers of the maxims of "undistorted competition" or, where they depend on Council directives, they could count on the support of producers and consumers in all Member States who expected to benefit from access to the larger European market. By contrast, market-correcting European regulations are as likely to be opposed by business interests as is true at the national level. Moreover, the social-protection and environmental interests that would often prevail over business interests however, is that even where these interests could politically prevail over business opposition, they are likely to be divided at the European level.

One reason is the difference between rich and poor member states: Firms, workers, and consumers in Portugal or Greece, let alone in Poland or Hungary, simply could not afford environmental or social standards at a level that Danish or Dutch voters consider essential. Even more important, however, is the divergence of existing welfare-state and industrial-relations institutions and the high political salience of divergent national policy legacies. Voters in

Britain simply could not accept the high levels of taxation that sustain the generous Swedish welfare state; Swedish families could not live with the low level of social and educational services provided in Germany; and German doctors and patients would unite in protest against any moves toward a British-style National Health System.

In short, successful European policies of economic integration and market liberalization have resulted in a fundamental asymmetry in the European political economy: Though the pressures of regulatory and tax competition give rise to increasingly urgent demands for more effective market-correcting policies at the European level, agreement on effective European solutions is most difficult precisely for those problems about which the citizens of Member States care the most. The White Paper, unfortunately, gives no indication that its authors are aware of this fundamental change in the dominant *problématique* – and if they were, they certainly did not appreciate its implications for the institutions and procedures of European governance. In fact, if the central recommendations of the White Paper were adopted and applied to the issues discussed here, the outcome would not be effective problem solving but a veritable legitimacy crisis.

4. The Narrow Constraints of European Governance by Majority Rule

Like the proverbial generals who are always fighting the last war, the White Paper's proposals to "revitalize the Community method" make a lot of sense when hypothetically applied to the problems of the past. Economic integration could indeed have been achieved more quickly and more efficiently if Parliament and Council had restricted their involvement to the definition of the "essential principles" of legislation proposed by the Commission, if the Council had been ready to "vote as soon as a qualified majority seems possible rather than pursuing discussions in the search for unanimity" (p. 22), and if the Commission would then have been allowed to define the "technical detail" without being encumbered by Comitology procedures. When applied to, say, the definition of work-safety standards in the Machinery Directive, or of common rules governing the solvability requirements for insurance companies, legitimacy would not have been much of a problem since the common interest of producers and service providers in gaining access to the larger European market would have ensured the acceptance of any reasonable Europe-wide rule even if national industries and their governments might have preferred differing solutions at the level of "technical detail".

But what if these differences were to have high political salience for national constituencies? Think of recent efforts to reform national pension systems, where even minute technical details could have a significant impact on the life chances of individuals and hence were the object of fierce battles among interest groups and political parties, or would even provoke violent protests that could jeopardize a government's survival. If such issues were indeed to be settled by the "Community method" and majority rule at the European level, the lack of legitimacy could blow the Union apart.

It is worrying that the authors of the White Paper seem to be happily unaware of any legitimacy constraints on European institutions. Thus, they assert twice that their recommendations merely concern the way in which "the Union uses the powers given by its citizens" (p. 3, 8), and they are emphatic in postulating that, "it is time to recognize that the Union has moved from a diplomatic to a democratic process ..." (p. 29). The first of these statements is of course not even a self-serving euphemism. It is simply wrong. The powers the Union is able to exercise were either delegated by the governments of Member States or they were usurped by the Commission and the Court through interpretations of Treaty provisions that exceeded the original intent of contracting governments. Whether, and in what way, "citizens" should finally get a say in all this is a question considered with much fear and trembling (even more so after the Irish referendum) in the beginning debate on a European "Constitution". For the time being, at any rate, the powers of the Union rest on intergovernmental agreement and a passive respect for "the law" – neither of which are solid rocks to stand on if European policies should violate intense national preferences.

The same objection would have to be raised against the White Paper's reference to "a democratic process" if that should imply majority rule. Voting by qualified majority has become a useful device for speeding up Council decisions in constellations where the divergence of policy preferences does not have high political salience in national constituencies. When that is not the case, however, member governments have very good practical and normative reasons to invest time and effort in the search for consensual solutions. On practical grounds, the shadow of the future is long, and governments should hesitate to antagonize others when they may find themselves in the same corner tomorrow. On normative grounds, moreover, legitimate majority rule would presuppose a strong European collective identity, vigorous Europe-wide public debates, and the manifest political accountability of European governors. None of these preconditions is as yet realized in the present European Union, let alone in the Union after Eastern enlargement. That is not meant to discourage efforts that would gradually create the preconditions of democratic legitimacy and majority rule at the European level. For the time being, however, Europe cannot operate as a majoritarian democracy, and European policy must be consensual if it is to be legitimate.

However, the main emphasis in the White Paper is not on majority rule and the democratization of the Union; it is on enlarging the role of the Commission at the expense of the roles of governments of the Member States. Nevertheless, some of the practical and normative objections just mentioned apply here as well. The critical proposal would restrict the legislative role of the Parliament and the Council to a definition of "essential principles" and then leave the specification of "technical detail" to the unfettered discretion of the Commission. Given the diversity of economic conditions, political cultures, institutional structures, policy legacies, and public attention among Member states, it seems inevitable that many policy choices below the level of "essential principles" will have high political salience and might be totally unacceptable in one country or another. At present, these pitfalls are avoided by the search for consensual solutions that avoid incompatibilities with specific national constraints in elaborate intergovernmental negotiations that take place in the preparatory phase before a Council decision as well as in the implementation phase.

In the preparatory phase, this search is carried on in the multitude of specialized committees organized by the Council Secretariat whose deliberations are then fed into the Committee of Permanent Representatives (COREPER), where most potential conflicts among member governments are ironed out before they reach the Council agenda. The White Paper, however, proposes that the Commission should protect the integrity of its legislative initiatives by withdrawing them whenever the outcome of "inter-institutional bargaining would undermine ... the proposal's objectives" (p. 22). In other words, the Commission is threatening to use its Treaty-based monopoly of legislative initiatives in order to short-circuit consensus-seeking procedures and to confront the Council and the Parliament with take-it-or-leave-it propositions.

Of equal importance is the phase of "implementing" Council decisions that need further specifications before they can be directly applied. This function could be performed by the Council itself, it may be delegated to the Commission, or it may be left to Member States. In practice, delegation to the Commission has become the preferred procedure, but it is generally combined with the establishment of a "Comitology" committee in which regulations proposed by the Commission need to be discussed with civil servants and experts nominated by member governments. In two of the variants of Comitology (which the White Paper would abolish), "management committees" and "regulatory committees" that disagree with a Commission proposal have the possibility of appealing to the Council for a final decision. Even though that option is almost never used in practice, it acts as a "fleet in being" that forces the Commission to take objections seriously and to search for consensual solutions in the implementation phase as well. It is precisely this function that the White Paper proposes to eliminate by abolishing management and regulatory committees (p. 31).

The White Paper is of course right in suggesting that the outcomes of consensus-building procedures leave much to be desired if judged by efficiency criteria. Decision processes are cumbersome and slow, and their outcomes are likely to be sub-optimal in one of two characteristic ways: On the one hand, high aspirations of original Commission initiatives are likely to be watered down because of the need to eliminate provisions that would violate specific national concerns. On the other hand, originally lean Commission drafts may become bloated because of the need to accommodate cumulative requests for the insertion of additional provisions satisfying specific national demands. Moreover, European decision processes tend to be over-specialized and hence poorly coordinated. In short, the European policies produced by consensus-seeking procedures are often of a kind which not even their progenitors could love, and it is also true that the Commission or "Brussels", rather than national governments, generally gets to be blamed for them. It is easy to sympathize, therefore, with the desire of the Commission to liberate itself from these uncomfortable constraints. But it must also be obvious to anybody outside of the Commission that the solution proposed by the White Paper – which would essentially replace consensus-seeking procedures with unilateral powers of the Commission – cannot work in practice and would not be normatively acceptable if it did.

At a practical level, the Commission's threat to withdraw initiatives when they are in danger of being changed by intergovernmental negotiations would backfire if the Council, or even a blocking minority of member governments, would equally reject all Commission initiatives which, in their original form, do not respond to the objections and demands that would otherwise be introduced in consensus-seeking negotiations. In other words, in a decision system with multiple veto positions, confrontation strategies can in principle be played by all parties – and if they are played by all, gridlock is the most likely outcome. By the same token, it is hard to see how the Commission could force Member States to accept the abolition of the Comitology system and to leave legislative choices in the "implementation" stage entirely to its own discretion.

But apart from practicalities, the White Paper's proposals would be problematic from a normative point of view. They would explicitly and visibly destroy what is left of the indirect-democratic legitimation of European policies that is derived from the agreement of democratically elected national governments, and they would do nothing at all to strengthen either the direct responsibility of the European Parliament for substantive policy choices or the political accountability of the Commission to Parliament (assuming, for the sake of argument, that politically salient European policy choices could be legitimated by votes taken in the present EP). In short, the greatly enhanced role of the Commission envisaged by the White Paper is not that of a faithful agent of either the Council or the Parliament. Instead, what the authors have in mind would amount to the creation of a benevolent dictatorship.

To be sure, it is meant to be a well-informed, highly sensitive and very open form of dictatorship. With regard to the preparation of policy initiatives, the White Paper is replete with promises of more communication, wider involvement, participation and consultation, and (in a remarkable reversal of the assignment of principal-agent roles in democratic theory) it even proposes that the Commission should take care that "civil society itself must follow the principles of good governance, which include accountability and openness" (p. 15). In return, the Commission would allow privileged "partnership arrangements" involving "additional consultation" with civil society organizations that conform to its requirements (p. 17) – without, however, committing itself to binding "corporatist" agreements. The list of potential partners the authors have in mind is truly comprehensive, including the Economic and Social Committee, the Committee of Regions, individual regions, cities and localities, trade unions and employers' associations, professional associations, churches and charities, network-led initiatives and grass roots organizations – practically everything and everybody one could think of or wish for if Commission manpower, time and attention were not scarce resources. But since these are in fact extremely scarce resources, one cannot but wonder what would happen if the Commission's invitations were taken seriously by most, or even by many of the "civil-society" actors all over Europe to whom they seem to be addressed. Or, since not a word is lost on the practicalities of Europe-wide participation, one might wonder about the seriousness of the invitation itself.

It is also worth noting, however, that democratically legitimated national governments are not included among the lists of participants whom the Commission intends to consult in the preparation of its legislative initiatives. On the implementation side, the White Paper similarly envisages more intense partnership relations between the Commission and non-governmental organizations. Thus, co-regulation arrangements are supposed to allow "the actors most concerned" (presumably, industrial associations) to take responsibility for the preparation and enforcement of rules within a framework of "binding legislative action". In order to qualify, the organizations participating "must be representative, accountable and capable of following open procedures in formulating and applying agreed rules" (p. 21). Here, however, national and subnational governments (which meet all these criteria, or so one should think) would also get a role in "target-based tripartite contracts" involving a Member State, a regional or local authority, and the Commission in which the subnational authority would undertake to realize particular objectives in the implementation of primary legislation (p. 13). In this case, national governments would be held responsible for the implementation of the contract – but there is no question that its terms would be defined by the Commission. Since these target-based contracts would necessarily have to be selective, one wonders what they would do to the integrity of orderly national structures of regional and local government and administration, or what it would cost to bribe national governments into sharing what authority they may have over regional and local governments with the Commission.

None of my comments are meant to deny that the White Paper includes many useful suggestions. What is basically wrong with its vision, however, is the image it projects of the Commission as the lone hero of European policy making and implementation – a role that is reminiscent of French-style executive centralization, but for whose emulation the Commission lacks both legitimacy and institutional capacity at the center and effective control over an efficient administrative infrastructure at regional and local levels. This heroic self-image of the Commission seems to be complemented by a deep distrust of Member States, whose role in policy making and implementation the White Paper seeks to have reduced or bypassed wherever possible. In my view, this reflects not only an inflated image of the Commission's capabilities but also a disturbing lack of understanding of the preconditions of successful multilevel governance in Europe.

6. Multilevel Europe: Constraining and Enabling

The White Paper seems to imply that multilevel interactions in the European polity are zero-sum confrontations in which the Commission must try to maximize its role in legislation and implementation at the expense of Member States, and where national governments are continually engaged in blocking, reversing, and blaming the Commission. There is reason to think that this confrontational view is a legacy of the dominance of "negative integration" in the history of European integration. Once the basic political commitments to market integration had been adopted in the Treaty of Rome and, again, in the Single European Act, it was for the Commission and the Court, acting as "guardians of the Treaty" to define and to implement the common project; and it was plausible for the Commission to see itself as the taskmaster whose job it was to cajole, blackmail or compel recalcitrant or protectionist Member States to accept the concrete implications of what they had already agreed to in the abstract. The present European agenda, however, is no longer about the further perfection of uniform rules of market integration. It is about coping with the problems and constraints that the integration of European markets has created for Member States in policy areas which so far have not been Europeanized themselves. These problems are manifest in the societies and economies of Member States, rather than at the European level. Nevertheless, since it is so massively contributing to problems at the national level, Europe is inescapably confronted with expectations that it should also be part of the solution.

These expectations correspond with the historical experience of federal nation states where the growing integration of national economies was going hand in hand with the adoption of uniform social and environmental regulations, welfare-state policies and taxes at the federal level. But such parallels are misleading, because, for the reasons discussed above, uniform European rules could not be legitimately imposed on the divergent problems, institutions, and policy legacies of EU Member States. If Europe is nevertheless to be part of the solution, it can only be so in an enabling role which must support and strengthen, rather than undermine, the political legitimacy, institutional integrity and problem-solving capacity of its Member States. But what could be done if uniform legislation cannot be the solution? In the present institutional framework of the Union, there are in fact two innovative options – "closer cooperation" and "open coordination" – that might be useful here and whose potential is hardly explored in the White Paper.

6.1 Closer Cooperation

The provisions allowing for closer cooperation among groups of Member States did become a bit more practicable under the Nice Treaty. Further changes would be required, however, before it would be possible for groups of countries facing similar problems, that differ from the problems confronting other member states, to make use of the instruments of Community legislation. If that were possible, it would indeed be conceivable that Member States trying to cope with the problems of reforming "Bismarckian" pay-as-you-go public pension systems might develop common solutions even if these would not apply to Member States relying to a large extent on either tax-financed basic pensions or funded public or private pensions. Similarly, Member States with national health systems might benefit from common solutions that would not apply in countries relying on compulsory insurance for the financing of privately provided health care, and vice versa. Moreover, if it were found to be necessary to relax the rigidities of the acquis for new accession states after Eastern enlargement, "closer cooperation" could provide common solutions, which would not open the flood-gates of ad-hoc discretion. It seems puzzling that the Commission is not actively promoting closer cooperation as an instrument, which would accommodate a moderate degree of diversity without relaxing the controls of the "Community method".

6.2 Open Coordination

The "open method of coordination" goes much further in accommodating diversity. As it was introduced in the Employment Title of the Amsterdam Treaty (and extended to certain social-policy areas by the Lisbon Summit), the method presupposes that Member States should define certain policy targets as a "common concern" whereas the actual choice of policies remains a national responsibility. What matters is that the policies responding to jointly defined targets are presented in annual "national action plans" of which the outcomes are evaluated in a permanent committee of senior civil servants, and that on the basis of these evaluations the Council may address specific recommendations to individual Member States. In this, the role of the Commission is important in providing benchmarking information and comparative analyses that identify the relative performance and the specific problems of individual countries as well as national solutions that seem to be particularly successful.

It is of course too early to evaluate the effectiveness of the open method of coordination, but it is clear that it is viewed with a jaundiced eye by the authors of the White Paper. While its usefulness for "allowing Member States to compare their efforts and learn from the experience of others" is acknowledged, the emphasis is clearly on containment: "The open method of co-ordination must not dilute the achievement of common objectives in the Treaty or the political responsibility of the Institutions. It should not be used when legislative action under the Community method is possible" (but why not?) and "the Commission should be closely involved and play a co-ordinating role" (p. 22). Quite obviously, the authors fear that the Commission could lose ground in its turf battle against national governments.

When viewed from a less self-centered perspective, however, the open method of coordination could hold considerable promise. By requiring national governments to focus on a common problem, and to consider their own policy choices in relation to this problem and in a comparative perspective and, even more important, by exposing their performance to peer review and public scrutiny, open coordination should not only provide favorable conditions for "learning through monitoring" (Charles Sabel), but it may even provide opportunities for shaming governments out of "beggar-my-neighbor" strategies that would be self-defeating if everybody did adopt them. Contrary to the assumptions of the White Paper, however, the full potential of open coordination may be realized precisely in policy areas where "legislative action under the Community method is possible". I will mention only two plausible applications that come to mind:

First, assume that Council and Parliament would heed the White Paper's injunction to reduce legislation to "essential elements" but that – instead of leaving the formulation of more specific regulations to the Commission and Comitology processes – implementation would be delegated to Member States. Without more, that would correspond to the model of "framework directives" which the White Paper suggests should be used more often (p. 20). If they are not often used in present practice, the reason may be distrust of the protectionist or beggar-my-neighbor practices of Member States, or simply a lack of mutual understanding of the operation of institutionally differing national political and administrative systems. But what if national implementation were coupled with a process of open coordination in which Member States would have to announce what they intend to do, in which their performance would be monitored by the Commission and evaluated by peer review, and in which more precise Council legislation or decisions in response to manifest problems of deficient implementation would remain a realistic prospect? Under these conditions, the diversity of implementing regulations could increase, rather than undermine, the effectiveness of European legislation.

Or take as a second possibility the implementation of structural funds where the Commission is deeply involved in the processes of defining, selecting, and managing programs at the regional and local level – which makes for extremely cumbersome bureaucratic procedures, and often wreaks havoc with the integrity of administrative institutions and practices at national and subnational levels. But what if the Union was merely to allocate lump-sum grants to economically disadvantaged Member States while defining broad purposes for which regional subsidies (regardless of their source) should be used? In that case, the effectiveness of national solutions could be monitored through processes of open coordination, in which national (or subnational) action plans, benchmarking, peer review and potential Council decisions would take the place of both the present involvement of the Commission in attempts at co-administration and the exceedingly restrictive prosecution of state aids under the rules of European competition law.

If employed "in the shadow of legislation", open coordination could indeed help to resolve some of the most serious problems addressed in the White Paper. It would allow European legislation to avoid the excessive detail which, even though it is product of their own demands, vexes Member State parliaments and administrations even more than it seems to irritate the Commission – and it would do so without requiring the wholesale delegation of legislative competencies to an "executive" (the Commission) that cannot be held politically accountable for its policy choices. Instead, responsibility for those policy choices that cannot or should not be made directly by the "political" institutions of the Union (Council and Parliament) would be left to Member States, where they would become the responsibility of politically accountable national and subnational governments. These policy choices, however, would not be those of sovereign, "Westphalian" nation states. They would be taken in an institutional setting in which "common concerns" are integrated into the preference function of national and subnational actors, and in which the effectiveness of nationally divergent solutions needs to be demonstrated in comparative analyses under conditions of peer review. The Council, moreover, would remain as a fleet in being that could intervene by decisions taken by qualified majority, against specific deficiencies and the "beggar-my-neighbor" practices of individual Member States.

If these conditions were met, the Europe-wide uniformity of rules and practices would cease to be the litmus test of successful integration, and Member States would not need to march in step to the bark of the Commission's drill sergeant to demonstrate that they are good Europeans. Instead, they could respond to the specific problems they are facing with solutions that are compatible with their specific policy legacies and that can be implemented within their existing institutional framework. At the same time, however, national policy choices would be disciplined by the challenge to achieve jointly defined targets and by the institutionalized need to consider their impact on other Member States. In short: In developing the open method of coordination, the Union may have discovered a constructive approach to dealing with the growing pressure for European solutions under conditions of politically salient diversity.

There is of course no reason to consider these methods a panacea. There is still a need for uniform standards ensuring the access of traded goods and services to the markets of all Member States, and there must also be a place for the centralized enforcement of rules against protectionist practices that distort economic competition among Member States. At the same time, there is a growing need for the Union to speak and act in a unified and effective way towards the rest of the world, in trade negotiations and development policy as well as in the policy areas included in the second and third pillars of the EU Treaty. But centralization and uniformity are not values in themselves, and the European Union will not be able to cope with its present problems and the difficulties of Eastern enlargement unless it finds ways to realize common concerns while accommodating diversity and respecting the institutional integrity and political autonomy of its Member States in all matters where uniformity and centralization are not necessary or not possible, and which still cannot be left to the unfettered discretion of nationally myopic Member States. It is unfortunate that the White Paper has chosen to ignore these challenges.

Autoren

Dr. Tanja A. Börzel,
Max-Planck-Projektgruppe Recht der Gemeinschaftsgüter, Bonn, und Humboldt Universität, Berlin

Prof. Dr. Lothar Brock,
Universität Frankfurt, FB Gesellschaftswissenschaften

Prof. Dr. Thomas Gehring,
Universität Bamberg, Fakultät Sozial- und Wirtschaftswissenschaften

Prof. Dr. Markus Jachtenfuchs,
International University Bremen, School of Humanities and Social Sciences

Prof. Dr. Christian Joerges,
European University Institute, Department of Law, Florenz

Dr. Michèle Knodt,
Universität Mannheim, Lehrstuhl für Politische Wissenschaft II

Prof. Dr. Friedrich Kratochwil,
Geschwister-Scholl-Institut, Universität München

Prof. Dr. Thomas Risse,
Freie Universität Berlin, Otto-Suhr-Institut für Politikwissenschaft

Prof. Dr. Alberta Sbragia,
University of Pittsburgh, Center for West European Studies

Prof. Dr. Fritz W. Scharpf,
Max-Planck-Institut für Gesellschaftsforschung, Köln

Prof. Dr. Helen Wallace,
European University Institute, Robert Schuman Centre

Prof. Dr. Klaus-Dieter Wolf,
TU Darmstadt, Institut für Politikwissenschaft

Prof. Dr. Michael Zürn,
Universität Bremen, Institut für Interkulturelle und Internationale Studien

Tabula Gratulatoria

Bodrozic, Meri
Brünger, Sebastian
Conzelmann, Thomas
Deutschmann, Alrun
Diez, Thomas
Edler, Jakob
Eising, Rainer
Engel, Christian
Finke, Barbara
Garloff, Alfred
Geier, Andreas
Göbel, Stefan
Grote, Jürgen
Hellmann, Birgit
Holzer, Tilmann
Horn, Uschi
Humrich, Christoph
Hüttig, Christoph
Jachtenfuchs, Markus
Jeong, Hyun-Ju
Jung, Nicola
Jung, Sabine
Karl, Wilfried
Knodt, Michèle
Kruft, Tina
Kunzweiler, Dorina
Lange, Niels
Larat, Fabrice
Nickel, Constanze
Panke, Diana
Quittkat, Christine
Schaber, Thomas
Schmidberger, Martin
Schmidt, Peter
Schroth, Michael
Schubauer, Jörg
Schwegmann, Christoph
Senè, Boucounta
Spindler, Manuela
Stegmann, Christine
Stoelben, Laura
Sugiono, Muhadi
Tillmann, Holzer
Tseng, Su-Ling
Ulbert, Cornelia
Umberti, Santo
Wagner, Jürgen
Wolf-Niedermaier, Anita